A THEORY OF SEMIOTICS

符号学理论

（意）

翁贝托·埃科

著

唐小林　黄晓冬

译

彭佳

校

上海译文出版社

目录

前 言

本书最初版本（研究视觉符号与建筑符号的符号学）是一种尝试性写作，一九六七年以《视觉交流符号学札记》为题出版。一个更偏重理论的版本——提供了符号学的整体观念，并包含了从认识论角度对结构主义的长篇讨论——以《缺席的结构》（*La struttura assente*）为题，出版于一九六八年。我在法语、德语、西班牙语和瑞典语的译本上花了两年时间（只有南斯拉夫、波兰和巴西的译本出得足够快，完全照译意大利语原版，没有添加任何内容），重新整理和扩充了这本书，并结合意大利语首版出版后的各种评论，修订了其中的许多部分，结果，它成为一本介乎于《缺席的结构》和“别的东西”之间的著作。这个“别的东西”以论文集的形式于一九七一年在意大利出版，题为《内容的形式》（*Le forme del contenuto*）。

至于本书英语版本，经过两次不太令人满意的翻译尝试和多次不成功的修改，我决定（在一九七三年）放弃，直接用英语重写。承蒙戴维·奥斯蒙德-史密斯（David Osmond-Smith）的帮助——他在校准我洋泾浜式英文的符号学论述上所付出的辛劳，比翻译一本新书还要多。不过，他不应当为这种共同冒险所产生的后果负责。以另一种语言重写意味着“重思”：这一真实的符号学经历——会让本杰明·李·沃尔夫（Benjamin Lee Whorf）产生强烈的兴趣——的结果是，这本书不再与《缺席的结构》有任何关系，以至于我把它作为一部全新的著作《普通符号学论集》（*Trattato di semiotica generale*）又翻译成了意大利语。

本书的当前版本，是对我之前研究的部分批评，除了对所使用的材料的不同组织（但绝非与此前毫不相干）之外，还有四个新的要素促成了这一点：(i) 尝试将指称理论引入符号学框架；(ii) 试图在符用学（pragmatics）与符义学（semantics）之间建立联系；(iii) 对“符号”概念和经典符号类型进行批判；(iv) 为像似论（iconism）概念提供不同的考察路径——我仍然坚持以往研究中的相关论述，那是一种天真的假设，即认为像似符（icon）是任意武断的、完全可以分析的装置，但并不以此取代另一种同样天真的假设，即像似符是非编码（non-coded）的类比装置。我希望用符号生产方式的类型来代替符号的类型，能够帮助我把像似论的伞形概念，分解成更为复杂的符号操作网络。在此过程中，本书获得了一种“交叉”结构。在第一部分中，我致力讨论符码理论，试图提出一个有限的和统一的范畴集，能够解释语言和非语言装置，并将符号-功能体（sign-function）的概念扩展到各种类型的表意单位，即所谓的符号、符号链（strings of signs）、文本、宏文本（macro-texts）——整个尝试都由奥卡姆剃刀原则支配，即如无必要，勿增实体——这似乎是相当科学的程序。

第二部分着眼于符号生产理论（theory of sign production），我觉得有必要从相反的方向进行论述：现有的范畴——诸如规约符（symbol）、像似符和指示符（index）——无法解释许多我认为属于符号学领域的不同现象。因此，我不得不采用反奥卡姆剃刀原则：虽无必要，可增实体，我相信，在既定的条件下，这个程序也是科学的。

没有众多朋友的帮助，没有发表于《符号学研究手册》（*VS - Quaderni di studi semiotici*）前六期的讨论，没有与来自佛罗伦萨、博洛尼亚、纽约大学、西北大学、拉普拉塔以及世界上许多其他地方学者的交锋，我就不可能取得本书所展现的成果。鉴于参考文献已经给我致谢的机会，在此我谨表谢忱，衷心感谢我的朋友乌哥·沃利（Ugo Volli）、保罗·法布里（Paolo Fabbri），他们在研究的各个阶段都帮助过我——主要是通过无情的批评——我曾在各种情况下自由运用他们的观点。

一九六七年至一九七四年于米兰

凡　例

单斜线表示“表达或符号载体”，书名号表示“内容”。因此/xxxx/表示或指涉《xxxx》。当没有音位学问题时，语言表达将以字母形式书写。然而，由于本书不仅关注语言符号，还关注作为符号的对象、图像或行为，这些现象必须通过语言来表达，比如，为了区分作为对象的汽车和单词汽车，把前者写在双斜线之间并且用斜体字形。因此，//*汽车*//是与单词/汽车/相对应的对象，两者都指涉内容单位《汽车》。单引号用于强调某个单词，双引号用于引用。斜体表示有技术含义的术语。

中译本符号说明

(i) 原著把义素用书名号《 》括起来加以标记，中译本沿用语言学标记语义特征的一般做法，用方括号［ ］标记义素以同正文叙述文字相区分，如［供坐下］、［安有两只脚］等。

(ii) 原著中的斜体字，中译本用仿宋体表示。

导论　走向文化逻辑学

0.1　符号学理论构想

0.1.1　研究的目的

本书的目的是探索这样一种理论的可能性与社会功能，即寻找统一的方法来处理各种表意（signification）与（或）交流（communication）现象。这种方法将提供一般符号学理论的形式，并能根据一个或多个符码相互关联原理的内在机制，对每一符号-功能体进行解释。

构想一般符号学[①]将考虑：(a) 符码理论与 (b) 符号生产理论——后者考虑的现象范围很泛，诸如语言的共用、符码的演变、审美的传播、相互交流行为的不同类型，以及为了指称事物或世界状态的符号使用，等等。

由于本书只是对这种理论可能性的初步探索，它的前几章必然受到这一学科目前发展状况的制约，不能回避某些问题，尽管从长远的观点来看，这些问题肯定会被搁置一边。特别是，我们必须首先考虑"符号"的通用概念和符号类型学（以及它们所预设的那些明显不可简化的符号学探究形式）的问题，以便对符号-功能体和符号生产方式的类型学，做出更严格的界定。

因此，第一章将致力于对“符号”概念的分析，以区分符号与非符号（non-signs），并将“符号”概念转化为更加灵活的符号-功能体（它们可以在符码理论的框架内解释）。这样的讨论，将允许我设想“表意”与“交流”之间的区别：原则上，表意符号学需要符码理论，交流符号学需要符号生产理论。

符码理论与符号生产理论之间的区别，并不对应于语言（langue）与言语（parole）、语言能力与语言行为、符形学（与符义学）与符用学之间的区别。本书的主张之一是克服这些区别去勾勒一种符码

① 关于这个学科应该被称为 semiotics 还是 semiology 存在一些讨论。semiology 是索绪尔的定义，semiotics 或 semiotic 是皮尔士和莫里斯的符号学。进一步，想必我们可以把符号学与研究符号的一般学科联系起来，认为语言符号只不过是一个特殊领域。但是巴特（Barthes，1964a）把索绪尔的定义颠倒了过来，把符号学看作超语言学（translinguistics），它参照语言学的规律，来研究所有的符号系统。

因此，似乎任何倾向于研究符号系统的人，如果不依赖于语言学，就一定会提到符号学。另一方面，巴特以他的方式解释索绪尔的建议，并不妨碍我们回到最初的意义。然而，在这里，我决定一劳永逸地采用 semiotics 的格式，而不去过分关注关于这两个术语的哲学和方法论含义的争论。这样做是为了响应国际委员会 1969 年 1 月在巴黎作出的决定，该委员会成立了国际符号学研究协会。本书坚持奥卡姆剃刀原则，另外一些重要的区别没有被纳入考虑。例如，叶尔姆斯列夫（Hjelmslev，1943）提出，将符号学分为（a）科学符号学和（b）非科学符号学，两者都是由（c）元符号学（metasemiotic）来研究的。研究非科学符号学的元符号学是符号学（semiology），其术语由元符号学（metasemiology）研究。只要存在内涵符号学，就会有元（内涵）符号学。然而，这种划分并没有考虑到（由于历史原因）许多研究表意和交流现象的新方法。例如，叶尔姆斯列夫把诸如音调、音域、手势等现象称为“内涵项”（connotators），这些现象在当时并不是科学符号学的研究对象，应该被元语言学研究，而今天同样的现象属于副语言学领域，这又似乎是一个“科学符号学”。叶尔姆斯列夫的伟大功绩在于，他强调了没有任何事物是不被语言学（和符号学）理论所阐明的。即使他的符号学层级结构可以重新制定，他的建议也必须被时刻牢记。继叶尔姆斯列夫之后，麦茨（Metz，1966 b）提出，将自然科学的所有形式化称为 semiotics，而将人文科学的所有形式化称为 semiology。格雷马斯（Greimas，1970）建议将 semiotics 一词应用于表达科学，将 semiology 一词应用于内容科学。人们还提出了许多其他的分类，如皮尔士和莫里斯的分类，或塔尔图学派提出的“初级模型系统”（语言学的适当对象）和“次级模型系统”之间的区别。另外一些分类，可以在《符号学方法》（Sebeok，Bateson，Hayes，1964）一书的讨论中找到，例如戈夫曼（Goffman）的分类：（a）检测模型（指示符）；（b）语义编码；（c）严格意义上的交流系统；（d）社会关系；（e）说话者之间的相互作用现象。另请参阅西比奥克（Sebeok，1973）和加罗尼（Garroni，1973）。

理论，该理论甚至考虑到话语能力、文本构造、依照语境和环境（或情境）消除歧义的规则，从而提出一种能在其自身框架内解决诸多所谓符用学问题的符义学。

表意范畴与交流范畴是区别性范畴，这并非偶然。我们将在第一章和第二章中看到，当存在产生符号-功能体之社会规约的可能性时，就存在表意系统（因此也就存在符码），无论这些功能体的功能项是被称为符号的离散单位，还是大段的话语，只要这种相关性早已被社会规约所预先设定，皆是如此。与此相反，当表意系统所提供的可能性被使用，从而为着诸多实际目的而产生实际表达时，就存在交流过程。因此，第二章和第三章中概述的两种理论方法的区别，是规则和过程之间的区别（或者用亚里士多德隐喻式的术语来说，是权力和行为的区别）。但是，当履行过程的必要条件得到社会认可并先于过程本身时，这些条件将被列在规则中（它们成为话语能力的规则，或者是“语言”预见“言语”的规则），且能被符号的实际生产理论所考虑，不过仅仅是在它们已经被编码的情况下。即使符码理论和符号生产理论成功地消除了“符号”这个幼稚的、非关系型的概念，然而，由于其非常适用于对日常语言和通俗符号学的讨论，它也不应该完全被抛弃，况且摆脱它既是徒劳的，也太过复杂。原子科学家十分清楚，所谓“事物”是微物理相关性之间相互影响的复杂结果，尽管如此，他们还是很乐意在方便的时候继续谈论“事物”。同样地，每当符号-功能体的相关性可以被预设时，我将继续使用/符号/这个词。不过本书的第四章将专门讨论“符号类型学”的概念：从皮尔士的符号三分法（规约符、指示符和像似符）开始，我将说明，这些分类在多大程度上既涵盖了符号-功能体的可切分领域，又涵盖了“符号生产”操作的分节范围，进而产生一种更为全面的、涵盖各种符号生产方式的 n 分法（n-chotomy）。

一般符号学理论将被认为是强大的，因为它能够为每种符号-功能体提供恰当的形式定义，不管其是否已被描述和编码。因此符号生产方式的类型学，旨在提出能够描述那些甚至尚未编码的符号-功能体的类别，这些符号-功能体在它们第一次出现的时候，就已经按规约约定好了。

0.1.2 研究的边界

同所有学科一样，一般符号学课题也会遇到边界或阈限。其中一些必须通过纯粹的暂时性协议来设定，另一些则由学科本身的目标来确定。前者被称为“政治边界”，后者被称为“自然边界”（0.9将说明，还存在着第三种形式的阈限，即认识论性质的阈限）。

一般的符号学介绍，要么承认或假设，要么尊重或超越所有这些阈限。政治边界有三种类型：

（i）存在某种意义的“学术”界限。除了符号学以外，许多其他学科已经或正在进行符号学家不得不承认他们同样关心的主题研究，例如，形式逻辑、哲学语义学和处理句子的真值问题，以及研究各种所谓“言语行为”的自然语言逻辑，而文化人类学的许多流派（如民族方法论）从不同的角度关注着同样的问题。符号学家可能会表达这样一种愿望：总有一天会出现一门一般符号学学科，所有这些研究和科学都可以被视为它的特殊分支。同时，一种试探性的符号学方法可以尝试将这些学科的成果整合起来，并在自己的理论框架内重新定义它们。

（ii）存在某种意义的“合作”界限。各种各样的学科，都对人们认为和符号学相关的理论与描述进行了阐发，例如语言学和信息论都对符码的概念做出了重要研究；人体动作学（kinesics）和空间关系学（proxemics）正在充分地探索非语言的交流方式，等等。在这种情况下，一般符号学方法只应提出一套统一的范畴，以便使这种合作越来越富有成效，同时还可以消除将语言学范畴（通过危险的隐喻替代）翻译成不同框架的幼稚习惯。

（iii）存在某些“经验”的界限。超越这些界限，就会出现整整一批毫无疑问跟符号学相关的现象，尽管各种符号学方法还没能为这些现象提出完全令人满意的理论界定，比如对绘画和许多类型复杂的建筑和城市物体。这些经验的界限相当不确定，而且随着新的研究的出现——例如一九六四年至一九七四年的建筑符号学问题，参见我的作品（Eco，1973e）——在逐步改变。

我所说的*自然边界*，主要是指那些符号学方法无法超越的界限。因为存在着不能被视为符号-功能体的现象，所以存在着非符号学领域。但我也同样用这个术语来描述大量过早地被认为与符号学没有相关性的现象。这些现象属于文化领域，在这里，人们不承认符码的潜在存在，或者，即使承认，也不承认这些符码的符号学性质，即它们所形成的持续的符号生产能力。正因如此，我将对符号-功能体提出一个非常宽泛和全面的定义——以此挑战上述被拒绝承认与符号学相关的符码——本书也关注这些现象。不管本书的研究方法乍看之下是何等自命不凡，这些问题都将在本导论中被直接加以讨论：它们碰巧同时与整个文化现象广泛地并存。

0.1.3 谎言的理论

符号学这项课题研究整个文化，从而把大量的物体和事件视为符号，这可能会使符号学家给人留下傲慢的“帝国主义”印象。当一门学科将“一切”定义为自己的适当研究对象，并因此宣称，自己只关心整个宇宙（而不关心其他）时，简直是在玩一场冒险的游戏。对“帝国主义”符号学家的普遍反对意见是：如果你把花生定义为一种符号，那么很明显，符号学也和花生酱有关——但这种搞法是不是有点不公平？我将在本书中试图论证的是，基于高度可靠的哲学和符号学传统，就符号学而言，一方面花生和花生酱没有本质区别，另一方面/花生/和/花生酱/这两个单词之间也没有本质的不同。符号学研究的是一切可以被视为符号的事物。符号是被认为可以在表意上替代别的东西的一切事物。这个别的东西，并不必须存在，在符号代表它的时刻亦不必实际存在于某处。因此，符号学原则上是研究一切可以用来说谎之物的学科。如果某种东西不能用来说谎，反过来它也不能用来说出真相：它实际上根本不能用来"诉说"什么。我认为"谎言理论"的定义，应该被看作一般符号学的至为全面的纲要。

0.2 "符号学"：领域还是学科？

任何对符号学界限和法则的研究，都必须首先确定（a）"符号学"一词是否指的是一门特定的学科，它是否有自己的方法和明确的对象；或者（b）符号学是不是一个研究领域，因而是不是一个尚未完全统一的兴趣爱好集合。如果符号学是一个领域，那么各种符号学研究就有其存在的正当理由：通过从研究领域中推断出一系列不变的趋势，从而建立统一的模型，可以借此归纳定义符号学。如果符号学是一门学科，那么研究者就应该演绎地提出一个符号学模型，并以此为参数，判断符号学领域的各种研究是应被纳入还是排除在外。

一个人如果没有勇气提出一种理论，并进而提出指导后续论述的基本模式，他就不能进行理论研究。任何理论研究，不管怎样，都必须有勇气指出其自身的矛盾之处，并在不清晰之处使其明朗起来。

因此，我们首先必须牢记今天出现的符号学领域，它有各种各样的形式，也有各种各样的混乱。然后，我们必须提出一个明显简化的研究模型。最后，我们必须不断地反驳这一模型，分离出所有与之不相适应并迫使其自我重构、扩大其范围的现象。这样，我们也许能够成功地找到（但只是暂时性地）未来符号学研究的界限，并提出一种统一的方法来研究那些显然彼此非常不同但又无法化约的现象。

0.3 交流与（或）表意

乍一看，这一概述似乎是一份交流行为清单，提出了支配我的研究的一个假设：符号学考察所有作为交流过程的文化过程。因此，这些过程中的每一个似乎都被潜在的表意系统所允许。为了避免危险的误解，或者避免一些当代符号学家强加给我们的强制性选择，把这种区别弄清楚是非常重要的：毫无疑问，在交流符号学和表意符号学之间存在着一些重要的区别，然而，这些区别并没有将两种相互排斥的方法对立起来。

因此，让我们把交流过程定义为信号（不一定是符号）从源头（通过发送者，沿着信道）传递到目的地的过程。在机器对机器的过程中，信号可以在刺激的形式下确定目的地，因而无力表意。在这种情况下，我们虽然没有表意，却的确有一些信息的传递。

相反，如果目的地是人或“接收者”（信源或发送者不必是人，只要它们发出的信号遵循人类接收者所知的规则系统），我们就正在见证一个表意过程——前提是：信号不只是一种刺激，而是可以在接收者那里引起解释性反应。这一过程由于符码的存在而成为可能。

符码是一个表意系统，因为它把在场的实体与不在场的单位搭配成套。当——基于潜在的规则——某物呈现给接收者的感知实际代表了另一物时，即存在表意。在这个意义上，接收者的实际感知和解释行为，对于定义如下这种表意关系并非不可或缺：只要符码预见到所代表的事物与其相关事物之间已经建立的对应关系就足够了，这种对应关系对每一个可能的接收者都是有效的，即使接收者并不存在或将来也不会存在。

表意系统是自主的符号学建构，它有一个抽象的存在模式，独立于任何使之成为可能的潜在交流行为。相反地（除了刺激过程之外），人类——或任何其他智能生物或机械装置——之间的每一个交流行为，都以表意系统为其必要条件。

建立一种独立于交流符号学之外的表意符号学是可能的，即使不是特别可取：但如果没有表意符号学，就不可能建立交流符号学。

一旦我们承认这两种方法必须遵循不同的方法论途径，需要不同的范畴，那么，在方法论上就有必要认识到，在文化过程中它们两者是严格地交织在一起的。这就是下面的问题清单和研究手段将符号学现象的两个方面混淆起来的原因。

0.4　政治边界：领域

承认以上这一点，下列当代研究领域——从明显更“自然”和“自发”的交流过程开始，到更复杂的“文化”系统——就都可以被认为属于符号学领域。

动物符号学：它代表符号学的下限，因为它关注的是非人类

（因此也就是非文化）群落的交流行为。然而，通过对动物交流的研究，我们可以获取关于人际交流的生物学因素的定义：或者承认即使在动物层面上也存在表意模式，在某种程度上，这些表意模式可以被定义为文化的和社会的。因此，这些术语的语义范围被拓宽，我们对文化和社会的概念也相应被拓宽（Sebeok，1967、1968、1969、1973）。

嗅觉符号：浪漫主义诗歌（波德莱尔的作品）已经指出了“气味符码”的存在。如果气味具有情感意义上的内涵价值，那么它也具有明确的指称价值。它们可以作为指示符（Peirce，1931）、作为空间关系的指标（Hall，1966）、作为化学限定符等被研究。

触觉交流：由心理学研究，在盲人之间的交流和空间关系行为中出现并被辨识（Hall，1966）。它被扩展到包括明确编码的社会行为，如亲吻、拥抱、咂嘴、拍肩膀等（Frank，1957；Efron，1941）。

味觉符码：由文化人类学研究，存在于烹饪实践中，在列维-斯特劳斯（Lévi-Strauss，1964）那里能找到对其所作的清晰的“符号学”系统化描述。

副语言学：研究所谓超切分特征及自由变体，维系语言交流，并日益表现出制度化和系统化。参见福纳吉（Fonagy，1964）、斯坦凯维奇（Stankiewicz，1964）、玛尔和舒尔茨（Mahl & Schulze，1964）的研究。特雷格（Trager，1964）将所有没有语言结构的声音细分为(a)“声集”，与性别、年龄、健康状况等有关；(b) 副语言，分为(i)“音质”（音高范围、声唇控制、声门控制、发音控制等），(ii)“发声”，又依次分为（ii-1）“语音区别符”（笑、哭、幽咽、哭诉、抱怨、低语、打哈欠、打嗝等等），（ii-2）“声音限定符”（强度、音高、范围），（ii-3）“语音分隔符”（舌头和嘴唇发出的杂音，伴随感叹词、鼻音、呼吸声、谈话中的哼声等）。副语言学的另一个研究对象，是鼓声语言和口哨语言（La Barre，1964）。

医学符号学：直到不久以前，这还是唯一可以称得上“符号学”（semiotics或semiology）的一种研究（所以直到今天仍然有一些误解）。无论如何，在两种意义上它都属于一般符号学（如本书所述）。一种是作为关于某些符号或症状与疾病之间联系的研究，这是皮尔士意义上的指示符的研究及其分类（Ostwald，1964）。另一种是作为病人如何描述自己内在症状的研究，它延伸到最复杂的精神分析层面，不仅是神经官能症的一般理论和一种治疗方法，而且还是对病人所提供的某些符号意义的系统符码（Morris，1946；Lacan，1966；Piro，1967；Maccagnani，1967；Szasz，1961；Barison，1961）。

人体动作学与空间关系学：手势依赖于文化符码的观点，而今已是文化人类学的习惯性观念。关于这方面研究的拓荒者，参见德·约里奥（De Jorio，1832）、马勒里（Mallery，1881）、克兰保罗（Kleinpaul，1888）、埃弗龙（Efron，1941）、莫斯（Mauss，1950）。当代发展，参见波德-维斯特尔（Bird-whistell，1952、1960、1963、1965、1966、1970）、吉约（Guilhot，1962）、拉巴尔（La Barre，1964）、霍尔（Hall，1959、1966）、格雷马斯（Greimas，1968）、埃克曼和弗里森（Ekman & Friesen，1969）、阿盖尔（Argyle，1972）和其他学者的研究。塞爱维-伊恩（Civ'jian，1962、1965）则研究了仪式化的姿势——从礼仪到礼拜仪式，以及哑剧。

音乐符码：自毕达哥拉斯以来，整个音乐科学一直试图将音乐传播领域描述为严格构建的系统。我们注意到，直到几年前，当代音乐科学都还几乎没有受到当下结构主义研究的影响，关注的依然是几个世纪前吸收的方法和主题。尽管如此，在过去的两三年里，音乐符号学已经被明确地确立为一门寻找“谱系”和发展新视角的学科。在这些先锋作品中，让我们以一九七一年让-雅克·纳蒂埃（J. J. Nattiez）在《游戏中的音乐》中详细阐述的书目为据。至于音乐和语言学之间的关系，以及音乐和文化人类学之间的关系，请参阅雅各布森（Jakobson，1964、1967）、留威（Ruwet，1959、1973）和列维-斯特劳斯（Lévi-Strauss，1965，《生食与熟食》序言）。关于研究新趋势的概要，可以在纳蒂埃（Nattiez，1971、1972、1973）、奥斯蒙德-史密斯（Osmond-Smith，1972、1973）、斯蒂芬尼（Stefani，1973）、普瑟尔（Pousseur，1972）等人的著作中找到。事实上，音乐一方面表现出没有语义层次（或内容平面）的符号学系统问题：而另一方面，有些音乐"符号"（或组合段）具有明确的外延价值（部队里的军号），有些组合段或整个"文本"具有先于文化的内涵价值（"牧歌"或"惊悚"音乐等等）。在某些历史时期，音乐被认为传达了精确的情感和观念上的意义，由符码或至少是由"符码总和"建立，参见巴洛克时期的斯蒂芬尼（Stefani，1973）和帕格尼尼（Pagnini，1974）。

形式化语言：从代数到化学，毫无疑问，对这些语言的研究属于符号学范畴。与这些研究相关的，是对数学结构的考察（Vailati，1909；Barbut，1966；Prieto，1966；Gross & Lentin，1967；Bertin，1967），不要忘记从雷蒙·卢尔（Ramon Llull）到莱布尼茨对"组合术"（ars combinatoria）的古老研究（Mäll，1968；Kristeva，1968；Rossi，1960）。这一标题下，还包括寻找宇宙和星际语言的尝试（Freudentahl，1960①），系统结构，如摩斯密码或布尔代数（Boole's algebra），以及电子计算机的形式化语言（《社会和技术中的语言》，

---

① 但是看看狄克森（Robert M. W. Dixon）在他的《语言学评论》中对这本书提出的反对意见，他发现，即使是作者认为"普世"的数学公式，也是印欧句法模式的抽象，因此只有那些已经知道某些自然语言符码的人才能理解。

1970)。这里出现了“元符号学”问题。①

书面语言、未知字母、密码：对古代字母和密码的研究，在考古学和密码学中已有著名的先例，但对书写的重视相对较新，因为它不同于书面转录的语言规律，关于古典文献的调查，参见盖尔博（Gelb，1952）和特雷格（Trager，1972）。这让我们想起了诸如麦克卢汉（McLuhan，1962）关于印刷技术决定世界观的研究和《古腾堡星系》的人类学革命，或德里达（Derrida，1967b）的“文字学”。弥合经典语义学和密码学之间差距的研究，如格雷马斯（Greimas，1970）对“填字游戏”的研究，以及所有关于谜语和谜题的研究（Krzyzanowski，1960）。

自然语言：这方面的每份参考书目，都应当回溯语言学、逻辑学、语言哲学、文化人类学、心理学等领域的一般文献。我们只需补充一点，符号学的兴趣，虽然一方面来自对逻辑和语言哲学的研究（洛克和皮尔士等），但另一方面，则在结构语言学研究中呈现出其最完整的形式（索绪尔、雅各布森和叶尔姆斯列夫）。

视觉传播：没必要在这里开列参考书目，因为这一课题在本书（第三章）中有明确的论述。但我们必须记住，这类研究涵盖的领域，从形式化程度最高的系统（Prieto，1966），到图形系统

① 这涉及对一种超形式化语言的需要，由空符号（empty signs）组成，并适应于对所有符号学可能性的描述。关于这个由现代符号学家提出的课题，参见克里斯蒂娃的《符号学的扩展》（1967）。她引用俄罗斯林茨巴赫（Linzbach）的研究，预言了一个公理，经由这个公理，“符号学将建立在语言学的尸体上，林茨巴赫已经预言了语言学的死亡。语言学在为符号学奠基，它在论证了符号学实践与我们宇宙的其他复合体的同构性之后，将逐渐屈从于符号学”。因此，符号学将被描述为所有可能的知识——包括艺术和科学——的公理的聚集地。这个建议，由克里斯蒂娃在《完美的符号学》（1967）和《距离与反表征》（1968）中提出，在其中她介绍了林纳特·摩尔（*Une approche possible du Sunyayada*）对“零逻辑主体”和古代佛教文本中的“空”的概念的研究，这令人好奇地联想到拉康的虚空（vide）。但必须指出，这一公理程式的全部内容，都将符号学回指到莱布尼茨的普遍主义特征，而且又从莱布尼茨回溯到中世纪晚期的组合术，再回溯到雷蒙·卢尔。

（Bertin，1967）、色彩系统（Itten，1961），再到像似性符号的研究（Pierce，1931；Morris，1946）。

最近几年，像似符的概念尤其在我本人（Eco，1968、1971、1973）、麦茨（Metz，1970、1971）、贝隆（Verón，1971、1973）、克兰佩（Krampen，1973）、沃利（Volli，1973）等人的作品中受到质疑。最新的研究开始认识到，在相当模糊的"像似论"范畴中蕴含一系列更复杂的符号，从而超越了皮尔士将符号分为规约符、像似符和指示符的三分法。最后，在最高层次我们有对大型图像单位的研究（主要是潘诺夫斯基和夏皮罗）、大众传播中的视觉现象研究，从广告到连环画、从纸币体系到扑克牌和算命卡（Lekomceva，1962；Egorov，1965）、字谜、服饰（Barthes，1967）的研究，直到最近发展至建筑的视觉研究（Eco，1973e）、舞蹈符号研究、地理和地形图（Bertin，1967）研究，以及电影研究（Metz，1970c、1974；Bettetini，1968、1971、1973）。

物系统：作为传播手段的物属于符号学的范畴，范围从建筑到一般的物体（参见 Baudrillard，1968，以及 1969 年期刊《物》的第 13 期专刊《传播》）。关于建筑，参见埃科（Eco，1968）、柯尼希（Koenig，1970）、加罗尼（Garroni，1973）、德·富斯科（De Fusco，1973）的研究。

情节结构：从普罗普（Propp，1928）的研究到欧洲最近的贡献（Bremond，1964、1966、1973；Greimas，1966、1970；Metz，1968；Barthes，1966；Todorov，1966、1967、1968、1970；Genette，1966；V. Morin，1966；Gritti，1966、1968）。值得强调的是苏联人的研究（Sceglov，1962；Zolkovskij，1962、1967；Karpinskaja & Revzin，1966；以及经典的俄国形式主义者）。情节研究在原始神话研究中得到了最重要的发展（Lévi-Strauss，1958a、1958c、1964；Greimas，

1966；Maranda，1968），以及属于民间传说的游戏和故事研究（Dundes，1964；Beaujour，1968；Greimas & Rastier，1968；Maranda，E. K. & P.，1962）。但它也涉及大众传播研究，从漫画（Eco，1964）到侦探小说（Sceglov，1962a），以及十九世纪流行的浪漫故事（Eco，1965、1967）。

文本理论："超措词"（transphrastic）语言学的迫切需要和情节分析（以及诗歌语言分析）的发展，使得符号学认识到，文本概念作为一个宏观单位，是由特定的生成规则支配的，有时，其中的"符号"概念——作为基本的符号学单位——实际上被废止了（Barthes，1971、1973；Kristeva，1969）。至于生成文本语法，参见范·迪克（van Dijk，1970）和裴多菲（Petöfi，1972）的研究。

文化符码：符号学研究最终将注意力转移到一些现象上，这些现象很难用严格意义上的符号系统来定义，甚至用交流系统来定义都很困难，它们却是行为和价值系统。我指的是礼仪系统、等级系统和所谓的"第二模塑系统"（modelling secondary systems）——苏联人用它来指神话、传说、原始神学，它以一种有组织的方式呈现了特定社会的世界观（Ivanov & Toporov，1962；Todorov，1966）。最后是文化类型学（Lotman，1964、1967a），它研究符码如何定义某个特定的文化模式（例如中世纪骑士精神的心理符码），并最终关注到家庭系统这样的社会组织模型（Lévi-Strauss，1947），或者更高层次的团体和社会的有组织的交流网络（Moles，1967）。

审美文本：符号学领域也渗透到传统上属于美学的领域。当然，美学也关注艺术的非符号学方面（如艺术创作心理学、艺术形式与自然形式的关系、审美欣赏的物理-心理学定义、艺术与社会关系的分析等）。但显然，只要认识到（见 3.7）每种符码都允许其元素的审美使用，所有这些问题都可以从符号学的角度来处理。

大众传播：与美学一样，这是一个涉及许多学科的领域，从心理学到社会学以及教育学（Eco，1964）。但近年来，人们倾向于从符号学的角度来看待大众传播问题，而且已经发现，符号学方法在解释众多的大众传播现象时很有用。

当大众传播研究作为一门学科存在时，它不是通过一种特定的研究方法来考察某一特定体裁（侦探小说、连环画、歌曲或电影）的技巧或效果，而是在工业社会中，确立所有这些体裁所具有的共同特征。

大众传播的理论和分析，实际上适用于不同的体裁，其假定条件有：1）工业社会，它相对而言是同质性的，但实际上充满差异和对比；2）传播渠道，使其能够接触到的不是确定的群体，而是处于各种社会情形下的不确定的接收者圈子；3）生产性的群体，通过工业化的方式，生产和发送既定的信息。

当这三个条件同时存在时，各种传播手段（电影、报纸、电视或连环画）之间性质和效果上的差异，就会随着共同结构和效果的出现而逐渐消失。

大众传播研究提出了一个统一的目标，因为它声称，传播的工业化所改变的不仅是接收和发送信息的条件（这些研究的方法论正是与这个明显的悖论有关），它还改变了信息的意义（也就是说，意义被认为是作者设计的信息中不可变更的部分，至于传播方式如何作者并不在意）。为了研究大众传播，人们可以而且应该采用从心理学到社会学以及文体学等各种不同的方法。但是，只有当大众传播的理论和分析被视为一般符号学的一部分时，人们才能计划对这种现象进行统一的研究（Fabbri，1973）。

修辞学：修辞学研究的复兴，目前正在向大众传播学（也就是有说服意图的传播学）研究靠拢。从符号学的角度重新审视传统研究，会产生许多新的建议。从亚里士多德到昆体良，从中世纪和文艺复兴时期的理论家到佩雷尔曼（Perelman），修辞学是符号学研究的续篇（师承语言学），几个世纪前就已经详细阐述过了，现在又为包含符号学的学科提供了工具。因此，修辞学的符号学方面的参考书目，似乎与修辞学的参考书目相同（Lausberg，1960；Groupe μ，1970；Chatman，1974）。

0.5 自然边界：符号学的两种定义

0.5.1 索绪尔

既然我们以一种近似而杂乱的方式考察了整个符号学领域，一个问题就出现了：这些不同的问题和方法能够统一起来吗？要回答这样一个问题，我们必须放弃单纯的描述，而冒险给符号学下一个临时的理论定义。

我们可以从两位学者的定义开始，是他们预言了该学科的正式诞生和科学化的体制：索绪尔和皮尔士。根据索绪尔（Saussure，1916）的定义："语言是一种表达观念的符号系统，因此，可以比之于文字、盲文、象征仪式、礼仪规则、军事信号等等。它只是这些系统中最重要的。因此，我们可以设想有一门研究社会生活中符号生命的科学；它将构成社会心理学的一部分，因而也是普通心理学的一部分；我们管它叫符号学（来自希腊语 *sēmeîon*）。它将告诉我们符号是由什么构成的，受什么规律支配。因为这门科学还不存在，我们说不出它将会是什么样子，但是它有存在的权利，它的地位是预先确定了的。"①

① 译文见索绪尔《普通语言学教程》，高名凯译，第 37—38 页，商务印书馆 1980 年版。——译注

索绪尔的定义非常重要，它为提高符号学的意识做出了很大的贡献。正如将在第一章中所表明的，符号作为双重实体（能指与所指，或符号载体与意义）的概念，预期并促进了符号-功能体的所有相关定义。只要能指和所指之间的关系是建立在一套规则，即“语言”的基础上，那么索绪尔式的符号学似乎就是一种严格的表意符号学。但将符号学视为一种交流理论的人，基本上都是依赖于索绪尔的语言学，这并非偶然。索绪尔对所指的界定并不十分明确，他将其置于一个心理意象、一个概念和一种心理现实之间。但他确实强调了这一点，所指是指任何接受能指的人的精神活动：在索绪尔看来，符号“表达”思想，前提是他对“思想”一词没有柏拉图式的解释，这些思想一定是与人的心灵有关的精神事件。因此，符号可以被暗指为一种交流手段，它发生在两个人之间，目的是为了交流或表达某种东西。并非偶然的是，索绪尔所举的所有符号学系统的例子，毫无疑问都是严格的、规约性的人工符号系统，比如军事信号、礼仪规则和视觉字母。那些认同索绪尔符号学概念的人，对有意的、人工的装置（他们称之为“符号”）与其他自然的或无意图的表现形式进行了清晰的区分，严格地说，这些自然的或无意图的表现形式不应该被称为“符号”。

0.5.2 皮尔士

在这个意义上，皮尔士给出的定义在我看来似乎更全面，更富成效：“据我所知，我是一个开拓者，更确切地说，是一个拓荒者，在清理和开拓我称之为符号学的东西，符号学是关于可能存在的符号活动的根本性质和基本种类的学说”（Peirce，1931，5.488）。“我所说的符号活动，是指一种行为、一种影响，它是或者卷入了三个主体的合作，如一个符号、它的对象和它的解释项，这种三元相关性影响，无论如何都不存在可分解为成对行为的情况”（5.484）。我将在后面更好地定义“解释项”（参见本书第二章）。但很明显，皮尔士的“符号活动”的“主体”不是人类主体，而是三个抽象的符号实体，这种辩证关系不受具体交流行为的影响。根据皮尔士的说法，符号是“在某些方面或能力上对某人而言代表某物的某物”（2.228）。正如我们所看到，符号对某些人来说可以代表别的东西，只是因为这种“代表”关系是以一个解释项为中介的。我不否认，皮尔士也把解释项（那是翻译并解释了第一个符号的另一个符号，以此类推，以至无穷）看作发生在一个可能的解释者心灵中的心理事件。我只是认为，可以用一种非拟人化的方式来解释皮尔士的定义（如本书第一章和第二章所建议的那样）。诚然，同样的解释也适用于索绪尔的建议，但是皮尔士的定义给我们提供了更多的东西。作为符号定义的一部分，它并不要求符号具有被故意发送和人为制造的特性。

皮尔士的符号三元，也可以应用于没有人类发送者的现象，只要它们有人类接收者即可，例如气象综合征或任何其他类型的指示符号。

那些把符号学简化为一种交流行为理论的人，不会把症状看作符号，他们也不接受把任何其他的人类行为特征作为符号，从这些人类行为特征中，接收者可以推断出发送者的一些情况，即使发送者没有意识到向某人发送了某些东西（Buyssens，1943；Segre，1969）。因为这些人坚持认为他们只关心交流，所以他们有权将许多现象排除在符号集合之外。我不否认这一权利，而是要捍卫建立一种能够考虑更广泛的符号现象的符号学理论的权利。

我建议，将所有基于事先确定的社会规约的、可以被认为是代表别的东西的某物都定义为符号。换句话说，我愿意接受莫里斯（Morris，1938）提出的定义：“某物之所以是符号，只是因为它被某个解释者解释为某物的符号……因此，符号学不是研究一种特殊的对象，而是研究一般的对象，前提是（只在于）这些对象共同参与到符号活动中来。”我想，在这个意义上，我们必须接受皮尔士关于符号“在某些方面或能力”上“代表”力量的定义。我要在莫里斯的定义中引入的唯一的修改是解释者的解释，这似乎是符号的一个特征，符号必须被一个*可能*的解释者理解为*可能*的解释。但这一点在第二章会更清楚地讨论。在这里我只想说，人类接收者是表意存在的方法论（而不是经验）上的保证，是由符码建立的符号-功能体的保证。另一方面，假定人类发送者的存在，并不能保证所假定符号的符号性质。只有在这种情况下，才有可能把症状和指示符理解为符号（就像皮尔士所做的那样）。

0.6　自然边界：推理与表意

0.6.1　自然符号

对于指示符号和症状的符号学性质，将在第三章中进行考察和再阐述。在这里，我们只需要考虑两种所谓的“符号”，它们似乎逃脱了交流的定义：它们是（a）自然来源的物理事件和（b）发送者无意发出的人类行为。让我们更仔细地看看这两个例子。

我们可以从烟推断出火的存在，从潮湿的地方推断出雨滴的坠落，从沙滩上的脚印推断出某个动物曾经过，等等。所有这些都是*推理*的例子，我们的日常生活中充满了推理行为。说每一个推理行为都是“符号活动”是不正确的——即使皮尔士这样做了——说每一个符号活动过程都包含着一个推理的过程，这个断言可能是一个过于草率的声明，但可以认为，*存在着必须被认作是符号学行为的推理行为*。古代哲学如此频繁地把表意和推理联系起来，这并非偶然。当事先已经观察到类似的结果时，一个符号被定义为一个结果的明显前件或一个前件的后件（霍布斯，《利维坦》）；作为一个实体，从它可以推断另一个存在的现在、将来或过去的存在（沃尔夫，《本体论》，1952）；作为一个命题，由与其结果的有效的且有启发性的联系构成（塞克斯都·恩披里柯，《高等数学论》）。也许这种直接的推论和表意的识别，留下了许多无法解释的细微差别的阴影：只要加上“当这种联系得到文化上的认可和系统编码时”，这句话就正确了。

第一个发现病人脸上大量红斑与特定疾病（麻疹）之间存在某种恒定关系的医生所做出的是推理：但是一旦这种关系已经约定俗成，并且已经在医学论著中记录下来，一种*符号学规约*就建立起来。[①] 每当一个群体决定把某物识别为另一物的载体并如此使用它时，就存在一个符号。

从这个意义上说，来自一个*自然源*的事件，也必须被列为符号：因为存在一种规约，假定一个表达（感知到的事件）与一个内容（其原因或可能的结果）之间存在符码相关性。一个事件可以是其原因或其结果的符号载体，前提是原因和结果都不能被实际检测到。只有在火不和烟一起被感知到的情况下，烟才能是火的符号；只有当社会规则必然且经常将烟和火联系在一起时，烟才是代表不可见的火的符号载体。

0.6.2 无意图符号

第二种情况是，一个人的行为动作被某人感知为信号手段，即使发送者没有意识到其行为的启示性，它也会揭示出另外一些东西。

---

① 从这一点出发，我们应该确定什么是*规约*。要解释人们如何假定红斑和麻疹之间的规约关系并不难：人们可以使用语言作为元语言工具。但是，那些不能依赖于以前的元语言的规约又如何呢？3.6.7－3.6.9（关于“创造”的符号生产模式）将专门讨论这个主题。对于一个初步令人满意的“规约”的概念，让我们暂时假设是1969年由刘易斯提出的。

一个典型的例子是姿势行为。在某些情况下，我们完全有可能以姿势发现一个人的文化渊源，因为姿势有一种明显的暗示能力。即使我们不知道这些姿势的社会意义，但我们至少可以识别做出那个姿势的人是意大利人、犹太人、盎格鲁-撒克逊人等等（Efron，1941），就像几乎每个人都能认出说汉语或德语的人一样，即使他不懂汉语或德语。这些行为能够表意，即使发送者没有将这种能力赋予它们。

人们可能会认为这种情况类似于医学症状：如果存在一种规则，为某种姿势风格指派以文化渊源，那么这些姿势就会被理解为不受发送者意愿影响的符号。不过没有人能逃脱这样的怀疑：只要这个姿势是由一个人做出的，那么就有一个潜在的表意意图。所以在这种情况下，我们的例子是复杂的，因为我们处理的是与交流实践有很强联系的东西。在症状的例子中，不必有任何实际交流的疑虑，就很容易识别一个表意关系。但在第二种情况下，人们总是怀疑主体是在假装无意识地行动，并带有特殊的交流意图；另一方面，他可能想要表现出他的交流意图，而接收者却将他的行为解释为无意图的。而且，当接收者给这种行为赋予了一个误解的意图时，主体可能也只是在无意图地行动，等等。这种有意图行为和无意图行为的相互作用，以及自愿和非自愿地归因到发送者身上的行为，产生了许多交流上的交换，这可能会导致一系列的错误，如隐蔽意图、双重思考，等等。

表 1 可派生出所有可能的理解和误解。S 代表发送者，A 代表接收者，IS 表示“接收者认为是发送者的意图”，而 + 和 -，表示（发送者）有意图/无意图的发送或（接收者）有意识/无意识的接收：以情形一为例，说谎者故意显出某种疾病的符号来欺骗接收者，而接收者却很清楚地知道发送者在撒谎。第二种情况是，欺骗成功了。在第三和第四种情况下，发送者故意发出一种有意识的行为，而接收者接收到的是一种没有任何意图的简单刺激：恰如为了摆脱一个无

聊的客人，我用我的手指敲桌子，从而表达紧张。接收者可能只把这感知为一种下意识的刺激并引起他的不快；在这种情况下，他不能将意图或非意图归咎于我（这就是为什么+和-放在括号里），尽管后来他可能（或可能不会）意识到我的行为是故意的。

表 1

	S	A	IS
1	+	+	+
2	+	+	−
3	+	−	(+)
4	+	−	(−)
5	−	+	+
6	−	+	−
7	−	−	(+)
8	−	−	(−)

情形一和情形二也表达了与最后一种情况相反的情形：我故意敲击，接收者把我的行为感知为表意，尽管他可能会、也可能不会赋予我的行为以明确的表意意图。在所有这些情形里——它们可以构成戈夫曼（Goffman，1963、1966、1969）研究的许多人际关系类型的恰当的连贯解释——行为之所以成为符号，是因为（受文化规约训练的）接收者做出了将这些行为作为符号的决定，或者是发送者为了刺激接收者做出了将这些行为作为符号的决定。

0.7 自然边界：阈值的下限

0.7.1 刺激

如果非人类的和人类的无意图事件都能成为符号，那么符号学就将其领域扩展到了一个经常被神化的阈值之外：这一阈值区分了符号与事物，以及人造符号和自然符号。但是一般符号学在获得这一领域的同时，也不可避免地失去了对它以前不恰当地要求的另一战略位置的控制。因为当且仅当存在一种规约，允许符号代表别的东西时，才可能将一切都理解为符号，而某些行为反应不是由规约引起的，因此刺激不能被视为符号。

根据著名的巴甫洛夫实验，当受到铃声条件的刺激时，狗会分泌唾液。铃声在没有任何其他中介的情况下引起唾液分泌。然而，从科学家的角度来看，他知道每一次铃声一定对应一次唾液分泌，铃声代表唾液分泌（即使狗不在那里）：两个事件之间有符码对应，因此一个事件可以代表另一个事件。有一个古老的笑话，说两只狗在莫斯科相遇，一只很肥，很阔气，另一只瘦得可怜。后者问前者："你怎么找到食物?"前者动物符号学式地回答道："那很容易。每天中午，我走进巴甫洛夫学院，我开始流口水：紧接着，一个受条件制约的科学家来了，摇铃给我食物。"在这种情况下，科学家对刺激有反应，但狗在唾液和食物之间建立了一种可以反转的关系：它知道对于一个给定的刺激，必须对应一个给定的反应，因此狗拥有一个符码。对这个笑话里的狗而言，唾液分泌是科学家可能作出反应的符号。不幸的是，对现实中的狗来说，事情不是这样的——至少在经典实验的框架内是如此：铃声对狗来说是一种刺激，它不受任何社会符码的约束而分泌唾液，而心理学家认为狗分泌唾液是一种符号（或症状），表明刺激已经被接受，并引发了适当的反应。

在我看来，这个笑话里的狗的态度和心理学家态度之间的区别是很有启发性的：断言刺激不是符号，并不一定意味着符号学方法不应该关注它们。符号学研究的是符号-功能体，但是符号-功能体代表了两个功能项的相关性，这两个功能项（在相关性之外）本质上不是符号学的，然而一旦相关，它们就能获得符号学的本质，就值得符号学家关注。有一些现象可能被草率地列在所谓的非表意的刺激之中，却没有意识到“在某些方面或能力上”它们可以作为“对某人”的符号。

0.7.2 信号

举例来说，信息理论的研究对象不是符号，而是可以定量计算的传输单位，也不考虑它们可能的意义，因此必须称之为“信号”而不是“符号”才恰当。对符号学分析来说，断言这些信号不重要是相当草率的。这样一来，人们就无法考虑到一个符号在语言表意面上的各种特征，它虽然有严格的组织和计算可检测性，但其表意与它的意义无关，只具有对立的价值。符号学在这里面临着它阈值的下限。然而，在我看来，决定是否尊重这一界限是非常困难的。

0.7.3 物理信息

毫无疑问，我们必须将神经生理学和遗传学现象以及血液循环或肺部活动，排除在符号学的考虑之外。但是，如果把感觉现象看作信号从周围神经末梢传递到大脑皮层，或者把遗传看作信息的编码传递的信息理论呢？也许应该谨慎地说，神经生理学和遗传学现象不是符号学家的事，而是神经生理学和遗传学信息理论的事。

所有这些问题，似乎都建议人们应该更加仔细地考虑这个阈值的下限，并给予更多的关注，正如我们将在第一章中所做的那样。

符号学从处于这一阈值下限的学科中获取了许多自己的工具(例如信息和二元选择的概念)，因此人们也很难将其排除在外而不觉尴尬。阈值下限现象应该被独立出来，作为符号现象从非符号现象中产生的标志，作为信号体系和符号体系之间“缺少的一环”。

0.8 自然边界：阈值的上限

0.8.1 关于文化的两种假设

如果“文化”一词按其正确的人类学意义被接受，那么，我们立即面临着三种基本的文化现象，它们显然不具有作为交流现象的特征：(a) 用来改造人与自然关系的事物的生产和使用；(b)作为制度化社会关系核心的亲属关系；(c) 商品的经济学交换。

我们选择这三种现象并非偶然：它们不仅是组成每一种文化的现象（伴随着分节语言的诞生），而且被挑选出来作为不同符号-人类学的（semio-anthropological）研究对象，这些研究的目的是要表明整个文化既是表意的又是交流的，只有建立起交流与表意的关系，人类和社会才能存在。

必须小心地注意到，这类研究可以通过两种假设来明确表达，其中一种相对来说比较“激进”——一种“符号学方面的不容置疑的需求”——而另一种似乎相对“温和”。

这两种假设是：(i) 整个文化*必须*被作为一种符号现象来研究；(ii) 文化的各个方面都*可以*作为符号学活动的内容来考察。激进的假设通常以两种极端的形式流传：“文化*只是*交流”和“文化*不过是*一种有组织的表意系统”。这些规则危险地影射了唯心主义，应该改为：“整个文化*应当*作为一种基于表意系统的交流现象来研究”。这意味着，不仅*可以*用这种方法研究文化，而且正如我们即将看到的那样，只有用这种方法研究文化，才能阐明文化的某些基本机制。

说文化“应该被当作”和“文化是”之间的区别是显而易见的。事实上，说一个物体*是本质上*的某物是一回事，说它可以*被看作*是本质上的某物是另一回事。

0.8.2 工具

我将试着举几个例子。当南方古猿用石头劈开狒狒的头骨时，还没有文化，即使南方古猿实际上把自然元素变成了工具。我们会说文化是在以下情况下诞生的：(i) 一种想法建立了石头的新功能（不管他是否努力把它变成燧石）；(ii) 将其称为“用于某事的石头”（不管是对别人这么说，还是自己大声说）；(iii) 认为它是“名为 Y 的对应功能 F 的石头”（不管是否会第二次使用它，只要认识到这一点就足够了）。[①]

这三个条件导致了如下的符号学过程：在表 2 中，S_1是第一次作为工具使用的石头，S_2是另一块石头，大小、颜色和重量都与第一块石头不同。现在假设我们的南方古猿在偶然使用了第一块石头并认识到它的潜在功能的几天后，发现了第二块石头（S_2），并认出它是个别符，即它是更一般的模型（S_t）的个体表现，这个模型 S_t 是 S_1所关涉的抽象类型。遇到 S_2，并能够将其（连同 S_1）归入 S_t类型之下，我们的南方古猿认为它是一个可能的功能 F 的符号载体。作为 S_t类型的个别符，S_1和 S_2是回溯并代表 F 的表意形式。根据每个符号的典型特征，S_1和 S_2不仅被认为是某个可能意义的符号载体（功能 F）：只要两者都代表 F（反之亦然），而且两者同时（从不同的角度来看）都是 F 的符号载体和意义，并遵循着完全可逆的规律。

---

① 这一切是否适用于南方古猿，我们不得而知。只要坚持所有这些必须适用于第一个有符号行为的存在，就足够了。这可能意味着——正如皮亚杰（Piaget，1968：79）所暗示的那样——智力先于“语言”。但这并不意味着智力先于符号过程。如果“符号 = 语言”这一等式被消除，人们可以将智力和表意视为一个统一的过程。

表 2

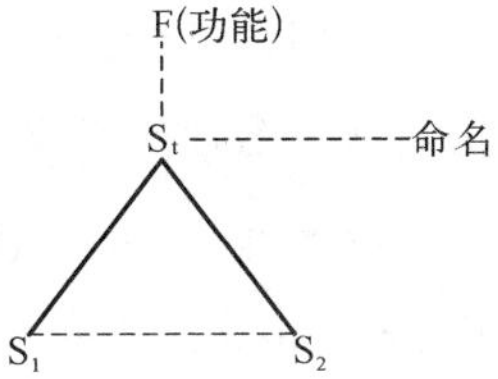

给这种类型石（以及出现的每块石头）命名的可能性，为我们的图表增加了一个新的符号学维度。正如我们将在专门讨论外延与内涵关系的几页中看到（2.3），名称表示它的外延意义是某一“类型石”（type-stone），但立即就意味着“对象石”（object-stone）或“类型石”的功能是这个符号的（下一级）能指。

原则上，这仅仅代表了一种表意系统，并不意味着一个实际的交流过程（除此之外，如果不是为了交流目的，就不可能设想建立这样的表意关系）。

然而，这些条件甚至并不意味着确实存在两个人：这种情况同样可能发生在孤独的海难幸存者鲁滨逊身上。然而，无论谁第一次使用这块石头，都必然会考虑一下是否可以在第二天将已经获得的信息传递给自己。为了做到这一点，他应该精心设计一种辅助记忆的手段，一种对象和功能之间的表意关系。石头的单一用途不是文化。去设定这种功能如何能够重复，并能将这种信息从今天遭遇海难的孤独的人传递给明天的同一个人，这才是文化。孤独的人既是传播的发送者，又是传播的接收者（基于非常基本的符码）。显然，这样一个定义（以其完全简单的用语），可以意味着对思想与语言的统一：这是一个言说的问题，就像皮尔士说的那样（5.470－5.480），甚至思想也是符号。但是，只有当我们考虑到一个遭遇海难的人与自己交流的极端例子时，这个问题才会以极端的形式出现。只要有两个个体，就可以把这个问题转化为可观察到的符号载体，而不是思想。

当两个人开始交流时，人们很可能会想象，可以观察到的是语言或象形文字符号，发送者通过名称向接收者传达对象石及其可能的功能（如：/headsplitter/或/weapon/）。但由此我们只能得出第二个假设：文化对象成为可能的言语交流的内容。而首要的假设是预先假定发送者可以传达对象的功能，即使不一定涉及文字名称而只需要展示对象。因此，他认为一旦石头的可能用途概念化，石头本身便成为其事实上的用途的具体符号。进而说明了这样一个问题（Barthes，1964a）：一旦社会存在，每一种功能都自动转化为该功能的符号。一旦文化存在，这就是可能的。而只有当这是可能的，文化才能存在。

0.8.3 商品

我们现在讨论经济交换等现象。我们首先必须消除每一个“交换”都是“交流”（就像有些人认为每一次交流都是一次“转移”）的歧义。没错，因为每一次交流都意味着信号的交换（正如信号的交换意味着能量的转移），但也有商品（或妇女）的交换，这些交换不仅是信号的交换，而且是可消费的身体的交换。可以把商品交换看作一种符号现象（Rossi-Landi，1968），并不是因为商品交换意味着物质交换，而是因为在交换过程中商品的使用价值转化为交换价值——因此，一个表意或象征化的过程发生了，后来，货币的出现完善了这一点，货币代表其他东西。

支配商品交换的经济关系（正如卡尔·马克思在《资本论》第一卷中所描述的那样），可以用与“工具石”（tool-stone）所履行的符号-功能体的相同的方式来表示（表 3）。在表 3 中，C_1和 C_2是两种没有任何使用价值的商品（表 2 已经从符号学角度表示了这一点）。在《资本论》的第一卷中，马克思不仅展示了所有商品是如何在一般的交易系统中成为代表其他商品的符号的；他还认为，这种相互表意关系之所以成为可能，是因为商品体系是通过对立的方式构建的（类似于语言学所阐述的为了描述——例如——语音系统的结构）。在这个系统中，//*商品编号 1*//变成了在其中表达“商品编号2”的交换价值的商品（《商品编号 2》是用于表达//*商品编号 1*//的交换价值的商品）①。这种表意关系之所以成为可能，是因为存在一个我们可以记录为 Ev（交换价值）的交换参数。如果在一个使用价值系统中，所有项都回溯至功能 F（对应于使用价值），那么，在交换价值系统中，Ev 回溯至生产 C_1 和 C_2 所需的人类劳动（该参数记为 HL）。在一个更复杂的文化体系中，所有这些项都可以与一般等价物——货币（这在某种程度上，对应了商品及其抽象和“类型”等价物 HL 与 Ev 所代表的文化名称）——相关联。一枚硬币（作为符号载体）和一个单词之间的唯一区别是，单词不需要经济上的努力就可以被复制，而一枚硬币是一种不可复制的物品（它具有其商品对象的一些特征）。这只是意味着有不同种类的符号，它们必须根据其表达物质的经济价值加以区分。马克思主义的分析还表明，支配资本主义经济的符号学图表，将 HL 和 Ev（两者是相互等价的）与第三个要素——执行 HL 的工人所获得的工资——区分开来。HL、Ev 和工资之间的这种差距构成了剩余价值。虽然这一事实从经济学的角度来看非常明显，但并不与我们的符号学模型相矛盾，相反，

① 因为这是一本符号学著作，而不仅仅是语言学著作，我有时不得不引用非语言手段作为特定文化内容的符号载体（参见第二章）。我决定在斜线（/xxx/）之间表示符号载体，又因为在书中，即使是引用一个对象也需要通过一个单词来实现，所以让我们假设，当一个非单词的东西被当作符号载体，并因此被一个单词表示时，这个对应的单词将在双斜线之间以斜体书写（//*xxx*//）。因而，双斜线意味着“对象通常对应于这个词”。因此/automobile/表示“汽车”这个词，而//*automobile*//表示通常被称为/automobile/的对象。

它显示了符号学如何能够阐明文化生活的某些方面。而从某种角度看，经济学的科学研究方法在于如何发现某些表层符号学编码的片面性，即它们的意识形态特性（3.9）。

表 3

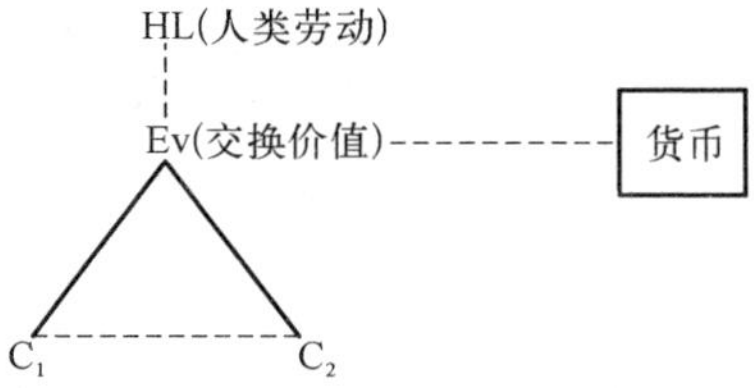

如果回过头去看表 2 就会发现，即使是表 2 也只是更复杂关系的片面再现。事实上，石头不仅有那种特殊功能 F（比如劈头骨），还有许多其他的功能。一个可能的全域符号系统（即文化的整体表征），必须考虑到每一个可能的使用价值（即每一个可能的语义内容或意义），或一个特定的对象——从而记录各种功能的同义与异义。

0.8.4 妇女

现在让我们考察妇女交换的问题。在何种意义上这可以被认为是一个象征性的过程？在交换的背景下，妇女似乎是通过生理操作被使用的物理对象（被消费，如食物和其他商品）。但是，如果妇女只是丈夫为生孩子而与之发生性关系的肉体，那么就不能解释为什么不是每个男人都与每个女人交配。为什么在某些习俗的约束下，人们不得不选择一个（或多个，视习俗不同而定），遵循非常严格和顽固的选择规则？因为这只是一个女人的符号价值，使她在系统内与其他女人对立。女人，当她成为“妻子”的那一刻，就不再仅仅是一具肉体：她是一个符号，暗示着一种社会义务体系（Lévi-Strauss，1947）。

0.8.5 文化作为一种符号学现象

所以，我的第一个假设如何从符号学中得出文化的一般理论，并最终取代文化人类学，这很明显。但是，把整个文化归结为符号学，并不意味着人们必须把整个物质生活归结为纯粹的精神活动。以符号学的形式纵观整个文化，并非是说文化仅仅是一种交流和表意，而是说从符号学的角度看，文化可以得到更透彻的理解。生产对象、行为和关系，以及价值功能，之所以具有这样的社会功能，正是因为它们遵循符号学规律。至于前文说到的两条假设中那条温和的假设，它只是意味着文化的每个方面都成为一个语义单位。

如果说一个对象类别（比如《汽车》），通过符号 = 载体/汽车/来表示，就变成了一个语义实体，这个看法并不能让我们的研究取得多大进展。很明显，当氯化钠被视为符号载体/盐/的意义时（反之亦然），符号学也与氯化钠有关（后者不是一种文化实体，而是一种自然实体）。

但是我们的第二个假设暗示了更多的东西，即意义系统（被理解为文化单位系统）被组织成结构（语义场和语义轴），这些结构遵循与符号载体结构相同的符号学规则。换句话说，《汽车》一旦与符号载体/汽车/相关联，它就不仅仅是一个语义实体。只要它被安排在一个对立轴上，并与其他语义单位如《马车》《自行车》或《脚》（在“乘车”与“步行”的对立中）发生关联，它就是一个语义单位。从这个意义上说，至少有一种方法可以从符号学的层面来考虑所有的文化现象：符号学中任何不能用其他方法研究的东西，都可以在结构语义学的层面上得到研究。但问题并没有那么简单。汽车可以从不同的层面（从不同的角度）来考察：(a) 物理层面（它有重量，由某种金属和其他材料制成）；(b) 机械层面（它根据一定的规律运行并完成一定的功能）；（c）经济层面（它有一个交换价值，一个固定的价格）；（d）社会层面（表示一定的社会地位）；（e）语义层面（它不仅本身是一个对象，而且是置入文化单位系统中的文化单位，它与这个系统建立了某种关系，这种关系可以通过结构语义学来研究，即使我们用来指称它们的符号载体改变了，它们之间的关系仍然保持不变；甚至，也就是说，如果我们说/car/或/coche/而不是/automobile/，这种关系依然不变）。

现在让我们回到层面（d），即回到社会层面。一辆汽车（作为个体的具体物体）表明某种社会地位，它于是获得了一种象征价值，不仅被作为语言或图像交流的内容（这就是语义单位的《汽车》，通过符号载体/car/或/voiture/或/bagnole/的方式来表示的时候）成为了一种抽象的类别所指，它作为物体还具有象征价值。换句话说，物体//*automobile*//成为语义单位的符号载体，语义单位不仅是《汽车》，而且是《速度》《方便》或《富有》。物体//*automobile*//也成为其可能使用的符号载体。在社会层面上，物体作为对象，已经有了自己的符号-功能体，因此具有符号学性质。因此第二种假设，即文化现象是一种可能的表意内容，已经回到了第一种假设，即文化现象必须被视为一种表意手段。

现在让我们来考察层面（c），即经济层面。我们已经看到，一个对象，根据它的交换价值，可以成为其他对象的符号载体。这只是因为所有的商品都在这个体系中占有一个位置，通过这个位置，它们与其他商品相对立，有可能建立一个商品符码，其中一个语义轴与另一个语义轴相对应，第一个商品轴成为第二个商品轴的符号载体，而第二个商品轴又反过来成为第一个商品轴的意义。同样，即使在言语语言中，一个符号载体（/automobile/）也可以成为另一个符号载体（/car/）在元语言讨论中的意义，就像我们在前面几页中所讨论的那样。因此，第二个假设与第一个假设相关。在文化中，每一个实体都可以成为一种符号学现象。表意法则便是文化法则。为此，文化允许一个持续的交流性的转换过程，只要它作为一个系统化的表意系统存在。文化完全可以在符号学的框架下研究。

0.9 认识论的边界

但还有第三种阈值，认识论的边界，它不依赖于符号学对象的定义，而是依赖于学科本身的理论“纯粹性”的定义。换句话说，符号学家应该始终对他的对象和范畴提出疑问，以决定他是否在处理一个理想的符号生产者之纯粹能力的抽象理论（一种能够以公理化的、高度形式化的方式假定的能力），或者，他所关注的是一种受变化和重组影响的社会现象，类似于一个由部分和暂时的能力交织而成的网络，而不是一个水晶般不变的模型。我可以这样说：符号学的对象可能有点像（i）海洋表面，其中，独立于水分子的连续运动和海底水流的相互作用，有一种平均结果形态，这就是所谓的海，（ii）或者是一个精心安排的景观，在这里，人类的干预不断地改变着定居点、住宅、种植园、运河等的形式。如果你接受第二种假设，它构成了本书潜在的认识论设想，你也必须接受符号学方法的另一个条件，它不像探索海洋，船的尾迹一过就消失了，却更像是在森林里探险，车的痕迹或脚印确实改变了探险的景观，因此，探险家对它的描述也必须考虑到他自身所引发的生态变化。

根据我打算提出的符码和符号生产理论，符号学方法显然是由一种不确定原则所支配的：就表意和交流是决定社会组织和社会进化的社会功能而言，关于“说”的“说”、关于“表意”的“表意”、关于“交流”的“交流”，必然影响“说”、“表意”、“交流”的体系。

研究“符号活动”现象的符号学方法，必须以这种对自身局限性的认识为特征。通常情况下，真正的“科学”意味着不要假装比实际情况所允许的更“科学”。在“人文”科学中，人们经常发现与许多科学方法相同的“意识形态谬误”，即相信自己的方法不是意识形态的，因为它成功地做到了“客观”和“中立”。就我个人而言，我想分享一种怀疑的观点，即认为所有的探求都是“有动机的”。理论研究是社会实践的一种形式。每个想了解某事的人，都是为了做某事才想了解它。如果他声称，他想了解它只是为了“了解”而不是为了“做什么”，这就意味着，他是为了什么也不做而去了解某事的，这实际上是一种鬼鬼祟祟的做事方式，也就是说，让世界保持原样（或者按照他的方法假定应该如此）。

在其他条件不变的情况下，我认为，不隐瞒自己动机的做法更“科学”，以免读者产生任何“科学”的错觉。如果符号学是一种理论，那么它应该是一种允许对符号学现象进行持续批判干预的理论。既然人们会说话，那么解释他们为什么会说话以及如何说话就必然会决定他们未来的说话方式。无论如何，我都难以否认，这决定了我自己的说话方式。

第一章　表意和交流

1.1　基本交流模式

如果每一个交流过程都必须解释为跟一个表意系统相关，那么，要在关于交流的最基本术语中对其进行打量的话，就有必要遴选出基本的交流结构。尽管每一种表意模式都是一种文化规约，但是，似乎存在着这样一种交流过程，它看起来根本没有文化规约而只有刺激的传递——正如导论0.7所说的那样。当所谓物理“信息”在两个机械设备之间传输时，就会出现这种情况。

比如，浮标向汽车操作台发出信号指示汽油所达水平线，这个过程完全依靠因果机械链。但是，按照信息论原理，一个“信息”过程在某种程度上也可以看作是一个交流过程。我们所举的这个例子没有考虑到，一旦浮标发出的信号到达汽车操作台，并转化为可视化的测量装置（测量装置是一条可移动的红线或一个摆动臂），会发生什么情况。无疑，这个转化过程是一个信号过程，在这个过程中，摆动臂根据规约化的符码而代表汽油达到的水平线。

但是，对符号学理论来说，这个例子让人迷惑的是发生在人们查看指针之前的过程：虽然，在人们查看指针的这一瞬间，指针所指就是表意过程的起始点，但在这一瞬间之前，它只是先前的交流过程的终点。这个过程中，我们不能说浮标的位置代表指针的运动：浮标不是“代表”，而是刺激、诱发、引起、导致指针的运动。

因此，我们有必要了解有关这类过程的更深入的知识，这类过程构成了符号学的阈值下限。让我们勾勒一个非常简单的交流场景[①]。一位位于河流下游的工程师要通过安置在山间峡谷的水闸了解汛情。当水量达到某个水平线时，就定义为“危险线”。

无论有水还是无水，无论水量高于还是低于危险线，具体高多少、低多少，水量增长率如何——所有这些能从水域发送出来的讯息一起组成信息，水域因而被看作信息源。

因此，工程师在这个水域设置一种浮标，当浮标达到危险水平时，就触动发射器发射出电信号，通过电子通道（电线）传输到下游的接收器；这个装置把信号转换成既定的要素串（即释放一系列机械指令），它们构成终端设备讯息。从这一点上说，为了矫正来自源头的某些讯息（比如开闸造成水流缓慢排放），终端设备要能够识别并作出回应。这种情形通常描述为下图：

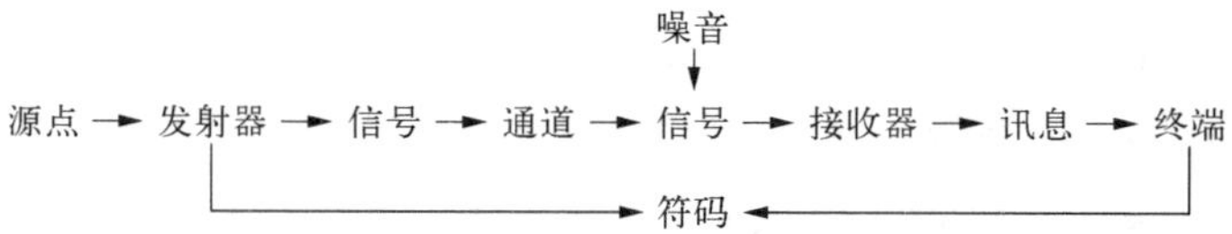

在这个模型中，符码是为了确保特定的电子信号产生特定的机械讯息以得到特定回应的手段。工程师可以建立如下这种符码：信号出现（+A）相对于信号缺席（-A）。当发射器感应到浮标，就发出信

① 下面的模型是借自德·毛罗（De Mauro，1966），这一模型在他 1971 年出版的《感觉与意义》（*Senso e significato*）一书中被再次提及。该书是关于符号学的符码问题最清楚、最有用的入门书之一。

号＋A。

但是，这个“水闸模型”也预见到了信道中可能的噪音。也就是说，任何可能改变信号性质的干扰，从而使信号难以探测，或者是出现本该发出－A却发出了＋A的情况，反之亦然。因此，工程师必须使用更复杂的符码。比如，如果他设置了两个不同层面的信号，叫作＋A和＋B，那么他就要处理三个信号①，相应地，终端就要设置成能作出三种回应。

＋A产生“休眠态”

＋B产生“反馈”

－AB（和＋AB）产生紧急信号（这意味着某处有故障）

符码的复杂增加了整套装置的成本，但使信息传输更为可靠。然而，有可能大量的噪音能产生＋A而不产生＋B。为了避免这种风险，符码必须足够复杂。假设工程师设计了四种正符号，规定每一种讯息都必须包括其中两种。这四种正符号分别代表四种不同的水位。为了更好地控制整个进程，工程师决定用四个电灯泡代表这四种符号。灯泡可以按位置序列排列，这样，当A在B前时就能被识别出来，如此等等；也可以把它们设置为具有四种不同颜色的灯泡，以波长递进的方式设为绿、黄、橙、红。必须非常清楚的是，终端装置不必“看”灯泡（因为它并没有感知器官），但是，对工程师来说灯泡是有用的，因为他能通过灯泡看出发生了什么。

我们要补充说明电子信号和闪亮的灯泡之间的对应关系。毋庸置

① 与前面的例子（＋A vs. －A）不同，信号的缺席不再是一个信号，因为现在一个信号的缺席是另一个信号被检测到在场的条件。另一方面，符号的同时缺席和同时出现被看作同义手段，二者都表示设备出了某种故障。

疑，这种对应关系构成了一种新的符码现象。电子信号是由发射器接收信息源讯息，并将其转换为机械讯息，而灯泡则显然是被另一种接收器触动而发出光亮，这需要特别注意。为方便起见，我们将把传到终端的讯息和灯泡看作同一现象的两个方面。从这一点来看，至少是从理论角度来看，工程师在他的设计中要考虑十六种可能的讯息：

AA	BA	CA	DA
AB	BB	CB	DB
AC	BC	CC	DC
AD	BD	CD	DD

既然 AA、BB、CC、DD 都只是单一信号的简单重复，因此它们不能被即时发出。有六种讯息是另外六种的简单颠倒（比如，BA 是 AB 的颠倒，这种情况是两种信号的偶然连续，不能纳入考虑范围）。因此，事实上，工程师需要考虑六种讯息：AB、BC、CD、AD、AC 和 BD。假设他指定 AB 表示“危险水平”，那么他的设计中就有五条“空”讯息。

这样，工程师得到了两个有趣的结果：(i) 噪音触动两个错误灯泡，这几乎不可能发生；但可能的是，任何错误的触动都会产生无意义讯息，比如 ABC 或者 ABCD，因此，很容易被探测为设备故障；(ii) 既然符码已经复杂化，传递装置的成本已经增加，工程师可以通过对符码的更大信息量的使用，去分摊成本，从而更好地利用这一投资。

事实上，凭借这样的符码，他能得到发生在源头的更丰富的信息，并能更好地指示和决策，挑选出有待通知的更多的事件，以及让装置可释放出更多机械回应，以便更紧密地操控整个过程。于是，他建立起能标志更多水文状态的新符码，进而导出更连贯清晰的回应（见表4）。

表4

(a) 电灯泡	(b) 水文状态 或者有关水文 状态的概念	(c) 终端回应
AB=	危险水平=	水流排放
BC=	警报水平=	警报状态
CD=	安全水平=	休眠状态
AD=	不充足水平=	水量补给

符码复杂化已经在符码中引入了冗余：采用两个信号来提供一条信息。但是，冗余也提供了更充足的讯息，从而使工程师能够识别源头的更多情形，并建立更广泛的终端反应关联。事实上，冗余已经多提供了连工程师都不想使用的两种讯息（AC和BD），利用它们，他可以（结合其他的适当反应）标记水域的其他状态。这样的讯息也能用来引入同义概念，即危险水平同时标记为AB和AC。不管怎么说，对工程师的目标来说，所采用的符码看起来已是最优化的，将其过于复杂化则是不明智的①。

1.2 系统和符码

一旦水闸模式确立，工程师完成他的项目，符号学家就可能会问他一些问题，比如：(i) 你把“符码”称作什么？你通过什么装置

① 显然，从现在开始，即使机器说谎（不管是失误还是受所谓“邪恶天才”的操控），符码也是有效的。符号被设定为指示真实的水文状态，但符号传递的不是事实状态而是关于事实的概念。

知道水域的某种状态和一套既定的发光灯泡相对应？（ii）照此看来，机械设备具有符码吗？那么，终端是识别所接收讯息的“意义”，还是简单地回应机械刺激？（iii）终端是通过基于符码的一系列反应来对应既定的一系列刺激吗？（iv）符码是为谁而设置的？为了你还是为了装置？（v）不管怎么说，许多人会把灯泡系统中的内在组织称作符码，而忽略掉通过其系统组合进行标记的事物状态，难道这不是真的？（vi）最后，水域中那么多种类的可能状态只被分为四种——有时被叫作“符码”——难道这不是事实吗？

人们可以这样持续提问好长时间。但是，似乎又不必如此，因为，非常清楚的是，在/符码/名义下，工程师至少考虑了四种不同现象：

(a) 受内部组合规则制约的*信号*。这些信号不必与水闸模式中传达的水文状态相联系或可联系，也不必与由工程师设定而允许引发的终端反应相联系。它们能传达有关事件的不同概念，并引发一系列不同的反应。比如，它们能用来传达工程师对住在下一片水域的女孩的爱慕，或者用来说服女孩回应他的爱情。甚至，这些信号能畅行于通道中但并不传输或引发任何讯息，它们只是为了测试发射器和接收器的机械效能而已。结果，它们可以被视为纯粹的组合结构，只是偶然地具有空位和非空位对立互动的电子信号形式——正如在 1.3 中将会论及的那样。它们可被称为*句法系统*。

(b) 跟水文*概念*有关的一系列水文状况，也可以是一系列潜在的交流内容，如同在水闸模型中那样。这样的话，它们能够用信号（灯泡）来表示但又独立于信号之外。事实上，它们能由任何其他类型的信号表示，比如旗帜、烟、词语、哨声、鼓声等等。我们把这一系列“内容”叫作*语义系统*。

(c) 终端角度的一系列可能的*行为反应*。这些反应不依赖于系统(b)。它们可能是为了使一台洗衣机工作才被释放，或者，假如工程师是一位“科学狂人”，在水面达到危险线时，为了在水域中引入更多水而引起洪灾，而将它们释放出来。它们也可能由系统（a）引发。比如，只有在运用光电池检测到弗雷德·阿斯泰尔亲吻金杰·罗杰斯的图像时，终端才得到指示进行排水。从交流角度说，这些反应就是证据，说明终端已经准确接收了讯息。许多哲学家坚持认为，“意义”充其量就是对于特定情形中刺激引发的反应的可检测性（Morris，1946）。但是，这方面可以忽略不计，因为目前这些反应被看作不依赖于任何传输成分。

（d）系统（a）的某些项与系统（b）（c）的某些项的耦合的规则。这一规则把特定的句法符号序列回指向特定的水文状态，或者指向特定语义系统中“相关的”部分。一旦相互耦合，句法单位和语义单位就可以跟特定的行为反应相对应，或者，即使语义成分不曾予以标记，而只由信号的特定序列形式跟特定反应相对应，如此等等。

只有这种形式复杂的规则称作“符码”才相对恰当。但是，在很多语境中，/符码/这个术语不仅涵盖了现象（d）（像在摩斯密码中），也涵盖了（a）（b）（c）这样的纯粹组合关系系统。比如，被称为“音系学符码”的，是像（a）一样的系统，“发生学符码”像（c），“亲属关系符码”要么是像（a）那样的基层组合系统，要么是跟（b）非常相似的亲子关系系统。

因为这种同名异实现象有经验基础，而且在某些情形下也非常实用，所以我并不想对它提出非议。但是，为了避免因同名异实而造成重大的理论危害，我们必须清晰地区分开两种“符码”。所以我们把（a）（b）（c）所勾勒的句法的、语义的和行为的成分系统叫作s-符码（或者叫作系统符码），而把使一种s-符码的条目和另一种或另几种s-符码系统的条目的耦合的规则——如（d）所述的规则——仅称作符码。

s-符码是能独立存在的系统或“结构”，它不依赖于任何一种表意或交流目的。这样，它也可以被信息理论或各种生成语法加以研究。它们由有限的几组要素遵循对立规则和组合规则结构而成，可以生成有限的和无限的要素链或要素串。但是，在社会科学中，这样的系统几乎总是被认作或被安排成是为了表明该系统如何才能传达另一系统中的全部的或局部的成分，而后者又总是与前者在某方面关联着，反之亦然。在一些数理学科中也是如此。换句话说，这些系统在某方面互相联系、具有某种功能，被称为“符码”，通常是在这种情况下它们会受到人们的重视。

s-符码只有在被置入表意框架或者是某一交流框架（即符码）时，才值得理论关注。这种理论上的关注聚焦于它的预期目标：非表意系统被转喻地转称为“符码”，并被理解为符号整体的一部分而与符号整体共享一些相同的属性。

这样，s-符码通常被称作“符码”，但这种惯常的称呼是凭借修辞习俗而来，淘汰它可能才是明智之举。相反，/s-符码/这个术语能合理合法地应用于符号学现象（a）（b）（c）而没有修辞的误用之忧，因为，从技术上讲，所有这些现象都是“系统”，即使它们各自由迥然不同的成分组成，却都提出了同样的形式规则，即（a）电子信号，（b）关于世界状态的概念，（c）行为反应。

1.3 作为结构的s-符码

如果不考虑能跟它发生联系的其他系统，s-符码就是一种结构，也就是说，它是这样的一个系统：（i）在这系统中，每一点价值都依靠位置和区别得以确立，并且，（ii）只有当把不同现象进行比较，以其与同一系统的联系为参照时，系统才得以显现。“把这个序列本身作为一个结构，这需要满足两个条件：它是一个由内部统一性制约着的系统；并且，这种统一性在一个孤立的系统中难以观察，在转换研究中才被揭示出来，通过转换研究，相近的属性在明显不同的系统中才得以分辨清楚”（Lévi-Strauss，1960）。

在水闸模型中，(a)（b）（c）三个系统是同源结构。让我们考察一下系统（a），其中有四种成分（A、B、C、D），它们要么出现要么缺席：

A = 1000

B = 0100

C = 0010

D = 0001

由它们生成的讯息可以用同一种方式进行探测：

AB = 1100

CD = 0011

BC = 0110

AD = 1001

AB 是可识别的，因为它的特征顺序与 BC、CD、AD 等是相反的。系统的每个成分都能进行替代和对换测试，可以通过另一个成分转换生成；即使是用它来组织四个水果、四只动物或者四个火枪手而不是四个灯泡，整个系统可以同样地运作。

系统（b）依赖于同样的结构机制。把 1 作为水量的最小单位，水量从不足水平到危险水平的增长过程可能遵循的是某种“像似性”进程，其反面是水的消退过程，由系统（c）代表，其中，0 代表排水量的最小单位：

(b)	(c)
（危险）1111	0000（排水）
（警报）1110	0001（警报）
（安全）1100	0011（休息）
（枯水）1000	0111（注水准入）

顺便要说的是，如果（b）和（c）之间出现逆对称，是因为这两个系统事实上被看作是互相平衡的。但是，系统（a）的结构属性的表现看起来跟另外二者并不相似，因为（a）的字符串跟（b）（c）的单位之间的对应关系是任意选择的。为了标记“危险”并引发“排水”，人们可以选择讯息 ABCD（IIII）。但是，正如在“1.1”中强调的那样，这种选择可能把信息处理推向更大的噪音风险。因为这里不是按照这三个系统的潜在关系加以考虑的，所以我想说明的只是，每一种方法如何能够独立于其他方法，依赖于相同的结构矩阵，从而能够根据不同的组合规则生成不同的组合。当对三种系统的格式进行比较时，它们的差异和它们互相转换的可能性就变得清晰起来，究其原因，准确地说，就是因为它们有相同的底层结构。

系统的结构配置具有重要的实用功能，并表现出一定的特性。[①] 这使得情景可以被理解，而且能跟其他情景进行比较，因此为可能的符码关系铺平了道路。它把全部条目编排为组织精密的结构整体，

① 从这一点上看，现在出现的一个问题是：被如此定义的结构是一种客观的现实，还是一种可操作的假设？在接下来的几页中，使用“结构”这个术语是以认识论的如下前提作为依据的：从统一的角度说，结构是为了规范多样化的现象而设立和假定的一种模型。人们有权怀疑那种看法：只要这些简化模型成功地解释了许多现象，它们就可以很好地对某些“自然的”次序进行再生产，或者反映人类心理所具有的某些“普遍的”功能。这种观点在方法论上的缺陷在于它是终极假设，即：当通过统一的结构模型成功地解释某些现象时，人们就掌握了世界的公式（或者人类的，或者社会机制的公式），将其作为具有本体论性质的资料。避免这种方法论缺陷，对我来说很重要。反对这种本体论的结构主义的观点的论说，请参见埃科（Eco，1968）。

其中，每个单位通过一系列二元排除法与其他单位相区别。这样，系统（或 s-符码）就具有了内部语法，它们由信息数学予以适当的研究。原则上，信息数学跟信息传递工程无关，因为它只研究 s-符码的统计学特性。这些统计学特性允许在给定的信息情况下对信息的最佳传输进行正确和经济的计算，但这两个方面可以独立考虑。

另一方面，重要的是，信息的“语法”要素不仅解释了句法系统的功能，而且解释了各种结构化系统的功能，例如语义系统或行为系统。信息论没有解释的是符码作为关联规则的功能。在这个意义上说，信息论既不是一种表意理论，也不是一种交流理论，而只是一种关于 s-符码的抽象组合可能性的理论。

1.4 信息，交流，表意

1.4.1 几种方法论的分野

我们先概述一下目前的方法论研究现状：

/信息/这个术语有两个基本含义：(a) 它表示信息源的统计属性，换言之，它表示可以传输的信息量；(b) 它指的是实际发送和接收的选定信息的精确数量。按照含义（a），信息可被视为以下二者中的任何一种：(a，i) 人们处理既定的自然信息源所获得的信息，(a，ii) 当 s-符码削弱这一信息源的等概率性时，人们所获得的信息。按照含义（b），信息可以按以下任意一种方式进行计算研究：(b，i) 通过某一信号通道的信息片段不具有任何交流功能而只是简单刺激，(b，ii) 通过一段信号通道的信息片段具有交流功能，换言之，它们已被编码为某些内容的载体。

因此，我们必须考虑到对四种不同形式对象的不同研究方法，即：

（a，i）信息的数学理论结果，作为信息源的统计学特性的结构理论（见1.4.2）；这种理论不直接关注符号学研究方法，除非它导致（a，ii）；

（a，ii）信息的数学理论结果，作为s-符码的生成特性的结构理论（见1.4.3）；这种研究方法对符号学的研究目的有用，因为它为功能项的语法研究提供了元素（见2.1）；

（b，i）信息工程研究的结果，涉及把非表意的信息作为单纯的信号或刺激来传递的过程（见1.4.4）；这些研究不直接涉及符号学方法，除非它们导致（b，ii）；

（b，ii）信息工程研究的结果，涉及那些用于交流目的的表意信息被传递的过程（见1.4.5）；这种方法从符号学角度看是有用的，因为它为符号生产理论提供了元素（见第三章）。

由此，符号学研究方法原则上对（a，ii）和（b，ii）感兴趣；同时也对（a，i）和（b，i）感兴趣——这些构成了符号学的低阈值——因为这一理论和信息工程学为符号学研究方法提供了有用而更高效的范畴。

正如将在第二章所示的那样，研究（a，ii）类型的系统如何成为同类型中另一系统的内容平面的符码理论，将使用像“意义”或“内容”这样的范畴。这些范畴和“信息”范畴毫无关系，因为信息论不关心它所涉及的单位能传达的内容，而充其量只会关心这些所传达的单位系统的内部组合性质，因为这也是一种s-符码。①

① 因此，说水闸模型的终端装置不依赖于符码，这是正确的。就是说，它不接受任何交流，不“理解”任何符号-功能体。因为终端装置是（b，i）理论的正式研究对象，这种理论研究刺激物通过一段通道时和到达终点时的数量。相反，工程师建立了模型，也关注（b，ii）理论。就他的关注度而言，根据这种理论，信号传输内容，那它就是符号。对所谓“遗传符码”而言，情况是相同的。它既是（a，i）又是（b，i）理论的研究目标。因为神或者任何其他能设计遗传信息的传输系统的人的缘故，它只能是（b，ii）理论的目标。事实上，遗传学家对遗传现象的描述是一种s-符码，它把一种解释性结构置于一系列不精确的生物学过程中，因此，“遗传符码”可能是（a，ii）理论的研究对象，从而允许对（b，ii）作比喻性的和启发式的解释，参见上一条注释和0.7的讨论。至于对“遗传符码”的符号学“解读”问题，也可参见格拉西（Grassi，1972）。

1.4.2 信息源的信息

按照（a，i）的意义，信息只是对于等概率系统中事件可能性的测量。可能性是事实数量间的比率，即成为现实的事件量和可能的事件总量之间的比率。系列事件和该系列事件的可能性之间的关系就是数列和几何序列间的关系，后者代表前者的二进制对数。这样，假定在 n 种实现可能性中选定一个将要成为事实的事件，一旦被选定，由被选事件的发生所表示的信息量就由如下公式算出：

$$\log n = x$$

为了把这个事件分离出来，需要 x 个二进制选择，该事件的实现就相当于 x 比特的信息量。在这个意义上，当用作交流手段时，“信息”值不等同于该事件的可能性内容。它所计量的是不加含糊地定义该事件的必要备选项的确切数量。

然而，因为事件已被选定，它就已经是被检测到并准备着最终要传递出去的信息。在这个意义上看，它更具体地涉及（b，i）理论。

相反，（a，i）意义上的信息“所说”的并不如“能说”的那么多。信息代表着在事件的可能选择中可供挑选的自由，因此，它首先是信息源的一种统计属性。信息是几种组合可能性中的等概率值，这个值随着可选项的增加而增加：一个系统不是包含两种或十六种等概率事件，而是有几百万种等概率事件包含于其中的丰富的信息系统。无论谁从这种信息源中选定一个事件，他都会得到许多比特的信息。显然，所收到的信息代表着一种削减，代表着对事件得到选择之前存在于信息源的无穷无尽的可能备选项的穷尽。

它能测量源点均匀统计分布的等概率，就此而言，信息——据其理论家的观点——是跟系统的“熵”成正比的（Shannon & Weaver，1949），因为系统的“熵”就是系统成分所趋向的等概率状态。如果信息有时被定义为“熵”，有时又被定义为“负熵”（并由此被认为是和熵成反比），这是因为前一种情况的信息是按照（a，i）的意义来理解，而后一种情形则是把信息按照（b，i）的意义来理解的，也就是说，信息是作为被选定、被传输、被接收的对象来理解的。

1.4.3 s-符码的信息

然而，在前几页中，信息似乎是s-符码的精密组织结构所提供的选择自由的衡量标准。在水闸模型中，s-符码看起来像一个简化的网络，叠加在水域内可能发生的无数事件上，以分离出一些相关的事件。

现在，我将试着说明这样的削减通常是如何由于传递（b，i）意义上的信息的项目而发生的，以及这个项目又是如何产生一种s-符码的，这种s-符码本身可以被认为是一种具有特殊信息属性的新型信息源——这正是s-符码理论在（a，ii）意义上的目标。

这种理论的例子以结构音系学和分布语言学的许多种理论为代表，还有语义空间结构理论（Greimas，1966，1970）、生成语法理论（Chomsky & Miller，1968）和许多情节结构理论（Bermond，1973）、篇章语法理论（Van Dijk，1970；Petöfi，1972）等。

如果打字机键盘上能容纳的所有有用字母能组成一个“熵”很高的系统，我们就能拥有最大的信息量。按照乔治·盖勒博德（Georges-Theodule Guilbaud）的例子，我们可以说，因为可以预知一个打印页面有二十五行，每一行有六十个字符位，打字机键盘有（在这种情况下）四十二个键，每一个键能打出两个字母，再加上空格（它有符号的价值），键盘就能产生八十五种不同的符号，所以就得到如下这个问题：假设每行六十个空格，二十五行一共提供一千五百个可用空位，那么，通过选择键盘提供的八十五种符号，可以产生多少个不同的有一千五百个空格的字符序列？

我们能得到讯息字符串长度 L 的总数，是由已知的键盘符号数 C 和长度 L，通过计算 C 的 L 次方而得。在这个例子中，即能产生 85^{1500} 种可能信息。这是存在于信息源的等概率性情景；这些可能的讯息数量由一个两千八百九十五位的数字表示。

但是，要挑选出一条可能讯息，需要多少种二进制选择？这是一个数量极大的讯息传输，将会花费惊人的时间和能量。

在源头上作为自由选择的信息是显著的，但是传播这种潜在信息以实现为最终讯息的可能性是非常有限的（Gilbaud，1954）。这是 s-符码的调节功能在起作用。

成分数量（总目）削减了，它们的可能组合也减少了。系统的制约被引入原初的等概率情景中：某些组合成为可能，其他的则减少其可能性。原初信息减少，传递讯息的可能性就增加。

克劳德·香农（Shannon，1949）界定过讯息的信息量，一条讯息包含了 h 种符号中的 N 种选择，如下面的公式所示：

$$I = N \log_2 h$$

（这个公式让人想起“熵”的公式。）数量巨大的象征符号可能具有天文数字的组合量，随之而来的是，从中挑选出的讯息将会极富信息性。但是，因为需要太多的二进制选择，它不可能传递出去。

因此，为了使得信息的形成和传递成为可能，人们必须减少 N

和 h 的值。这样，讯息传输就容易多了。这讯息将提供关于成分的系统信息，这些成分的组合由系统内的既定规则控制。选择越少，交流就越容易。

s-符码和它的顺序标准一起引入这些交流可能：s-符码代表一个离散状态的系统，叠加在原系统的等概率上以使其更容易管理。

但是，并非统计上的“信息”值需要这一次序，而是为了传输之便才需要。

当 s-符码置于拥有像打字机键盘一样的最大熵的信息源之上，后者所提供的选择的可选性就减少。如果我拥有这样一种 s-符码，比如英语语法，一开始写作，信息源的熵就减小了。换言之，键盘并不能产生一个页面原本可能具有的全部 85^{1500} 种讯息，而只能得到小得多的数量的讯息。这些讯息来自可能的规则，这些规则与预期系统相符，因此，讯息也就更具有可预测性。当然，即便如此，一个打印页上的可能讯息量仍然非常高。不过，由 s-符码引入的规则系统阻止了我的讯息中包含像/Wxwxscxwxscxwxx/这样的字符序列（除非是在眼下这种元语言形式的表述中）。

1.4.4 信息的物理传输

假定，以水闸模型中信息的句法系统为例，工程师有一组区别性特征（A、B、C、D）可供组合以产生尽可能多的相关更大单位（比如 AB 这样的讯息）①。

因为所给定的四个特征中出现一个特征的概率是四分之一，两

① 在语言学中，像 A、B、C、D 这样的特征都是第二分节成分，它们像语言中的音位（phoneme）一样没有意义。为了形成第一分节成分（比如 AB），要把它们组合起来并赋予意义，就像词素（morpheme），或者马蒂内意义的符素（moneme）。依照叶尔姆斯列夫的观点，诸如 A、B、C、D 等相关的非语义特征都是非语言系统的成分，可把它们称为符号素（figurae）。

个特征共现的概率是十六分之一，所以工程师就掌握了十六种可能讯息，如 1.1 所示，其中的每一条计四比特信息。这个系统可以方便地减少信息源的可能信息（这样工程师就不再需要控制和预测水文的无限多状态），同时，它又是一个丰富（尽管减少了）的等概率性信息源。不过，我们已经看到，接受全部十六种可能讯息会导致许多模棱两可的情形。工程师于是彻底缩小它的可能性范围，只选择四种相关的水文状态（也是四种机械反应和四种传输信号）。通过减少句法系统中可能的数量，工程师也减少了他在信息源能探测到的事件的数量。信号的 s-符码蕴含了在结构上同形的另外两种 s-符码（语义系统和行为系统），它把可能状态的受限系统叠加于那个更大系统之上，（a，i）意义上的信息理论可能把这个可能状态的受限系统视为一个不确定的信息源的属性。现在，每一条讯息都根据句法系统规则得以传送和接收，即使理论上它总是值四比特，而技术上，藉由两种可替换性筛选，并被限定在四种预选组合形式（AB、BC、CD、AD）中，它因此就只需“费”两比特。

1.4.5 交流

利用同样的结构简化，工程师把三种不同系统纳入符号学管辖。因为这样，工程师可以把一个系统的成分同其他系统的成分联系起来从而建立一种符码。特定的技术交流意图（b，ii）依靠（b，i）的特定技术原则，已经引导工程师以（a，i）原则为基础而建立了（a，ii）系统，以便建立一个称为“符码”的“符号-功能体”系统①。

---

① 出现信息源、s-符码和符码间的模糊关系，是因为设定 s-符码的目的是使某些句法单位能传输语义单位，这些语义单位被设定为与特定信息源发生的事件一致。在这个意义上，句法符码是如此严重地受制于它的最终目的，语义系统也被它反映外部真实发生的事实的能力打上了如此强烈的标记。为什么所有这三种不同理论的正式研究对象被天真而简略地称作“符码”，这很容易理解，要证明其正当却并不容易。

这一章可以理所当然地将以下问题视为伪命题而不作解释：工程师是先创造出三种组织好的 s-符码以便把它们联结在符码框架内，还是一步一步地把离散的未经组织的单位从现实的不同平面联结起来，然后把它们构造成同源系统。要在这两个假设之间做出选择，就水闸模型而言，需要对工程师进行心理研究，或者写一篇传记；但对于更复杂的情况，比如自然语言，它要求一套关于语言起源的理论，而这正是迄今为止语言学家们都避而不谈的问题。归根到底，我们需要的是一种智力理论，在这种情况下，这并不是我特别关心的问题，尽管符号学研究必须不断地强调它与智力可能关联的整个范围。

一直无可争议的是，由于某种原因，符码和 s-符码长期混淆不清，是符码决定了 s-符码的格式还是与此相反，“符码存在是因为 s-符码存在”还是“s-符码存在是因为符码存在、已经存在或者不得不存在”等都混杂不清。表意包含了整个文化生活，即使是在符号学的入门阶段也依然如此。

第二章　符码理论

2.1　符号-功能体

当符码把表达系统的元素指派给被表达系统的元素时，前者成为后者的表达形式，后者就成为前者的内容。当一个表达和某一内容相关联时，符号-功能体就产生了。这两个相关元素就是这种关联的功能函项。

我们现在能够分辨出信号和符号之间的区别。信号是系统内的相关单位，它可能是被指派给内容的表达系统，也可能是没有任何符号意义的物理系统。这样，它作为更严格意义上的术语由信息论进行研究。信号可能是没有任何意义而只是导致或者发出某种东西的一种刺激物。但是，当用作可预见性推断的公认前提时，信号可以被看作符号，因为它代表其结果（就发送者而言）。另一方面，符号总是属于表达平面的元素，它通常和内容平面的一个（或多个）元素相关联。

每当存在人类社会公认的这类联系时，就有了符号。只有在这个意义上，我们才有可能接受索绪尔的定义，即符号是能指与所指之间的对应关系。这种假设蕴含了一些推断：(a) 符号不是物质实体，物质实体最多是表达性的相关元素的具体表现；(b) 符号不是固定的符号学实体，毋宁说它是独立成分的汇聚场。这些独立成分来自两个不同平面的不同系统，以符码关联为基础而汇聚。

确切地说，并没有符号，只有符号-功能体。叶尔姆斯列夫谈论道："用'符号'这个词来称呼这种由内容形式和表达形式组成的单位似乎更恰当，这种单位通过我们称为符号-功能体的整合体而得以确立。"(Hjelmslev，1943：58) 符号-功能体是两个功能项（表达和内容）相互关联时实现的；同一个功能项也可以进入另一种关联，从而成为一个不同的功能项，并产生一个新的符号-功能体。因此，符号是符码规则下产生的临时结果，这个临时结果确立了元素间的临时联系。在给定的符码环境中，每一个成分都有权进入另一个联系，从而形成另一个新的符号。

以表达/plane/为例：英语为之提供了许多内容项，例如《木工工具》或《水平》或《飞机》。在这个意义上，我们面临着三种符号-功能体：(plane = X)，(plane = Y) 和 (plane = K)。

此外，如果人们接受一种比较普遍的符号学理论，该理论认为，表达功能不是由"词素"(morpheme) 或"词"来承担的，而是由更复杂的表达来承担的 (Buyssens，1943；Prieto，1964；De Mauro，1970)，那么他可能会说，表达/give me it/由于其相关的假定不同产生了许多不同的内容，从而产生了数量上令人印象深刻的符号（除了在这种情况下，表达和内容之间的相关性不是由符码单独建立的，而是由对复杂的解释性语境的"解读"建立的）。

然后，我们可以认为符码组织符号是不正确的；更正确的说法是，在交流中，符码提供了产生作为具体事件的符号的规则。因此，经典的“符号”概念将自身融入一个高度复杂的动态关系网络。符号学提出了一种分子场景，其中一些我们熟悉的日常形式只是短暂的化学聚合的结果；所谓“事物”，也只是由更基本的单位构成的底层网络设定的表层现象而已。更准确地说，符号学为我们提供了关于符号活动的一种照相制版式的解释，这就揭示出我们自认为看见的影像只是巧妙地被安排为临时聚合的黑白点而已，它们交替隐现，是光栅图上的一些无关紧要的基本特征，有时在形状、位置和色彩强度等方面有所不同。符号学就像音乐理论一样，认为那些我们熟悉的旋律，只是复杂的音程和音符的精心交织，我们感知到的音符只是一组共振峰。

2.2 表达和内容

我们回到水闸模型（第一章），现在设想，信号的终点不是机械装置而是工程师自身，是他接收到水域内的情况信息，他知道他必须就水文状态通过启动某个杠杆或切换某个开关把手等方式作出既定的交流回应。我们在 1.1 中概述的符码保持不变。

如果检查符码所提供的符号内部的分节，我们可以这样分析它们：(i) 物质可能性的连续体①被用作未成形的材料，工程师从中获得作为表达手段的具体元素；（ii）个别符式的表达手段，比如 A、B、C、D，加上它们的组合式（AB、BC、CD、AD），表示从原始材料中挑选出的元素；(iii) 一个空位系统，一种结构，借助于它们，个别符式的表达手段设定了可分布和不可分布的对立属性；（iv）第（ii）条和第（iii）条都被选为某一内容平面的表达平面，这个内容

① “continuum”有翻译为“连续统”的，有翻译为“连续统一”的，本书译为“连续体”。——译注

平面由第（v）（vi）表示；（v）一个空位系统，一种结构，借助于它，一些个别符式的内容单位设定了可分布和不可分布的对立属性；（vi）个别符式的内容单位，比如《危险水平》、《安全水平》等，表示从混沌的事实连续体或概念连续体中“切分”得来的被选成分；（vii）系统（v）为物质可能性的连续体、心灵事件的连续体、行为连续体和思想连续体等赋予次序，挑选出一组结构完整、可识别的语义单位（参见表5）。

表 5

	表达平面		内容平面		
连续体	单位	系统	系统	单位	连续体
光，电子现象	AB BC CD AD	1100 0110 0011 1001	1111 1110 1100 1000	危险线 警报线 安全线 枯水线	水位的非定形连续体连同人们对此所考虑到的一切
非符号物质		符号-功能体 个别符			非符号物质

这样，(a) 符码建立了表达平面和内容平面之间的联系，是两个平面在其纯粹形式和系统方面的联系；（b）符号-功能体建立了表达系统的抽象成分和内容系统的抽象成分之间的联系；（c）通过这种方式，符码建立了普遍的类型符（type），并由此制定出生成具体的个别符（token）的规则，这里的“个别符”即一般出现在交流过程中的符号（sign）；（d）两个连续体都表示符号关联之前的元素，而符号学并不关心这些元素（它们分别超出了符号学的下阈值和上阈值）。在水闸模型中，符号学不关心电力定律，也不关心那些让我们

“制造”电子信号的电子“材料”，它只对被选信号感兴趣，因为它们传达某些内容。同样，符号学不关心那些区分水文状态的物理现象，而只关心语义系统把关于水文的可能状态的概念组织起来这样的事。显然，像物理学这样的科学，对界定和研究水及水的状态等感兴趣，需要对其研究对象作特定的符号学处理：在这个意义上，当定义诸如“原子”、“分子”、“H_2O”等实体时，物理学将其研究对象的连续体分割成特定的语义场，由构成物理学句法系统的单位载体来表达。正如叶尔姆斯列夫所说，这意味着，如果我们用如下方式来理解符号-功能体：

内容（Content）	意义（purport） 实体（substance） 形式（form）
表达（Expression）	形式（form） 实体（substance） 意义（purport）

那么，“意义”始终是每一个新形式的实体。以如下这种情形为例，当物理学家根据波长系统的众多单位来考虑水闸模型中每个电灯泡的波长时，符号学并不关注这个，因为它所直接关注的是对色彩的感知区别，实际上关注的是各个灯泡的位置。

如果人们用“意义”指“连续体”、“事物”或者“材料”，那就可以赞成叶尔姆斯列夫所说“对意义的描述既涉及语言的表达又涉及语言的内容，这种描述在其全部要素上都可以看作一部分属于物理学范畴，一部分属于（社会）人类学范畴……因此，就内容和表达这两方面而言，都需要对意义的物理学描述和现象学描述”。

（Hjelmslev，1943：77－78）

在水闸模型中，信号 AB、BC 等是表达-实体，它们被表达-形式组织起来以传达诸如《危险水平》这样的概念，《危险水平》则是由内容-形式组织起来的内容-实体。制成信号的电子材料是表达-意义，由物理学进行研究；语义系统的单位所指涉的水文状态是内容-意义，这由水文学或其他某种学科进行研究；可能性反被组织为另一符码内容平面的语义系统，这是心理学或者其他某种行为科学的研究对象。

但是，本书在此所提出的模型代表的是对叶尔姆斯列夫理论的一种解释。举例来说，在叶尔姆斯列夫理论中，单词/purport/（意义，译自丹麦语/mening/）很容易被误解。叶尔姆斯列夫的语境表明他本来想说的是《物质（matter）》[①] ——他经常称之为“材料（stuff）”或者“连续体（continuum）”——但他所使用的/purport/这个词具有许多截然不同的概念的影子。实体这个概念也同样模糊不清：从表达角度看，实体无疑是由声音、光、纸上的线条等形式提供的现象（个别符）材料；从内容角度看，叶尔姆斯列夫反复表明这样一个观点，即实体是语言形式分离出来的事物。为理论纯粹性起见，我宁可把它们看作由语义系统生成的个别符的语义单位（见 2.6）。

尽管叶尔姆斯列夫模型有明显的拜占庭式的复杂性，这个模型仍然非常适合符码理论的目标。它必须在交流理论的组成部分，即符号产生理论框架内进行简化。从这个视角看，符号-功能体最多不过是能指和所指之间的对应，或者是符号载体（sign-vehicle）和意

① 叶尔姆斯列夫（Hjelmslev，1943）意大利语版，朱利奥·莱普斯基（Giulio Lepscky）把/mening/译为/materia/（matter，物质）。我同意这种译法。

义（meaning）间的对应；讯息不过是在一个传输过程中实现了的这种对应。另一方面，当符号生产理论把符号-功能体视为跟审美文本一样复杂并致力对其进行详细阐述时，叶尔姆斯列夫模型的六层次切分法就名正言顺了（见 3.7）。

最后，符号生产理论的另一个方面是通过句子的产生来表示的，这些句子的目的是指出事物的真假，换句话说，是指出世界的真实状态；符号生产（和解释）的这个方面由指称（mention）理论或指涉（referring）行为理论加以研究。从这个角度看，内容-意义（或者内容-连续体）就发挥作用，因为这种理论的任务就是保障由一种表达所传达的既定内容和世界的真实状态之间的对应性（见 3.1.2）。因此，前面所提出的符号-功能体的叶尔姆斯列夫模型和符号-功能体的底层符码模型，在不同的学科语境中应该从不同角度作不同的使用（见表 6）。

表 6

<table>
<tr><td colspan="2">形式模式</td><td colspan="3">符码理论</td><td colspan="2">交流理论</td><td colspan="2">指称理论</td><td colspan="2">交流行为理论</td></tr>
<tr><td colspan="2">连续体</td><td colspan="3">经验</td><td colspan="2">消息源</td><td rowspan="3">指称</td><td>世界</td><td>接收者</td><td rowspan="6">符用过程</td></tr>
<tr><td rowspan="4">功能项之间的关系</td><td>假定的单位</td><td rowspan="2">内容</td><td>演绎单位（个别符）</td><td rowspan="4">符码</td><td rowspan="4">消息</td><td rowspan="2">意义</td><td rowspan="2">命题</td><td rowspan="4">讯息</td></tr>
<tr><td>空位系统</td><td>语义系统（类型符）</td></tr>
<tr><td>空位系统</td><td rowspan="2">表达</td><td>语法系统（类型符）</td><td rowspan="2">符号载体</td><td colspan="2" rowspan="2">句子</td></tr>
<tr><td>假定的单位</td><td>产出单位（个别符）</td></tr>
<tr><td colspan="2">连续体</td><td colspan="3">材料</td><td colspan="2">信道</td><td colspan="2">话语</td><td>发送者</td></tr>
</table>

这种比较模式允许采用更严格的符号学术语对“信息”的分类作修改。信息源最多就是内容-连续体，信道是表达-连续体；信号成为表达中的个别符-功能项；讯息是个双重实体，即是一个个别符的符号-功能体。信息源和信道这二者都超出了符码理论范畴，但是，正如第三章所述，它们可以纳入符号生产理论框架加以考虑。审美文本是一个讯息系统，对系统中信道（即造成符号载体的材料）的特殊处理方式就至关重要。

句子所谈及的事物就是它所指涉的世界的事实状态，这些事实状态发生在信息源，称为“所指对象”（见 2. 5）。

至于发送者和接收者，它们和符码理论没有关系，虽然它们确实与符号生产理论框架中研究那些被语言哲学家称为“言语行为”的交流行为的章节内容是相关的（见 3. 1）。

2. 3 外延（denotation）和内涵（connotation）

谈到水闸模型的终端设备时，我曾说过，一个既定的信号可以瞬间传送水文状态的信息和对终端的指令。既然工程师作为人类的一员代替了终端设备，我们必须以另一种方式来提出这个问题：工程师接收到特定的水文状态信息，根据以前的习惯，他知道（或者决定）他必须用特定的方式作出回应。

在这个意义上看，行为反应不是由信号刺激引起的，而是由事实所指（或命令式地交流）的，是特定的水文状态事实指涉了特定的行为反应。这就出现了一种由前一种表意所表达的意义，从而产生了如下类型的超高符码：

表 7

表达		内容
表达	内容	
AB	= 危险水平	= 排水
BC	= 警报水平	= 警报状态
CD	= 安全水平	= 休息状态
AD	= 枯水水平	= 注水准入

这种符码的超立视图式，就是叶尔姆斯列夫定义为涵指符号学（connotative semiotics）的东西。叶尔姆斯列夫的表达形式如下所示：

表达		内容
表达	内容	

当符号学的表达层属于另一种符号学时，就有了涵指符号学。在上面的例子中，前一种表意（和传输它的单位一起）中的内容成为属于进一步的内容的表达。这样，表达 AB 直指（denote）《危险水平》并涵指（connote）《排水》。

直指和涵指的不同不是（像许多作者坚持认为的那样）“明确”指向和“模糊”指向的不同，或者“有所指的交流”和“情感性交流”等诸如此类的不同。构成这种内涵的，是涵指符码。涵指符码的特点是下一步的表意通常依赖于首度表意（工程师知道他必须排水是因为他知道水位达到了危险水平）。显然，人们能够用这种方式指示接收者，讯息 AB 将向他传达《排水》这个意义，而并不需要他对于把水位细分成四种这种系统性知识有任何了解。这种情况下，符码是直指性的，AB 和《排水》之间的关系是直接的外延关系。因此，外延和内涵的区别只是因为符码规约不同，而与内涵的稳定性通常弱于外延这一事实无关：稳定性跟符码规约的力度和存续时间有关，而一旦形成习惯，内涵就是符号-功能体稳定的功能项，在其底层的功能项则又属于另一个符号-功能体了。

因此，就其依赖于更基础的功能项这个方面来说，涵指符码可以称为子符码（subcode）。

人们也可能设想，稳定的社会规约、学术训练体系、工程师所具有的深深植根于传承而来的共有观念的那些期望，这些东西使第一种直指性符码和第三种内涵系统相联系。假设，比如，工程师知道危险水平意味着《洪水事实》，警报水平意味着《洪水威胁》，诸如此类，一直到《干旱》这一内涵由“枯水”的标示来传达。这样，另一个内涵系统被叠加在第一个系统上，第一种直指性符码允许它的符号-功能体容纳一个双重涵指的符号-功能体。这样，AB 就直指《危险水平》并涵指《排水》和《洪水》——是内含“二者”而不是“其中之一”。事实上，这两种内涵不是相互排斥的，双重涵指符码格式如下所示：

无论工程师选择去发现还是抓住其中的一个内涵；无论他是否两者都掌握了；无论他是否因为只抓住《洪水》这个内涵而忘记了泄洪，还是转向了其他或多或少带有感情色彩的内涵或自由联想，这些问题和许多其他问题都与符码理论无关。它们通常被看

作符用学[①]问题，最多被安排在符号生产理论的框架内加以讨论。这里非常重要的一点是，符码为符号-功能体复杂的相互作用提供了条件。

符码理论应该专注于讲述在什么程度上超高内涵有可能会形成；它的意义重合在多大程度上有可能产生纠结缠绕的迷宫式的符号-功能体网络，这种迷宫式情境要么能成为符号学结构描述的对象，要么产生一种拓扑式的能由符码理论借用有限的模式去定义但不能进行结构复制的节点。所有这些内容将在2. 12和2. 13中讨论。

2.4　讯息和文本

在任何情况下，谈论符码理论都必须顾及跟符号生产理论有关的区别，因为它有助于人们更好地确定“符码”的含义。当工程师接收到符号载体AB时，他得到了一条还是多条讯息？

因为符码至少有三种，一种直指符码和两种涵指符码，当解释符号载体时，如果三种符码都涉及，那么工程师就得到了三种讯息，即：(i)《水位达到危险水平》；(ii)《你必须启动泄洪杆》；(iii)《有洪水》。因此，一个单独的符号载体，因为几种符码使它变成了几种不同的符号-功能体的功能项（虽然在内涵上是相互关联的），这个符号载体就成为几种不同内容的表达，从而产生复杂的话语，比如：《因为水位达到了危险水平，所以你必须开闸泄洪，否则就会有洪灾》。我并不是说单个符码能一个接一个地产生许多讯息，这是不言

① 在当代逻辑学和语义学讨论中，符用学这个术语可能被赋予了太多的意义。比如：(i) 符用学关注的是接收者在收到讯息后详细阐述讯息时的一整套特殊反应（工程师检测了危险水平，决定乘坐第一班可坐的飞机去佛罗里达度假）；(ii) 符用学关注的是对由讯息所提供的所有符义选择的解释；(iii) 符用学涉及讯息所蕴含的一整套前提。第（i）种意义确实超出了我们目前的关注，第（ii）和（iii）两种意义可以被纳入一个更全面的符义理论的框架；见2. 11和2. 14。

而喻的；也不是说许多讯息的内容能用同一种符号载体随不同的符码进行传送，这也是不言而喻的；我是说，通常单个的符号载体能传达许多相互交织的内容，因此，我们通常称作“讯息”的，事实上是一个文本，其内容是多层次的话语。

麦茨（Metz，1970）提出了这样一个假设：在每一个交流情景（可能除了一些非常基本和单一类型的罕见情况），我们不是在处理讯息，而是在处理文本。文本表示多个符码（或者，至少是多个子符码）共存的结果。麦茨以表达/voulez vous tenir ceci，s'il vous plaît? /（能请您拿好这东西吗?）作为例子，他认识到这个简单短语中至少有两种符码在起作用：一种是法语的普通指称性符码，另一种是法语的礼貌符码。如果没有后者，我们就不能理解/s'il vous plaît/（请）的真实意义：对表达进行纯粹直指性的解释会产生一个相当奇怪的结果。

在麦茨的例子中，可以说是符码的多样性在横向地发挥着作用。接收者对整个短语进行解码是先参照一种符码对前一半进行破译，然后，对后一半参照另一种符码进行解码。但是，在我们的例子（信号 AB）中，可以说多个符码是垂直地发挥效力，在第一层的基础之上叠加了许多层意义。

2.5 内容和指称（referent）

2.5.1 指称谬误

最后，我们面临着一个主要是符号生产理论，特别是指称理论关注的问题；但是，在这一点上对它进行考量很重要，因为其模糊不清的现象可能会干扰符码理论的适当发展。这里讨论的问题就是指称的问题，换言之，是符号-功能体的内容相对应的世界的可能状态的问题。虽然“指称物”这个概念在其适当的范围内具有相当大的重要性，在符码理论的框架内却产生了最不幸的结果，而低估它的不良影响就会导致指称谬误。

人们可能很容易承认通过水闸模型传送的符号具有对应的“对象”（即源头的水文状态）。同样，人们也会承认，如果源头没有水（及水的可能状态），那么，整个水闸模型就会失去存在的理由。于是，“真实的”水似乎会被视为整个模型的必要条件。但是，即使它一定是设计这个模型的必要条件，也不是符号运作的必要条件。

既然模型已经建立起来，并且依赖于一种或者多种特定的符码，那么诸如AB这样的讯息就会像讯息（或文本）一样发挥作用，即使源头的水事实上是在另外一个位置，或者水域并没有水，或者水域只是邪恶精灵的一种发明而已。甚至不必打扰笛卡尔所说的邪恶精灵，只要有在源头操作传送设备的人决定说谎就足够了，因为符号的功能、讯息AB的语义输入、接收者的行为反应等等，都完全不会改变。同样的观察也适用于许多其他情况。正如0.1.3表明的那样，如果一个说谎者以某种方式假装生病，这种行为的符号学功能也同样能加以分析而不用管他事实上是在说谎。

每一次有说谎的可能时，就有一个符号-功能体：它被用来表示（然后用来交流）某个并无真实存在之物与其相对应的东西。符码理论必须研究为了说谎而能使用的每一个东西。说谎的可能性是符号活动的特性，正如（对学者来说）“笑”的可能性是人作为有理性的动物的特性一样。

每当有谎言，就有表意。每当有表意，就有可能利用它来说谎。如果这是真的（方法论上有必要坚持认为这是真的），那么，符号学就找到了一个新的阈值：在表意条件和真值条件之间的界限，或者说，在意图语义和延伸语义之间的界限。

符码理论关注的是内涵语义，而表达的外延问题则与 t-值理论或指称理论密切相关。但是，这个界限是“内在的”界限，以目前最前沿的研究而言，它必须只能被认为是一种方法论上的界限。

2.5.2 含义（Sinn）和指称物（Bedeutung）

对内容的符号学研究，常常因为求助于一种过分简化的图解反而变得复杂化，这种图解不幸使问题僵化了。这里所说的图解就是著名的语义三角图，奥格登和瑞恰慈（Ogden & Richards，1923）创制并传播了这个形式很平常的三角图：

（1）

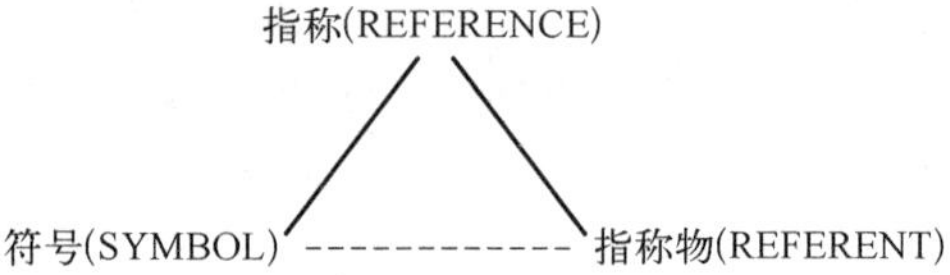

这个三角形明显翻译自皮尔士的符号三元：

（2）

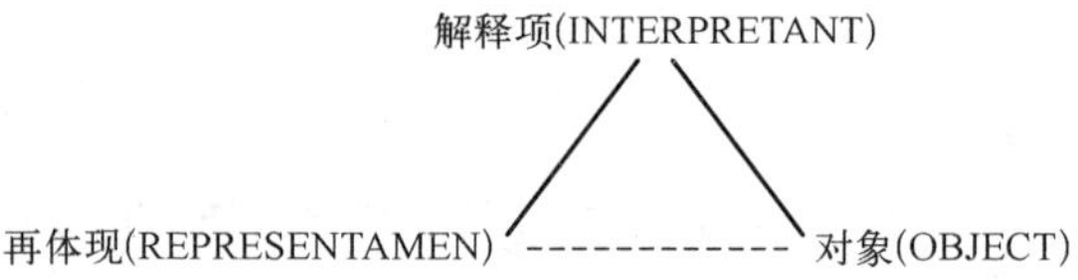

并且常常被认为和弗雷格（Frege，1892）的符号示意图相当：

（3）

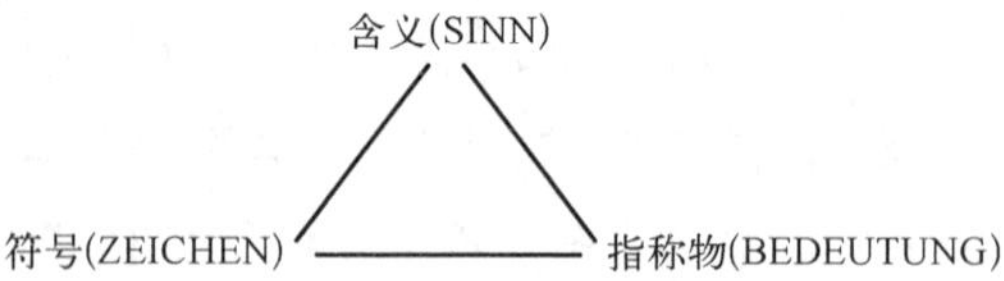

首先要明确的一点是，这样的三角形在讨论符号生产理论，特别是“指涉”理论时可能确实很有用（见 3.3），但当研究符码问题时，它们就会成为一种尴尬。事实上，符号-功能体模型（比如索绪尔“能指-所指”的二分模式和 2.2 中所勾勒的叶尔姆斯列夫模型）都只关心第（1）（2）两个三角形的左边，当且仅当“指称物”这个概念不作为严格的外延时，才可能跟第（3）幅三角图整体相关。

索绪尔和皮尔士的符号学是研究符号和指称（或意义）之间的传统关系（或者至少是严格的符号间的关系），以及符号和它的一系列解释项之间的传统关系（见 2.7）的理论。索绪尔的语言学理论不考虑对象。在皮尔士的理论框架中，只有在讨论特殊类型的符号，比如像似符和指示符时才会涉及对象（关于在符码理论框架内去除对象，还可参阅 2.6 和 3.5）。只有在指称物被理解为能被符号指称的真实的和实际的对象时，才能按弗雷格的“狭义”解读方式来考虑对象：因为指称物被看作实际的和可能的对象“类型”，它不是一个对象的“个别符”，而是一种对象“类型符”，在这个意义上看，它变得与将在 2.6 中概述的内容非常相似。从这种内涵视角看，指称物成为阐释理论研究的对象（见 2.7）。

还必须绝对清楚的是，下面的论证跟表达的 t-值理论无关，也就是说，跟外延语义学无关；在这个框架中，即使一个表达的意义独立于它所指的实际存在的对象，为了满足给定表达的 t-值条件，从而在命题演算的框架内研究它，也有必要对这些对象（或世界的状态）的实际存在进行验证。但是，从符码（或者许多符码）功能的视角看，我们必须排除指称物，将其视为一种干扰和妨害，破坏了理论的纯洁性。这样一来，为了指称某物而使用语言，即使是当指称物可能就是由表达命名或特指的对象，仍然必须坚持认为，表达在原则上不是特指任何对象，相反，是传达了一种文化内容。说

/沃尔特·司各特/和/《威弗利》的作者/是具有相同的指称物但有两种含义的两个表达，只会在如下范围涉及符号-功能体理论：(i) 指称物的意图是要成为一个历史实体的定义，文化把这个实体视为一个单个的人，因此这个指称物是一个直指性内容；(ii) 含义是考虑给定内容的一种特殊方式，根据其他文化习俗，就将某些第 (i) 条直指内容的涵指性内容纳入考虑。

如果有人假设指称物是世界的一种实际状态，并且，对世界状态的验证已经确认了这一符号，那他必须问问自己，这个世界的状态通常是如何被理解或分析的，当符号-功能体被解码时，外界状态的存在是如何被界定或被证明的。我们很快就会看到，为了认识指称物，人们必须通过另一个表达去说明它，以此类推；正如皮尔士所说，一个符号只能通过另一个符号去解释。因此，指称物是通过它的一系列含义来被把握的，在这个意义上，认为含义可以属于同一个指称物，是非常不谨慎的，因为，指称物被含义界定，而不是相反。

本章的中心问题产生于这样的事实："意义"的确是一种非常复杂的东西，但并不是用上述三角图形方式所表示的那样。[①] 说符号载体必须和实际物体相对应，这显然是幼稚的态度，即使是 t-值理论也不太愿意接受这种观点。关于它的反对意见，是众所周知的：有些符号载体指的是不存在的实体，如独角兽、美人鱼等。在这种情形下，t-值理论更喜欢使用"零外延"(Goodman，1949) 或者"可能

① 意义的这种二分概念渗透到关于符号的整个现代思想中，无论它是以被指项与指代项（或意指物）间的对立展现出来（Morris，1938、1946），还是以逻辑思维中的外包与内包的对立表现出来（如卡尔纳普，他也用指称和意思来谈论），或是以外延和内涵相区别（斯图亚特·穆勒），以外延与意义相区别（罗素），等等。为了讨论的需要，让我们假设如下等式：意义 = 意图 = 意指物 = 意思（meaning = intention = significatum = sense）。所谓"意义"，就是所指，或者是表达的内容。

世界”（Lewis，1969）这样的术语。

在符码理论框架内，不必求助于外延这个概念，也不必借助于可能世界的概念。符码因为已被社会接受，所以构建了一个“文化”世界，在本体论意义上它既不是实在的也不是可能的。它的存在与文化秩序有关，这种文化秩序是社会借以进行思考、言说的方式，说话时，要通过其他思想来解释这个思想的“意义”。因为社会的发展、扩张或者瓦解是通过思考、谈论而进行的，甚至包括对待“不可能的”世界（即审美文本、意识形态陈述等），符码理论非常关注这样的“文化”世界的程式，它面临的是如何触及内容的基本问题。

为了理解基督教神学史，并不需要知道是否有一个具体的实际现象跟/圣餐变体论/这个词（即使对许多人来说，这个信念极为重要）相符。但是，有必要知道哪一种文化单位（文化属性在内涵上的哪些可分析集）跟那个单词的内容相对应。

符号学在语义角度的研究目标是*内容*，不是指称物。内容必须被界定为*文化单位*（或者一个集群，或者一个相互关联的文化单位系统）。对许多人来说，/圣餐变体论/对应于一个事件或者一个事物，这个事实可以通过坚持认为这个事件或事物是可以根据文化单位进行解释的而获得符号学上的理解。否则，就永远不会有任何类似于神学讨论的事情，并且，信徒们就可以继续领受圣餐而不必担心那些不相信圣餐的人。相反，有必要想象一下这样组织起来的一个世界，对应于/圣餐变体论/的文化单位能在其中找到一个位置，即文化单位可以是特定文化背景内容的精确分割部分。

2.5.3 外延谬误

指称谬误在于它认为符号载体的“意义”与它所对应的对象有关。因为 t-值理论家不抱这种幼稚的假设，可能有人会说他们不关心符号同世界状态间的对应问题，无论是在讨论诸如/狗/或/独角兽/这样的符号载体的意义之时，还是在讨论/一杯威士忌和苏打水/或/法国国王/等所描述的可能性指称之时。另一方面，他们关心句子的外延或者句子所对应的命题的外延：像/所有的狗都是动物/和/所有的狗都有四条腿/这两个句子都对应于世界的事实状态，在当且仅当狗真的是动物和狗真的都有四条腿时，这两个句子才被认为是真的。因为符码理论只对符号-功能体及其可能的符码组合规则感兴趣，句子只会是一种符号生产问题。然而，外延研究方法可能会以某种方式扰乱符码理论，因此就会产生外延谬误。

让我们先对不同类型的句子进行分类（Katz，1972），这应该在第三章中更适当地加以考虑。如果把句子看作命题的载体，那么句子可以表达各种各样的命题：

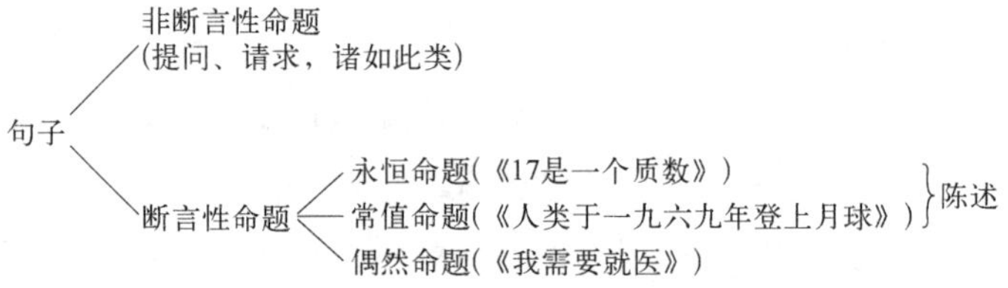

即使“常值”命题取决于指示成分（就像“偶然”命题那样），它们也能被视为“陈述”（和“永恒”命题一起）。“常值”命题和“偶然”命题的外延都能被观测到，因此它们具有t-值。

把某种意义的陈述提供给符码理论的，乃是这种事实：它们全部或至少大部分可以被定义为符号学陈述（见3.2），就是说，它们可以被定义为把内容归因于某一个给定表达的判断，表达的这个或这些内容是一个或多个符码，并且通常是按规约赋予这个表达的。由此，所有（或至少许多）陈述都不被认为是符号生产的结果，而是符码理论的恰当研究对象。

因为符码理论不把外延视为它能考虑的一个范畴（同样也不把指称物纳入考虑），那它就可能，比如，在思考所谓“永恒命题”时，不考虑其外延价值。如果它不把这一点抛开，那么，当处理符码理论时，就会陷入外延谬误。换言之，因为符码理论对于把内容作为符号-功能体的定义和视为语义系统的单位感兴趣，所以，假设/p⊃q/是真的（正如t-值理论所做的那样）是当且仅当：(i) p和q都是真的；(ii) p是假的，并且q是真的；(iii) p和q都是假的，其实无助于人们弄清楚“意义”这个概念。

假设有人假定了如下含义：/如果拿破仑是一头大象，那么巴黎是法国的首都/。众所周知，根据命题演算规则，这个命题为真，即使拿破仑不是一头大象，甚至拿破仑是一头大象，它也为真，只要巴黎是法国的首都（如果两个命题都为假，这个含义仍然为真）。命题演算者在这个含义中找不到嘲笑点，但毫无疑问符码理论家会取笑它。如果说/如果雪花是由花生酱做的，那么狗是动物/，命题真假情况仍然不变（这是另外举了一个例子，因为与专有名词有关的命题似乎有特殊性）。符号学家会发笑，因为很难想象出一个不符合拿破仑或雪这一普遍文化概念的东西。每个讲英语的人都能谈论雪，都能理解关于雪的句子，因为他拥有为《雪》这个内容单位指派确定属性的文化能力，《雪》的属性不包括由花生酱制成。笑的反应是误用符码的副作用，或者是符码中提出的矛盾的副作用，但都是由符码的存在所允许并引发的。符码没有阻止我们去理解一个通常被认为是假的命题。它允许我们理解它并理解那是“文化上”的假。它在可能世界或者在我们将来的世界中则是有可能发生的，因为水污染的日益增加，有可能出现这种生态悲剧。但是，即使它真的发生了，这个事实在符号学上仍然是荒谬的。显然，在后一种情况下，荒谬感会很快消失，取而代之的是恐惧。但是，在这种意义上看，恐惧和可笑都可以看作是符码内部的一种特殊矛盾的结果①。

有人发笑是因为即使他意识到那种情形是不可想象的，他也理解句子的意思。有人恐惧是因为即使意识到那种情形是可能发生的，他仍然不想要接受这样一种对人的经验警示性的语义组织。这句子似乎荒谬得或者悲惨得意味深长，因为其意义和我们拥有的意义规则相冲突。这意义不可接受，不是因为它不可理解，而是因为——如果接受了——它意味着对我们符码的重构。

经院派学者说，人类的特性是发笑。把 2.5.1 讨论过的这个说法扩展一下，现在我们可以说，符号学不只是研究一切可以用来说谎的东西的学科，它也是研究一切可以被喜剧性或悲剧性地扭曲的东西的学科。这个界定覆盖了自然语言的全部范围。外延符义学帮助不了符号学，因为它不处理说谎和逗乐。从逻辑上说，一个命题被贴上了“假”这个标签，它可能是“喜剧性的”，但在演算的正确性上没有任何影响。要解释这种喜剧性的影响，意味着要详细阐述一门完整的内涵语义学，或者是一套内容理论。要解释谎言的符号学含义，意味着要理解谎言（一个伪陈述）为何及如何在符号学上相关，而不管陈述是真还是假。

显然，我们不能说不存在这样的陈述，即通过将某些陈述与我们所经历的“真实”事件进行比较，我们就被诱导去判断它们的真伪；也不能说，讯息的接收者并不把讯息跟讯息所说的和他被告知的“事物”（假定他被告知了“事物”）参照起来。

无论谁接收到/你的房子烧塌了/这样的讯息，都可能想到他自

① 恐惧和笑也能由实际事件引发（用羽毛挠痒痒时人会发笑）；但心理学认为的恐惧和逗乐两种类型跟符码内部的矛盾有关，这跟生理学的认识是相反的。因此，悲剧和喜剧理论可以依赖于符号学理论：悲剧和喜剧情感有符号学根源。

己的房子，如果明智，他就要设法核实这话的真假，即使他是不相信外延的符码理论家。但这两种事实都跟符码理论无关，符码理论只会研究讯息可以被交流和被理解的条件。讯息能获得意义的原因不依赖于接收者可能有一所实际上正在燃烧的房子这个事实。对信号的“符用”反应产生行动（接收者往家跑），并不取决于断言的真假，正如所有那些对讯息所作的可能性转译一样（比如接收者为目不识丁的朋友画了一座房子）。

假设有两个句子，比如，/拿破仑于一八二一年五月五日死于圣赫勒拿岛/和/尤利西斯通过杀死所有求婚者夺回王国/，从历史角度可知，前者为真，后者为假，这和符码理论无关①。正如卡尔纳普所说，这不仅仅意味着对它们内涵的分析必须先于对它们外延的核查。从符码理论的观点看，重要的是：(a) 我们的文化中存在着这样的符码，通过它们，比如，可以在学校学习理解第一句话，知道它还内含《历史事实》之义；(b) 在古希腊社会中存在着这样的符码，人们通过它们理解第二个句子，在学校学习它，知道它也内含《历史事实》之义。对我们来说，第二句话有《传说》的含义，在符号学上就好比：根据一份未知（或者伪造）的文献材料，在某个未来文明中有可能证实，拿破仑是在不同的日期死于一个不同的地方（或者他这个人压根就不曾存在过）。符号学主要关心作为社会力量的符号。

当说到/昏星/这个表达是指一个在距离地球数千万英里的空中

① 如果关于尤利西斯的语句规约性地涵指《传说》，这不是因为它是传说，而是因为它被认为是传说，这显然与符号学有关。因此，历史学家把跟过去有关的虚假陈述和真实陈述（以及新闻记者对现在的虚假陈述）加以区分的活动是一种经验事件，也是各种推论。符码理论并不否认这些经验上的必要性十分重要，但只有在历史学家们提出某种被社会认为是主流见解的、已被编码和被接受的观点或信仰的陈述时，它才会积极地关注他们。参见 2.10.2 关于符码作为百科全书部分的讨论。

运行着的特定巨大球形“物体”（Quine，1953）时，人们事实上应该说：这一表达表示说话者所指的“某种”对应的文化单位，是他按照他生活的文化描述的方式接受了的文化单位，是他自己并不曾亲身经历过的真实所指物。这样，就只有逻辑学家知道所讨论的这个表达跟/晨星/这个表达具有相同的所指物，其他发出或者接收到后一种符号载体的人，无论谁都会认为有两种不同事物。其他人是对的，因为他指涉的文化符码提供了两个不同的文化单位。他的社会生活不是以物为基础的，而是以文化单位为基础的。或者更确切地说，对他和对我们来说，事物只是通过文化单位而被了解的，交流体系将文化单位置于流通中，以代替事物。

我们通常会提到一种叫作半人马座的东西，但我们从来没有遇见过它。一位天文学家偶尔会用一些奇怪的仪器来体验它，但是我们并不认识这位天文学家。我们只知道通过词语、图画或其他方式传达给我们的文化单位。为了保卫或者摧毁这种文化单位，正如为了其他诸如/自由/、/圣餐变体论/或者/自由世界/的文化单位，人们甚至准备好献身。然而，死亡一旦发生，也只有在那时，才构成唯一的不能被符号化的所指物或者事件（那时，一个离世的符号学者不再传播符号学理论）。但是，恰好就在死亡发生前的一瞬间，《死亡》还主要被用作文化单位。

2.6 作为文化单位的意义

让我们试着理解与表达相对应的对象的性质。试以/狗/这个术语为例。当我念出这个词时，所指的肯定不是站在我旁边的狗 x。对于任何抱持指称物学说的人来说，这个例子中的所指物都是所有存在着的狗（也是所有过去的和将来的狗）。但是，《所有现存的狗》不是一个能被感官感知到的物体，它是一个集合，一个类，一种逻辑实体。

每一次尝试确立符号指称物的企图，都迫使我们根据抽象实体去界定指称物，而这抽象实体仅仅是一种文化规约。但是，即使承认人们想要通过使用特定名目指出一个可以用感官感知的真实指称物是可能的，一旦谁把指称物和意义等同起来（并使符号载体的价值取决于指称物的存在），所有那些不能同真实对象对应的符号载体就都被迫从意义讨论中移除。举例来说，所有那些被古典语言学家称为黏着词（syncategorematic）而用以跟范畴性（categorematic）相对立的条目——比如/to the/，/of/和/nevertheless/——就都不会有指称物。然而由于它们是表意过程中的基本要素，就有必要接受这个观念，即指称物这个概念在其他语境中无疑是有用的，在这里却非但无用且具有破坏性。因此，我们应该把“外延”这个术语从它与指称物的历史妥协中解放出来（见 2.9）。

那么，术语的意义是什么？从符号学的观点看，它可能仅仅是一个文化单位。在每一种文化中，“一个单位……简单来说就是任何被文化界定和辨识为一个实体的东西。它可以是一个人、地方、事物、感情、事态、不祥之感、幻想、错觉、希望或者观念。在美国文化中，这样的单位，比如叔叔、城镇、忧郁、混乱、预感、进步思想、希望和艺术等都是文化单位”（Schneider，1968：2）[①]。稍后我们会看到一个文化单位是怎样在符号学上被界定为嵌入系统的语

① 采用符号学的而不是严格的语言学标准，我们甚至可以说，现成的表达可以认为对应于语义单位（实际上相当于词汇）：一个恰当的例子就是语言呈现给我们的现成的“习语”，它具有规约性的固定意义。这些表达从/How do you do/到/allons donc/都有，莱昂斯（Lyons，1963）把它们归入语言学习和使用的“记忆”因素。格雷马斯（Greimas，1966）给这些表达取名为“超词位（paralexeme）”，虽然这些表达已经由几个词组成了句段，仍被规约性地认为表达了一种独特的意义，比如/pomme de terre（土豆）/。

义单位的。这种类型的单位也可能被看作恒常不变的跨文化单位，尽管它是用语言符号来表示的：/dog（狗）/指的不是物质实体而是恒常不变的文化单位，即使我把/dog（狗）/翻译为/cane（狗，意大利语）/或者/chien（狗，法语）/或者/hund（狗，德语）/。在/crime（犯罪）/这个例子中，我们可能会发现另一种文化中相应的文化单位具有更宽泛或狭窄的范围；在/snow（雪）/的例子中，我们还可能发现爱斯基摩人实际上有四种文化单位，分别对应雪的四种不同状态，并且通过四种表达单位分别表达。因为这里不考虑符码问题，我不会考察词典的修订是否蕴含着语义场的不同切分方式（或者反之亦然）的问题：我只希望观察到，相同的语义系统在一些文化中却比在其他文化中分解得更加精细，这种分解的不平衡使得两种不同文化中的语义系统产生了一系列不均衡的重合。所以，举例来说，在古典文化和中世纪文化中，/art（艺术）/这一表达涵盖了很宽泛的内容，它包括了在当代西方文化中由其他表达——比如/technique（技术）/和/technics（技巧）/等——所表达的内容；此外，盎格鲁-撒克逊文化则明显地顺应该领域的古典分期，亦即在概述逻辑或神学的发展谈到/艺术的现状/时，这种重迭只是表面的，因为尽管经院派学者把逻辑视为艺术，但并不把神学也看作艺术（因此神学院有别于艺术学院）。

要认识到这些文化单位（它们因此属于符码使符号载体与之对应的那种意义）的存在，就必须把语言理解为一种社会现象。如果我宣称/基督有两种属性，即人性和神性，而人只有一种/，那么，神学家或者科学家可能要我看到这一串符号载体既没有外延也没有指称物——而且它可以被界定为缺乏意义因而是一个拟陈述（pseudo-statement）。但他们永远无法成功地解释为什么各色人等为了这个陈述或其否定形式而争吵了几个世纪。显然，出现这种情况，是因其传达了在一个文明中作为文化单位存在的确切内容。自从它们存在以来，它们就成为内涵发展的基础，并开启了一系列直接影响行为类型的语义反应。但是，行为反应并不是确定一个表达具有某个内容所必需的东西；文明本身就对所涉及的术语进行了一系列的定义和解释（人、自然等等）。每一个定义都是语言（或视觉）上的一种新讯息，其意义必须通过定义前一种表达所承载的文化单位的其他语言表达来阐明。围绕某个社会的文化单位而形成的阐释系列（总是用符号载体的形式界定它们），在一个连续的进程中体现了皮尔士所称的解释项链条（5. 470）。

2.7 解释项

2.7.1 皮尔士的理论

解释项不是解释者（即使在皮尔士本人那里也偶尔会出现二者混淆的现象）。解释项是保证符号有效性的东西，即使在解释者缺席的情况下也是如此。

按照皮尔士的观点，符号在准心灵（quasi-mind）中所产生的东西，就是解释项，这里的准心灵，就是解释者；但解释项也可以看作再现体（representamen，以及它的内涵）的定义。然而，最富于成果的假设似乎是把解释项视为指涉同一“对象”的另一种表现形式。换言之，为了确定符号的解释项是什么，需要用另一个符号来称呼这个解释项，这另一个符号又具有用另一个符号来命名的解释项，依次类推。从这一点上看，这就开始了一个无限衍义的过程，可能看似悖论，但这个过程是一个符号系统基础的唯一保证，它保证了符号系统能完全依靠自己的方式来核查自身。这样，语言就是一个自明系统，或者，更毋宁说，语言是由相互解释的连续的规约系统来阐明的。因此，符号就是“决定另一事物（它的解释项）指涉某一对象的事物，而符号自身也以同样的方式去指涉（其对象），解释项转而成为符号，如此等等以至无穷”（2. 300）。因此，符号的确切定义包含了一个无限衍义的过程。

“对于符号所产生或修正的思想来说，符号代表某物。……符号所代表的，被称为符号的对象；所传达的，称为它的意义；由它产生的观念，是它的解释项”（1. 339）。这个界定似乎把对象看得太重要了，但紧接其后皮尔士就补充说：“再现的对象不是别的什么，而是这样一种再现，它的第一个再现就是其解释项。但是，一个无穷的再现序列中，尽管每一项都是它后一项的再现，但仍可以认为有一个绝对对象作为其极限。”皮尔士后来称这种绝对对象为习惯而不是对象，这习惯被理解为最终解释项（4. 536；5. 473—5. 492）。不管怎么说，在这部分文献中他没有坚持这一即兴论说，而是继续像下面这样展开他的无限衍义学说：“再现的意义不是别的什么，就是再现而已。事实上，再现不是别的，它本身可以被想象为脱去了不相干的外衣。但这层外衣从来都不可能完全剥离掉，它只是变为某种更模糊的东西而已。因此，这就有了无穷的递归。最后，解释项只是另一个再现，真理的火炬向下传递，然后，作为再现，它又具有了自己的解释项。瞧，另一个无限系列开始了。”

对无穷递归的迷恋还在其他许多段落中体现。比如：“现在，符号和解释一起组成另一个符号。因为解释也将是一种符号，它可能要求补充性解释，追加的解释和已经扩展了的符号一起组成一个更大的符号；以同样的方式进行下去，我们将会，或者已经、最终抵达符号本身，其中包含了它自身的解释和对于所有那些表意部分的解释；根据这解释，每一个这样的部分都有作为其对象的其他部分。”（2. 230）在这段引文中，引人入胜的符号生成符号的景象走得太远了，事实上，这妨碍了皮尔士意识到他所说的最终符号并不真正是符号，而是完整的语义场，这个全域语义场作为一个框架，把符号联结起来使它们相互关联在一起。这个全域语义场能否存在，或者这个无限衍义结构（这个词明显是自相矛盾的）能否以其他某种方式观察到，会在 2. 12—2. 13 加以讨论。

2. 7. 2　不同类别的解释项

解释项的观念使许多学者由于误会（把解释项等同于“解释者”或“讯息接收者”）而感到害怕，把它驱逐在外，这并非偶然。解释项的观念使意义理论成为文化现象中一种严密的科学，这就把它跟指称的形而上学分离开来。

解释项可以采用不同的形式：

(a) 可以等于（或明显等于）另一个符号系统中的符号载体。比如，我可以画一只狗的图画对应于单词/狗/。

(b) 可以是指向单个对象的指示符，可能以此暗指普遍量化的元素（《所有对象都像这样》）。

(c) 可以是根据同一个符号系统所作的科学的（或幼稚的）定义，比如/盐/表示《氯化钠》。

(d) 可以是获得了确定的内涵价值的情感联想，比如/狗/表示《忠诚》（反之亦然）。

(e) 可以仅仅是把这个术语翻译成另一种语言，或者是它的同义替代品。

乍一看，在目前的研究框架中，解释项可能等同于内容的任何一种符码内涵属性，也就是等同于一个符号载体的外延和内涵的全部范围（见 2. 9）。事实上，这可能是对“解释项”这个模糊概念的非常适当的简化，但又可能使皮尔士的建议变得贫乏。在他的符号学中，解释项远不止于此：它们可能是复杂的话语，不仅仅是翻译，甚至可能是推断式地发展出由符号所暗示的全部逻辑上的可能性；换言之，解释项也可能是从/所有的人都会死/或者/苏格拉底是人/这种前提演绎所得的完整的三段论。

此外，解释项也可能是一种回应，即由符号决定的行为习惯和许多其他事物。因此，我将假设一个符号载体的所有外延无疑都是它的解释项，内涵是潜藏于外延的底层的解释项，一个更深一层的内涵又是这个外延底层的解释项。但是“解释项”的范畴超越了那些外延和内涵。从 2.9.1 开始，我会把内涵和外延都定义为语义标记，它们属于语义单位的语义解释，这些语义单位被称为义位(sememe)；我将假设一个义位的所有可能的解释项比它所有的语义标记更为宽泛。

因为符码理论对于通过一个或多个符码归结为一个义位的所有标记都进行了描述，那么，解释项就显然是符码理论框架中一个适当地占据一席之地的范畴，但同时，它的作用又超越了这个理论框架范围。因此，解释项也必须作为在符号生产理论框架内有适当位置的一个范畴，因为它也界定了许多种命题和论证，这些命题、论证在符码理论提供的规则之外，对既定的符号进行了解释、发展和说明。在这个意义上，人们甚至可能应该把所有可能的符号学判断都看作解释项，这些解释项是符码允许我们对给定语义单位和许多事实判断作出的判断（见 3.2）。

2.7.3 无限衍义

因为解释项是这样一个宽广的范畴，它可能最终被证实根本没有用处，并且，因为它能界定任何符号学行为，可能分析到最后只是纯粹的同义反复。然而，它的模糊性同时也是它的理论纯洁性的力量和条件。

正是这个范畴的丰富性使它格外富有成效，因为它向我们展示了表意（和交流）如何借助于一个符号回指另一个或一串符号而连续转换，如何以渐近的方式，为文化单位圈定范围而不曾让人直接触及它们，虽然通过其他单位我们可以靠近目标。因而，文化单位从不强迫人们用非符号实体取代它，也从不要求作柏拉图式的、精神的或客观实体的解释。符号活动通过自己解释它自己。这个连续的循环是表意的平常状态，甚至还允许交流时使用符号来指称事物。把这称为“令人绝望的”状况的话，就等于拒绝人类的表意方式，这种方式已经证明自己富有成效，只有通过它，文化历史才得以发展。

事实上，我们能“触及”解释项（即我们可以对一个文化单位进行实证检验），因为文化不断地把符号转换成其他符号，把定义转译成其他定义，把词语转成图像，把图像转成直示符号，把直示符号转为新的定义，把新的定义转为命题函项，把命题函项转为例句，如此等等。通过这种方式，解释项向它的成员提出了一个不间断的文化单位链，构成其他文化单位，从而翻译和解释它们。

可以说，文化单位在物质形态方面是在我们的掌握之中。它们是社会生活提供给我们的符号：解释书籍的意象、解释模糊问题时的适当回答、解释定义的词语等等，反之亦然。一队士兵的仪仗式解释了小号发出的信号/注——意/，这给了我们由音乐符号载体传达的关于《注——意》这个文化单位的信息。士兵、声音、书页、墙上的色彩，所有这些非位的（etic）实体，都是在物理上、物质上、从唯物论角度可测验的。文化单位与把这些符号相互等同起来的社会能力形成鲜明的对比，它是一种必要的符号学假设，用以证明社会的确把符码和符码等同起来，把符号载体和意义等同起来，把表达和内容等同起来。外行看不见它们，但在使用它们，符号学家没有使用它们，但看见了它们，符号学就是研究这种文化显示（如果不曾表达的话）能力的科学。

此外，解释项的观念还证明，在文化生活中，每一个实体都能够把目标定为既不依赖于意义，又不依赖于符号载体。《盐》是/氯化钠/的解释项，而《氯化钠》又是/盐/的解释项。在特定场景中，一把盐可以成为/盐/的解释项，正如模仿一个人在自己舌尖放上一小撮盐的姿势就可以办到的那样（像人类学家和当地线民之间的内文化关系那样）。

2.7.4 符码理论中的解释项

因此，解释项的定义要在符码理论框架内发挥作用（因而是一个严格的定义），就应该包括以下三个符号学范畴：

（i）符号载体的意义，可以理解为通过其他符号载体表现出来的文化单位，因而显示了它相对于第一个符号载体的语义独立性——这个定义等同于许多语义学家所使用的“同义词”定义（Carnap，1955；Quine，1953）。

（ii）通过文化单位的内涵分析或成分分析，把文化单位划分为基本的语义成分或语义标记，因此被表示为能通过与“解读”的融合得以进入不同语境组合的“义位”（这定义把解释项等同于义位的成分表达，也就是说，用一个类似于卡茨和福多提出的“树”形表达）。

（iii）每一个单位参与构成义位的成分树，每一个单位（或者义素，或者语义标记）反过来变成另一个文化单位（由另一个符号载体表述），它自己的成分分析是开放性的；换言之，即能被一个新的符号载体系统表述。这个定义和格雷马斯（Greimas，1966a）在《语义结构》[①] 中的义素定义，或者说基本的并且绝对抽象的语义成分的定义相同。

2.8 语义系统

2.8.1 内容上的对立

我们不能只通过文化单位的解释项序列就把它从其他对象中独立出来。它之所以被定义，是因为它被置于一个与它对立的、限定它的其他文化单位的系统之中。一个文化单位“存在”并被确认，是因为存在着另一个和它对立的单位。这就是文化单位系统内各项之间的关系，即每个文化单位要去除由其他项目所传达的内容。把意义转译为符号的位置分布价值，这在叶尔姆斯列夫（Hjemslev，

---

① 另一方面，每当自然语言的运作要通过形式逻辑来考虑时，即使没有对皮尔士的任何直接参考，解释项链条的概念也不可能不出现。当卡尔纳普（Carnap，1947）试图解释他所说的表达的内涵时，他是从属性的角度来论说的。属性既不是语言表达，也不是图像或意义数据，我们宁可把它们看作事物的客观属性。然而，卡尔纳普认为，属性不仅是狭义的性质属性（比如蓝色、热、硬），而且是数量属性（重五磅）、关系属性（某人的叔叔）、时空属性（芝加哥以北）。这些“属性”似乎是跟文化单位非常相似的东西，也似乎是通过特定表达的解释项来表达的。事实上，当卡尔纳普试着建立决定一个表达之内涵的科学可能性时（Carnap，1955），当他提出如何指导机器人理解一系列表达，并在先前接收到的对对象 A 的内涵描述 B 的基础上，把谓项 C 应用于同一对象 A 的问题时，机器人接收的指令种类（关于客观属性）是：(a) 所述对象的视觉形象；(b) 对其语言的描述；(c) 对象自身的判断。机器人是通过解释项被教会表达的，而这些解释项并不是简单的同义词语。

在卡尔纳普的论著中，这个问题并非如此清晰，因为他不能接受内涵的确定与外延相分离的观念。他的内涵主义论点总是与外延主义方法联系在一起，因此内涵可以用来确定这个词能够应用于哪些可能的对象（Winter，1973）。不过，卡尔纳普坚持认为意义（和内包）的问题是独立于表达的经验真值条件之外的，因此，也就跟指示对象的存在与否无关。他的机器人也能接收对诸如/独角兽/这样的表达的描述。至于复合谓词，像“H. T.”（人类和二十英尺高）这样一个谓语也有意义，因为它表达了一个属性，即使这属性没有特定的应用。卡尔纳普不断地从“关于内涵的考察不涉及存在物的问题”这样的语句转换到“谓项的内涵可以定义为它的范围，这范围包含了谓项所支配的对象的可能类型”这样的语句（Carnap，1955），这表明将解释项理论置入指涉语义学的框架中是多么困难；与此同时，这些变换也表明，我们必须使皮尔士的方法更加激进，并将解释项的概念加入符码的非指涉的结构理论框架和语义系统框架中去。

1943：50）的经典例子中论说得非常清楚。

在表8中，我们看到法语单词/arbre（树）/跟德语单词/Baum（树）/覆盖了相同的语义范围，而法语单词/bois/既表示德国人所说的/Holz（树）/，又可以表示德国人所说的/Wald（森林）/中的一部分；在同一图表中，我们可以看见法语如何区分《小树林》（/bois/）和《较大树林》（/forest/，/forêt/）的，等等。

表8

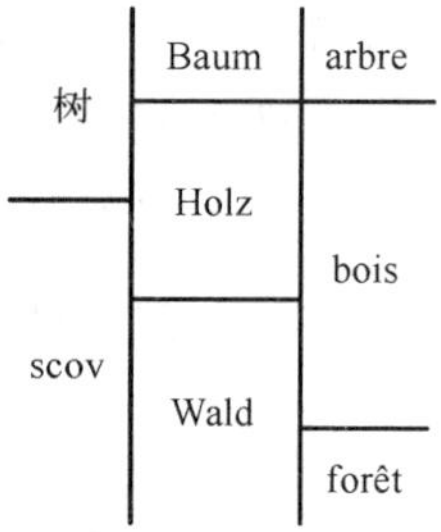

在这类表格中，我们不关心"观念"、精神实体，甚至不关心作为对象的指称物；我们关心的是从系统中产生的价值。价值跟文化单位相对应，但它们可以被定义为纯粹的差异；它们的定义不是根据它们的内容（因此就不是根据内涵分析的可能性），而是根据与系统中其他成分间的对立方式和它们在系统中所占据的位置来确定。至于音韵系统中的音素的情况，我们有一系列不同选择项，这些选择项能用二进制方式加以描述。因此，在叶尔姆斯列夫的术语中，用如下这种空表格代表内容-形式，而《Baum》《Holz》《bois》等都是内容-实体①：

①《Baum》《Holz》等是写在书名号中而不是斜线之间，因为在这个例子中，它们不是词语，而是语义实体，是填充系统提供的空间的语义单位。

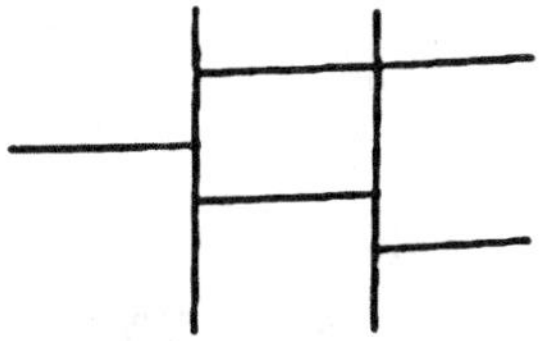

至于表达-形式，假定有四个“非位的”爆破音，如［b］、［p］、［d］、［t］，这些就是“音位学上”产生的成分。如表9所示：

表9

双唇音		
齿音		
	浊音	清音

因此，表9为众多非位可变的个别符提供了四种类型。

这两个例子的不同在于，在表达形式的研究中，音素之间的结构边界被高度发展的表达-形式的结构理论加以严格限定，比如音系学。而语义边界，即使在叶尔姆斯列夫的例子中，仍然是模糊的。英语的/wood（木头）/似乎表达了跟法语义位《bois》相同的“语义空间”（二者都指可以用来制造物品的材料，也都可以指比森林小一点的树林）。不过，英语能够区分/wood（木头）/是作为《木材》使用还是作为《小树林》使用，比如/a walk in the woods（在树林中散步）/这个表达中有意使用复数形式的 woods，这表明英语语义系统很清晰地知道两种文本材料的不同，而说德语的人是否掌握《grosser Wald》和《kleiner Wald》（或者/Wäldchen/）的区别就并不清楚。类似地，欧洲人区分《柔软的雪》和《正融化的雪》时，他就只是断定同一语义实体的两种不同“状态”，同时还明确地把《雪》同《水》和《冰》作状态上的区分，即使三者全部都是同一物质 H_2O，而只是物理状态不同。

在表达科学的系统分析能力和内容科学的相似分析能力之间，存在着巨大的鸿沟。在任何语言中都发挥作用的数量有限的音素，让音系学建立起极其详尽的表达-形式模式。现在的一些新研究方法，比如副语言学，成功地对这个表达-形式进行了彻底分析，使过去认为是不可分解的连续体所占据的范围最小化（Trager，1964；Sebeok，Bateson，Hayes，1964）。所有那些把自己局限于表层结构的句法结构研究，以及局限于对根本的深层结构作音系学解释的句法研究，都在使表达体系日益形式化。

然而，对内容的形式问题的认识仍然不精确，这让许多学者认为语言学（因此一般也会包括符号学）不可能研究意义问题，他们宁可分析客观的指称范畴、精神事件范畴和社会用法范畴的问题（Antal，1964）。

维特根斯坦的《哲学研究》，基本上代表了最严格（和富于启发性）的要去消除每一种意义的形式化准则的尝试。

2.8.2 子系统，场，轴

结构语义学现在承担起了富有雄心的、为内容-形式精心设计一个一般系统的任务。它是一个把文化植入子系统、场和轴构建而成的体系（Guiraud，1955，1966；Todorov，1966c；Ullmann，1962；Lyons，1963）。

现代语言学已经发现，一个给定的条目可以触发一系列联想。索绪尔举了个/enseignement（教学，名词）/的例子，它在一种场景中唤起/enseigner（教学，动词），enseignons（教学，动词变位形式）/这个系列，在另一个场景中唤起/apprentissage（学徒期），

éducation（教育）/序列，在第三种场景唤起/changement（变化，名词），armement（武器，名词）/，最后一种，唤起/clément（宽厚，形容词），justement（正好，副词）/。这就构成了一种情形，对此我们并不关注结构场，而是关注一个条目与另一个条目相联系的能力，比如通过纯粹的语音类比而联系，通过文化分类上的同质性而联系，通过把各种词素联结成同一个词位（在马蒂内的意义上）的能力而联系，反之亦然。一种更加连贯有效的研究方法是通过特里尔（Trier，1931）建造结构化的语义场而获得的，其中，一个观念的价值由相邻的其他观念为它设置的限定条件决定，正如十三世纪时发生在/Wisheit（智慧）/，/Kunst（艺术）/和/List（技巧）/等条目间的情况一样。

接下来，词典编纂者的工作和人类学家的工作相结合，人类学家把高度结构化的文化单位系统切分开来，比如颜色语义场、亲属关系场的条目等等（Conklin，1955；Goodenough，1956）。最新近而又影响深远的结构语义学研究也已经使我们能够确定，人们甚至能为这些与对象名称并不对应的语义单位构造语义轴和语义场。结果，“文化单位”的“意义”这个概念变得不仅适用于范畴性条目，也适用于黏着词条目。阿普雷西扬（Apresjian，1962）并不是把知识属性名称、颜色名称或者亲属关系条目等放进结构关系中，而是指出了一些场，比如，把代词放进正反对立关系构成的代词场（指派有生性事物和非生性事物的代词相对；另一个代词场的例子，比如英语中/you/占据的位置，与意大利语中/tu/，/Lei/，/voi/占据的位置相比较），或者是在相同范围内表示不同具体动作的动词语义场（举例来说，建议、保证、使人信服、通知等，所有这些意义都属于信息传送范围）。

这使我们能够面对如下这些问题：黏着词的可能内容的问题和所谓“功能性语素（functional monemes）”的问题（Leech，1969），等等。关于这一主题，参见 2.11.5，那一部分为黏着词的成分分析提出了一些建议。

自然，结构语义学希望在全局上建立起语义空间（像叶尔姆斯列夫意义上的内容的形式）。但是，这一目标能构成一个一般的假定研究框架，又会遇到两个障碍：一个是经验性的，另一个是符号学过程固有的。

第一个障碍是，到目前为止所进行的研究只涉及把非常有限的子系统结构化，例如，颜色、植物、气象条目等子系统内的分类。第二个障碍是由于这样一个事实而产生的：语义场比音位系统的生命更短暂，后者的结构模型试图描述在语言历史上长期保持不变的形式。由于语义场塑造了一种既定文化的单位，建立了属于这种文化的局部世界观，所以，文化适应运动和知识的批判性修正都足以颠覆语义场。如果索绪尔的棋盘隐喻是正确的，那么其中一个棋子的移动就足以改变系统内的所有关系。因此，随着文化的发展，/Kunst（艺术）/被赋予了比通常情况宽泛得多的应用范围，因而特里尔曾研究过的十三世纪的整个关系体系也会发生变化，从而剥夺了/List（技巧）/这个条目的价值。

2.8.3 语义场的切分

语义场在何种意义上显示了属于一种文化的世界观？让我们回顾一下语义场理论的一个经典例子，考察一下欧洲文化分析色谱的方式，即把名称赋予以毫微米表示的各种波长（从而建立文化单位）。

a. 红色	800—650 mμ
b. 橙色	640—590 mμ
c. 黄色	580—550 mμ
d. 绿色	540—490 mμ
e. 蓝色	480—460 mμ
f. 靛青色	450—440 mμ
g. 紫色	430—390 mμ

一种初步而天真的解释可能会认为，被分成不同波长的色谱构成了指称物，即颜色名称所指涉的经验对象。但是，我们知道颜色是以视觉经验为基础而命名的（单纯的讲话者会把视觉经验定义为“感知现实”），而这种视觉经验只能通过科学经验转译为波长。但是，让我们假设波长是绝对“真实”的东西。可以毫无困难地说，就是未被区分的波长连续体构成这个“事实”。然而，科学是在把这个“事实”划分成相关的单位之后才认识到这一点的。连续体的各部分被切分开（正如我们将要看到的，它们是任意的），波长 d（从 540 到 490 毫微米）形成一个文化单位，被指派一个名称。我们还知道，科学以这种方式把这个连续体切分开，从而根据波长证明这些单位的合法性，而单纯的经验则是自动地切分开并将其命名为/绿色/。

基于单纯的经验所作的选择并不是任意的，在这个意义上，生物生存的迫切情况，可能迫使某种单位被称为相关，而不是另一种（正如爱斯基摩人把经验连续体切分成四种文化单位而代替了我们叫作/雪/的那一种，是由于这样的事实：他们和雪之间至关重要的关联迫使他们细细地分辨雪的特征，而我们则可以无伤大雅地忽视这些区别）。

但是，另一种文化则以不同的方式对这同一种连续体作切分，在这个意义上说，切分是任意的，这意味着连续体是可以被分成不同形式系统的内容。我们并不缺少例子：对连续体中的 e（蓝色）这部分来说，俄罗斯文化有两种不同单位——对应于/goluboj（淡蓝色）/和/sinij（蓝色）/——希腊-罗马文明也许只有一种文化单位，但赋予不同名称——/glaucus（碧绿）/和/caerulus（深蓝）/——来分别指示 d、e，印度人则以单个条目（因而是单个的文化单位）把 a-b联结在一起。因此，我们可以说，一种特定的文化切分了经验这个连续体（这个连续体是根据知觉经验被观察，还是通过示波仪和光谱仪而被定义，这都不重要），使某些单位变得重要，而其他单位则只理解为变体，即“同位变体”。这样，要在连续体中挑选一个精细的颜色，比如《淡蓝色》，再挑选另一个，比如《深蓝色》，对说英语的人来说，这意味着要分离出一个自由变体，这就像用差不多相同的方式，从一个音位中挑选出两种特殊的发音时，从“位”的视角而言，这个音位要作为语音系统中一个适当的单位来处理。

这就留下一个悬而未决的问题，在对两种不同语言（比如拉丁语和英语）的两个不同语义场的单位进行比较时，它会体现得更为清晰（如表 10 所示）：

表 10

<table>
<tr><td rowspan="2">Mus
（鼠）</td><td>Mouse
（小鼠）</td></tr>
<tr><td>Rat
（大鼠）</td></tr>
</table>

这可以表述为：“拉丁语单词/Mus/对应于两种不同事物，我们称为 x_1和 x_2”（表 11）。

表 11

X_{1+2}	x_1
	x_2

另一方面，因为 x_1 和 x_2 的存在是由于两种符号系统的比较才明朗的，我们可以说 x_1 和 x_2 是独立于它们的名称而存在的吗？这些名称是语言系统赋予它们的，是名称把它们确立为文化单位并因此是某些符号载体的意义。

如果我们转向颜色，答案就简单了。没有理由必定存在着这样一个物理实体，它开始于波长 640 毫微米结束于 590 毫微米。事实上，在印度文化中，连续体的切分点并不是 640 毫微米，而是在 590 毫微米。但是，为什么从 610 毫微米到 600 毫微米就不是一个文化单位（和一个经验上的单位）？实际上，一个对颜色非常敏感且拥有更精细的颜色分级系统的画家，会回答说这样的单位是存在的，而且，他使用自己的特殊符码来表示它，这样就会看到具有一个专有名称，对应于波长连续体的那一部分的事例。

关于/Mus（鼠）/的问题，则是另一回事。动物学家会告诉我们，在英语中，对应于/mouse（小鼠）/和/rat（大鼠）/的 x_1 和 x_2 是作为特定对象存在的，它们可以根据属性和功能进行分析。但是，福柯（Foucault，1966）关于不同时代"知识"和其中对宇宙的不同切分的论说，或者列维-斯特劳斯（Lévi-Strauss，1962）对原始人的分类学著述，都应该足以让我们意识到，即使在这些问题上，也要谨慎地处理才明智。因为，对符码的研究毕竟不该涉及 x_1 和 x_2，它们都是指称物，我们只需要确认英语中存在着某个统率啮齿类动物的语义场，比它在拉丁语中的对等成分更加细分，因此就证实了对于讲英语的人来说存在着两种文化单位，对说拉丁语的人来说则只有一种。

所有这些都把语义场问题带回到所谓的萨丕尔-沃尔夫假说，也带回到交流系统的形式是否决定某种文明的世界观的问题。这个阶段似乎不适合提出这样一个问题：这样假定足矣（至少在把经验连续体切分成内容的形式这个层面），在一种文明的世界观和这种世界观使其语义单位相关的方式之间，存在着相当紧密的互动关系。假设现在有这样一些要素——Y（物质生活条件），X（感知经验单位），U（相应的文化单位）和 SV（表示它们的符号载体）——我们并不需要知道这时的 Y 是否决定 X，这个 X 生成了 U 并赋予 U 名称 SV；不需要知道 Y 是否为了把经验切分成 U 所对应的东西而努力地详细说明 SV；不需要知道更深层次的符号活动是否引导人们把思想建立在 SV 的基础上，而 SV 不仅产生 U 和 X，还直接促使人们适应经验 Y，如此等等。这些都还是符号学之外的问题。

从符号学视角去理解这样的问题会更有趣：语义场在哪一种文明中起作用，在哪一点上为了让位于其他语义场而开始消失；以及在同一种文明中，当不同的文化模式叠加其上时，两个或多个语义场如何对立而共存。

公元二世纪，格利乌斯（Aulus Gellius）在其《阿提卡之夜》（*Noctes Atticae*）中为颜色所下的一系列定义，为我们提供了一类例子，比如，他把/rufus/（我们会翻译成/红/）跟火、血、金子和藏红花联系起来。他说，/xanthos（金色）/是红色的一个变体，就像/kirros/（在解释项链条上，在它被语文学重构时，会被理解为我们说的/橘黄色/的对等成分）。他进一步认为，/flavus/（我们通常把它同金色、谷物或台伯河的水相联系）和/fulvus/（它通常是指狮子鬃毛的颜色）都可作红色的替代名称。但是，格利乌斯把鹰、黄宝石、沙、金子称作/fulva/，而把/flavus/定义为“红色、绿色和白色的混合物”，并把/flavus/和海的颜色、橄榄枝的颜色联系起来。最后，他说，为了界定马“呈绿色的”色彩，维吉尔使用了/caerulus/这个说法，而这通常是用来跟海的颜色相联系的说法。这一页中的拉丁文使读者感到震惊，造成极度的混乱，可能不仅由于格利乌斯的颜色场跟我们不同，还由于在公元二世纪的拉丁文化中，相互可替代的颜色场，因受到其他文化的影响而并存。因此，格利乌斯引发的困惑，是由于他没有设法把这些援引自不同时代作者作品中的材料，组织成为严密的语义场。正如我们所见，作者从仰望天空、遥望大海或者盯着一匹马时感受到的“事实”体验，以特定的文化单位为中介，他的世界观（以相当不连贯的方式）就由那些按他本人倾向而找到的文化单位（及其相应的名称）决定下来。

因此，我们可以说：(a) 在特定文化中，可能存在相互矛盾的语义场：这是一种异常的文化现象，符号学必须纳入考虑而不是试图消除它；(b) 同一文化单位本身可以成为特定文化中互补语义场的一部分。卡尔纳普（Carnap，1947：29）举了一个双重分类的例子，在这个例子中，动物一方面被分成水栖、空中和陆栖三类，另一方面又被分为鱼类、鸟类和其他类。因此，比如《鲸》这个文化单位，就能够在两个语义场中占据不同的位置，而不会在两种分类中互不兼容。这样，人们必须承认语言使用者在其“能力”范围内，具有把特定的符号载体系统和不同意义系统联结起来的可能性；(c) 在一个特定文化中，一个语义场能够以极快的速度消解并将自身重组成为一个新的场。

(a)（b）两点将在 2. 8. 4 中讨论，因为它们都是符码理论的问题。但是，就符号生产而言，它们也有直接影响，主要是在修辞和意识形态方面处理话语。因此，我们会在3.9中进行更深入的思考。同样地，（c）是关于符码转换的理论，它是符号生产理论的一个分支。这方面的例子参见3.8.5。

2.8.4 矛盾语义场

要举一个矛盾语义场的恰当例子，我们应当考虑成对的反义词语组成的语义轴。

莱昂斯（Lyons，1968）把反义关系分为三类：(i) 互补反义关系，如“阳性 vs. 阴性”；(ii) 名副其实的反义关系，如“小 vs. 大”；(iii) 逆向反义关系，如“买 vs. 卖”。卡茨（Katz，1972）把反义关系细分为三种：(a) 相反关系，如“必死的 vs. 不朽的”，在它们中间不会有中间状态；(b) 相对关系，如“上级 vs. 下级”，“富有 vs. 贫穷”，二者之间或之外可能有过渡性成分；(c) 逆向关系，如“丈夫 vs. 妻子”或“卖 vs. 买”，这就像莱昂斯的逆向反义关系，是暗示了句法转换，蕴含了“如果……那么……”类型的推理关系而形成的反义。

即使是浮泛粗浅的一瞥，也能揭示这些成对反义词的如下几条规律：(1) 如果把同一项置入不同的轴中，就可以处理不同的关系：这样，《单身汉》可以看作《老处女》的对立面，也可以看作《已婚》的对立面；既然《已婚》同时也和《老处女》对立，那么在这二者之间就有一种修辞上的等效——这在逻辑上看根本没有意义。(2) 同一个条目能依靠修辞（和意识形态）方式显现出它所容纳的相反、相对或逆向的反义关系。假设，根据修辞前提“在富足的社会，每个穷人都有机会致富”，第一个说话人表述的是“富裕 vs. 贫穷”

这样的相对反义关系；只需要有人把富裕和贫穷的修辞前提，改变为“在资本主义社会，一个人的财富是另一个人的贫穷的结果，财富是从无产阶级手中剥夺的剩余价值的果实”，这就把富裕和贫穷变成了逆向反义关系，正如丈夫和妻子一样。最后再假定第三位说话人是相当保守的一位，他反对说，这种“激进”的解释不能支持论点，因为富有与贫穷是人类自然的、世袭的边界，是由神的旨意建立的，这样，富裕和贫穷就成为某种程度的相反关系。

如果有人按照“卖出自己拥有的东西，买进自己需要的东西”这一修辞前提来思考问题，那么，“卖和买”、“拥有和需要”的关系就可以采用一个经典的逻辑方阵来表示（表 12）。

表 12

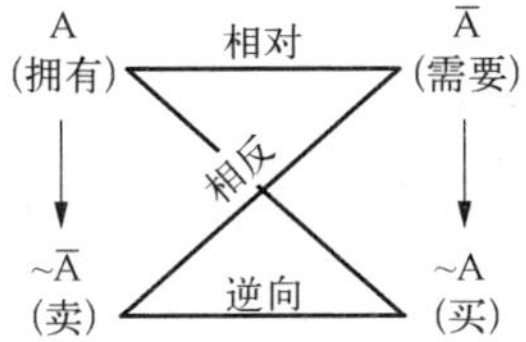

在表 12 中，“拥有 vs. 需要”代表两个相对的对立项；“卖 vs. 需要”和“拥有 vs. 买”代表相反的对立项；“卖 vs. 买”是经典的逆向反义关系；卖可以暗含拥有，而买可以暗含需要。

但是，现在假设有人采用的修辞前提是“买的人获得，卖的人给予”，逻辑关系方阵就是表 13 的格式：

表 13

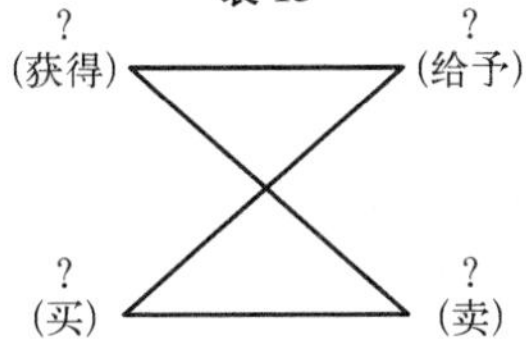

在表13中，获得和给予不再是相对关系，而是逆向关系，就像买和卖一样；如果所买入和得到的（或者卖出和送出的）“某物”总是指一种商品，那么，“给予 vs. 买”和“获得 vs. 卖”就是相反关系；但是，如果在第一种情景中，“某物”指一种商品，在第二种情景中指一些货币，那么，就有可能卖掉“某物-商品”和得到“某物-一笔钱”①。

这个问题的正确解释是，自然语言中（事实上是在每一种符号现象中），文化单位在形式上极少是意义明确的，而常常是逻辑上所说的模糊概念（Lakoff，1972）。

语义系统的研究涉及模糊概念，需要注意许多事项。首先，必须分析语义系统的所有单位的多义性，也就是说，它们是可以作多种“解读”的义位。因此，语义系统的格式，似乎失去了最乐观的理论所力图归因的那种透明结构。全域性语义系统的内部矛盾（方言符号生产方面的矛盾和符码改变时所依赖的矛盾）将在2.13中讨论。

2.8.5 语义系统的方法论性质

总之，语义场的矛盾属性，至少让人们解决了一个认识论问题，否则，这个问题在接下来的讨论中可能还秘密地隐藏着。

问题是，语义场是否“真正地”存在。这相当于在问：“在理解表达之内容的人的头脑中，有对应于语义场的东西吗?”因为符码理论与接收者心中可能发生什么是无关的，语义场既是假定的文化结

① 那些问题将用成分分析法作详细阐述。假设一个动词，比如/买/，谓项特征是n-论元——即：买（A，O，G，C，I……）——很清楚，如果一个人买东西，我们必须辨识“施动者”，为了获得一个“目标”（满足某个需求）而接收“对象”的人，从“施动者的相反方（Counter-Agent）”获得，利用某种“手段”（货币），等等。比较2.11.1。

构，又是理论家提出的这种结构的符号学模型。但是，我想强调以下这些属于方法论上的假设：(a) 意义是文化单位；(b) 这些单位由于它们的解释项链条而能被独立出来，正如在特定文化中已被揭示的那样；(c) 对一种文化中符号的研究，使我们能够通过观察解释项在系统中的位置和对立来定义它们的价值；(d) 这些系统的假设使得我们有可能解释“意义如何存在”；(e) 按照这种方法，要创造出一个拥有各种语义场并掌握了语义场和符号载体系统的联结规则的机器人，在理论上是可能的；(f) 在未及描述普遍语义系统时（也就是塑造文化世界观的系统；因为世界观在其相互联系上和外部表现上都时常在变化，所以，要作描述是不可能的），语义场被假定为解释那些重要对立的有用工具，以用于研究特定的一组讯息。

为了解释贝尔纳诺斯（Bernanos）的叙述结构，格雷马斯（Greimas，1966）详细阐述了对立。毫无疑问，他揭示了文本中能找到的、在某种有效的假说层面上的对立项，但是，没有什么能阻止另一个读者以不同方式使用文本，而选择解读文本的另一种关键，并由此把它还原为不同的对立值。正如将在 3.7 中所见，审美文本具有这种模糊的特性，它允许采用各种各样的方法，因此许多可能的选择都是合理的。这些观察的目的，是质疑结构语义学所从事的那种试图直接地、不加讨论地揭示意义之不可变结构的研究①。

---

① 结构语义学内部的这种诱惑，可以在这样的评论中找到例子，比如布雷蒙（Bremond，1966a）就《古兰经》中观念的穿孔卡片所作的分析。布雷蒙观察到，这项研究发现了一些隐藏的联系，它们存在于互不相关的概念之间，也存在于那些孤立的、难以预料的概念群集之间，这些概念、概念群集都源自文本的特有结构；但是，作者在讯息中重复他们自己的符码，形成了一个并非来自《古兰经》内部的“客观的”观念系统，它来自“与《古兰经》相关的当代西方科学所支持的观念”。取而代之，布雷蒙提出进行致力揭示“文本内在的”观念系统的客观研究，这种“文本内在的”观念系统，不是从更便利的编码活动而是从“更精确的”解码中吸取灵感。反对者会推论，因为存在着单一的符码，每个符号在“普遍语义系统”中都有着明确的位置；但是，如果存在许多矛盾语义场，对它们的选择就依赖（转下页）

在格雷马斯对他的论文《结构语义学》的介绍中，可以发现一个谨慎的结论："通过语义结构，我们可以了解不同语域的普遍结构，这些语域拥有给定的或仅仅是可能的社会或个体属性（文化或个性）。问题在于语义结构是从属于语域的，或者它仅仅是一个理解语域的元语言结构，与语音特征或词义并不相关。"（Greimas，1970：39）

2.9 语义标记和义位

2.9.1 外延标记和内涵标记

我们现在有资格就如下这个问题给出确定的答案了，即符号载体的意义是什么（或者，符号-功能体的"内容"函项是什么）？它是在语义系统中一个精确的"空间"中的一个语义单位。在这个意义上，我们很容易得出这样的结论：与给定的语义子系统内的其他义位相比较，/dog/这个符号载体的内容是特定义位《狗》。

（接上页）于所采用的视角，这视角制约着人们理解文本的方式。人们设想为《古兰经》中固有的语义单位系统，有可能是西方科学所支持的关于《古兰经》的一套观念系统，或者是文化史研究所显示的《古兰经》时代的阿拉伯世界表现出的一套观念系统。这两种情况下，解释性读物不可能成功地避开逻辑论证（姑且远远地撇开《古兰经》文明的语义场自身也是矛盾的、错综复杂的这个事实不论）。重读亚里士多德的《诗学》（许多关于叙事的讨论依赖于此），能帮助我们避免许多错误。当然，情节（plot）能看作一系列功能，或者是选择上对立的一个功能结构矩阵，但是这些功能的独立，不能使得每一项功能免受相关的原始属性（及由此而来的意义属性）的影响。比如，当一个人对某个人说发生了某件糟糕或遗憾的事时，这意味着什么？意味着发生了某件（根据在某个特定社会中流行的普遍观点）令人同情或恐怖的事吗？一个人在不知情的情况下被引诱吃下自己儿子的肉，这个事情恐怖吗？对一个希腊人来说，的确如此，一般来说，对西方人都会如此。但我们能想象出一种文化模式，在其中，这种仪式行为看起来不可怕。当面临阿伽门农将伊菲革涅亚献祭时，希腊人会倾向于同情他，然而，对我们来说，如果这个事实不是在它原来的语境中加以描述，而是因为纯粹迷信，一个人同意杀死自己的女儿，这对我们而言似乎只会是令人厌恶的事，并且，我们不会对阿伽门农感到同情，而更愿意蔑视他并希望惩罚他。不求助于修辞学，就无法理解诗学。情节的功能只有放在一个特定群组中，跟价值系统对比衡量时才会获得价值。如果我们不知道接收者的期望系统，那么，一个事实就不能被界定为"出乎意料"。因此，哪怕是对叙述结构的研究，也涉及语义系统的社会-历史学定义。

但是，首先人们必须面对的问题是：是哪一个系统？是把动物组织起来的那个系统吗？或者是生物构成的系统？还是肉食动物？或者哺乳动物？然而，这些问题回答清楚了，还会出现一个新的问题：为什么义位《狗》应该跟语义子系统内的其他义位，比如说《猫》或者《袋鼠》作比较？人们突然意识到，最后这个问题跟雅各布森（Jakobson & Halle，1956）提出的问题相同：为什么一个音位要跟其他音位对立。事实上，把音位作为最小对立实体来定义的做法，必须让位于一种更具有分析性的定义：一个音位是一束富于分析性的区别性特征，位置和对立系统与这些特征直接相关而与音位无关，音位仅仅是这些特征在场或缺失所构成的网络的结果。

同一个内部具有对立特征的网络，也会规定两个义位的差异。这样一来，说一个符号载体传达了语义场中的特定位置，这就构成了一个简略的定义（正如我们说音位是音系中的一个位置）。事实上，人们必须假设一个符号载体可以指（i）一个语义系统内的位置网络，（ii）不同语义系统内的位置网络。这些位置就组成一个特定义位的语义标记（semantic marker）。这些语义标记要么是外延的，要么是内涵的。

我称为外延标记的是这样一种对象：它的总和（或层级结构）构成了文化单位，也把文化单位分离开来；而文化单位首先是对应于符号载体，所有的其他内涵都以此为基础建立。因此，内涵标记就是所有那些有助于构成一个或多个其他文化单位（前面表述为符号-功能体）的东西。正如2.3所述关于外延和内涵的说明，外延标记和内涵标记的区别仅仅在于内涵必须依赖于先前的外延；前者和后者没有区别是因为它们更稳定：外延标记可能非常短命，如果创立它的符码仅仅延续一早晨的时间的话（就像许多秘密特工每天都在更换密码那样，他们对此非常清楚）；而内涵标记则能稳定地植根于社会习俗，如此一来，它就像其所依赖的外延所能持续的时间那样长久。

因此，下面的正式定义应该足以把外延标记和内涵标记区分开来：(i) 外延标记是语义系统内的职位之一，符码使得符号载体与外延标记直接对应而不需要任何先决媒介；(ii) 内涵标记也是语义系统内的职位之一，符码通过外延标记这一媒介使符号载体与内涵标记对应，从而在符号-功能体和一个新的语义单位之间建立起相互联系。

不过，这样定义的结果是不尽如人意的，无论是从符码理论的角度，还是从符号生产理论的角度看都是如此，因为这样很难区分外延标记和内涵标记。人们很容易假设，符号载体/狗/通过特定的物理属性或者动物学特征来指示一种特定的动物，除此之外，它还涵指《忠诚》。但是，《家养》这个标记呢？在 2.10.2 中讨论作为"百科条目"的义位的问题时，这个问题的难度会更明显。目前，可以这样说，在符码理论框架内，外延标记和内涵标记的明确区别仍然有待于准确地界定。也许可以通过把问题的经验公式转化为符号生产理论的术语，来提出一个暂时的解决方案。

从符号生产理论的视角看，人们应该清楚地把外延和内涵区分开：

(a) 外延是一种文化单位，或者它是一个给定义位的语义属性的同时，又是这语义属性的可能指称物的文化公认属性。

(b) 内涵是一种文化单位，或者它是由其外延所传达的给定义位的语义性质，它不一定对应于文化上公认的可能指称物的属性。

这两个定义可以让我们理解，为什么在水闸模型中 AB 直指《危险水平》并涵指《泄洪》或者《洪水》。事实上，《危险水平》是一个文化单位，与假定的水的实际状态相对应（即使这种状态已经是由另一种科学——即水文学——对连续体进行切分的结果，而不是组成一个事实事件）。相反，《泄洪》不是假设的指称物的属性，而是由对应于假设指称物的内容的表意引发的意义①。

无论如何，必须弄清楚的是，在接下来的几页中，外延不会被视为外包的等价物。同样，内涵不会简单等值于内包。因为内包和外包都是t-值理论的范畴，而外延和内涵，在我所说的意义上，是符码理论的范畴。因此，在现在的语境中，外延是一种语义属性，而不是所对应的对象。外延是表达的内容，内涵是符号-功能体的内容。

2.9.2 专名和纯句法实体的外延

弄清楚这些之后，人们就可以着手建立义位合成理论了。但是，首先人们必须消除关于专名和纯句法系统的符号载体的一些误解，即认为这些系统没有明显的语义内容，比如音乐的声音。对这些问题务必加以澄清，因为，比如在逻辑学文献中，人们经常认为专名没有所指对象，因此也没有外包。在符码理论框架中，假设一个表达可以而且必须具有外延，这就意味着这个表达事实上具有相应的内容，这内容能被分析成若干个语义成分单位。

专名的问题跟像似性符号问题相似，像似性符号通常被设想为指一个人而没有准确的符码来确定这个人是谁（比如，人的图像）。最重要的是，我们必须尝试着去理解：当专名指的是已知的历史人物

---

① 但是，这种定义不能解释那些黏着词（和因此属于非指称功能）的外延，比如/by（被，由）/或者/however（无论如何，但是）/。在这些情况下，我们必须支持前述定义，按照这些定义，外延是标记，没有任何先有的媒介化的符号载体跟这些标记相对应。但是，要说“没有任何先有的媒介化”的话，人们应该说明：“除了必要的意义，即语义预设（2.11.1）要除外。”如果/狗/被标记为《哺乳动物》，那么这个标记就蕴含着《动物》这个标记。根据冗余规则，后者在表述中可以省去；因此，《哺乳动物》以《动物》“为媒介”，但是，这样一个媒介是作为必要的意义而要求的（通过局部代替整体机制，或属种机制，即从属关系）。相对地，《忠诚》可以用《驯化》作为媒介但没有直接蕴含；因此，它所构成的是内涵。

时，会发生什么。稍后我们会看到，其他情况在结构上并没有不同。/拿破仑/这个表达指的是一个界定得很明确的文化单位，这个单位在历史实体的语义场中占有一席之地。这个场对于许多不同文化来说通常是共同的（不同的文化可能为《拿破仑》这个文化单位赋予了很多不同的内涵，但是，它的外延不会改变）。因此，《拿破仑》这个义位应该有几种标记，包括作为人类的一员的标记。正因为如此，说“如果拿破仑是一头大象”，这在语义学上是很荒唐的（见 2. 5. 3）。

现在，我们来设想这样一种情形：本书作者接收到一个符号载体/斯特凡诺/。作者拥有一种与他所处环境中的许多人一样的能力，他所处的环境提供了文化单位的场，其中包括他自己的亲戚和朋友。/斯特凡诺/这个符号载体立即为他指明了代表他自己的儿子。在这个例子中，我们处理的是一个更有限的符码，而不是/拿破仑/这个讯息被解码的符码，但符号机制并没有改变。很少有人说的口语可能是存在的（个人习语）。一个可能的反对意见是/斯特凡诺/也可以表示其他的个体。但这里，我们面对的只是一个同形异义的例子。同形异义经常出现在语言的使用中，当条目/x/既可以指意义《X_1》又可以指意义《X_2》，又必须确定以某种方式来理解时，就会出现不得不由语境来指定的情况。专名世界在语言学角度看，只是一个贫乏的世界，其中，有许多同形异义的现象。但相互联系的文化单位（被命名的人类）所构成的语义世界是非常丰富的，其中的每一个单位又都由非常精确的对立系统分割开来。

黏着词同样有同形异义。/to be/中的/to/和/to you/中的/to/不同。但乌尔曼（Ullmann，1962：122）指出，脱离语境的专有名词，不指示任何意义，而脱离语境的普通名词，则总是具有词汇意义。但是，除非（根据语境）被引入一种特定的符码，并在这符码中主要作为符号载体集的一个元素而出现，否则，没有任何符号载体能够直指。如果书面符号/cane/从语境中独立出来传达给我而没有任何符码指示，那它可以是拉丁语的祈使句，可以是意大利语的普通名词《狗》，或者是英语的普通名词。因此，必须始终有一个涉及精确词汇表的符码指示。这个词汇表也可以有一部有关于人的姓氏部分，它会告诉我们像/David/这样的符号载体是一个专名，它涵指男性这一含义。

但是，涉及无名氏的专有名称时，人们不得不承认，它们涵指但不直指——跟密尔（J. S. Mill）的观点相反，因为他认为它们可以直指但不涵指。应该承认这些限制条件：无名氏的专名是带有开放性外延的符号载体，它们可以像人们对从未听说的深奥的科学术语进行解码一样地被解码，但当然得是跟某些精确的东西对应才行。因此，接收到/ascorbic acid（维生素 C）/这个讯息，凭直觉知道它指一种化合物（模糊的内涵）而不知道是哪一种（没有外延），跟收到/David（大卫）/这条讯息而知道它一定指一个人（模糊的内涵）而不知道是谁（没有外延），这二者并没有多大区别。这是不完全掌握一组符码的两个例子。第一种情况下，我请教了一位化学家，第二个，我要求把我介绍给大卫。但我也想知道在著名的文化单位的场中，《David》的位置是什么：大卫是约翰的儿子、希拉的兄弟。

现在我们转过来看看符号系统中那些纯句法性的、没有明显语义深度的符号。音乐是一个典型的例子。很显然，要界定下面这个图形记号的意义毫无难度：

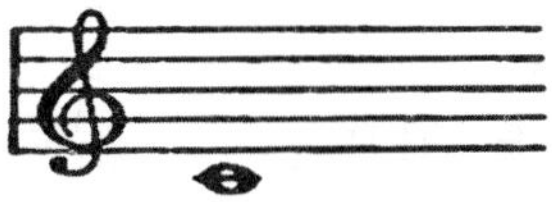

这个符号载体表示钢琴的中音阶《音符C》，它直指音符系统中的一个位置，即一组声音事件，其解释项具有数学价值、示波分析法和光谱测量功能。

现在的问题反而是：它的直指对象是什么，是否真的是由小号发出的音符C本身。在这方面，必须指出，句法系统的符号载体之所以具有外延，是因为它们具有一些解释项。这样，中音八度的C音，或由小号发出的C音，都表示音乐系统中的一个位置，尽管有各种序位调换，但它自身的声音保持不变。也许可以说，物理信号//*C音*//直指的是音乐系统的那个保持不变的角色，不论它是被符号1还是符号2解释：

符号1

符号2

为了认识//*C音*//，音乐家必须听出它与其他音符的关系，从而确认它在系统中的位置（这种关系在所谓“绝对音感”的罕见情况下，可能是纯粹的助记符）。

人们可能会反对说，叶尔姆斯列夫（Hjelmslev，1943：99，100）仔细区别过符号学系统和非符号学系统，或者“博弈”。按照叶尔姆斯列夫说的“一个符号是否存在，决定这个问题的关键点不在于它是否被解释，即是否一个内容连续体被指派给了这个符号”（因为存在着“未曾被解释过而仅仅是可解释”的东西），而更在于它是否是双层的，并且这两个层面不共形（conformal）。“两个函项被称为共形函项是指这种情况：一个函项的任何一个特定派生形式，都毫无例外地与另一个函项的特定派生形式具有相同的功能，反之亦然。”“纯博弈”和音乐、形式逻辑、代数学一样，“如果两个层面都是暂时假设的，那么功能的网络在这两个层面将会完全相同”。因此，这些结构都不叫作“符号学的”，因为它们虽然是可解释的，但不是双层的（而语言是双层的，并且不是共形的）。

把叶尔姆斯列夫的说法颠倒一下应该就足够了，即可以断言：一个符号是否存在的决定点就在于它是否被解释（“可解释的”系统只是信号系统，它们有待于置入符码关系中）。但是，还应该解释一下，这样一个相反的提议为何以及如何能改善这个理论。理由如下：

否认符号的共形系统属性，意味着忽视大量的符号现象，首先是所谓“像似性”符号的全部对象。叶尔姆斯列夫在所谓象征系统和这些实体间找到某种类似性，这不是偶然。这些实体“跟它们的解释同形，是描述和象征，像托尔瓦德森（Thorwaldsen）把基督作为悲悯的标志，铁锤和镰刀作为共产主义的标志，天平作为公平正义的标志，或者语言范畴的拟声词”。我们可以看到，所有这些符号，即使以某种方式“共形”，也根本不是单层的：只是表达和内容的关系由难率（ratio difficilis）支配（见 3.4.9 和 3.6）。当我们谈到这个问题时，我将会说明，为什么即使是来自共形而非单层的系统中的单位，也可以被看作符号，在这里，表达形式和内容形式在某种程度上是重合的。

叶尔姆斯列夫把国际象棋划归“纯博弈”，但这个例子具有误导性，并给许多其他所谓“符号”系统蒙上了一层令人费解的阴影。在国际象棋中，棋盘上两个不同棋子之间给定的形式关系，并不简单地对应于内容平面上的等值关系：给定的相互位置，我们说，在黑皇后和白色象之间（二者都跟它们自己国王的实际位置相关联，并且，原则上跟棋盘上其他棋子的位置也相互关联）传达了——作为其全部内容的——一系列可选择的移动，一套可能反应，一连串可预见（或不可预见）的解决方案，和连带而来的整套棋子全新的关联位置。换言之，即使有人坚持认为，一个给定位置的给定棋子直指的仅仅是它自己（在“单层面的”情况下），他也应该同意同一个棋子涵指一系列可能的移动——并以某种方式代表这些可选移动。并且，对两个棋手中的任何一个人来说，棋子的每个位置都涵指不同的可能性。因此，单个棋子的可能内容是不取决于这个棋子所充当的表达的。象棋博弈是一种双层符号系统，棋子充当的是符号-功能体的功能项。

至于一个音符，可能（或不可能）在每一种情况下，都宣告一种可预见但不可预测的音乐解释方案，音乐提供了一种可以对每一种情况作不同解释的例子，这是符号系统中的另一种例子。

2.9.3 符码和组合规则

一个符号-功能体可以从它自身进行定义，也可以从它在语境中可能的组合关系上来界定。在这两类定义之间保持鲜明的区别，可以澄清语义学分析中许多尚未解决的问题。乍一看，符码理论似乎只需要考虑符号-功能体自身，因为它在语境中的组合是符号生产方面的事。但是，符号生产是由符码以前建立的规则允准的，因为符码通常不仅是作为相关性规则，而且是作为一套组合规则来考虑的。

像/约翰找到难过（Johnny found sad）/这样的表达是不可接受的，这取决于符码。显然，要决定/约翰找到难过/在特定环境中能否作为有效表达来接受，将取决于与符号生产应用相关的解释性决策。因此，符码讲述的/绿色的无色思想狂怒地睡觉/在语义上是反常的，但在给定的语境中，解释性决策可以确立这一表达的合法性——比如，把它视为一种诗学手段，或者有意设计的对常规语义的有趣偏离。在任何情况下，宣称符码只专注于建立/睡觉/或/狂怒/的独立意义，而不提供关于它的组合可能性的指示，都是非常具有局限性的主张。

在这一点上看，似乎有必要把符码理解为一种双重实体，它一方面在表达和内容之间建立对应关系，另一方面，又建立一套组合规则。

但是，我相信，符号-功能体本身的定义，与符号-功能体作为一种组合单位的定义之间的区别，并没有暗示符码的这种双重定义。一个符码提供的是：(i) 符号-功能体的一种限定描述，以便它在双层形式下易于理解而不受任何语境的影响；(ii) 一个更复杂的定义，它还预见了符号-功能体在两个函项中，都可以与其他符号-功能体合并的一些节点。这样就可以避免独立组合规则的概念，因为它们是符号-功能体编码表征的一部分。

假设，比如，/爱（to love）/的表达有像 v（x，y）这样的句法标记——它说明动词是及物动词——并且，至少有一个语义标记，比如动作（A+人类，O±人类），或者：

$$d_{动作}—d_{A+人类}—d_{O\pm 人类}$$

然后假设/吃（to eat）/的语义表达有如下语义标记：

$$d_{动作}—d_{A+人类}—d_{O+器官,-人类\cdots\cdots}$$

在这一点上，很容易明白为什么/约翰爱他父亲/在语义上是可接受的，/约翰吃他父亲/在语义上是异常的（除非在一种非同寻常的文化环境中，它把人类也划入可能的食物)①。至于单个符号-功能体可能被许多符码或子符码制约的问题，人们应该允许每一种符码建立它自己的组合模式。当谈到复杂的社会型能力时，比如语言，人们不应该只想到单个符码，而应该想到一个内部互相联系的符码系统。如果有人更愿意把这样一个符号-功能体系统称为“一种语言”，那么，这种提议就可以接受，前提是要能把这个词应用到每一个符号符码，而不会表意不清或者需要作隐喻转换。

2.9.4 成分分析的要求

当考虑符号-功能体的双重定义（以其本身和组合能力而言）时，人们会意识到表达层面具有一种优先地位：任何表达单位都能从它自身性质进行定义，这定义不仅独立于它的组合能力，而且作为一个功能项独立于它的物质属性。因此，一个表达（比如，单词/狗（dog）/或者海滩上的一面红旗）就能分析为它的语音素：/狗（dog）/：三个音位，它们每一个都由一束相关特征组成；红旗：一种几何形式（来自欧几里得几何元素的组合）和来自给定的光谱情形的颜色。这些表达记号保持不变，即使载体不再被用作载体（因此是符号的功能项）；它们是信号的结构属性。

---

① 按照菲尔墨（Fillmore，1971a）的意见，“词典作为生成语法的装置的一部分，在每个词汇条目上，要使得使用者具有如下条件：(i) 深层结构中句法环境的属性，以备能将词项置入其中；(ii) 词项的属性，语法规则对其能作灵敏的反应；(iii) 对于任何用作‘谓项’的词项来说，概念上必需的‘论元’数量；(iv) 每个谓项要能指示其每一个论元在情景中所充当的角色；(v) 为了词项能使用恰当，使用的前提或‘满意的环境’所必须具备的条件；(vi) 词项和词典中的其他词项间的概念属性关联或形态属性关联；(vii) 词项的意义；(viii) 在特定语法条件下，词项采用的音位形式和正字法字形”(370)。在 2.11 中我们提出了修正模式，同意语义标记应该是菲尔墨所谓的“意义”，我们将尝试满足其余全部七条要求，或者，至少提出满足这些要求的可能性。换言之，语义表述也将尝试着解决组合规则问题。/约翰是石头的儿子/应该看作语义异常，因为/儿子/的语义描述该有像 S（x，y）这样的标记，其中，x 和 y 都以/人类/为特征。

反之，如果考虑表达的组合能力，它就获得了所谓的句法标记，诸如单数、阳性、动词、形容词等都是属于这个功能项的语法属性。内容层面，它们有的可以、有的则不可以由相应的语义特征表示（从句法角度讲，/Sonne/在德语中是阴性，而/sole/在意大利语中是阳性；但它们表达的是同一个语义单位，这个语义单位是没有性属标记的[①]）。

现在很清楚的是，必须被视为与符号-功能体的描述紧密相关的那些标记，仅仅是功能项之类的东西的标记。因此，接下来的讨论就可以忽略符号的结构标记一类的东西。当符号生产理论认为“劳动”是产生话语的必要条件时，它们似乎与符号生产理论关系更密切（见 3. 1）。

现在，人们可以勾勒出符号-功能体的第一个临时的分析模型。

(i) 符号载体拥有特定的句法标记（比如单数、“可数”等等），这些标记允许符号载体和其他的符号载体组合，从而使一些句法组织正确的句子具有可接受性，即使它们在语义上是异常的（比如，/火车运送一个漂亮的婴儿/），也使其他一些句子不可接受，即使它们在语义上讲得通（比如/我是另一个人/）[②]。

(ii) 作为义位的意义是由不同种类的语义标记（外延和内涵）分层排列而形成的。其中一些语义标记可以跟句法标记对应，也可

① 在德语中，/sun/激活一定的内涵性的联想，而意大利语中它激活其他东西，这个事实只是意味着，一个给定的句法标记，有时引出相应义位上的语义内涵标记。英语的所有 it，在意大利语中都是 he 或 she，这在童话故事中自然有其效果，但是，这些内涵是依赖于拟人化修辞过程的语义标记而来的。

② 假设句法标记必须允许给定表达在适当语境中的正确组合，这并不意味着符码应该考虑建立一种一般规则（除了给定条目的语义表述），比如，NP = D + N（+ A）。像/狗/这样的词项，将其句法表述为 N（+ D－，± A－），同时说明这个词项是要求在 D 和 A 的前面或后面置入成分，这就足够了。显然，语义标记 N 通过冗余规则蕴含了下面的组合方面的描述。在这一点上，一般的语法规则只是一种统计学的外推法。

以不对应。

（iii）由于符号-功能体是由给定语义标记集和给定语法标记集作为一个整体的符码建立的，因此，原则上，符号-功能体不是由一个简单的语法标记符来实现的。这意味着符号-功能体不是标记与标记之间的关联；据此，符号-功能体不是建立在两个功能项严格的“自然”同源基础上的，而是任意结合二者的结果①。由此，符号载体的意义（或者是一个词项表达的义位）应该图示如下：

$$/s\text{-}v/\cdots\cdots sm\cdots\cdots《S》\cdots\cdots d_1,\ d_2,\ d_3,\ \cdots\cdots c_1,\ c_2,\ c_3\cdots\cdots$$

（图中/s-v/是符号载体，sm 是句法标记，《S》是由/s-v/传达的义位，d_s和 c_s是组成这个义位的外延标记和内涵标记）即使义位的表示是如此简单（我们暂且假设它就是那样），在涉及语义成分的属性时，仍然会出现许多问题。因为一个义位由一组或多或少有限的、或多或少线性的基本成分（外延和内涵）组成，所以，在这一点上必须面对的问题是：（i）这些成分能否各自分立；（ii）它们是否是语义“普遍性”的有限集合；（iii）它们是不需要进一步的语义界定的理论构造，还是由词典给定的构造类型，就是说，词语、定义、纯语言结构等；（iv）它们之间的相互联系，是否足以定义一个义位及其置入话语的方式，即给定语义在语境和社会环境中消除歧义的方式。

---

① 这一假设可能会受到挑战，因为所谓的“像似性”符号会被认为“自然地”与给定的物体相对应。关于这个问题的一个尝试性的解决办法会在 3.5－3.6 中提出。至于可以明确识别的具有任意性质的符号（例如自然语言的符号），德·毛罗（De Mauro，1968）指出，音系系统是由相关元素组成的，而内容单位系统——他称之为“词汇的义位意义（lexical noemes）”，它能分解为小的表意单位，比如跟义素相当的“亚义素（hyposemes）”——则不具有相关的符号学成分，除了在特殊情况下（比如在科学系统中），它们是通过非常精确的选择规则和具有明确含义的术语建立起来的。在我看来，这是一个过于激进的观点。否定标记到标记之间的对应关系，并不意味着否定义位是语义上的联结体。

2.9.5 成分分析的若干实例

关于第（i）点，叶尔姆斯列夫（Hjelmslev，1943）提出了利用有限数量的内容-符号素（content-figurae），即以更普遍的组合特征，来解释和描述无限数量的内容-实体的可能性。假定四个基本特征，比如《绵羊的》和《猪的》，《雄性的》和《雌性的》，把它们结合进入《公羊》，《母羊》，《猪》和《母猪》都有可能，这些基本的普遍性特征在进行进一步组合时也会得以保留。

至于第（ii）点，根据乔姆斯基的第一种方法（Chomsky，1965），语法标记无疑是所谓的“次范畴化规则”所依赖的一组有限成分（比如，及物动词和不及物动词的次范畴化解释了为什么/约翰找到难过/在语法上是不可接受的）。至于产生了所谓“选择性规则”的语义成分，乔姆斯基认为，“正是‘词汇项’这一概念以某种固定的、通用的描述这些对象的词汇表为前提，这就像‘语音再现’的概念，以某种语音理论为先决条件一样”；这样，选择性特征就是“普遍性的”、“有限的”，或者必须假设为如此。不幸的是，迄今为止，这类特征唯一突出的例子是如此“普遍”，以至于它们只能把（国际象棋的）象从河马中区分出来，而不能成功地把河马从犀牛中区分出来。这个难点和第（iv）点有关，它需要更多的分析性特征。

比如，根据鲍狄埃（Pottier，1965）的理论，“安乐椅（fauteuil）”这个义位可以用［供坐下］，［有多只脚］，［坐一个人］，［有靠背］和［有扶手］等几个义素来分析，而“长沙发（canape）”这个义位具有前两个义素，没有第三个义素，后两个则是可有可无。但是，因为这些义素是高度分析性的，它们不具有“普遍性”，并且，关于第（iii）点，需要依次从语义分析。

格雷马斯的《结构语义学》致力建立起一些普遍性的语义特

征，并且是不需要进一步分析的理论构造性的语义特征，或者，毋宁说是只有在这个意义上才允许进一步分析：每个特征被假定是跟一个主轴关联的一组对立项中的一项，每个特征又都可以成为下一层对立项的主轴。因此，格雷马斯举了个空间性的义位系统作为例子（表 14）。

表 14

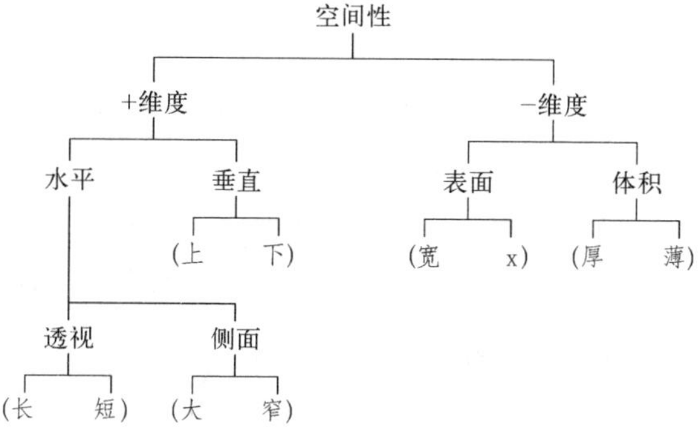

括号中用仿宋体标记的都是词项（lexemes），它们的特点是都具有所示义素：因此，长/短这两个词项就以［透视、水平、维度、空间性］为特征。但是，格雷马斯的意思是用/词项/来表示具有若干义素的一个表达形式；另一方面，他所称为/义位/的，不是这些义素的整体，就像我在本书中的这种做法，而是一种特定的感知结果，或者是对词项的特殊“解读”。这个系统的局限似乎是：这个特征集不是一个有限系统。人们只需要考虑时间性系统，或者价值系统（好、坏，可接受、不可接受），就可以理解这样一个系统是如何像一个结构严密但不断膨胀的星系一样发展的。

格雷马斯的方式，对于解释一个义位如何能允许许多修辞性替代手段是非常有用的。因此，要说明像/头部/这样的词目具有义位核，有像［端点］和［球状］这样的“核心”，就帮助人们理解了为什么存在着像/针头/、/车头/，或者/桥头/这样的修辞形式，这些形式依靠义素通过修辞替代物而产生相关性。因此，语义再现（尤其是如果试图解释审美文本这样的符号生产的问题）必须把这一类标记纳入考虑。但是，就其本身来说，这似乎还不够①。

因此，有必要扩展语义标记的概念，即使这对普遍性和限定性的假设不利。

2.9.6 定义义位的第一种方法

符号载体直指和涵指各种文化单位，其中一些相互排斥。这就意味着在构成一个义位的各种直指义和内涵义之间可能会出现交替、互补或互斥的解读，从而产生语义不兼容现象。关于讯息的发送者可能会选择哪一种解读，虽然这一决定是属于符号生产（和解释）的问题，符码理论也必须为这种选择提供结构上的条件。因此，义位的解释和消歧理论依赖于义位的成分性质理论。

/鼠类（Mus）/在“有生性 vs. 非生性”轴线上可以指称［生物］，［啮齿类］关乎动物学范畴，［有害的］关乎“有害 vs. 无害”范畴，等等。换言之，符号载体 s_2 在两个不同语义轴上可以分别直指 α_2 和 β_2 两个位置，并且因为这些外延义而能在另一条语义轴上涵指处于对立位置的 γ_1 义和 γ_3 义，通过 γ_1，可以进一步涵指处于另外两条轴线上的 ϵ_1 和 ζ_1。

① 出于经验目的，可以用更不具有系统性的方式列出义素系统。因此，对于一些从操作角度（思维机器的结构）考虑这一问题的作者来说，语义成分的分类和层次不是为了实现绝对的分类，而是依赖于经验的选择。如此，我们就能明白伯特伦·拉斐尔（Minsky，1968）如何用这些特征，比如《声音，喵喵叫，颜色（黑色，白色，黄色，褐色），腿的数量，4……》来描述《猫》这个类别。

表 15

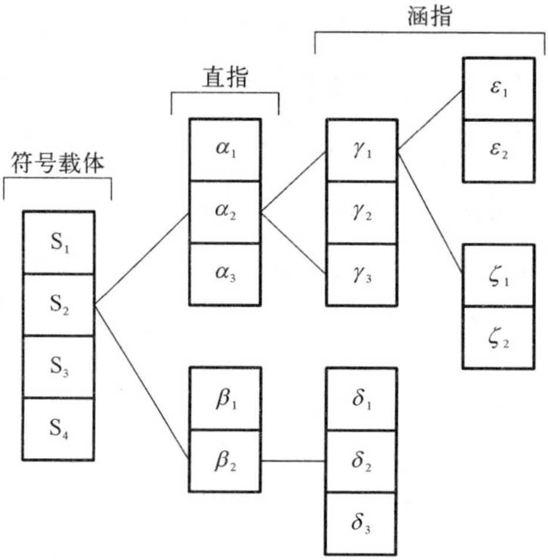

这相当于格雷马斯的观点（Greimas，1966：38）："词位是来自不同符号系统和范畴的义素相互交叉和表现的场所，二者之间保持着层次关系，即所谓的从属地位关系。"

因此，S_2在不同的语义轴、范畴或子系统中分布在各种位置，而不一定相互兼容。这意味着符码为说话者提供了一种包括大量语义场的能力。这些语义场可以向许多方向转移，并以各种方式匹配协调，根据上面的图示，可以得到如下几种可能情形：

(i) 说话者 A 知道由符号载体/S_2/所传达的义位《S_2》所有可能的已编码的外延和内涵，因此，在发出或接收义位时，要注意避免表达中出现歧义；

(ii) 说话者 B 拥有简化的不完整的符码知识，他认为义位《S_2》只由《α_2，γ_1，ε_1》代表（因此当说或读时，就表现出自己的误解）。

这样的关于义位语义再现的定义，显然让人不满意，要么借助于严格形式化的语义学理论来修正，要么通过以下方式来证实，即把一个社会群体的一般能力定义为关于符码联系的大量名副其实的潜在知识，因此，与其说这是词典，不如说更像百科全书。这两点将在 2. 10. 2 中进行讨论和比较。

2. 10　KF 模型

2. 10. 1　Bachelors

成分分析中最有趣的一个模型，无疑是卡茨和福多（Katz & Fodor，1963）所提出的分析法，后来，卡茨和波斯达尔（Katz & Postal，1964）又成功地作了修正。为方便起见，从现在开始我将称其为 KF 模型。尽管它有许多缺点（已经被认识到并被它的一个作者修正过了，见 Katz，1972)，但这一模式激发了如此大量的讨论和反驳[①]，所以，对于之后的修正模型来说，这似乎是一个方便的出发点。

尽管这个词大家都很熟悉，但我在表 16 中又提到，对/bachelor/这个义位的成分分析似乎使整个语义学领域都偏执地、着迷地关注未婚男性和不幸未能交配的海豹的问题。

在 KF 树形图上，有不带括号的句法标记（包括的类型有生命性、数量、普通名词类，等等)。两个圆括号之间是语义标记，它们和其他学者称为“义素”的东西非常相似。方括号之间的是作者称作区别成分的东西。最后是选择限制（把希腊字母放在尖括号中间作为象征记号)：“是一种形式化表达，让一种解读跟其他解读组合时的充要条件。”（Katz & Postal，1964：15）一种“解读”就是选择一条“路径”，因此是一种方向。根据语境，各种语义成分就同其他

---

① 比如瓦恩里希（Weinrich，1965)。斯坦伯格和雅各博维茨（Steinberg & Jakobovits，1971）发现了 KF 模型具有挑战性的替代图景，主要是麦考利、莱考夫、菲尔墨和比尔维茨的贡献。也可参见 Fillmore & Langendoen，1971。

表达的语义成分组合起来，构成合理的语义，或者构成一个句子，比如/已婚男子不再是单身汉/，或者是其他，比如/我的丈夫是文学学士/。

表 16

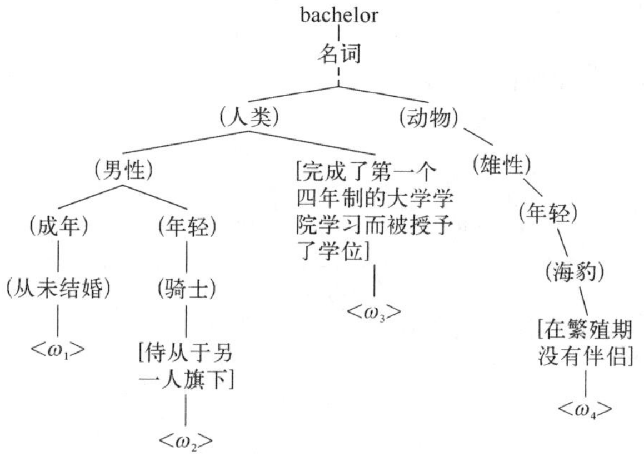

把语义表达加以组合的可能性，是在语境中通过一系列投射规则提供的，卡茨和福多详细分析过这些投射规则，所以，面对/the man hit the colorful ball/这个句子时，一旦适当的语义成分被分配给每个词，就可能为这个句子构建一系列不同的解读。事实上，/colorful（彩色的）/有两个语义标记（《颜色》和《评价性》）；它有两个区别成分［色彩鲜明绚丽华美的］和［生机勃勃的，生动形象的］，它也有选择限制，比如“物质实体 vs. 社交活动”或“审美对象 vs. 社交活动”。只有在确定了这个形容词能与/ball/的哪些语义成分相联系之后，才能知道哪些是导致把/彩球（colorful ball）/这个语段，解释为如下语义的混合路径：(a)［专注于舞蹈的社交活动，它色彩丰富］；(b)［色彩丰富的球形物体］；(c)［由作战武器发射出的富于色彩的固体投射物］；(d)［专注于舞蹈的社交活动，它活泼生动又形象]。

意义在这里被规定为二进制选择，由这句话的接收者（和发送者，在考虑它该如何解释时）在义位的各种可能成分的分支点作出选择。

卡茨和福多详细说明了语义成分不该为了解释而依赖于句子的说话情形或环境（他们称其为“场景”）。他们实际上指出了各种可能的解读，但是他们的语义理论并不是要建立一个句子何时、如何或为什么在某种意义上使用，何时又在另一种意义上使用。

这个理论的职责是解释一个句子是否有多种意义、为什么有多种意义，而不是解释在什么环境中它会消除歧义，也不是解释它使用的是什么意义。

KF模型旨在解释语义问题，而不借助于指称和外包理论。但它拒绝支持为达到这一目的而必须采取的某些解决办法。

我将试着草拟一份关于这个模型的备忘录，以便概述修订模式所必须达到的要求。这份备忘录涉及六点，即：

(i) 像词典一样严格（见2.10.2）；

(ii) 标记的柏拉图主义（见2.10.3）；

(iii) 不计入内涵（见2.10.4）；

(iv) 不考虑场景（见2.10.4）；

(v) 区别成分的外延不纯（见2.10.5）；

(vi) 语词局限和范畴局限（见2.10.5）。

下面我们更仔细地考察这六点。

2.10.2 词典和百科全书

备忘录 (i) 涉及这样一个事实，即KF模型代表了理想言说者的理想能力。归根结底，它只能导向编一部非常基础的词典，而不能解释全部现存矛盾中的社会能力。然而，如果要草拟一套符号学的表意和交流理论，这种能力必须得到承认和解释。

这样，备忘录的第（i）条涉及抽象的词典和具体的百科全书之间的区别。针对威尔逊（Wilson，1967）对卡茨和福多（Katz & Fodor，1963）的批评，卡茨（Katz，1972）对其提出了反驳。威尔逊认为，语义学理论应该关注的不是理想言说者的理想能力，而应该是人们对事物共同的事实信念。意义是共同的社会信念，有时相互矛盾，具有历史根源，而不是无限期的、理论上的固定结构。因此，“威尔逊理论中的词典条目，是一种特殊的百科全书条目，它们展示了词汇指称的事实信念的共同核心”（Katz，1972：73）。根据这一观点，只有当“事实信念的共同核心”不是“关于指称物”的信念，而是一个社会习惯上接受的、给定内容单位的实际文化定义，人们才有理由接受威尔逊的建议。这些信念代表了不同的标记排列，而符码应该预见所有这些可能的排列，这将在 2. 11 中得到更好的说明。

卡茨（Katz，1972：75）的反对意见是：“我们必须看到，词汇正在持续不断地改变着收录条目，每当产生关于世界的新发现并被言说者了解到时，新发现的那些事实信念，必定会添加到收录条目中，而与此相关的信念，也必定会添加到大多数词汇中去。”无疑，这是一件非常艰难的事；但不幸的是，这项工作正是社会在使用和丰富符码时（通过挑战）所实际施行的，正如将在第三章中讨论的那样。

因此，理想言说者的理想能力理论，一直小心翼翼地防备着受到历史变迁和社会渗透的干扰，它拥有成为完美的形式结构的良机，但并没有机会适用于任何人，即使对于词典出版商也是如此，他们同样很关心其产品的持续修订问题。虽然在某种程度上说，记录一种语言的历史，是词典存在的作用，但更常见的是，词典的存在是语言历史作用的结果。

卡茨正确地关注着这个事实：事实信念的概念，并没有把言说者日常的事实经验所带来的所有修正都引入语义理论。但它足以将威尔逊的要求重新做如下阐述：事实信念即使广为传布，也必须经过编码，或者以某种方式被社会传统认可。卡茨问：它们可能是根据何种基础而被认可的？回答是：跟以下情况的基础相同，即承认 KF 模型假定/bachelor/是未婚男子而不是牙膏；这个基础不仅允许百科全书而且允许词典去记录一个特定条目在一定语境中的意思或者特定用法，而在其他情形则意味着另一种意思和用法。①

显然，如果一个人详细阐述了更类似于百科全书的语义学理论而非词典的语义学理论，这会产生几个后果，其中之一就是：描述在一定程度上会失去透明般的完美，正如将在 2.12－13 关于 Q 模型的讨论部分所展示的那样。此外，它暗示了模糊概念理论和模糊限制理论，就像莱考夫（Lakoff，1972）提出的那样②。

2.10.3 标记作为解释项

备忘录（ii）是关于柏拉图主义的标记。我们已经在 2.9.5 中讨论过，要构想出一套有限而通用的理论结构来解释语义上的任何细

① 紧接弗雷格之后，卡茨（Katz，1972）说，如果有人断言《开普勒死于痛苦之中》，那么，/开普勒/这个名字的使用，就预设了这个名字指的是某个人；然而，有一种可能性是，说这句话的人或听到这句话的人认为，开普勒是住在纽约下东区的德国香肠制造者。这个细节跟卡茨的目的无关，但对我的目的来说并不尽然。如果这个人是文盲，那么，这种假设显然不应该被符码理论纳入考虑。但是，如果某个特定社会的许多成员（让我们假设有 60%的人）相信开普勒是制造“香肠”的人呢？

② “模糊概念”似乎对一个社会群体的所有成员都有模糊的界限，因此需要根据一个普遍接受的尺度进行分级。相反，在我看来，“模糊限制语”（像“从某种程度上讲”或“从技术上讲”这样的表达）似乎根据不同的说话者或语境获得了不同的价值；因此，它们将是百科全书记录一个表达的不同“技术性”用法时的适当主题。

微差别是多么困难。

KF 模型最初提出的语义标记是纯理论构件，原则上不应作进一步的分解，因为它们是表示义素的术语，不是另一种待解术语；然而，在设置冗余规则（Katz，1972：44）时，要求给每一个成分再作语义分析，依次进行，循环往复，这就间接提出解释项的再解释问题。

冗余规则规定，例如，给定一个标记，如义素“椅子”所拥有的［家具］，则［家具］必须进一步标记为［人工制品］，轮到［人工制品］时最后必须进一步分析为［对象＋物质＋非生命］。在卡茨心目中，冗余规则是一种操作手段，用于简化表述。理论上讲，恰好相反，必须把冗余规则看作一种使义素分析复杂化的理论要求，因为它表明每一个标记本身就是又一个义素分析的新起点。这样，每一个语义标记都须得由其他标记（它的解释项）来解释，由此产生的问题是：解释项在这个意义上是否构成有限集；或者，解释项是否等于像皮尔士曾提出的（见 2. 7. 3）那样一组无限持续自我更新的符号化产品。

2. 10. 4　内涵作为标记、场景

备忘录（iii）涉及内涵问题。KF 模型在辨义成分这一层就告停，而没有对一个义位可能包含的所有内涵作出考量。因此，它提供的是有限的指示语言的语义理论，也为基础词典提供了规则。这种词典可能对想要预订午餐的游客有用，但是如果他们真想要会“说”一种给定的语言，则可能鲜有帮助。

KF 模型没有考虑到无限可能的分支（或路径）。/bachelor/内含着［风流］或［漂亮小伙子］，甚至是［拥有自己公寓的浪荡子］等含义，这就可能存在着子符码。结果（例如，在速写中），就增加了同情或者

反感的情感内涵，或者完全是价值论的内涵。即使/Bachelor/只简单地理解为［未婚］，它也涵指它自身的否定义素，即［-已婚］。

此外，人们必须考虑到表达涵指的一系列解释项，虽然它们不属于同一个符号学系统。正如我们已经说过的，表达/狗/经常涵指狗的形象。如果否认内涵的这种常态化存在，就意味着把义位的内涵分析只限制在语言环境中。

潜在的“唯心主义”的反对是站不住脚的。我们不是在谈论精神的和心理的联系（即使它们可能作为特定的文化网络所隐含的等价结果而发生）；我们说的是某一特定文化所假定的关联，即单词/狗/和所有描绘狗的图像之间的关联。我们说的是这样一个事实：在每一本动物学手册中，都有一只狗的图像，以及作为它的标题的文字符号/狗/。图像和文字，在严格抽象的文化条目中是互相暗示的，这种相互暗示，跟人的心智能够意识到这种联想没有关系。

在/bachelor/这个例子中，获得学位的年轻学生的传统形象，或中世纪骑士的侍从的形象，都能代替语词的定义。一旦接受了KF树形图，人们必须允许一个条目的全部解释项都在树的分支上找到自己的位置。如果人们把全部解释项安排在各个分支，那么，在把辨义成分看作语义关系的终点的情况下，要将其语义关系的责任单独指派给语义标记（正如卡茨和福多所做过的那样）就变得困难了。相反，必须承认路径的合并可以在树形图的任何一个节点中实现。

2.9.6已经谈过关于内涵的提议，一个表达可以在不同的语义轴上找到，它们相互矛盾，具有相反的内涵。根据一种或另一种内涵来“解读”义位的决定，是由语境或者环境因素来激活的①。

① 例如，/椅子/带有《无生命》这个标记，从标记的视角看，就不可能造出像/椅子生产后代/这样的句子。但是，在合适的语境中，有可能造出这样的句子：/圣彼得教皇的椅子在圣灵指引下发出了通谕/。这里涉及修辞手法的层面。但是，（转下页）

所有这些都导致备忘录（iv）。KF 模型拒绝考虑“场景”。在这样做的时候，它无法解释一个特定词汇项如果在一个特定语境中说出来，或者是置入一个特定的语言环境时，如何获得它的任何一个可能的解读。的确，作者们宣称，他们不关心这种事；但同样真实的是，如果他们不关心的话，他们将要面临符码理论和语言实施理论（或者符号生产理论）之间的联系的缺失。与其让批评场景理论缺失，我更愿意在 2.11 中展示，如果将其纳入考虑的话将如何提高符码理论的价值，这样，就把符用学的许多元素引入符码理论框架中。

2.10.5 作为假性元素的辨义成分

备忘录（v）涉及辨义成分的性质。在 KF 模型中，辨义成分是假性元素，它们看起来通过更完整和更特别的定义纠正了标记的不足：因为定义是比标记和义位整体都更复杂的东西，KF 模型是用一个复杂得多的东西解释了更简单的对象。

到卡茨（Katz，1972）时，他把辨义成分界定得更好一些。它们成为被引入纯外包理论中的内包元素，同时也带来了一些不经济的结果。

如果标记真是不能进一步加以分析的纯理论建构（虽然这和冗余的概念相矛盾），那它们就能看作纯粹的内包范畴，这样就保持了理论的非外包纯度。但是，辨义成分并非纯理论建构，相反，它是

（接上页）是修辞规约赋予/椅子/（即使只是在/圣彼得教皇的椅子/这个语段背景下）以《教皇》这个隐含意义。这样，因为这种解读，给/椅子/指派《有生命的》这个标记就成为可能。此外，对圣灵的提示又产生了一个前提，即童贞女所生。因为这一点，/椅子/甚至获得了一个间接而真实的次要内涵义《女性》，这个意义促进了它和/生产/的融合。正如所见，是语义成分树上的次要节点间的相关性，决定了跟原始节点间的切换和兼容。如果不考虑意义的修辞用法已经编码这种可能性，那就不会允许语言的任何清晰丰富的用法。KF 树形图注定是复杂的，即使是为了试验被简化的情形下也是如此。

复杂的定义。区别特征在这个理论内部的作用是什么？卡茨（Katz，1972）意识到这个问题，并回答说，它们不是义位的内包属性，实际上，它们只不过是一种可以应用于阅读的指称物的描述。换言之，假设一种读物提供了一份关于“雄性动物幼年海豹”的内包性的描述，语义成分树提出建议，可以把这种语义实体应用在繁殖季节没有配偶的海豹身上。这个解决方案的第一个缺点，显然是因为在内包描述中置入了外包指示；但更危险的结果是，如果没有这样一种外包描述，就无法区分有配偶的海豹跟无配偶的海豹——除非后者被叫作/bachelor/。这样，内包理论因为所选论点的不当而自相矛盾，因为，没有外包的指示，它就不是标记，而是跟指称物匹配的具有符号意义特征的名称。但是，说来奇怪，/bachelor/的另一种解读，说它指从没结过婚的成年男性。为什么《从没结过婚》是一个标记（因而它是一个理论内包建构），而［没有配偶等］是辨义成分？《从没结过婚》是一个标记，这意味着［一个人还没有找到或者不想找到妻子］（它的解释项看起来像个辨义成分）；而［没有配偶等］是辨义成分，它的解释项是《未配对的》（因此看起来像个标记）。为什么前者是个理论建构而后者不是？因为未婚男人总是这样，而未交配的海豹只在一年中的特定时期才这样吗？显然不是，因为两种情形都是临时的。

这样，辨义成分似乎真是引介过来克服这种模式的某种缺点的特殊解决办法。

卡茨说“辨义成分是纯粹直指的特征”（这里的“直指”是用它外包的意思），“只标记概念上同义的指称之间的感知差异……因此，它只是语言表达的一种一般理论，它把语言能力和感知机制整合起来，能把语义学理论的词义辨义成分和跟它们相对应的感知理论的词义建构联系起来”。（Katz，1972：84）

卡茨是对的，他认为能力理论（或符码理论）只能为词语的使用作准备，以表示世界的实际状态。但依我看，他对能力理论的这些局限的预测，是有点草率的。让我们更仔细地考虑一下上面引用的这个词组："概念上同义的指称"是什么意思？这样的指称根本没有意义。它是世界的一种状态。在大多数情况下，它可以被看作另一个空符号的意义，这个空符号只有被指涉时才获得意义。但是我们知道卡茨反对这个理论，因为根据这个理论，符号的意义应该是它的指称物。因此，当他说到"概念上同义"时，就只能意味着（为了被理解为这样），特定的指称必须被归入事先建立的范畴，即文化结构，也即一个义位（关于知觉的符号理论的发展，见 3.3）。因此，"概念上同义"必须作为一个意义，要运用一种语义理论的全部工具来分析。语义成分树必须具有内涵描写（并因此拥有语义标记网络）而不是辨义成分，这就可以把辨义成分递交给同一套冗余规则，因为冗余规则为每个标记提供了语义分析的根本基础。一个知觉理论的项目要么是建构，要么不是；如果是建构（正如卡茨所假设的那样），那么它必须在卡茨坚决主张的"可言说原则"（Katz，1972：19）基础上用语义学理论来描述。如果知觉建构不能用语义理论进行描述，那么，一个词和它的意义能以什么为依据来为知觉建构命名呢？正如在 3.3.5 中可以看到的，即使"提示"（即把符号指派给事物）表现为说出符码指派一套具有特定（语义的）属性的符号载体，来应用于一种认知对象（感知），而另一种科学的"符码"，又为其指派另一套（知觉的或物理的）特定属性，命名时后者也容易受前者的影响，或者二者都容易受共同的元语言影响而命名[①]。

---

① 卡茨（Katz，1972：85）说："如果有关的元素是语义标记，那么这些元素所标记的区别是概念性的。另一方面，如果它们是辨义成分，这种区别就是（语言上反映的）感性的区别。"但是，如果一种知觉上的区别能够在语言上反映出来，那么（转下页）

最后，卡茨（Katz，1972）理论中有一种因素，使得解决辨义成分的问题变得非常困难，即缺乏一个更加清晰的解释项的概念。

卡茨说，辨义成分不是一种概念建构，因为它也可能是像“红色”这样的一种感知素材：“很难想象像红色这样的颜色品质会易于进行概念分析。”（Katz，1972：87）

如果撇开把红色作为由一种感知理论来研究“感知建构”的情况，那么，一定有某种方式从概念上去分析它（正如事实上当红色被定义为从800到650毫微米的光谱空间时所发生的那样），显然也应该认为语义标记既不是另外的词语，也不是纯粹抽象的理论建构，而是解释项，因此，在/红色/和/樱桃/等单词的语义再现中，必须包含感觉的图像信息这样一个分支。这一假设并不会使符码理论的理论纯度打折扣，因为，即使作为感觉素材，《红色》能在语义学上界定为一种文化单位，不仅因为它可以完全分析为光谱格式，还因为它在文化上可以测定为占据颜色场中的一个位置，并因此在文化上可以区别于其他颜色：颜色只是反义n元组的一项！如果不置入语义场，红色就不能被人理解，就像《人》如果不置入它自己的指称语义框架，就不能被理解一样。

这种无法在语言上用同义词或释义进行替换的标记无能情况，就引出了备忘录（vi），它涉及这个模型与非语言间的关联，以及与语言的非范畴化手段之间的关联。KF模型既不适用于黏着词，也不适用于非语言符号；因此，它不适用于符号学的符码理论。诚然，它的作者们从未声称要提供一个广义的符号学语义理论，但在这里，

（接上页）它一定是一种概念上的要素。卡茨可以这样回答：有一些感知元素是通过一个词来命名的，但在概念层面并没有被解释，例如/红色/。这种反应是非常危险的，因为它意味着存在着一些“反映”概念的词语，这些词语易受语义分析的影响，而其他词则只“反映”感觉数据却不能进行语义分析。这将使语义理论的研究项目彻底破产。而且，为什么/年轻骑士/应该只指涉感知经验，/人/和/对象/却不是如此？

我并不关心他们的意图，而更关心他们的建议对我目前的目的是否有用。因此，与其批评他们在这一点上的不足，我更愿意展示一个修正的模型如何能够考虑到符码理论的这一重要要求。

2.11 修正的语义模型

2.11.1 义位的格式

修正模型的目的，是把所有已编码而依赖于相应的指称、语境选择、环境选择的内涵都纳入语义再现。这些选择区分了作为百科全书条目的义位的不同解读，确定了对众多外延和内涵的指派。它们不是关于指称的经验和特殊的知识，而是编码信息的片段，换言之，语义单位就像其他单位一样，只是它们起着转换作用。

让我们想象一下，表 17 中所假设的符号-功能体，像百科全书一般复杂，它可以显示不同组织“读物”的各种类型。

表 17

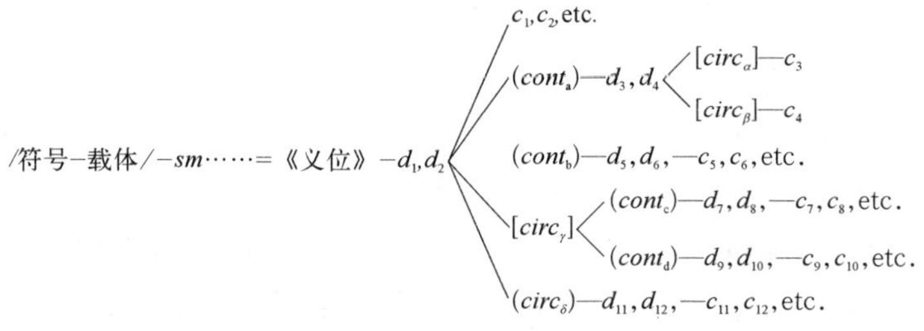

这里，sm 是一组完整的句法标记（在这里不会有问题）。d 和 c 分别是外延和内涵（2.9.1 意义上的）；(cont) 表示语境选择，它给出的是这一类说明：“出现 ($cont_a$) 时，当前语境中的意义跟义位 a 有关，就使用下列 d_s 和 c_s”；[circ] 表示环境选择，由它给出的说明

是："出现［$circ_{\alpha}$］时，当与当下义位对应的符号载体在场景中有事件或对象//α//与其相随，就使用如下 d_s和 c_s，这个符号载体被理解为属于另一个符号学系统。"

像这样的一棵成分树就表明如下几点：

(i) 句法标记，连同它们所暗含的次范畴规则一起，都属于表达而不是内容；因此，如果/gloop/和/bloop（杂音）/都被标记为［名词 + 阳性 + 单数］，那么，像/a gloop is a bloop（gloop 是一种杂音）/这样的句子在句法上就是正确的，即使你不知道它的意思是什么（在同样的意义上，"插着上有三个黄色圆圈的绿色方旗的一根旗杆"，这在语法上是正确的，尽管在语言符号之外，找不到任何国家、州或协会注册了这种类型的符号）；

(ii) 一个义位可以具有像（a，i）这种在每一个可能的语境选择和环境选择中都保持不变的外延性标记，比如 d_1和 d_2（带有一些依赖于 d_1的附加内涵 c_1和 c_2），或者具有（b，i）类的不同 d_s，于是，不同的 c_s对应于不同的语境选择和环境选择。因此，/bachelor/通常含有《年轻》义，只有在特定语境（$cont_{骑士精神}$）中，指称义《年轻》才产生比如《纯洁》这样的内涵义；在上面的图中，这样的情况由语境选择（$cont_b$）表示。环境选择［$circ_{\gamma}$］的例子，反而是在同样的言语环境中，可以是不同的语境选择；（$cont_a$）的例子表示在同样的语境中，可以有不同的环境选择；

(iii) 语境选择记录了通常和当前义位相联系的其他义位（或义位组）；环境选择记录了属于不同符号学系统的其他符号载体（或符号组），或者记录的是看作明示符号的对象和事件，这些明示符号通常与对应当前义位的符号载体一起出现；二者都扮演着混合转换的角色。通过这种方式，语境选择和环境选择都不需要特殊类型的指示，因为它们充其量是文化单位或者表达，这些单位或表达构成了其他义位再现方式中的主要节点，或者是构成另一个义位的成分分析元素。因此，相同的元素既可以作为标记，也可以作为“选择限制”：根据在树形图上的战略位置，让同一类实体扮演双重角色，这就获得了经济性效果（即所添加实体，勿超必需）。

（iv）选择限制随着辨义成分一起被消除。事实上，语境选择和环境选择都能预测选择限制，而辨义成分则融入了复杂的语义标记网络。因此，/bachelor/能被大致分析为［男人＋年轻＋满期＋学院＋……］。这是一个关于该如何作成分分析（能排除辨义成分）的、非常粗略的建议，而且，这个建议，只有在对底层语义场作更加小心的分析之后，才能得到改进。关于这样的语义场的假设是不可或缺的，即使在其他的语义研究事例中，比如用这种方法分析词义（lexemes）的比尔维茨（Bierwisch，1970）所提出的例子也是如此：

/父亲/＝X是Y的父母＋男性X＋（有生命的Y＋成年人X＋有生命的Y）

/杀人/＝X_s致使（X_d变成（－活的X_d））＋（有生命的X_d）

（v）分析动词时，根据角色（role）或“格（case）”清单，该用一组特定的外延标记代表n-位谓词的论元。那些格是语义行动元（actant）——格雷马斯提出的“行动元分析（analyse actantielle）”意义上的行动元——而不是形态学上的格（Fillmore，1968、1971）。简言之，一个行为是为了达成一个目标或目的（P）同时影响一个对象（O），由施动者（A）借助于工具（I）完成的——这里，对象还是一个涵盖了比如“与格”、“宾格”等不同形态格所暗含的语义角色的伞形范畴：因此，客体应该更细致地分析为接收者、经验者、通过动作而发生物理变化的物体，等等。让我们假设一下，当动词是一个言内行为动词时，这就具有一个主题T——关于（T）传说故事（A）讲述（说话行为）。

这种方法应该考虑义位直接包含的语义预设，而不引入新的语义范畴，如“焦点”和“预设”（PS）。显然，为了详细说明这类再现，人们应该首先把/预设/这个词的各种意义进行区分，在哲学和逻辑学文献中，这个词会回溯至根本不同的现象。

指称预设涉及提示理论（见3.3），它也是弗雷格（Frege，1892）研究过的东西：“如果断言了某物，那就总是有一个明确的预设，即所使用的简单专名或复合专名总有个指称。”

语境预设是文本理论研究的一部分，它既涉及文本推理，又涉及附加编码规则（比较2.14.3）。希兹（Hiz，1969）把这些互文本事件称为“指称”，并且声称，假设有这样一个文本：/有两条路通往约翰家，一条穿过树林，另一条要短一些。两条都是铺平的，他很熟悉它们/，其中，/他/指的是句子中出现过的/约翰/，/它们/指/两条路/，/路（way）/指/道路（roads）/，等等。

环境预设涉及发送者和接收者都知道或应该知道的已编码或未编码的实体和事件。语境预设和环境预设也被叫作符用学。

语义预设严格依赖于义位的格式：如果一个人说/约翰是个单身汉/，那么，每个人都会理解为约翰是个成年男性。但是，只要它们是直接由语义组织所蕴含的（即，是在分析中作为一个给定表达的完整意义的必要部分“被包括”的，参见Katz，1972：4.5），我们把它们定义为符号学蕴涵（semiotic entailment），而不是“预设”（参见3.2中符号学判断和事实判断的区别）[①]。因此，只有语义蕴涵

① 相反地，让我们把符用预设和指称预设称为事实蕴涵（factual implications）。它们应该既是附加编码实践的对象又是符号生产和解释理论的研究对象。至于语言学理论中关于预设的最新文献，参看Fillmore，1971 a，b；Langendoen，1971；（转下页）

（即符号学蕴涵）直接关系到符码理论，它必须作为意义的一部分由语义再现加以记录。一旦这被认可，我们就根据修正模式来转译菲尔墨（Fillmore，1971）研究过的两个动词/指责（accuse）/和/批评（criticize）/的表示形式。菲尔墨断言，就所涉及的“意义”和所“预设”而言，一个动词提出了另一个动词所预设的东西，反之亦然。根据修正模式，这种差异应该由一系列指称把它们完全表现出来。让我们假设，句法上标记为/v（x，y，z，k，w）/的/指责/，在语义上作如下分析：

$$d_{\text{动作}}\quad d_{\text{宣称}}\quad d_{\text{施动者：人}}\quad d_{\text{客体：人}}\quad d_{\text{I：说话行为}}\quad d_{\text{主题：客体的动作}}$$

$$d_{\text{主题：坏的}}\quad d_{\text{目的：揭发……}}$$

事实上（当指控时），施动者通过语言手段宣称（claim）一个人类对象（他的言语行为的接收者，也是他攻击的体验者）实施了一个被认为是坏的行为。动词的施为（performative）属性是由《宣称（claim）》这个标记给出的，同时，从分析上（或者说从符号学角度）看，蕴含了这个事实，即主题没有《事实性》这个标记；动词的言语行为属性是由动词工具这个事实赋予的。

现在，我们假设/批评/（具有与五位谓项相同的句法标记）在语义上是可分析的，如下所示：

（接上页）Lakoff，1971 b；Garner，Keenan，Langendoen and Savin in Fillmore and Langendoen，1971。菲尔墨（Fillmore，1971a）说/单身汉/预设了《成年，男性，人类》，结果是/那个人不是单身汉/“这个句子只能用来断言这个人结了婚或者结过婚，永远不能断言这个人是个女性或者是一个孩子”。但是，我们回顾一下前文注释：语义再现必须显示层级关系，并且，否认《不曾结婚》的属性并不意味着排斥更广泛的属性，比如《男性》和《成人》。因此，符号学蕴涵概念与预设概念具有相同的逻辑优势，不表示额外的语义色彩或事实蕴涵。

$$d_{\text{动作}} \quad d_{\text{施动者：人}} \quad d_{\text{L：说话行为}} \quad d_{\text{客体：人}} \quad d_{\text{主题：客体的动作}}$$

$$d_{\text{目的(P)：谴责}} \quad d_{\text{目的(P)：证实}}$$

这个表述显示的是，通过语言手段，人们可以因为一个行为而批评一个人，这行为感觉上还不算糟糕，施动者的意图只是想表明这种行为应该受到谴责。组成这个言语事实的行为或对象被假定为“真实的”，这一事实不需要表达，因为这是依赖于话语规则的符用性和指称性的假定（参见 2. 14. 5）：首要的一条是“讲真话”（合作原则）。

如果人们分析相应的意大利语表达形式/accusare/，就会发现/accuse/的表达方式更有趣，因为意大利语中习惯上说非生命体（如线索、印迹等）“指责（accuse）”某人，那样就无疑地“证明”是某人做了某事。因此，意大利语/accusare/的表达应该是：

$$d_{\text{动作}}d_{\text{客体：人}} \begin{cases} (\text{语境}_{\text{施动者+人}})\cdots\cdots d_{\text{声称}} \quad d_{\text{I：说话行为}} \quad d_{\text{主题：客体的动作}} \quad d_{\text{主题：坏事}}\cdots\cdots \\ (\text{语境}_{\text{施动者-人}})\cdots\cdots d_{\text{I=施动者}} \quad d_{\text{证据}} \quad d_{\text{主题(客体=客体}_2)} \quad d_{\text{客体}_2\text{：坏事}}\cdots\cdots \end{cases}$$

依赖于第二种语境选择的这种指称，听起来很不令人满意，因为，只要它归于客体，动作（action）就不能看作一种说话动作，同时，有一种拟人化的对象被认为是事实上在“说话”。实际上，/accusare/的第二种用法须得视为一种修辞格（寓言格），即使它确实因为惯用法而误打误撞。在这个意义上，表述第二种意义的困难就成了词源学研究的线索，结构上的和共时性的分析，需要一条历史线索，来表明符码改变的过程已经发生（比较 3. 1），并使语义系统处于某种失衡状态。

(vi) 如果我们把特定解读看作通往两种或者多种同形异义的义位的路径，成分树形图就可以简化。比如，假设有两个不同义位，《$bachelor_1$》有直接的全语境指称义《Human》，《$bachelor_2$》有直接的全语境指称义《Animal》。但在这种情况下，人们将不得不放弃大量的由隐喻替代而造成的、累加而成的理解：一种特殊的海豹、一个没结过婚的男人和一个年轻骑士，这是三个不同的语义单位，但他们有一个共有成分（《无配偶》）。因此，从修辞上看，就适合于用一个名称（即词）对应于一个义位（该名称对这义位并不重要），并把这名称指派给其他两个义位。正如我们在 3.8 中将要看到的那样，一个隐喻只不过是通过一个或几个标记的创新融合，而用一个义位代替另一个义位。当隐喻成为习惯，就产生词语误用：两个义位获得相同的对应词元（即两个拥有一些共有成分的内容单位，接受共同的表达形式）。

一个复杂的成分树形图（把隐喻的和词语误用的同名异实计入其中），还原为几个更简化的树形图，并不妨碍人们考虑这种修辞上的亲缘关系。但是，把这些树形图想象成最复杂的价态（polivalence）似乎更方便。

2.11.2 编码语境和编码环境

唯一的反对意见是卡茨和福多（Katz & Fodor，1963）早已提出过的：要建立一种语境选择和环境选择理论（这是一种场景理论），“它得满足这个要求：要表现言说者所具有的关于世界的全部知识”。

对于这个异议，我们必须回答的是：(a) 被 KF 模型指派给场景理论的一些任务，事实上是通过对义位进行令人满意的成分分析而完成的；(b) 这个理论不必列出一个给定条目的全部可能出现的情况，并将其组织起来，而只需列出那些文化上和规约上认为在统计上更可能出现的情况。

我们来研究一下这两个要点。

卡茨和福多对如何正确地消除一个表达的歧义表示困惑，例如/我们的商店出售鳄鱼皮鞋（alligator shoes）/。他们建议，给予适当的外部环境（比如，商店橱窗里的符号），这个表达将毫无疑问地意味着《我们出售由鳄鱼皮制作的鞋子》，但是，他们怀疑这个句子是否就不可以解读为《我们出售鳄鱼穿的鞋子》。这种困惑掩盖了双重错误。如果一个人掌握了合适的语义表述，《鞋》这个文化单位就必须以这样一种方式分析，即其明确的为人穿着的语义属性，不允许《鞋》和《短吻鳄（alligator）》这两个义位合并，因为短吻鳄具有《动物》这个指称标记。因此，既然人们不能解读为《给鳄鱼穿的鞋子》，那就只剩下一个正确方案了。所以，歧义是不可能的，除了在迪士尼乐园（但是迪士尼乐园和通常的神话世界是语义修改后的世界，其中，通常义位的外延和内涵性质被打乱了——虽然不是随机的，但遵循了完整的语义重组规则）。一旦接受了这一点，甚至没有必要对一个特定的外部环境消除表达的歧义：/我们出售鳄鱼皮鞋/即使写在动物园大门上也有同样明确的意义（虽然这里的问题是是否要对动物园园长的专业不当行为提出指控）。卡茨和福多所举的另一个例子更让人费解。

（1）/我们要带Junior回动物园吗？/（2）/我们该把狮子带回动物园吗？/这两个表达似乎真需要某种额外的知识来消除歧义。卡茨和福多说，人们需要知道“狮子……通常是关在笼子里的”。无疑，他们是对的。但是，作者们说狮子“通常”被关在笼子里，这并非偶然。可能会有狮子在某个富翁的顶楼自由溜达，但这种事是如此特异以至于社会不会有记录（无论如何，警察通常会禁止出现这种事）。但社会的确记录了狮子通常的生活情况：(a) 在丛林中；(b) 在动物园的笼子里；(c) 在马戏团。自由地生活在丛林中的狮子，通常内含《自由》、《傲慢》（或《尊贵》）、《凶猛》和《残忍》——此刻，暂且把传奇的或寓言的精妙内涵撇在一边不谈。生活在动物园的狮子，通常还内含《囚禁》义，这是其诸多内涵之一。马戏团的狮子内含《驯服的》和《灵巧性》（像《凶猛》这样的内涵义虽然没被排除掉，但只是置于背景之中——马戏团的乐趣，恰好是由于这种矛盾内涵的模糊作用，这意味着马戏表演跟审美讯息有某种共同的东西）。如果我们认为/动物园/也传达了《囚禁》这一内涵标记，那就只有一种正确的合并结果了：一头狮子被带回动物园，又一次被囚禁（因此，这种表达本身就带有《约束》的内涵）。

但如果把/Junior/理解为《儿子》，就并不具有这些内涵，/动物园/也并不真的有任何标记能和它合并（合并可以发生在《走向 + 人类客体 + 地方》之间）。因此，我们不确定把孩子带回动物园是不是一种愉快的经历。这句话可以作各种符用评价，而我们可以肯定的是，同样的经历对狮子来说是不愉快的。值得注意的是，这个例子没有涉及环境选择；仅仅语境选择这一条，就足以消除所有由上述义素的使用而隐含的内涵歧义。如果在动物园门前牵着狮子散步时，听到"我们应该把狮子带回去"这句话，那么当时的环境和可能的选择就会被包括在内。只是这种情况很少见，不需要证明。相反，一张骷髅头的图片提供了一个编码环境的例子：把它放在瓶子上，意味着《毒药》，放在发电站上，则意味着《高压电》。

要建立一种场境理论，我们必须假设，除非我们把许多符号学符码的相互交织的影响作为一个普遍的背景，否则我们就无法概括出有声语言的语义。场境理论要求外部环境，也服从符号学规约。

只有当对象、图像和事实经验进入一般符号学理论范畴时，才有可能接受这种观点，即已经编码的外部环境，可以进入义位的成分谱系。只有当语词义位的可能内容随着另一类经验的可能内容一起，都被翻译成抽象的文化单位时，才有可能概述此处所提出的经过修正的成分模型。

把全部已编码的语境和环境纳入考虑，就有建立语义成分树形图的可能吗？这个问题只有在这种情况下才可能有意义，即如果存在着一种全域语义系统，它能把系统内每一个条目和其他条目间的相互联系都联结起来，否则，就该重新拟订如下："有没有什么文化环境和精确的话语空间，可以做到这一点？"我们总是可以分离出一个文化框架，在这框架中，语境选择和环境选择已被编码，像西方文化中鳄鱼皮鞋的例子一样。显然，在野蛮文化中，鞋子几乎是不知为何物（并且在那里，用鳄鱼皮做鞋也根本闻所未闻），上述引文也可能被解释为鳄鱼所穿的鞋，因此出现有点儿异想天开的观念，但它至少远不比为了给灰姑娘制作一份礼物而杀死鳄鱼更让人难以接受。

2.11.3 作为百科全书的义位

因此，可能会出现不完整的符码的情况，层级性的科学成分谱系的例子，被外行归入某义位的语义属性的非连续列表的例子，等等。

对于动物学家来说，《鲸》是一个层级性、单义性的义位结构，其中，二级属性的义素依赖于一级属性的义素，由此产生表18所示的结构。

表 18

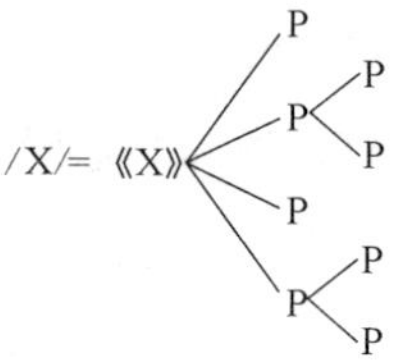

对中世纪的动物寓言作家来说，《鲸》可能具有相同形式的语义结构，除了属性的内容不同：鲸是鱼，不是哺乳动物，处在第二层属性中，他可能加入很多讽喻性的内涵，比如代表海怪（Leviathan）、魔鬼（the Devil）、罪恶（Sin）等的属性。

对一个现代外行人来说，《鲸》可能是一个内部非常不连贯的义位，在这个义位中，《鱼》和《哺乳动物》这样的属性共存，它的语义谱系可能是多种可能性解读超级叠加的网络，这网络的语境选择并没有很好地建立起来。这种能力的例子可以从梅尔维尔的方式找到，他为了达成解释南塔开特岛水手们的知识状态的目的，把鲸定义为一种有温暖的双心室的心脏和肺的大鱼，以及雌性又有乳房（《白鲸》）。我们现在可以想象，在一种特定的文化水平上产生了/鲸/的矛盾义位，其中既有中世纪的理解、科学的理解，又有流行系统中的意义单位（表 19）。

表 19

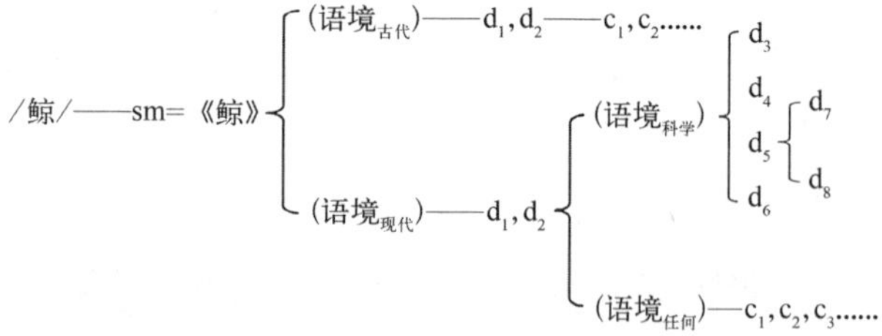

这正好代表了2.10.2中概述过的百科全书（而不是词典）的能力。在上面的例子中，百科全书看起来更像中世纪的“人类的反思”，而不是《大不列颠百科全书》；这一事实表明，自然语言的世界是相当非正式化的、“原始的”世界，因而与科学的、高度形式化的状态还相距遥远。

符号载体/鲸/对应于一个内容单位（一个义位）“鲸”，这个内容单位可以用不同方式加以分解。鲸究竟是鱼，还是哺乳动物，要由当时的语境决定，而判断则是先于最初对直接的外延义的分离。事实上，要把鲸想象成某种类似于鱼的东西，一种文化必须将其置于一个特定的语义场，在这个语义场中，比如跟“鲨鱼”、“海豚”一起，“鲸”跟它们相互对立又相互联系，这些文化单位有某些共有语义成分，而每个单位跟其他单位又相互对立，正如在一个音位结构场中，音位凭借区别性特征相互联系又相互对立（Jakobson & Halle，1956）。另一方面，如果鲸被看作哺乳动物（或至少是水生动物，虽然不是鱼），它就不得不被假定为另一个语义场的相关单位。

如果鲸是被放在当代语境中观察，那就多了两种语境选择。如果是科学解读，它将不得不考虑指称属性的层级性，如果是通俗解读，就不得不在一系列互相不协调的内涵义中作选择。这是一个兼跨共时-历时的语义成分谱系，它不仅使我们能够区分古代和现代科学文献的可能的、适合的解读，也能够接受像《白鲸》设定的这种双重游戏的作品。《白鲸》的作者有意利用我们现代（实际上是相当矛盾的）鲸的概念，推测可能的解读或路径的重叠，这些经过规划的交织达成了一种美学成就。

2.11.4 非语词表达的成分分析

根据修正模式，即使是非语词符号也可以有符号学再现。表20和表21中的两个例子足以说明这一点：

表 20

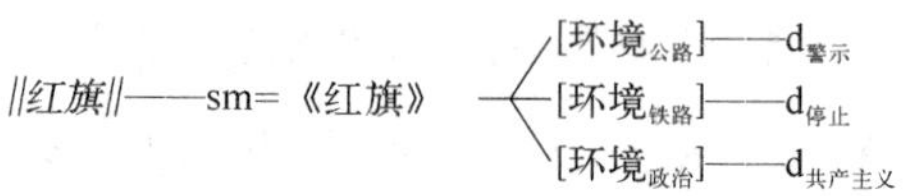

表 21

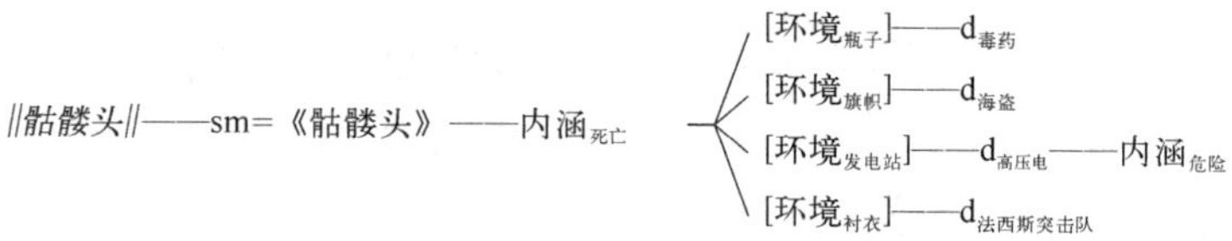

显然，上述例子涉及的是看得见的但又经过严格编码的符号。人们可能反对说，这种程序可能不适用于所谓“像似性”符号。这个特殊问题将在第三章讨论。但是，现在，让我们用其他类型的符号来检测这个模型。

2.11.5 语言的替代词和其他指示符的成分分析

要测试的第一种符号是所谓黏着词。要证明/away-off-out/或者/at-in-on/和/with-without/可以看作置入特定语义轴中的文化单位（Leech，1969），这并不困难。我们也能对这些词作语义成分分析，表明它们具有确定的语义标记，这些语义标记跟它们所置入的语境并无关系。解释/在（某物的）下面/是什么意思并不比解释/（某人的）父亲/是什么意思更困难（Bierwisch，1970）。

当测试所谓指示性的（deictic）或者回指性的（anaphoric）语言符号（如/this-that/或/here-there/）的含义时，问题变得更加棘手。这些符号似乎非常类似于非语言的指示（pointers），比如手指或者方向箭头。这后一类值得更进一步研究，不仅因为它们传达的内容，还因为它们特殊的表达特征。但是，这些关于语言指示的语义问题的观点，就可能扩展到非语言指示符的其他类型语义上去。

皮尔士将指示符定义为一种与其对象有因果关系的符号类型，并对医学症状、踪迹等进行了鉴别，但他试图把非语言指示（non-verbal pointer）、表指示和回指的替代词都移出这一类。事实上，尽管它们确实与它们所指的对象有某种因果关系，但它们不是自然的而是任意武断的符号，而且，的确常常是任意挑选出来的。皮尔士（2. 283）称它们为亚指示符（subindice）和亚义素（hyposeme）。既然它们与它们所指向的对象相联系，并且它们似乎是从这些对象中获得它们的意义，那么亚指示符就不应该适用于非指称的符号学。如果一个符号就是表达和内容之间的一种联系（与任何指称物的实际表现或其存在都无关），那么，像/这/这样的替代词（shifter），从实际物体的存在中获得它的符号学特征，我们怎么能把它称为“符号”呢？因为这个对象要么是语言以外的实体（正如当回答/你喜欢哪一个？/这个问题时，人们伸出食指指向一个实体说/这个/），要么是表回指的语言成分所指向的另一个语言项目，就像在/我不赞成那样的说法/中一样。

但是，假设有人在没有人宣称任何事的时候说了上面这句话，听话人会立即注意到语言的误用，并开始揣度说话人所说的是什么意思（也许是试图回忆过去的谈话，以建立起说话人会提出这种奇怪的假设的前提）。这意味着说话人或多或少有一些预设：《我正通过转换语讲到某件不在眼前的事情，它在此叙述之前就已经发生》。/这/或/那/的意思是可以理解的，即使这个预设并不存在，实际上它也从来没有存在过。

符号载体总是传达内容，即使在并没有可证实的指称物时依然如此，可能正是如此谎言才变得可能。

假设中相互联系的对象，假设中相互联系的语境项目，这二者的存在对于语言指示符的理解来说都不是必需的。一个语言指示符由一个传达指称的表达组成。在/这/这个例子中，外延义包括两方面：《相近》和《朝向说话人》（在同一个意义上，替代词/我/主要意味着《句子的逻辑主语是话语的发出者》）。如果接受了这一点，指示符（或亚指示符）的指称理论就完全被打乱了。根据指称理论，语言指示符指示一个对象，或指示另一个语言项目（因此而有指称），是因为它们在物理距离上相近。所以，物理距离相近就是符号载体的一个标记，但它又是相当奇特的一个标记：符号载体之所以能意指某一对象是它的内容，是因为对象作为自身的表达形式的邻近性！与此相反，我们的理论则是排除符号跟指称物之间的物理关联，认为邻近是一种意指内容。/这/并不因为某物跟它邻近就获得意义；相反，它意味着一定有个某物跟它邻近。

这就解释了如下这个问题：当回答/哪一个？/这个问题（并预设了当前附近没有任何东西）时，如果我回答/这个/，为什么听话人就会理解为我指的是离我很近的东西，并因此意识到，既然那里什么也没有，那我就是在滥用语言并实施了一种不恰当的指称行为。

在表达上，/这 vs. 那/的对立，依赖于语义上《近 vs. 远》（或者《+近 vs. −近》）的对立，语义上的对立代表了内容上的精确分割。值得注意的是，如果/哪一个？/这个问题涉及两个或两个以上的物体，被放置在离说话人相同距离的地方，那么，如果没有伴随着一根指点着的手指（或者眼神、头部的移动）指向，/这一个/这个答案就不起作用。/这/的内容同样是可理解的，但它的指示行为是不完整的。有人可以这样说：(a) 在某些情况下，语言替代成分是纯冗余成分，真正起指示作用的是手指的指向；(b) 指向一定对象的手指代表一种环境选择，规定了这种关联模式中/这/的意义是《手指所指向的对象》；(c) 有两种指示行为：第一是/这/增加了一个以手指为对象的指涉；第二是手指增加的以其他事物为对象的指涉。

要解释（c）就要倒回去解释（a），因为/这/又一次拥有纯冗余功能。

另一个问题是，语言指示符是否真的代表了字面上可译的内容。/这/真的意味着某物对应着/近/这个词？我们来考虑一下/这/可能具有的回指功能。当用为指示语时，/这/产生了一个指示行为，但当它被用于语言的语境中，它具有回指功能；在这些例子中，/这/和/那/之间的对立实际上消失了；有人可能说/我不喜欢这个/或者/我不喜欢那个/，二者就都发出同一个直接外延，即《紧挨着前面的语义单位》。但这种语词化留下了许多未及解决的问题。前面的语义单位可以是一个单词或者整个短语，根本未必是“直接”的先行单位。一种粗糙但更让人满意的语言表达方式是：/内容的最后相关部分/。事实上，/这/或/那/似乎确实是要求听话人把思路转回来。剩下的应该是语境解释的事。因此，按其回指功能用←来转录/这-那/的内容可能更适合一些。直证指示功能则转录为→。

我们必须记住 2.7.2 和 2.10.4 强调过的问题：符号的解释项并非一定得是另一个同类型的符号；一个词的外延义和内涵义并非一定得是只能用另一个词来翻译的东西。进入、出来、攀爬、倾斜、躺在地上，都是涉及身体动作的高度切分的语义场的局部。不仅这些动作被切分开来，这些语义场局部在文化上还作了这样的承认和命名。但是，最新近的体态语研究经验表明，不仅手势（就表达层面而言）被非语词的速记法作了最好的描述，而且手势的内容还可以被电影记录或行为反应最好地解释。当莫里斯（Morris，1946）说符号的“被表意项（significatum）”是我们的性格对符号的反应时（因此将意义理论简化为符号载体效应的行为验证），他剥夺了意义理论本来可以靠解释项理论和文化单位理论得以复原的大量机会；然而，他确实建议一些符号载体需要用行为反应来解释。

因此，让我们假设/这/和/那/的基本外延义之一是行为态度。它们都是“命令式”和“指称式”的表达（或者，用莫里斯的术语，是指示符和规定符）。这比如下这种说法更有意义：说它们是“识别符”（像莫里斯那样）因而跟逻辑的专有名称（在罗素的意义上）相似。

当被作为直证指示符时，/这/意味着：《→（或者《看!》）+近+说话人》。当作为回指使用时，/这/意味着：《←+近+语境》。因此，根据我们修改的成分模型，/这/的成分分析应该如表22所示：

表 22

(a) /this/——sm=《This》——$d_{\text{近}}$
- [环境$_{+\text{指示器}}$]——$d_{\text{说话人}}$——d→
- [环境$_{-\text{指示器}}$]——$d_{\text{语境}}$——d←

(b) /this/——sm→《That》
- [环境$_{+\text{指示器}}$]——$d_{\text{说话人}}$——$d_{\text{远}}$——d→
- [环境$_{-\text{指示器}}$]——$d_{\text{语境}}$——d←

表22可作如下解读：

(a) /这/常有近指功能。当跟体态语指示连用时，它也指称靠近说话人身体的对象，并指示了听话人要预先集中注意力的责任；当没有体态语指示时，就意味着注意力必须在语境中试推。

(b) 相反，/那/不直接指示远处；只有当环境中有体态语指示跟它相联系时，它才获得这个功能，这种情况下，它意味着离说话人远的某物；如果没有这样的体态语指示，那它跟/这/的指示路径是相同的。

人们意识到，无论一个人是否接受语义标记可作非语词表述，/这/和/那/的表示过程，都跟/鲸/或任何其他类型的项目相同①。

---

① 所有这些都引出了一个问题：如果连/if/或/then/这样的表示黏着关系的词，都该被视为成分分析的符号（因此也将组合规则简化为意义描述，参见2.9.3），那么符号载体的次序或句法分布又怎么办呢？在/保罗爱玛丽/中，是分布位置使玛丽成为保罗的情感对象：莫里斯（Morris，1938）把词序界定为一种“格式化（formator）”的符号类型。要找到一个尝试性的答案，可参见3.6.5。

上述的再现，可以通过对那一环境中与转换语连用的体态语指示的成分分析得到验证。这样的分析会显得稍微有点儿复杂，因为，当分析语言中的词汇时，在目前的语境中，我们想当然地认为句法标记（sm）的表示是理所当然的，而在分析手指指向时，必须明确地分析这些标记。其原因将在下文澄清。显然，这些特征跟语言特征不同，因为不同类型的表达，是根据不同物理参数产生的（如 3. 4. 2 所示）；不同的物理参数生成不同的形式特征。因此，一个手指指示至少有四个相关的句法特征：两个维度性标记和两个体态语标记。首先，手指指示具有//*长度*//和//*端点*//（或者//*顶点*//）特征。它的长度超过宽度，长度到指甲顶端为止。这样的观察结果可能显而易见，但只要想到手指指示的图像替代物（比如，路标中的箭头图像），就会发现这些特征是不可缺少的，这就够了。事实上，箭头不仅图像式地再现了长度特征，还再现了端点特征：箭头不是被想成停在它的顶点，而是朝着一个给定的方向“行进”（并且是不可逆的前进），但是，所暗示的这个运动，帮助人们区分箭头的“起始”点和所朝向的“目标”点或“突破”点。这意味着，箭头就像手指一样，有一个“根”和一个“顶点”，这两种情况下，都是顶点被标记出来。然而，路标箭头并不是真的在移动，指示手指才是在移动。但是，如果说为了模仿手指指示而选择箭头的形状，那这又不是偶然的：箭头使人联想起向着某物行进的情态。

事实上，手指指示的第三个特性是//*向……移动*//。这个特性必定总是存在，即使难以察觉。在其他的某些体态语表达中，它是绝对不可或缺的，比如当某人“转过头”或看向某物时。在这些情况下，//*向……移动*//和//*端点*//特性就足够了，//*长度*//就不需要了。

相反，长度似乎是伴随手指指示（及箭头）的一个基本特征：如果不是用一根食指来指示某物，而是用两根平行的食指以两到三英寸的距离来指示，那么单指的纵向//*长度*//就会被整个手的横向//*宽度*//中和；然后，所表明的就不是《方向》而是《维度》（物体的尺寸也就表达出来了）。但是，如果他把两根食指间的距离缩短到半英寸，//*宽度*//被中和，//*长度*//又显现出来，这就表达出了《方向》的语义标记。

第四个必要的特征也属于体态语，是一种//*动态应力*//。到目前为止，要准确地记录这个特征，还相当困难，但它代表了传达《近》或《远》这类语义标记的句法标记（因此，通过“这 vs. 那”的对立，在体态语上区分了哪些可以用语词加以解释）。当手指稍稍上抬轻轻一指时，这意味着《近》；当手指用较大的力量坚定地指点时（这种手势更加有力和丰富，手臂本身参与“推动”手指），这意味着《远》。

因此，在用力不明晰的情况下，手势指示者必须通过语言的替代词帮助表达（/这/或/那/），正如语言替代词通常必须借助手势指示的帮助一样（正如在表 22 所注明的那样）。当回答/哪一个？/这样的问题时，人们不能光回答/这/或/那/而不同时使用带有指示成分的语言表达，除非这个问题涉及两个对象，其中一个在眼前，而另一个不在场。语词表达的出现组成了典型的环境选择（另一方面，动作指示又为语词指示组成了环境选择）。因此，在手指指示的例子中，内容和表达之间的关系可以如表 23 所示：

表 23

//*手指指示*// —— { +长度 / +端点 / +向……移动 / +动态应力 } —— $d_{方向}$ —— $d_{远}$ —— $d_{发送者}$

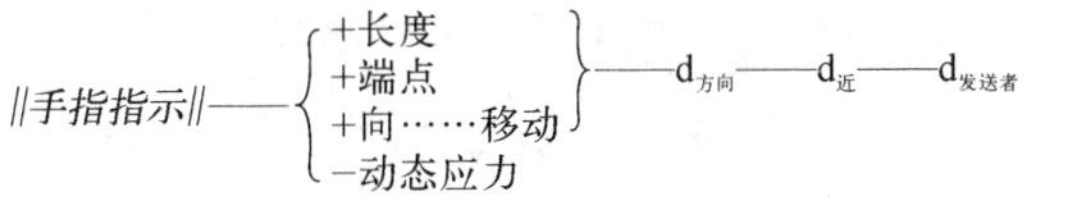

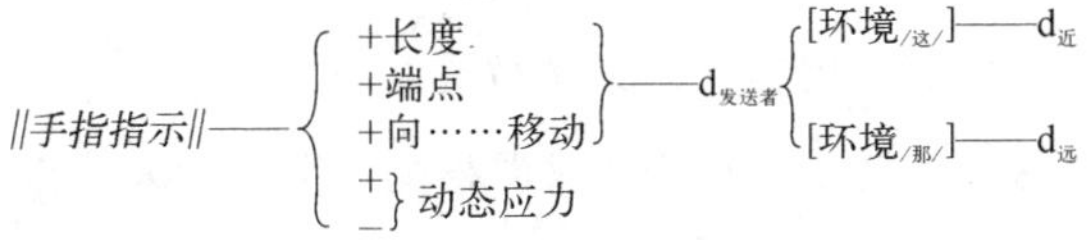

在这一点上，人们可以观察到，当考虑语词指示时，句法标记完全独立于语义标记（因此，在表22中，它们没有被分析性记录），而在体态语指示中，给定的句法标记的存在或不存在，决定了相应的语义特性。然后，就可以说，在非语词符号中，义位的格式是由符号载体的格式决定的，反之亦然。这种特殊的理据性关系将在3.4.10中讨论，因为，如果不借助于符号–功能体的物质生产模式理论，就无法对它进行解释。

符码理论完全可以忽略理据性符号和任意性符号之间的区别，因为它只关心这个事实：存在着把特定的表达和特定内容关联起来的规约，而不管这种关联是如何建立和接受的。

2.12 Q模型

2.12.1 无限语义递归

修正后的模型并未逃脱KF模型所受到的批评。成分分析在诸多义位路径或义位解读中分离出来，这些义位路径或解读由代表语义标记的不同节点组成。在KF模型中，这些标记有时仍然是复杂的定义（辨义成分）；在修正模型中，它们被还原为基本的文化单位，比如《鱼》或《近》。

在这一点上，我们必须明确哪种理论可以解释/鱼/或/近/等表达的语义内容，这些表达是解释/鲸/或/这/时所使用过的。有人可能说，它们不是“词汇”而是元符号学建构，就这一点而言，它们不需要语义学上的解释，因为它们只是被假定为解释者。但是，如果我们能够使用数量非常少、结构非常严格的语义共性来分析成千上万的词，那么这个答案就只有部分成立的希望。不幸的是，语义共性的数量一旦削减，一般概念就变得更具综合性（就是格雷马斯义位分析所使用的那种类型的概念，比如《垂直性》），那它们就无法标记不同的语义共性之间的区别。并且，数量一增加，个性化的能力增强，它们就会像辨义成分一样，成为特殊定义。真正的问题是，每一个用于分析义位的语义单位，都反过来是一个有待分析的义位。

因此，给定一个像表 24 所描述的成分树形图，树上的 d_1、d_2、d_3、d_4加上 c_1、c_2、c_3、c_4就全部依次变成一个新的成分分析的起点。它们中的每一个都应该在树形图内部组成一种内嵌义位而生成自己的成分树形图，以此类推，它们中的每一个语义标记都依次生成另一个树形图。如果这种表示法必须考虑这样一个事实，即每个单位只有在置入语义轴从而与另一个单位构成对立关系时才获得语义值，只是如此，这样一幅具有永恒递归性景观的图形是无法想象的。那么，我们怎样才能表现这种语义体系（恰恰就是人类生活其中的那个体系）呢？

表 24

$$/s\text{-}v/\text{——}sm=\text{《义位》}\text{——}d_1, d_2 \begin{cases} (\text{语境}_a)c_1, c_2 \\ (\text{语境}_b)d_3, d_4\text{——}c_3, c_4 \end{cases}$$

我们来考察一种间接的提议，它来自罗斯·奎利恩（M. Ross Quillian，1968）为语义记忆而建立的一种模型。

2.12.2 n-维模型

奎利恩的模型（从现在起我们称之为Q模型），以各种类型的联想链接而关联起来的大量节点为基础。对每个词的意义来说，其清单中都必须存在着一个作为词义“鼻祖”的节点，这个节点具有一个经过界定的术语，这里将其称为类型。类型A的定义预见了要使用一系列其他的符号载体作为它的解释项，并作为个别符列入其中（它们是这个模型中的其他词项）。一个词的意义结构是由这个词和不同个别符之间联系的多重性决定的，但每一个个别符又依次成为类型B,即一个新结构的鼻祖，这个新结构又包括许多其他作为个别符的词项，这些词项中的一部分也是类型A的个别符，这个新结构也能把类型A作为个别符纳入其中。这里，让我们举个例子，/plant/的定义在制表方式上是从表25复制来的。比如/生长/这个个别符可以成为一个新的分支（或平面）的类型，它的个别符中包括了许多伴随/植物/的东西（例如/空气/、/水/和真正的/植物/本身）。“完整的清单的整体结构，形成一个巨大的平面聚合，除‘主节点’外，每一个平面都完全由个别符节点组成。”可以看出，这个模型预测了每一个符号的定义，由于跟作为解释项的所有其他符号之间的联系，这中间的每一个符号都将是被所有其他符号解释的符号；这个模型，尽管复杂，但它是建立在一个无限衍义过程的基础上的。一个符号被视为一个类型，从这个符号开始，它有可能渗透了从中心到最远边缘的整个文化单位的体系，每一个符号又都能转而成为中心并创造无限的边际。

plant：

1. 非动物的生命结构，通常有叶子，从空气、水和土壤中获取养分。

2. 工业中用于任何工序的设备。

3. 把（种子、植物等）种入土中生长。

表 25

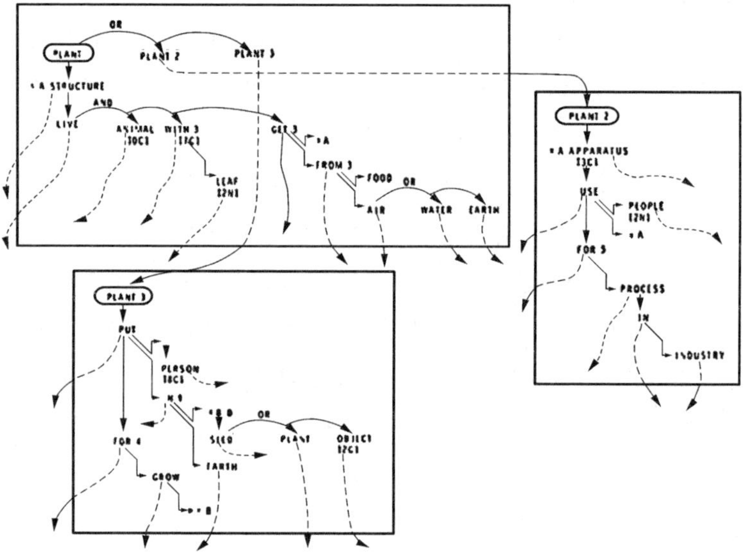

摘自马文 · 明斯基编《语义信息处理》，剑桥：麻省理工学院出版社，1968年版。

检视一个模型的局部，能得到跟它的整体相似的二维结构表（可以理解的是，在它的机制模拟中，由于所包含的个别符数量有限，可能会赋予它一个可以描述的结构），但事实上，没有一个图表能够再现出它的全部复杂性。它必须表现为某种多维网络，具有拓扑属性，所覆盖的距离被缩短或拉长，每个条目跟其他条目通过便捷途径或直接性联系而获得邻近性，同时又根据各种关系而跟其他所有条目保持着联系。

我们可以把所有文化单位，想象为装在一个盒子里的数量巨大的大理石弹珠；摇动盒子时，弹珠间可以形成不同的联结和关系。

这个盒子组成一个可以提供高熵信息的信息源，构成自由状态下的语义关联的抽象模型。根据每个人的性情、他已有的旧知识、气质等，他们面对/centaur（人头马身的怪物）/这个符号载体时，都可能得到《原子弹》或《米老鼠》这样的单位。

但我们是在探寻一种符号学模型，能证明归属于符号载体的传统的外延和内涵。因此，我们应该考虑磁化的弹珠，它建立起一个相互吸引和排斥的系统，这样，一些弹珠相互吸引靠近，而另一些则不会。类似的磁化会有削减相互联系的可能性，这就构成了s-符码。更妙的是，我们可以考虑把这个总体的语义体系的每一个文化单位，都看作释放出特定波长而跟限定数量（虽然可能非常巨大）的其他单位保持协调。只是，我们必须承认波长会根据所发出的新讯息的变化而改变，因此吸引和排斥的可能性会随时发生变化；换言之，一个成分树形图能变化，能丰富其语义标记，这些，都证明了德·毛罗（De Mauro，1970）的假设：语义成分不是封闭的量，不是像表达单位一样冻结在一个相关单位构成的系统中，而是形成了一个开放序列。实际上，Q模型假设系统可以从新的信息中获得营养，并且可以从不完整的数据中推断出进一步的数据。

Q模型是语言创造力的模型。此外，它还提供了维特根斯坦对意义讨论的一个全面画像。维特根斯坦（Wittgenstein，1953：I，67）论及“家族相似性”的存在时，用/game/作为例子。游戏的概念指的是一系列互不相同的活动，从棋类到球类——这些游戏既具有共同成分（国际象棋和两个人之间的球类游戏，都有输赢这一个共同观念），又可以因其根本的不同而相互区分（下一盘国际象棋和一个孩子把球扔到墙上的单人游戏不同，或者，下棋和围绕着玫瑰花转圈的游戏也不同）。维特根斯坦的结论是：“某种东西贯穿了整个过程——是纤维持续重叠的那种形式。”这种不断叠加的相关性让人想起Q模型：在奎利恩的表述中，Q模型已经是语义体系的一部分，为了给这个体系建立引力和斥力，已经有一个系统介入了这个语义体系。

2.13 语义空间的格式

所有关于语义系统的讨论，最终使得我们再一次审视符码的概念。符码通常被认为是使两个系统的元素，按照项目（或按照一个单位的字符串）对应等值的东西。但是对语义场的研究表明（比如当把一种“语言”说成一种符码时），有必要考虑大量的局部内容系统（或子场），它们以不同的方式与表达单位相匹配。这一事实产生了这样一种情况，即每个符号载体可能存在许多组合树，同时它又被连接到不同语义场中的不同分布位置。因此，被包含在多重转换移位中的语义场系统，通过来自每个义位的不同路径而交叉跨越（沿着另一个维度，没有哪个图表能够成功地与前一个维度同质化）。这些交叉之和构成了Q模型。

因此，像*语言*这样的符码，必须理解为概念的总和（一些是关于表达项或语法标记的组合规则；一些是有关内容项或语义标记的组合规则），可视为说话人的*能力*。然而，在现实中，这种能力是个人能力的总和，是它把符码构建成集体公约。因此，把所谓“符码”看作*子符码的复杂网络*会更好些，这种复杂网络远远超越诸如“语法”之类的范畴，无论后者多么全面。因此，我们可以称这种复杂网络为*超符码*（hypercode，词源上来自“超立方”），它聚集了各种各样的子符码，其中一些强而稳定，另一些则弱而短暂，比如大量的边缘性的内涵耦合。以同样的方式，符码本身聚集了各种各样的系统，有些强大而稳定（比如音位系统，几个世纪以来一直保持不变），有些则脆弱而短暂（比如大量的语义场和语义轴）。

界定符码执行的所有任务所面临的困难，不仅在于我们的研究还处在原始水平这个事实，它还由这样一个事实所决定，即符码不是总体语义体系的自然条件，也不是每一个符号化过程的复杂链接和分支之下的稳定结构。

让我们回到弹珠盒的比喻上来。如果弹珠在自由状态时再现了高熵信息源模型，那么，系统就是根据弹珠在同一平面上的相互吸引和排斥的组合而使弹珠磁化的规则。另一方面，连接着不同系统的符码是一个双平面规则，这个规则在来自不同平面的项目间建立了新的吸引力和排斥力。换言之，符码中的每一个条目都保持着双重关系，一种是跟它自身所在平面（内容平面或者形式平面）的所有条目间的系统关系，一种是和来自相关平面的一个或多个项目间的表意关系。

现在，如果坚持认为存在着一种人类心智结构，或者是一种本体论的本质系统的东西，而表意和交流依赖于它们，这种观念就意味着磁化是弹珠固有的一种“属性”。另一方面，如果符码是一种社会规约，那么磁化就是弹珠盒的一种临时（即历史的）状态。

现在的研究中所采用的方法，是磁化必须被理解为一种文化现象，盒子最好被理解为组合性的相互作用的场所，是一个具有高度不确定性的博弈场所。符码符号学只对这种博弈的磁化干预结果感兴趣。符号生产的符号学和符码变化的符号学所感兴趣的，则是把规则加诸非确定性源头的过程（见第三章）。

如果这是真的，那么，就有必要承认，任何子符码（例如，分属两种符号学领域的两个成分所具有的某种内涵联系），都是一种相当短暂的现象，不可能建立起并描述成稳定的结构（除非假设在“强”磁化情况下，即科学的定义中）。此外，博弈中的每一项都可以同时与许多其他元素保持关系，这使得我们很难绘制出像组合树形图一样具有解释性但又简化的图形。

因此，组合树形图应该被视为一个纯粹的临时装置，它用来解释某个特定讯息，是旨在控制给定语义单位的直接语义环境的工作假设。让我们以红绿灯发出的非常简单的讯息为例。根据国际符码，*//红灯//*表示《停止》，*//绿灯//*表示《通行》。但《停止》也可以意味着《义务》，而*//绿灯//*——至少对行人来说——也表示《自由选择》。在更高的内涵层次上《停止》可能意味着《罚款》，而*//绿灯//*可能意味着《快开》，特别是当信号被司机接收到时。那么，*//绿灯//*和*//红灯//*的成分表达可以如下所示（表 26）：

表 26

//绿灯//= 《绿灯》——$d_{走}$ ⎧ [环境$_{汽车}$] —— $C_{快开}$
⎩ [环境$_{步行}$] —— $C_{选择}$

//红灯//= 《红灯》——$d_{停止}$——$d_{等候}$——$C_{义务}$[环境$_{通行}$]——$C_{罚款}$

两张树形图都解释了交通灯的含义。但是，这些符号-功能体依靠的是什么样的语义子系统呢？如果使用经典的叶尔姆斯列夫表示法，为了对称起见，我们会尝试用如下方式来表述这些底层语义场（表 27）：

表 27

<table>
<tr><td>《罚款》</td><td colspan="3">……的表达</td><td colspan="3">……的表达</td><td>《快开》</td></tr>
<tr><td></td><td>《义务》</td><td colspan="2">……的表达</td><td colspan="2">……的表达</td><td>《自由选择》</td><td></td></tr>
<tr><td></td><td></td><td>《停止》</td><td>//红灯//</td><td>//绿灯//</td><td>《通行》</td><td></td><td></td></tr>
</table>

但这将是一个误导性的解决方案。虽然《通行 vs. 停止》这个语义轴在指称功能上作了区分，并且能把《义务 vs. 自由选择》的对立关系

分离出来，但是《快开》和《罚款》之间并不具有对立关系。再者，还可能作如下假设：a）寻找一个给定义位在不同语义轴上的解释项时，那些在基础表达层面上与其直接对立的义位，其深一层的内涵义，可能会在不同的语义轴上处于不同的位置；b）两个不同义位，在基本外延义上可以保持对立关系，同时又有共同的内涵义；c）在一个给定语义轴上，同一个义位可能依据两个对立位置而派生出两个内涵义；d）诸如此类。以《红灯》为例，在语义成分的边缘极点《罚款》位置搜寻到它（在《罚款 vs. 奖励》这个语义轴上），而《绿灯》则跟这个语义轴无关。但也可能在《罚款》位置搜寻解释项时，发现另一个义位直接占据了《奖励》这个位置，而没有一个对立的单位来解释它。举例来说，《bachelor》——作为文学学士（B.A.）——涵指《奖励》，也涵指《通行》或者《通行权》（确实是个过渡性的仪式！）。因此，这个错综复杂的对立、同源和区别关系网络的另一种特殊表现形式，可以暂时采用表 28 的图式（有点让人想起 Q 模型）：

表 28

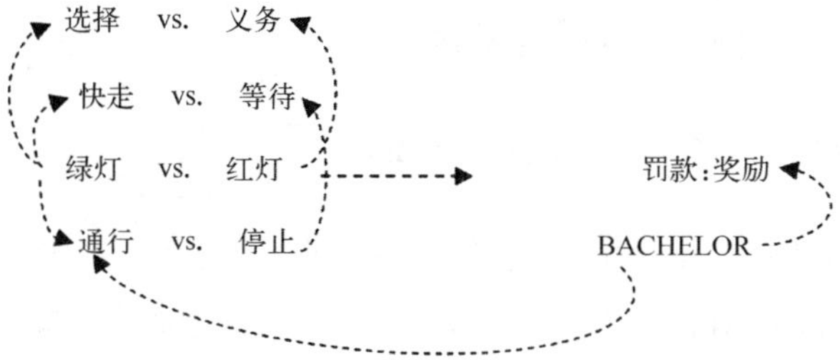

因此，一个完整的语义结构的创造，就必定是一种完全的调节性假设。即使有人曾经试图描述这样一个系统，不过它可能已经发生了变化，这不仅因为各种历史因素的影响，还因为分析本身所造

成的严重侵蚀。然而，就音系系统而言，由于相关项的数量和组合规则的限制，却不会出现这种情况。

因此，必须有一条语义研究的方法论原则，借此原则，在几乎所有情况下，只有在研究给定讯息的表意条件时才能对语义场和语义子场进行描述。

符码的符号学是一种服务于符号生产的符号学的操作性装置。当讯息的存在设定了符码符号学是一种解释性条件时，就可以——仅仅是部分地——建立起符码的符号学（希望能部分地建立）。符号学应该持续地分化其结构，就像一个明确的一般结构中所存在的那样；但要做到这一点，我们必须假定这种全局结构只是一种调节性假设，并且，每当描述一个结构，表意体系都会出现一些现象使得它并不完全可靠。

但这种不平衡和明显缺乏稳定性的状况，使符号学与其他学科（如物理学）处于同等地位，而后者又受到不确定性或互补性原则等方法论标准的制约。只有当符号学意识到自身的局限性，并避免追求知识的绝对形式，人们才能将符号学视为一门科学学科。

2.14 附加编码和不足编码

2.14.1 解释中的未编码决定因素

语义空间的流动性，使得符码的变化具有过程性和瞬时性。但与此同时，它对符号产生活动和文本解释本身施加了连续的额外编码的必要性。

文本的解释者，必须在挑战现有符码的同时，提出一种解释性假设来担任更全面、更有尝试性和前瞻性的符码化形式。面对未编码的情况和复杂的语境，解释者有义务认识到信息并不依赖于以前的符码，但它一定是可理解的；如果这样，就必定存在模糊的规约；如果尚且不存在，它们也必须存在（或被假定存在）。正是它们明显的缺席设定它们的必要性。

让我们试着澄清这个边界情景，在其中，正是符号的生产和解释活动，滋养和丰富了符码世界。符码理论解释了一个人如何拥有允许他消除歧义、形成和解释给定讯息或文本的权限规则。交通灯的例子（2.13 中）表明，存在一个可能的子符码系统和一些语境选择、环境选择，只要这些选择被普遍认为与某些标识事件有制度上的联系，那么符码就可以预见这些选择。交通灯的事例中所提出的环境选择（连同最直接的外延和内涵），足以让人理解这些符号。但在其他一些情况下（除了可以预见但不能编码的可能语境之外），有一些可能出现的环境选择是不可预见或过于复杂的，并且，这些环境选择唤醒了另外一组不同的符号因素。在所有这些情况下，人们有权利谈及解释中的额外符号和未编码的决定因素。

卡茨和福多为证明场景理论的不可能性，提出过一个典型的未编码的语境例子。/he follows Marx/这个表达可作如下两种解读：

(i)《he follows Karl》→《他是卡尔的信徒》／《他出生于卡尔之后》

(ii)《he follows Groucho》→……／……

(i) 和 (ii) 这两种解读都是这个句子的字面意义，每一个又都可能内含两种进一步的解读。内涵义可以借助于/to follow/的成分树形图所提供的可能语境选择来消除歧义：当后接具体名词时，作“物质的”解读；如果后接抽象名词，就作隐喻性解读《是……的信徒》。我们还不明确的是专有人名，它可以转喻地借指一个特定的人所提出的想法或方法。但是，我们可以假设存在另一种形式（语境$_{风格}$）的语境选择，它规定，当动词在有关思维方式或习惯的理论语境中使用时，/follows/后面的词语是表示“模仿”或“同意”。如果有人谈论卡尔和格劳乔，理解的可能性是不存在问题的：如果对应于人名的义位可以作语义分析（像2.3.2所假定的那样），《（卡尔）马克思》应该有《政治》这个标记，《（格劳乔）马克思》该有《电影》这个标记，这样，二者就都能从语境中找到跟其他单位的恰当融合。

但还有其他一些东西需要澄清：属于哲学定义的“意识形态”内涵义。追随马克思，这是好还是不好？如果约翰·伯奇协会的成员说/看这个人：他是马克思的信徒/，这句话代表的不只是哲学归属；这种意识形态的内涵义也必须把握，它是构成表达内容的一部分。这再次说明，只有对未编码的语境选择或环境选择的调查，才能帮助接收者消除讯息中的歧义。只要符码没有提供任何线索，这种歧义消除就并不代表严格意义上的解码行为。那么，这种“解释”是如何被符号学定义的呢？

2.14.2 试推法（abduction）

在这一语境中，/解释/这个术语还没有在《解码》的意义上使用。人们更愿意认为它的意思是基于某种先前的解码而理解大部分话语的一般意义。因此，这里的/解释/具有解释学讨论或文艺批评中所获得的那种意义。从逻辑上讲，这种解释更类似于推理。此外，它跟皮尔士所说的“试推法”（其他时候称为假设）这一特殊类型的推理相似：“假设我进入一个房间，在那里发现了一些袋子，里面装着不同种类的豆子。桌上有一把白豆子；经过一番查看，我发现其中一个袋子里只有白豆子。我立刻推断，很可能，或者说很合理地猜测，这把豆子是从那个袋子里拿出来的。这种推论被称为提出假设”。(2. 623)

在逻辑演绎时，根据一条规则和一个给定事例，我推导出一个结论：这个袋子里的所有豆子都是白色——这些豆子来自这个袋子——这些豆子是白色的。

在归纳法中，给定一个事例及其结论，我推导出一条规则：这些豆子来自这个袋子——这些豆子是白色的——来自这个袋子的所有豆子（很可能）都是白色的。

在假设或试推时，则会从规则和结论推断出一个事例：来自这个袋子的所有豆子都是白色的——这些豆子是白色的——这些豆子（很可能）来自这个袋子。

试推法是综合推理的一种，“这里，我们发现一些非常奇特的情形，可以通过以下假设来解释，即它们是某种普遍规则的个案，我们因此采纳这一假设”（2. 624）。“有一次，我在土耳其某省的海港登陆；在走向要造访的那户人家时，我遇见一个骑马的人，四个随从为他撑起头顶的遮篷。因为唯一能想到会受如此尊崇的人物是该省的省长，所以我推断这就是他。这是一个假设。”（2. 265）皮尔士不知道（或不知道是否知道）遮篷是区分统治者的仪式符号（在这种情况下，就会有一个简单的解码），但他发明或设定了一条一般规则①。

① 试推法不仅允许我们解释涉及未编码的语境讯息或环境讯息，还有助于我们为不精确的讯息挑选适当的符码或子符码。假设我们有三张字卡：(i) /cane（甘蔗）/；(ii) /e gatto（和猫）/；(iii) /sugar（糖）/。我们不知道/cane/是否代表英语单词［kan］或意大利语单词［kane］（狗）的图形化转写。如果图形可以自由地跟/e gatto/（给出“猫和狗”）或跟/sugar/（给出“蔗糖”）相关联，那就只能根据语境或环境来选择更合适的组合。而将这些物品与图形所作的比较就是相当简单的一种新的试推行为。原则上，每当我们听见一个词时我们必须决定它指哪一个符码，考虑到这一点，那么，试推法似乎会介入任何一个解码行为，并进一步介入每种辨认“非位”话语之“有位”本质的行为。

这个例子似乎与那种缺乏语境选择条件的解释事例没有太大区别。事实上，假设存在着如下这样一种没有明说但属于一般共有的语义规则：

//*遮篷*//——直指义$_x$——（语境$_{在头顶}$）——内涵义$_{荣耀}$

那么，皮尔士就敢于加上一个特别的环境选择：

［环境选择$_{当在这个省时}$］——直指义$_{省长}$

乍一看，试推法似乎是一种想象的自由活动，比普通的解码行为更富于情感（更类似于一种模糊的“直觉”）。皮尔士确实强调了它的情感特质：“由于一堆复杂连锁的谓项依附于一个主题，假设就替代了一个单一的概念。现在，有一种特殊的感觉属于思考行为，即这些谓项中的每一个都存在于主题中。在假设推理时，这种复杂的感觉被一种更强烈的感觉代替，这种感觉属于对假设的结论所进行的思考行为。……因此，管弦乐队的乐器发出的各种声音撞击着人们的耳膜，其结果是产生一种特殊的音乐情感，这与声音本身截然不同。”（2. 643）这段引文中必须保留的，不是某一特定情感状态的画面，而是这样一种观点，即听音乐的人捕捉到的超过每一个声音的单一“意义”。如果这个解释活动止于享有这一不确定的感情，那就既不会有试推法，也不会有跟我们现在目标相关的其他任何东西。但是当一种新的意义（一种新的组合特质）赋予每一个声音时，这假设性的活动就达成了，因为它们构成了音乐作品的新的语境意义。

最后一个例子是非常复杂的审美解释，较之土耳其省长的例子更清晰。在试推努力的终点，皮尔士赋予/遮篷/还不曾编码的直指义《省长》。皮尔士反复断言，即使是推论也是符号学现象，一个规则可以是其推导结果的符号，就像一个特定的情形可以是其推导规则的符号一样；然而，除非这种试推一旦发生就成为一种规约性的社会反应，否则很难将该假设所依据的规则视为一种符号。

因此，试推法像其他所有未编码的语境解释和环境解释一样，代表元语言学操作的第一步，也是注定要使符码丰富起来的一步。它是符号功能生产的更明显的例子。一个模糊的未编码语境的一致性解释如果为社会所接受，就会产生一种规约，从而产生一个编码耦合。这个语境也就逐渐变成一个现成的句子，就像隐喻一开始需要用试推的方式来解释，随后便变成一个语词误用。符号学理论不应否认，有一些具体的解释行为，产生了符码无法预见的意义，否则语言的灵活性和创造性原则就无法成立。但这些解释，有时会产生新的部分符码，构成附加编码和不足编码的萌芽过程。

2.14.3 附加编码

如果考虑一下从皮尔士那里借来的两个例子（土耳其省长的例子和音乐作品的例子），就会发现，皮尔士实际上已经把两种不同的假设活动归在了“试推法”的标题下面。就土耳其省长的例子而言，皮尔士的试推活动是以先前的规约系统为基础的：一个人头顶的遮篷意味着《荣耀》，这已经是一种规约了；一个符号-功能体已经存在。皮尔士只不过是通过添加环境选择项［环境$_{\text{在该省区时如此}}$］使符码复杂化了。因此，他完成了一个附加编码操作：在一个预先建立好的规则的基础上，提出一条新的规则，对以前的规则进行了更为罕见的应用。

但是，频繁的附加编码记录通用于现成的语段，例如/你好吗/，

/对不起/或/星期天不营业/，这些语段作为最小单位，单个“符号”被赋予“原子”式的意义。从这个意义上说，在语词语言中运作的一系列文体的和修辞的规则，都是附加编码的例子。基本符码确立的特定语法配置，是可理解和可接受的（如何和为什么），进一步的规则（它不是否认先前的规则，而是假定其为一个起点）规定，所讨论的语法配置必须在特定情况下使用，并具有一定的文体内涵（比如，《史诗风格》，《诗学尊严》）。附加编码甚至在语法规则层面上也起作用，比如句子中的“will 省略”现象，是预先假定“这个事件正是说话人能确定的”（Lakoff，1971b）：人们可以说/洋基队明天打红袜队/，但必须说/洋基队明天会打得好/。莱考夫认为/will/的省略是由先前的假设决定的：我更愿意说/will/的省略（由一种附加编码的规则）决定了假设（即“意味着”未然事件“必定”发生）。因此，/will/省略和“明天”这一表达一起（通过附加编码）赋予事件以《必定》的标记。

语词语言之外，所有图像性实体都是附加编码的结果。如果我们假设有一种符码可以让人们把一个女人注视着一个圆盘的样子识别为一种表征，那么图像学的附加编码操作，就会建立起那个女人和圣露西之间的对应关系。

附加编码是双向的。情况可能是如下这种：假定一个符码，它为某种最小表达赋予了意义，那么附加编码会赋予这个表达所存在的更宏观的字符串以额外的意义。修辞规则或图像规则就属于这一类。但情况也可能是另一种：给定的某些已编码的单位，附加编码会把它们分析为更具分解性的实体，就如同给定了一个词时，副语言学会建立起它的不同拼读方式（重音放在不同音节上，或者是强调某种特殊送气的拼读方式）跟不同的语义色彩之间的对应关系。所有礼貌用语都来自附加编码的日常语言：/s’il vous plaît（请）/这个表达

（参见 2.4 所引麦茨关于讯息和文本的讨论）就是在一个公认的、传统的附加编码基础上按照它的真正含义来理解的。显然，当其被完全接受时，附加编码的操作就产生了所谓子符码（见 2.3）：从这个意义上讲，附加编码是一种创新活动，当其逐渐失去活力时就会随之产生社会接受性。

但更常见的情况是，附加编码实体可以说是在符码之间浮动着，在传统与创新的门槛之间浮动着。一个社会要经过缓慢而审慎的过程，才能将它们纳入其自身存在理由所依据的规则之列。一个社会往往不承认那些实际上允许符号在社会中变换的附加编码规则。一个典型的例子是由普罗普提供的叙事规则：几百（或大约几千）年来，原始社会允许其成员讲述和理解那些基于叙述功能的故事（因此，为了叙述的目的，对日常语言进行了短语转译式的附加编码）；但普罗普引入的情节法则是一种试推性提议，它揭示了一种附加编码语言的存在。这些法则，现在被普遍接受为公认的叙述性子符码的条目。但目前文本类型学和文本语法的趋势，是对更宏观的部分话语作进一步的附加编码。

以同样的方式，约翰·伯奇协会的成员通过“意识形态”的期望系统立即赋予/他追随马克思/这个表达以《我国的危险敌人》这样的内涵义，这乃是一个在给定群集中进行有效的附加编码的例子。同样，所有那些现成的文体技巧，都可能使批评家依赖于之前的附加编码，通过诸如“早见过”、“典型的中产阶级文化”、“真正的流行歌曲调子”、“仅仅是广告”、“一部肥皂剧”之类的该死的批评判断，而把一页、一段甚至整篇文章摒弃掉①。

---

① 贝隆（Verón，1973a）回顾了克里斯蒂娃（Kristeva，1969）和麦茨（Metz，1968）已经提出的“文本间性”原则。在我看来，这些原则似乎是附加编码原则的一种，因为只有通过附加编码，人们才能把一个真实的文本同一系列旧文本关联（转下页）

2.14.4 不足编码

现在我们回到皮尔士的第二个例子。当听众从一首音乐新作中，听到各种可分辨的声音，感受到“一种独特的音乐情感”，产生了允许人们谈论一个有意义的整体组织的感觉时，会发生什么？又，聆听两位不同作曲家的新作品时，人们从中发现相同的风格或者相同的重要意图，即使那种风格还不曾有过记录，不曾由之前的评论分析过、确认过，这时，又会发生什么？

在我看来，上述情形是一种不确切的编码，是一种试探性的假想“姿态”，它假定把文本的一个或多个更大的范围包含在一个给定的标题之下。

假设，为了说清楚这种从未知文本到编码活动的情形，我访问了语言不通的某国。渐渐地，我开始懂得一些普遍的趋势，一些由声音、体态、视觉表情等组成的行为项目，但并不真正懂得其确切的语法。过了一段时间，我开始认识到一组不同的文本表达（相互交织的视觉、语言和身体符号）对应着一个非常普遍的意义。假设我察觉到，像/我爱你/，/我喜欢你/，/我喜爱你/，/我崇拜你/，

（接上页）起来。在旧文本中，曾“出现过”相似的现象，“另一个例子：如果不考虑新闻周刊和日常话语之间的系统关系，新闻周刊话语的许多特性仍然难以理解；从这个角度来看，周刊话语构成了一种真正的‘元语言’，其假定前提只能被描述为文本间的一种操作。第三，存在着第三种文本关系，它并未像前两者一样受到足够的重视。它指的是在某一话语的生产过程中，其他相对独立的话语所起的作用。这些话语虽然在生产的时刻或阶段发挥作用，但它们并没有出现在‘生产’或‘完成’话语的表层。在我看来，对这些文本和符码的分析似乎是必不可少的。这些文本和符码并没有出现在某一特定话语的表层，但是其产生过程的一部分：对它们的研究，可以为我们提供关于生产过程本身的说明和在接受层面上对话语的解读。这些‘隐藏’的话语（我们也可以联想到，比如建筑项目的草图和图纸），在某些话语对象的产生中，起着重要的作用，因此形成一个特殊的场所。在这个场所中，一些意识形态机制在话语生产中发挥作用。可以说，它们与‘深层’的互文性有关。它们是文本，但作为其他文本生产过程的一部分，它们自身（或很少，或通过非常有限的渠道）永远无法达到话语的社会消费层次”。

/嘿，伙计！/，/嗨，朋友！/和/你好吗？/这样的表达和微笑表情一起就大致意味着《友好》。由于这些例子是用英语提供的，我们知道，从语法和会话的角度而言，它们有不同的含义；但是有人也许会说，为了对我在那个国家可能的社会交流做出大致的预测，我所做的这种粗略的编码，应该被证明是相当成功的。我把这种粗略的编码，称为不足编码操作。

因此，不足编码可以被定义为这样一种操作：在缺乏可靠的预先建立的规则的情况下，某些文本的宏观部分，被暂时假定为信息中符码的相关单位，即使制约表达的更基本组合项的组合规则和相应的内容单位都仍然未知。

正如我们将在 3.6.7 中看到的那样，各种各样的文本，比如外星文明产生的图像，都是通过不足编码的方式来理解的。

因此，附加编码是从现有符码发展到更具分析性的子符码，而不足编码则是由不存在的符码发展到可能的符码。这两种活动在各种事例中都很容易发现（副语言是一个明显的附加编码的例子，审美判断——漂亮与丑陋——是非常具有欺骗性的不足编码的例子），在大多数符号生产和符号解释的一般情况下，这双重运动经常交织在一起，因此，在许多时候，似乎很难确定是附加编码还是不足编码。在这种交叉情况下，（程序化地向着符码前进的活动，与符号生产和创新的自由活动混合在一起），称为额外编码将会更明智一些（这样一个类别同时涵盖了这两种活动）。这种额外编码活动是符码理论和符号生产理论的共同主题。

2.14.5 话语能力

即使在回忆先前的符号经验这种特殊的个人活动中，也存在着连续的额外编码活动。很多短语甚至完整的话语，你都不需要解释或解码，因为你已经在类似的环境或语境中体验过它们。在很多情况下，听者已经知道说话人要说什么。互动行为以这类冗余规则为基础，如果人们不得不听（或读，或看）他们收到的每一个表达，并要逐项分析它们，那么，交流将是一个相当累人的活动。事实上，人总是在预测表达，用所缺的单位来填补文本中的空白，预测对话者可以说的、可能说的、必定会说的，或者从未说过的那些话。

很多预设的逻辑，都依赖于额外编码的活动和许多的会话规则、解释性程序，它们保证了交流双方正确的信息交换（Austin，1962；Searle，1969；Ducrot，1972；Goffman，1971；Verón，1973；Cicourel，1969；Gumperz，1971；Hymes，1971）。

心理的和社会的整个期望系统，都可以根据额外编码重新解释。在日常话语中使用的所有省略和回指手法（/给我/，/明天记得！/，/他是他们中的一员……/，等等），总是依赖于试推操作，但往往是以前的额外编码使其更容易理解。这不仅发生在语言话语中，也出现在大量其他符号学装置中；绘画中的许多风格程序借由极少的笔触而画成事物的组成部分，也是依赖这种机制。

显然，强额外编码和弱额外编码之间存在着区别。通过强额外编码，社会群体明确而公开地确立已有讯息，环境或语境必定被明确编码。而弱额外编码则取决于个体记忆，或不精确的非显性规则，或弱规定性习惯，或无声协议，或这种无声的潜意识协议下的直觉假设。额外编码有它的范围，从社会定义的程序（比如古典悲剧中英雄的必死）到某种话语能力，任何人都能猜出一个会话中的短语暗示着这样那样的前提。换言之，规约蕴涵和会话蕴涵是不同的（Katz，1972；Grice，1968）。

由于这些原因，附加编码和不足编码，仍然处于符码理论和符号生产与解释理论的中间位置，它产生的是（i）元符号学叙述（因此把新的宏观的符号-功能体引入符码），（ii）简单而特殊的会话试推（被社会共享但未被完全接受和记录），（iii）临时假定的个人储备（由此形成具体的个人言语，这经常引起不幸的误解）①。

2.14.6 语法和文本

额外编码的概念，以及编码和附加编码之间的区别，在另一方面又允许人们从符码理论的角度，正确地界定由洛特曼所提出的语法主导的文化和文本主导的文化之间的区别。这表明两种文化可能以不同的方式组织其符码，但相同的文化类别，将帮助我们在下一章区分不同类型的符号生产（见3.6）。

语法主导的文化，不同于文本主导的文化，是洛特曼（Lotman，1969、1971）提出的，这对目前的观点是最重要的参考。有些文化受一套规则系统的支配，有些文化则受到一整套文本强加于行为模式的制约。在前一类中，文本由离散单位组合而生成，并根据它们是否符合组合规则来判断其正确与否；在后一类中，社会直接生成

① 最后，额外编码的概念让我们能澄清/预设（presupposition）/的许多含义。看来，语用预设（无论是语境的还是环境的）经常是自由的推理活动，但有时它们是额外编码活动。当人种方法学家假设"解释程序"时，他们可能是在思考额外编码规则。例子可参见西柯莱尔（Cicourel，1971：52）列出的"视角的交互性"、"等等假设"等程序。在交际互动中，我们认为理所当然的一切都可以追溯到制度化的知识。根据菲尔墨（Fillmore，1971a）、加纳（Garner，1971）、杜克罗（Ducrot，1972），比如/请开门（please open the door）/这个表达就预设了如下几点：(i) 发送者和接收者之间有特殊关系；(ii) 接收者能服从命令；(iii) 接收者对门的存在和门的特殊性有明确的认识；(iv) 说这句话时，门是关着的；(v) 发送者想打开门，等等。要求(i)(ii)(v) 是附加编码：有一些话语规则，规则中设定了人们可以发出命令的环境和他作出陈述、请求的可靠性条件，等等（交流中的"诚信"）。第(iii)(iv) 这两条要求应当看作为了如下情形而作的典型的语义预设（或者意义需要，或者符号蕴涵）："关于门的关闭状态的预设是动词开的一个属性"和"关于门的存在的预设涉及定冠词的使用"。人们甚至可以说第(v) 条也属于这种类型，因为发送者的意愿是用/请/来表达的。自然，第(iii) 条要求最初是由语义预设来满足的，但就定冠词是指示词这一点而言（见2.11.5），它要求有一个参照前提并回溯到提示指称（见3.3）。

文本，这些文本组成了更大的单位，从这些更大单位中，规则最终能被推断出来，但首要的是提出模型，以供遵循和模仿。

洛特曼认为，文本主导的社会，同时也是表达主导的社会，而语法主导的社会，则是内容主导的社会。当我们考虑到这样的事实时，这种定义的原因就变得很清楚了：一个已经进化出高度分化的内容系统的文化，也提供了与内容单位相对应的表达单位，因此可以建立一个所谓的“语法”系统——这只是一个高度清晰的符码。相反，一种文化，如果它的内容还没有被区分出来，它的单位（通过宏观的表达集群：文本）就会表现为一种星云状内容。

洛特曼说语法主导的文化依赖于“手册”，而文本主导的文化依赖于“书”，这并非偶然。手册实际上是一种符码，它允许更多的讯息和文本；而一本书是一个文本，它由一个未知的规则产生，一旦适当地分析和简化到类似于手册的形式，就能提出产生更多文本的新方式。

洛特曼回忆起语言教学中通常的双重经验。成年人通常是通过规则来学习一门未知的语言；他们接收一套单位，同时接收这些单位的组合法则，为了说话，他们学着把这些单位组合起来。另一方面，儿童则是通过接触这种语言的预先字符串的连续文本表现来接受训练的，人们期待他吸收技能，尽管他并没有完全意识到深层的规则。可以想象，对于一个学习母语的孩子来说，语言习得的过程首先是通过不足编码行为进行的，然后才是一个接一个地编码，最后是附加编码行为（后一种行为一直延续并贯穿于成年期，因为社会不断地参与到使现有规范复杂化的过程中）。

只要从文化个体发生的角度来考虑文化系统的发生是可以接受的，那就应该假定，在某些方面，人类社会也会发生同样的事情。

如果原始社会是文本主导的社会，那么，它就应该被认为是以不足编码的初步过程为基础的，越接近科学社会，就越多地进行编码和附加编码。不过，区别并非那么简单。科学社会只是一个在概念层面上强制附加编码的社会。在行为层面上——相反——原始社会及其全部礼仪规则，似乎都比现代社会更注重语法，在现代社会中，大众文明越来越多地提出（通过媒体）未编码的文本、公共行为的自由解释模式和宽容模式（Fabbri，1973）。然而，不足编码和附加编码，语法主导和文本主导，都不能看作是同步发生的范畴。

额外编码的活动是与从强调符号生产和解释到强调符码的运动相联系的，它是符码理论内部的一个范畴（或者充其量是符号生产理论的一个分支，它涉及制码）。另一方面，语法主导和文本主导是符号生产理论的范畴，因此我们在第三章还会再讨论。

2.15 符码和作为开放形式的讯息之间的相互作用

额外编码活动（和对未编码环境的解释一起）不仅推动人们选择最合适的符码，或分离出一个特定的子符码（从而制约内涵义的选择），它还改变了符号在信息提供方面的影响：瓶子上的骷髅头按规约是《毒药》的意思，但是，如果我在利口酒中找到这个瓶子，而不是在浴室的橱柜里找到它，那我从中获得的信息就会增加。

因此，环境和试推前提的纵横交叉，以及各种符码和子符码的相互作用，使得讯息（或文本）表现为一种可以把各个可能意义都归属于它的空形式。在这一点上，很明显，水闸模型假定发送者和接收者拥有共同的符码，是相当概略的。符码、语境和环境的多样性向我们表明，可以从不同角度，通过参考不同规约系统，来对同一讯息进行解码。符号载体的基本含义，可以理解为发送者所希望的那样，但不同的内涵可以归属于这个符号载体，只因为接收者遵循的是发送者涉及的语义成分树形图上的另一路径（这两种方式都被发送者和接收者所生活的文化合法接受）。

当收到/他追随马克思/这条讯息时，一系列情况使接收者预先假定发送者的意识形态偏见，从而试推出他可能提到的经过附加编码的子符码。事实是，持反共意识形态的受众能够接收到马克思主义者发出的讯息，在把握正确的直指义的同时，也会给他自己的义素加上否定的内涵标记，从而接收到不同的、异质的讯息。

有一种极端的可能是，即使发送者和接收者的基本直指义有不同，但讯息有可能在这两种情况下都传达某种意义。一个矛盾的例子是/i vitelli dei romani sono belli/这个句子，它既可以理解为拉丁语（《去吧，维特里乌斯，去聆听罗马之神的战争之音》），也可以理解为意大利语（《罗马人的小牛犊很漂亮》）。无论多么自相矛盾，这个例子都应该被看作每条讯息本质的寓言或象征。因此，我们甚至有义务重新界定“讯息”在信息和传播维度上的定义。

正如第一章中所述，讯息似乎是经过简化的信息的组成成分(并且，作为物理信号，也是如此——因为它代表了在许多等概率规约符号中所作的某种选择)。然而，当它来自信道，并作为一种表达被接收者接收，它似乎是进一步的信息源。具有与信源相同的等概率特征，成为不同的可能内容的信源。在这个意义上谈论讯息的信息就是正确的（跟“信源信息”和“符码信息”一起——参见1.4.4）。信息是一种价值，取决于可能选择的丰富程度；义位的各不相同的编码和各种语境解释、环境解释，一起构成多种多样的选择，这些选择甚至可以简化为二元选择。

讯息的这种信息，只有在接收者选择一种明确的解释时才会被简化。审美讯息需要多种感官的同时把握，在这种情况下，讯息的这种信息特质是保持不被简化的。

一旦给定一个全域语义系统的完整结构，即使令人生疑，讯息中的信息还是可能用数量计算出来的，不过这讯息的信息仍然是一系列可能性：并不是像信源信息的例子那样，是一个统计学意义上的整体等概率，而是跟未定概率矩阵中可能性的巨大数量完全一样。

信源信息和讯息信息，这二者可以界定为无序状态相对于连续顺序，模糊情境相对于对模糊性的隐秘消除，备选项的可能性相对于明确实现了的选择系统。此外，人们通常所说的“讯息”更适合被看作一种文本。不同的讯息网络依赖于不同的符码，有时将不同的表达实体与相同的内容联系起来（比如，一条语言讯息总是伴随着副语言的、体态语的或者空间关系的设置），有时使不同的内容依赖于相同的表达实体（通过相互交织的子符码）。因此，通常的交流模式应该以这种方式重新表述（表 29）：

表 29

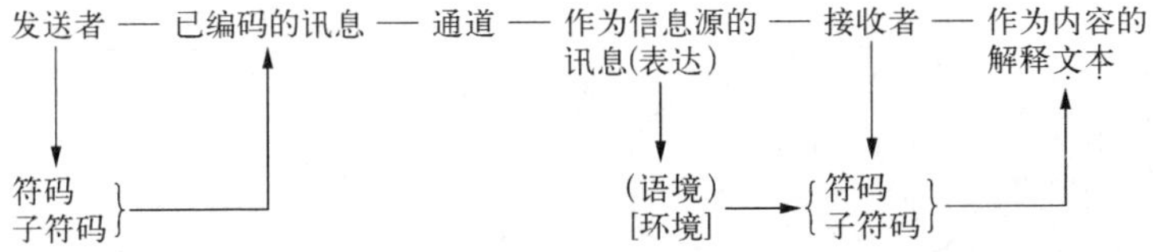

因此，信源信息构成了一种约束网络，这个网络允许某些可选择的结果。其中一些可以被认为是丰富了原始信息的推论，其他的仅仅是“偶发”。但“偶发”只能理解为对发送者意图的背叛；当一个讯息网络获得一种自主的文本状态时，从文本本身的角度来看（这与语义空间的矛盾形式有关），是否应该消极地看待这种“背叛”，是值得怀疑的。

有时，接收者的整个文化单位体系（以及他生活的具体环境）

会产生一种解释，这是发送者永远也无法预见的。这种现象在大众传播社会学界广为人知，他们越来越认识到这种现象的存在是“回旋镖效应”，是控制信息从发送者传到接收者的“两步流程”，是意见领袖构成的过滤器，等等。

由于这种不可预知的解码，文本可能只在其中一个内容层面被消费，而其他（同样合法的）层面则保存在后台。格雷马斯（Greimas，1966）把这些平行和自主的感官层次，称为文本的“同位素”。但通常情况下，无论解释多么“异常”，各种同位素之间的相互作用都是不同的，其相互影响的过程可以从表 30 中大致看出。当接收者不能成功地分离出发送者的符码，或没能用他自己的特殊符码或一组子符码来替换发送者的符码时，讯息就被当作纯噪音接收。这就是讯息从传播的权力中心，传布到世界极端的亚无产阶级边缘的流通过程中经常出现的情况。

表 30

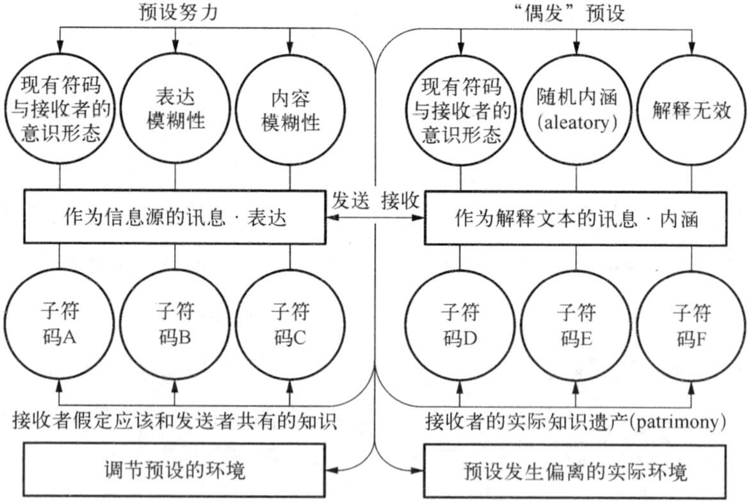

新的符号学主导的社会学研究（Fabbri，1973）现在已开始探究，是否并非偶然情况下这种噪音产生了一种新的“文化”，是不可预测的某种“第三语义世界”的重新组织①。

不过，对这些问题审视，目前的讨论已经越过了符码理论的界限；考察人们从接收到的讯息中能够获取什么，乃是符号生产和解释理论的适当内容（从某种角度看，即使它涵盖了传统语义学的许多方面，亦可视为一种更为清晰的符用学）。

本章的目的，是论证源自语义世界的格式的、符号生产的复杂性和不可预见性，因其必须用符码理论来概括。

① 在表 30 中，主导环境和偏离环境都体现了生物因素、经济现象、事件和外部干扰等方面未编码的复杂性，它们是每一种交流关系不可避免的框架。它们几乎就像“现实”存在（如果允许如此含糊的表达），扭曲和调节着交流过程。爱丽丝问：“问题是你是否能让一个词有那么多不同的意思。”矮胖子回答：“问题是谁是主人。”一旦这一观点被接受，人们很可能会问，交流过程是否有能力抑制它发生的环境。

交流活动的经验使我们能够积极地回答问题，要是被理解为交流“真实”的基础环境，也能不断地转化成编码世界，而交流自身在语用维度上又产生促成环境改变的行为习惯就好了。

但从符号学的角度来看，有一个方面更有趣，根据这个方面，环境可以成为有意图的交流因素。如果环境有助于人们选出子符码，这些子符码又能消除讯息的模糊性，这就意味着，人们可以通过对接收讯息的环境采取行动来改变讯息的内容，而不必改变讯息或控制它们的生产。这是符号学努力的“革命性”方面。在一个大众传播经常作为统治表现的时代，仍然可能（在一种理想的符号学的“游击战”中）改变环境，其中，接收者可根据环境来选择自己的解释方式。所谓统治表现，乃是通过对讯息发送作规划来确保社会控制。与试图确保使讯息冗余按照预先设定的计划进行解释的编码策略相反，我们可以追踪到这样一种解码策略，即在不改变讯息作为表达形式的情况下，接收者可以重新发现解码的自由。

第三章　符号生产理论

3.1　概况

3.1.1 生产性劳动

当我生产一个符号或符号链时会发生什么事情呢？首先从身体的角度我必须完成一项任务，那就是我不得不“发声”。说话通常被认为是声音的发出，不过我们可以进一步扩展这个概念，把任何信号的生产都看成是“说话”。因此，我画画，做有意图的手势，或生产一个对象，除了其技术功能外，目的都是为了传播某种东西。

说话行为在任何情况下都是以*劳动*为前提的。首先是*生产*信号的劳动，然后是*选择*信号的劳动。即在我所处理的一组信号中，为了构成表达，我必须为连接一些信号而劳动；为了组成表达链（expression-string）、讯息和文本，我又需要为分离表达单位（expression-unit）而劳动。尽管我不打算在这里讨论这个问题，但语言的流利与否，必须用符号学来检验，这或多或少取决于完备的语言编码知识。罗西-兰迪（Rossi-Landi，1968）对这方面的现象进行了研究。

假如现在我不是在说话，而是在画一幅与对象相应的图画，比如我画一只狗，以提醒人们“当心”我花园里有狗。图画这类符号载体的生产，似乎与选择/狗/这个词有很大不同。它意味着要做额外的工作。尚且可以指出的是，为了说/狗/，我只需在一组已建立的类型中进行选择，并选出该类型中的一个即可，而为了绘制狗的图画，我必须发明一种新的类型。于是，就有了各种不同类型的符号存在，其中一些符号所涉及的生产方式，比其他符号所付出的劳动更多。

最后，当我“说出”单词或图像（或其他任何事物）时，我必须为这个符号-功能体链条“可接受”并能清晰地表达而劳动，为此我不得不为其语义的可接受性和可理解性而劳动。同样的道理，当我接收一个句子时，即使我不需要为生产这个符号载体而劳动，我也必须为解释它而劳动。显然，我可以通过发送讯息来提示世界上的事物和状态，来断言既定符码组织的某些东西，来提问或命令。要发送或接收这些讯息（或文本），发送者必须预见一个复杂的网络，其中包含各种预设，以及从后果推论而来的可能性，而接收者则必须将这个网络中的这些东西分隔开。在交换讯息和文本、判断和提示时，人们对符码的改变产生了作用。这些社会劳动可以公开进行，也可秘密从事。相应地，符码变化理论必须考虑符号-功能体的公开重构，以及各种修辞和意识形态话语暗中施行的符码转换。

上述活动中的许多方面已由现有学科研究，而其他部分，将不得不构成新的一般符号学研究的对象。但是，即使那些已经被前符号学或符号学以外的学科研究过的部分，也必须纳入一般符号学的分支予以考察，哪怕事实证明暂时保留它们目前的学科归属是方便的。

3.1.2 劳动类型

鉴于符码理论既关注符号-功能体的结构，又关注编码与解码的一般可能性，因此，符号生产理论将涉及表31所列的全部问题。这张表涉及生产和解释符号、讯息或文本所需要的各类劳动（包括在操纵信号、考虑或无视现有编码方面的生理和心理努力，需要的时间，社会接受或拒绝的程度，将符号与实际事件进行比较所耗费的精力，发送者对接收者施加的压力，等等）。

连接各种劳动的相互联系的箭头，试图纠正图表的二维格式所导致的过度简化，每一种劳动都与许多其他劳动相互影响，符号生产的过程——在它与符码生命的若干关系中——代表了相互作用的网络所产生的结果。右边列出的各种不同的方法，可以应用于不同研究领域，事实上，不管表中建议的一般符号学的框架是什么，这些方法都被采用了。方法多样性的存在，不应被视为符号学方法论的局限，反倒必须直接列入0.4中提到的所谓“政治”边界之内。

现在让我们逐一审查表31的项目。

（i）表达连续体上为生产信号而进行的物理性劳动。这些信号，可能只被作为没有符号功能的物理实体而被生产出来，但是，一旦它们作为符号-功能体的表达平面被生产——或者在已有的实体中被选择——它们的生产方式就直接关系到符号学。它们可能是已经分割的离散单位，也可能是与内容有一定关联的物质集群。在这两种情况下，他们的生产都以不同的劳动方式或不同的生产技术为前提。这些生产方式将在表39中列出。

（ii）为表达单位（要么已经由表达系统建立，要么作为一种与新的编码相关联的分段功能被提出）进行分节的劳动。这种劳动关系到符号载体的选择与配置。在构成（或制作）创新性符码的过程中，即在发送者试图遵循现有符码全部规则的话语中，在发送者创建新的表达单位的文本里，都可能存在表达的分节。这种分节丰富和改变了表达系统，例如当拉弗格发明单词“violupte”或乔伊斯发明单词“meandertale”时就存在这种情况，例子参见埃科（Eco，1971）。显然，表达平面上的修改必须与内容平面上的修改相关联，否则就会变成纯粹的合乎语法的废话。因此，表达平面上的系统观察、系统制作和系统变更的劳动，必须考虑与内容平面上的劳动相对应，其通过功能体相关性上的劳动进行调节（项目 iii）。

（iii）首次将一组功能体与另一组功能体关联起来编写符码的劳动。在第一章中，通过水闸模型的建立，给出了一个如此编写符码的例子。

表 31　符号生产过程的劳动假设

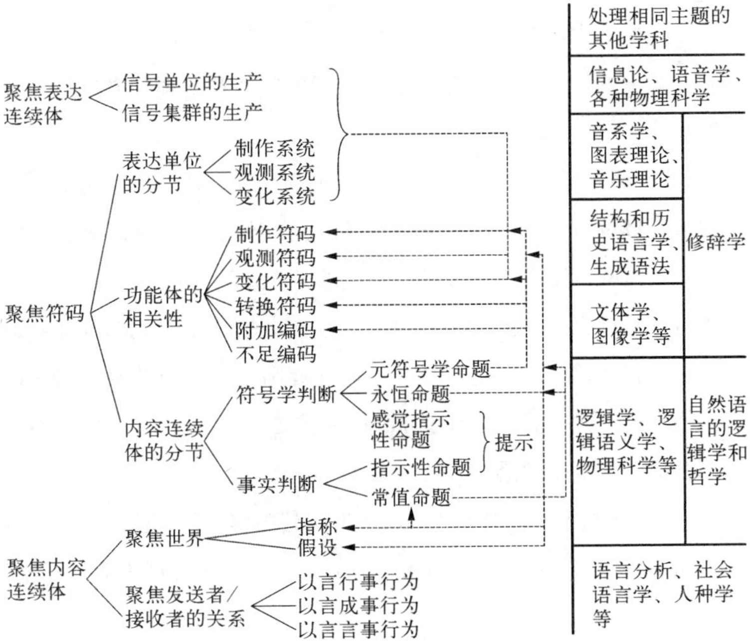

（iv）发送者和接收者遵循既定符码规则发送或解释讯息时所进行的劳动。这如同表达/从伦敦开来的火车将于下午六点到达/这样

一个“普通”的符号学行为案例。这类对表达模糊性的消除，在第二章进行了讨论。

（v）改变特定社会共享符码的劳动。这是一个复杂的过程，它既卷入了符号学判断，又卷入了事实判断（见 3.2）以及其他形式的文本操作。从这个意义上说，它直接涉及符码的审美操纵（见 3.7）。

（vi）大量话语修辞，尤其是所谓“意识形态”话语修辞的劳动（见 3.9）。在此情形下，整个语义领域的研究，显然忽视了这样一个事实：语义相互关联的系统比表面上看起来更为广泛，也更加矛盾。为避免公开承认全域语义系统的矛盾性质（见 2.13），意识形态话语必须从一种符码转换到另一种符码，而且还不能让这一过程显露出来。审美文本中也在进行符码转换，但它不是作为隐蔽的策略，而是作为显明的过程，以便有计划地生产模糊性和解释的多样性（见 3.7.1）。

（vii）通过复杂的推理过程解释文本的劳动。这一过程主要基于试推法，以及附加编码（在第一级预先建立的规则的基础上提出新的规则，这些规则阐明了文本中更为宏观的部分）与不足编码（在缺乏可靠的预先建立的规则的情况下，文本的某些宏观部分被假定为唯一的相关单位，即使更基本的组合规则及其相应的单位仍然未知）的生产方式。关于文本解释的这一重要方面，我们在 2.14 用了全部篇幅做了专门讨论。

（viii）发送者和接收者为阐明和解释其内容必须被正确建立和识别的句子所付出的劳动。本章第二节将讨论那些通常被称为“陈述”的命题（如元符号学命题、永恒命题和常值命题），而第三节将讨论在提示或指称时使用的指示性句型，因而也将讨论与第（ix）项有关的许多问题。

给定的符号学项目的符号学判断谓项，已经被符码赋予其属性

（见 3.2）。它们可以表现为三种形式：（a）以“施为”格式为前提的元符号学命题（《我声明，从现在起，“船”这个词，还可以作为太空旅行的交通工具使用》）；（b）永恒命题类型（《单身汉是男性》）；（c）作为一组属性的代表耦合某些对象与某些词（《这个事物是铅笔》）的指示性命题，这最后一种符号学判断，就其对实际对象而言，也被称为“提示或指称行为”，可以在与指示性事实命题相同的框架下进行研究（见 3.3.1）。

给定的符号项目的事实判断谓项，没有被符码赋予其属性。这种判断可以是两种类型：（a）指示性命题，它将符号学类型符的个别符显现归因于事实属性，根据定义，该事实属性不属于同一“类型符”的其他“个别符”（“这支铅笔是黑色的”）。这种判断不改变给定符号项目的语义表现，否则便称为“次命题”（见 2.5.3），正是在这个意义上，它有可能被符号学研究抛在一边，而用命题与世界状态对应关系的外延证实理论，可以更好地处理这一问题。但它也有一些符号学意义，因为要把语义项断言为对象的属性，就需要对这个对象的属性进行考察和定义，而这样的操作具有符号学意义（见 3.3.3—3.3.6）。（b）像“月球上已有人走过”这样的持续非指示性命题：正如即将在 3.2.2 所见到的那样，当这种判断首次被断言时，它是一个事实上的指示性命题（某个东西是由给定的语义项所断言的，没有符码归属于它，它是通过“此时此刻”或“从现在开始”这种类型的指示性装置首次被断言的）；但当这些判断被社会接受为真实时，它们就承担了元符号学功能，并逐渐成为符号学判断。

（ix）履行检查表达是否指涉人们所谈事物之实际属性的劳动。这种劳动，严格地与为掌握指示性符号学和事实性句子或提示的内容而进行的活动相联系。第三节将讨论这一问题。

（x）根据特定的编码或非编码情况来解释表达的劳动。这种推断劳动，既与理解某物（从而成为感知和智力理论恰当的关切点）所需要的推理劳动相联接，又与文本中所进行的推理劳动（参见 vii）相联接。文本中所进行的这种推理劳动，必须被视为附加编码与不足编码劳动的一个方面（参见 2.14）。

（xi）*发送者*为把*接收者*的注意力集中到他的态度和意向上以便引起他人行为反应的劳动。这类劳动（将在下节中的许多地方讨论）通常由所谓言语行为理论研究。倘若从目前的观点来看，“言语行为”的概念不仅涉及言语行为，而且涉及每种表达（图像、体态、物体）。值得注意的是，在这些不同的*交流行为*中，不仅出现了所谓的*言内行为*，这种行为可能对应于符号学判断和事实判断，而且所有这些类型的表达并不表示任何主张，相反，它们履行的是动作或要求、命令、建立联系、引起情绪等等（*言内行为*和*言外行为*）。[①]

3.1.3 怎样阅读以下各节

现在的第三章不涉及符号生产理论的所有问题，它只会从符号学的角度来处理需要直接、立即和专门注意的具体问题。让我强调一下下面八节的谋篇布局、先后顺序。

为了特定符号的具体出现，而对表达-连续体进行塑造的劳动，

---

① 事实上，（viii）中所列的任何判断均可被翻译为非“言内”行为。例如，符号学判断可以产生这样的言语行为：“所有单身汉都是男性吗?”“如果所有单身汉都是男性该多好!”“我向你保证所有单身汉都是男性!”“这个物体是铅笔吗?”“看，铅笔!”“多么可怕的铅笔!”等。事实判断易受同一类型翻译的影响：“人类真的行走在月球上了吗?”“那支铅笔真的是黑色的吗?”“我把这支铅笔定义为黑色的。”“天哪！人类登上月球!”“生态怪胎，小心！人类已经登上月球了!”即使从逻辑上讲，所有这些言语行为都可以归结为任意武断的句子，即使转换说法，他们的基本短语标记可以减少到陈述句（Katz，1972：201ff；Lakoff，1971a），他们为此提出了大量的符号学问题。在本书中我不会特别处理这些问题，但我倾向于把研究这些问题的学科，从语言分析到社会语言学，从互动行为研究到民族学方法论，看作是一般符号学的一个重要章节（Austin，1962；Searle，1969；Cohen，1973；Gumperz & Hymes，1972；Cicourel，1973）。

直接证明了符号具有不同种类这一事实。如果一般的符码理论提供了符号-功能体的概念，以及在表达和内容层面分节的概念，那么它就似乎为每种符号提供了统一的定义。生产这些符号的具体劳动，要求人们认识到有不同的生产方式，这些生产方式与一个三重过程相联系：(i) 形塑表达连续体的过程；(ii) 把形成的连续体与其可能的内容联系起来的过程；(iii) 将这些符号与实际事件、事物或世界状态联系起来的过程。这些过程是严格交织在一起的，一旦形塑连续体的问题被提出，它与内容和世界的关系问题也就相应出现了。但与此同时人们意识到，通常所说的符号类型并不是这些操作之一的明确产物，而是它们以各种方式相互联系的若干种操作的结果。

人们还意识到，有些符号似乎更适合抽象关联的表达（比如规约符号），而另一些符号似乎更适合直接指称世界状态，比如像似符或指示符，它们更立即卷入到直接提示的实际对象中去。为了理解这些观点，即刻处理作出关于世界或符码的各种判断，以及提示事物的行为，似乎更为有利。因此，我将不遵循表 31 中列出的理论顺序，而是遵循一种现象学的顺序：在作出判断和履行提示的过程中，人们会发现自己是如何使用语言手段和其他类型的符号的，例如，正在指向某物的手指，或用作例子的物体。在这一点上，我们应该能够找出它们之间的相异和相似之处，并认识到这些差异本身并不是各种符号的特征，而是各种符号生产方式的区别：每一个所谓的符号，都是许多这类操作的结果。

由此，符号的类型学将让位给符号生产方式的类型学，从而再次表明，“符号”的概念是日常语言的虚构，它的位置应该由符号-功能体的概念取代。

3.2 符号学陈述与事实陈述

3.2.1 分析 vs. 综合和符号学 vs. 事实

交流意味着关注外在符号学环境。它们经常被翻译成符号学术语这一事实，并没有消除它们在任何涉及符号生产现象背景下的持续存在。换句话说，表意所面对的是普遍存在的物质、经济、生物和物理条件的总体网络框架（交流是在这个框架内发生的）。符号活动如同事实生活在事实世界之中，这个事实限制了符码体系的绝对纯粹性。符号活动发生在众多事件之间，而许多事件的发生又是没有符码能够预料的。因此，符码所允许的符号学创造性，要求对这些新事件进行命名和描述。符码的结构，有时会被不符合内容组织的关于事件的创新性陈述打乱。当讯息陈述与至今尚未组织和分节的内容发生某些相关时，会发生什么？由此被引入社会能力的新的文化单位是否改变了预先建立的语义场？如何改变？这一点促使我们回到一个古老的哲学分野，即在逻辑学和语言分析中被广泛讨论的分析判断和综合判断之间的区别问题。

从指称语义学的角度考虑，这种区别对于最广泛的批评来说是开放的。人们可能很想知道（White，1950），为何传统哲学家认为《所有人都是理性动物》是分析判断，《所有人都是两足动物》则是综合判断。实际上，如果谓项具有某些性质的客观性，那么这两种类型的判断之间的区别就不明显了。对这个问题，卡西尔（Ernst Cassirer）在《最新时代哲学与科学领域的认知问题》一书中已经给出了答案。分析判断是谓项被含蓄地包含在主体概念之中的判断，而综合判断则是将谓项作为全新的属性加在主体上的判断，这是根据经验材料所得到的综合。

那么，为何按照康德的说法，《一切物体都是广延的》是分析的，而《一切物体都是有重量的》则是综合的？仅仅是因为，康德假定，他所提到的“思想遗产”已经为其同辈人所熟知。对他来说，《物体》是毫无价值的，它不是所指，而首先是一个文化单位。从笛卡尔到牛顿再到百科全书时代，《广延》被认为是这个文化单位的本质属性，是其定义的一部分，而《重量》则被认为是附属的和偶然的性质，因此它不能进入相同的定义进行讨论。判断要么是分析的，要么是综合的，依据的是现有的符码，而不是依据假定的物体的自然属性。康德在第一部《纯粹理性批判》中明确指出：“我们理性活动的构成在很大程度上……在我们已经有的关于对象的观念的分析中”。由于“分析与综合”的对举，伴随卷入太多的哲学问题，让我们在更具体的符号学语境中发展上述观点，从而提出更合适的对举。

我们称符号学判断为一种判断，它是对给定内容（一个或多个文化单位）的谓项的语义标记，这些语义标记已由以前的符码赋予；我们称事实判断为一种判断，它是对给定内容的谓项的某种语义标记，而这些语义标记以前的符码从未赋予过它。因此/每一个未婚男人都是单身汉/是符号学判断，仅仅因为存在着涉及成分树形图的规约性符码，其标记中有《从未结婚》。相反/路易斯是个单身汉/无疑是事实判断。一八二一年五月五日，/拿破仑死于圣赫勒拿岛/构成事实判断。但从那一刻起，同样的陈述构成了符号学判断，因为符码将《死于圣赫勒拿岛》的明确内涵，固定在了/拿破仑/的成分树形图中。另一方面/拿破仑在马伦哥战役之后喝了一杯咖啡/是事实陈述，很难转化为符号学陈述。怀特（White，1950）辨析了分析与综合的区别，他准确指出一个判断是分析的，是基于一种规约，当规约改变时，曾经是分析判断的可以变成综合判断，反之亦然。但他的本意是限制分析和综合之间的逻辑区分，而不是为符号学判断和事实判断的符号学区隔的有效性提供条件。

3.2.2 陈述

我将简要考察这些判断的一个特殊例子，即符号学（或元符号学）陈述和事实陈述，假定这些判断不会与指示性判断或提示混淆（见 2.5.3，其中的非陈述被称为“次命题”；在 3.3 中将会考察提示的内容）。应当指出：

a）/这是一张 1 美元的钞票/不是陈述：它是提示（见 3.3）。

b）/1 美元价值 625 里拉/，在一九七一年是符号学陈述，由此表达了一种符码表意关系。

c）/1 美元等于 580 里拉/是一九七二年某一天发出的惊人的事实陈述。

d）/1 美元价值 580 里拉/在一九七二年成为一个（b）类的符号学陈述。

e）为了使事实陈述（c）成为新的符号学陈述（d），有必要使（c）采用元符号学的陈述形式，预先假定或明确说明一个施为性惯用语，如：/美国总统（或意大利银行，或欧洲经济共同体）规定，从今天起，每个人都必须接受 1 美元等于 580 里拉的金融规定/。事实上，自一九七二年以来，这样一个元符号学的声明已经改变了如此多次，以至于只是再次证实，许多符码是非常脆弱和短暂的，其持久性譬如玫瑰花，只开一个早晨。但是，正如格特鲁德·斯泰因（Gertrude Stein）所言，玫瑰之所以是玫瑰，是因为它的生命是如此短暂。同样的道理，符码就是符码（就是符码就是符码），条件是，元符号学陈述已经规约性地建立了某种等值，社会已经接受了这种等值，并且这种等值一直持续到另一个符码变化的元符号学的调整到来为止。

最后，美元的例子尤其贴切，因为金融市场代表了来自不同内容系统的单位之间的完美耦合，其中每个单位在语义通过与其他单位之间的对立关系来界定。因此，事实陈述有时会打乱和重构符码。[①]

3.2.3 非语言陈述

尽管我使用了从逻辑学中借用的术语（而逻辑学主要关注语言表达），来指称这些内容-分节（content-articulation）的操作，但所有这些类型的命题也涉及非语言表达。《大不列颠百科全书》是一种文本，它列出了大量元符号学和符号学陈述，不仅因为它记录了各种语义单位的诸多语言的定义，而且还因为它使用图画和照片来分析相同语义单位的组成部分（例如，可视化地描述人体部件或四冲程发动机的基本组件）。《纽约时报》不仅用文字，而且用照片或图表阐明了大量的事实。

毕达哥拉斯定理的视觉展示是符号学陈述。一个宣布有危险的十字路口路标，同时也是一种事实陈述和一个提示。其他指示行人《停车》或《小心》的道路信号，或者对人们通行权的禁止，是第（xi）项下所列的交流行为。配以标题/马/的马的图画，代表了一种指示性符号学判断。最近一位诺贝尔奖得主的画像，配上说明/这个人获得了诺贝尔奖/，构成了一种指示性事实判断。表示《我饿了》的那不勒斯手势，是一种指示性事实判断。等等。

① 当事实判断发出时，最自然的态度是检验它。检验事实判断是科学家、历史学家、新闻记者和任何严谨之人的首要职责。如果说符号学与这种检验活动无关，那就错了。除了提到检验的情况外，事实判断并不会立即返回到实际的感知手段，也不要求更多的中介操作，每一个中介操作都意味着求助于符号学的新层面（例如，历史学家必须通过控制书面记录、考古学的目击者等来核实事实判断）。这种在表3“聚焦世界”标题下记录的劳动，应该由一般符号学进一步探讨。到目前为止，这种劳动已经被逻辑语义学（以及各种科学方法）研究过。迄今为止，符号学和逻辑学似乎是相互独立发展的（尽管皮尔士提供了方法论和哲学上的机会），这是因为符号学与语言学和文化人类学的联系更为紧密（除了莫里斯以外）。但这种逻辑与符号学之间的界限越来越模糊，生成语义学和转换语法学的最新研究成果对其进行了广泛的突破。

3.2.4 其他问题

符码与讯息之间的辩证关系，即符码控制讯息的发送，而新讯息可以重组符码，构成了讨论语言创造性的基础，也构成了讨论“规则支配的创造性”和“改变规则的创造性”这一双重面的语言创造性的基础。

通常履行的事实陈述，是符码规则所允许的创造性的例子。人们可以使用和组合预先建立的表达形式的元素，从语言上定义一个新的物理粒子，以便在内容形式中引入某些新的东西；人们可以用一种新的方式，使用和组合事先存在的内容单位，从技术上来定义一种新的化合物，以填补预先建立的语义对立系统中可能的空白。由此，人们可以根据表达和内容-系统的动态可能性和组合能力，来改变它们的结构——就好像整个符码本身的性质，要求在一个更高级的状态下不断地重新建立，就像下棋一样，棋子的移动由一个更高层次的系统单位来平衡。因此，元符号学陈述的可能性，也是以符码的预先设定成分及其组合可能性为基础的，它改变了义素成分谱系，并重新组织对义位的解读。[①]

---

① 事实判断和符号学判断改变符码的方式（本章各部分将进一步分析这种方式），可以解决一个被广泛讨论的认识论问题，即结构逻辑和辩证逻辑之间可能的关系。如果符号学系统是结构，如果结构安排的首要属性是其元素的相互团结（因此意味着结构整体的恒常性），那么结构如何将自身转化为其他结构（即那么符码如何改变）呢？在某种程度上，不同作者对结构方法的辩证解释有着不同的立场。塞夫（Sève，1967）认为，结构只是“物质过程”的暂时形态，结构逻辑只是“辩证矛盾的节间环节”的科学，因此，结构逻辑只是一种“分析理性”。虽然这种理性是有用的，也是必要的，但它并不能全面把握其辩证的过程。戈德利耶（Godelier，1966）认为，有两种类型的矛盾，一种是结构*内部*的矛盾，一种是结构*之间*的矛盾，前者实际上相当于 2.12—2.13 中所概述的每个符码的自相矛盾，后者取决于新物质现象的出现，并可等同于本章所概述的事实判断的必要性（参见 3.8.5 中给出的糖精的例子）。洛特曼（Lotman，1970）在他的文化类型学中，也考虑了符码改变的这双重方面，他也接受了这两个原则（*从外部*改变和*从内部*改变）的连续相互作用的思想。这个问题的控制论和数学背景被阿波斯特尔（Apostel，1960）和皮亚杰（Piaget，1968）讨论过。我认为符号学中符码与符号生成之间的辩证关系，是符号学结构演化辩证理论的基础。

3.3 提示

3.3.1 指示性判断

使用符号是为了给对象命名并描述世界的状态，指向真实事物，断言具有某物且该物体如何如何等等。由于如此经常性地服务于这个目的，许多哲学家坚持认为某种东西被用于指称事物时才是符号。于是，这些哲学家试着展示，从“真实的”和可证实的符号“指涉物”中分离出来的“意义”概念，即，他们认为，意义和符号指涉的对象或者世界状态相分离，没有任何真实意图。这样，即使他们接受意义和指称物（或指涉物）之间的区别，也不会把前者和后者等同起来，他们的兴趣，只在于导向符号和指涉物之间的对应；意义只有在它能以镜面反射的方式跟指涉物对应之时才被纳入考虑。

第二章所勾勒的符码理论，不仅试图恢复意义的自主状态，甚至还从/直指义/这个术语中，去除了任何外延关联或者指称关联。即使涉及事实陈述，本书前一节也没有把判断同它们所陈述的有关事实联系起来。前面部分讨论过的那种事实判断的特征是，虽然它似乎涉及事实，但它也能用于肯定不存在的事实陈述，并由此产生谎言。

如果我断言“发明眼镜的人不是亚历山德罗·德拉·斯宾纳修士而是他的同胞兄弟”，我并不是在挑战一个已经确立的符号学陈述，因为眼镜的发明者必定是个不确定的历史实体，百科全书关于这个主题的记载，相当模糊而谨慎。然而，我的确作出了一个事实陈述，或者说给出了一个“永恒命题”。很难检验我的判断的真假，因为要做出这论断，明显需要一些文献记录的支持。但不管怎样，我给出的仍然是一个事实陈述（不管是真的还是假的），因为它并没有断言某种明确记录在文化符码中的东西。既然如此，这种类型的事实判断，就不一定需要世界的真实状态或者现存实体来证实。从这个意义上说，如果不考虑实证的话，就可能假定它们是有意义的，不过，一旦它们的意义被理解，它们就要求被证实。

现在我们来考虑另一种类型的事实判断：*指示性判断*，即指称某种事实存在物的行为，像在/这支铅笔是蓝色的/或者/这是一支铅笔/中的情形一样。如在3.1中所表明，这两个例子是有区别的，第二个例子能被记录为指示性判断而不是符号学陈述。但是，似乎这二者都是在提示某物（或者指涉某物）。可以假定为，在这个例子中，它们的意义直接依赖其所指的真实事物，但是，这种假设，会对2.5在谈到指称观点时所主张的意义的独立性提出挑战。

3.3.2 意义和指涉

斯特劳森（Strawson，1950）说："提示或指涉不是表达做的事，而是某个人使用表达去做的事。"从这个视角看，"意义"是句子或表达的功能；提示和指涉，真和假，是句子或表达的*使用*功能。"给一个表达赋予意义……就是为表达用于指涉或提示特定客体和人物时，给出*一般方向*；为一个句子赋予意义，就是为句子用于作出真假断言时，给出*一般方向*"。① 我们试着把斯特劳森的观点转译为符码理论术语。为一个表达的使用给出一般方向，意味着特定义位的

① 斯特劳森阐述了他对罗素的意义与外延的二分法的批评（并将其简化为更合适的所指与提示的互补性）后，提出了一个完全符合其哲学目的但对我们的理论没有什么帮助的结论。他说："无论是亚里士多德还是罗素规则，都不能为任何日常语言的表达提供精确的逻辑，因为日常语言没有精确的逻辑。"符码理论的目的是为了弄明白日常语言是否至少算得上有*一种逻辑*，即使不是一种*精确*的逻辑。如果逻辑只是一种形式化语言的理论，那么问题可能不是寻找一种逻辑，而是要*找到一种符号学理论*。这种理论显然不同于形式逻辑，不过它能够消除斯特劳森引用中的怀疑论的阴影。这种怀疑论，可能会导致人们质疑自然语言不可能有一个理论，如果符号学要存在，就必须拒绝这种怀疑论。

语义分析确定了一份语义属性清单，这个清单跟推测中对象的附加符号学属性相对应。如果这听起来有点儿拜占庭风格，那就作如下修订：为用于指涉的表达给出一般方向，意味着要确立特定的名称、说明或句子能适用于何种实际经验。这第二种定义很明显没有说明什么，尽管它跟我们言说的常规方式一致。而且，人们还必须面对这个问题：人是如何确立这样一种运用规则的？

因此，人们必须回到这个问题的第一种表达方式。但在这一点上，又有一个新问题：人们如何在义位的语义属性（它明显是属于符号学的研究范畴）和假设出来的非语义属性之间建立起对应关系？所提示的事物能具有符号学意义上的、可理解的实体的地位吗？因为，要么符号学能界定提示行为，要么在提示行为中，被指示的事物能作为符号学意义上可理解的实体，而被人们以某种方式观察到。这样，我们必须重新检视提示的整个过程。

3.3.3 提示过程

指涉行为借助于一种指示手段，使一个句子（或相应的命题）和一个事实环境相联系。我们应该称这些指示手段为指示成分。指点着的手指，有方向的一瞥，像/这/这样的替代词都是指示成分。很明显，这是如下事实赋予了它们如此的特征：它们拥有作为其意义的对象，并和对象在物质上相联系。其实，我已经在 2.11.5 中表明，这个看法并不正确。任何指示成分都首先具有内容，具有与对象的事实距离无关的《邻近》或《接近》的标记。但为目前分析的便利起见，我们沿用指示成分的普通概念：为某物指向另外的某物。

假设现在我伸出食指指向一只猫，说：/这是一只猫/。每个人都会同意这个事实：《我通过指示成分表明的对象是一只猫》这个命题是真的（或者《我在某个时刻所指向的被感知体是一只猫》这个命题是真的；简单地说，每个人都会同意我称之为猫的东西是一只猫）。为使上述命题为真，我必须要能够把它们转译为如下形式："在某一时刻 x，跟我的食指相联系的被感知体，再现了一种感知类型的个别符，被感知体因此在概念上被界定为：感知模式所具有的属性系统地对应于《猫》这个义位的语义属性，且这两套属性通常由同一个符号载体所表现。"

在这一点上，指称物猫不只是一个物质对象，它已经被转化为一个符号实体。不过这种方法论上的转化引入了知觉对象（见 3.4）的符号学定义问题。如果句子是一个符号学行为，猫是经验上的被感知体，那么很难说/is/这个表达是什么东西。它不会是一个符号，因为/this is/是把一个复杂的符号（句子）和一个现实的被感知体联系起来的联结手段。它不是一个指示成分，因为指示成分指向的被感知体，是跟符号相联系的，而/is/事实上扮演的似乎是联结成分本身。对这个问题的唯一的解决办法，似乎是这样的：/this is a cat（这是一只猫）/意味着《通常通过语言符码和词位/cat（猫）/关联起来的语义属性，跟与动物学符码相关联的、作为一种表达手段的被知觉者的语义属性相一致》。换言之，即，单词/cat（猫）/和被感知体的个别符对象//*cat（猫）*//在文化上代表同一义位。毫无疑问，这个解决办法看起来相当具有拜占庭风格——但只有在人们习惯于认为一个"真实的"感知再现是名实相符的，或者是镜面反射式的简单知觉，就像经院派学者所坚持的那样，这种看法才会产生。不过，如果让我们简单设想一下，/this is a cat（这是一只猫）/这个表达是在一只猫的像似性再现场合说出来的，那么上述所有论证在很大程度上都能立即被接受。我们有符号载体（a），它是一个给定内容对应的语言表达；我们还有符号载体（b），它是一个给定内容对应的像似性表达，在如此情形下，我们是在比较两组语义学属性，/is/能被解读为/令人满意地一致/（即符码内容层的元素与另一个符码内容层的元素相一致；它只是一种简单的字面转写过程）①。为何指称行为对我们来说在一只真实的猫的存在中显得如此不同？显然是因为，我们不敢把感知视为先于符号学行为的结果，也不敢像洛克、皮尔士和许多其他哲学家那样看待感知。

3.3.4 观念作为符号

有一段来自皮尔士（5.480）的简短文字，它论述了理解真实对象的一种全新方式。对于经验，他说，我们尝试着阐述观念是为了要认识经验，“这些观念是显示经验现象的第一个逻辑解释项，而这些现象，作为显示经验的现象，是符号，它们是符号的……解释项。”这段文字，把我们带回到有关感知的巨大问题，感知是对感觉的非连贯数据的解释，这些数据是基于先前经验（Piaget，1961）的认知假设，通过一个复杂的处理过程组织起来的。假设我正穿过一条漆黑的街道，猛地瞥见人行道上有个模糊的影子。直到认出它时，我都会一直纳闷“它是什么？”但这个“它是什么？”可以（事实上有时就是）翻译为“它意味着什么？”待我调整注意力，更好地评估感知材料之后，我终于认出，它是一只猫。我之所以认出它，是因为我已经看见过其他的猫。这样，我便把文化单位《猫》，运用于一个不精确的感官刺激领域。我甚至能把这个经验翻译为语言解释项（/我看见了一只猫/）。因此，对我来说，刺激域是可能意义的符号

① 一旦断言了这一点，人们可能就会很容易承认，照片所发挥的符号学功能与实物所发挥的符号学功能之间存在着巨大的鸿沟。但在目前语境下，同一性比差异更重要。另一个反对意见可能是，上述提到的理论并不适用于个人。说/this man is John/是什么意思？根据2.9.2中专有名词的直指所述，它意味着通常由组码与/John/这个词相关联的语义属性，和同一组码可能与给定感知体相关联的语义属性相一致。这意味着人们必须将可能与/John/这个词相关联的概念与感知个别符关联起来：他是玛丽的兄弟，是当地银行的助理经理，我经常说他是我最好的朋友，等等。

载体，而这些可能意义，在我感知事件之前就已经事先拥有了。

古德努（Goodenough，1957）观察到："一座房子是文化形式的像似符，或者是一种物质表达的复杂形式组合。一棵树，除了是植物学家感兴趣的自然对象外，它还是意指一种文化形式的像似符，对于这个完全相同的形式，我们也能用单词树来表示。每一个对象、事件或行为，对社会成员来说都具有刺激物价值，只有它是像似性符号，在他们的文化中意指某种对应形式时才是如此……"显然，从人类学观点看，这种看法既跟导论中谈到的相近，又跟即将在 3.6.3 中谈到的相近，照这种方式看，在给定文化环境中，每一个对象都可能成为一个符号。显然，这一理论发展到这里就跟皮尔士谈论过的观点有许多交汇点。

正如皮尔士写道："现在，符号的再现功能既不在其物质属性中，也不在其纯展示性用途中；因为它是符号的本质性东西，既不在于符号本身，也不在于与其对象间的真实联系，而在于对一种思想来说它是什么，对任何思想来说，这两种特性都正好被认为是隶属于符号而不取决于接收者。可是，如果我选取具有某种性质的全部事物，使它们在物质上与另一系列事物一一关联起来，它们就适合于作符号了。如果它们不被看作符号，它们实际上也不是符号，但在这个意义上讲，它们就是符号了，比如，一朵没被实际看到的花，被说成是红的，它也就是一个相对于心理情感的术语。"（5.287）

为了断言对象（在它们被感知的范围内）也可以被当作符号来对待，我们还必须断言，即使是对象的概念（作为每一感知的结果或决定图式）也必须以符号学的方式来考虑。这就导致我们直截了当地声称即使观念也是符号。这恰好是皮尔士的哲学-符号学的观点："每当思考的时候，我们总是把一些情感、意象、概念或者其他的再现都一起放在知觉中，这些东西加起来就起到符号的作用”（5.283）。但是，思考也把符号联结在一起：“每一条前述思想都表明了紧随其后的事物对应的思想，即对这后者来说，是某物的符号。”（5.284）

皮尔士事实上遵循着一项非常古老的哲学传统。奥卡姆强调这样一个事实：如果语言符号向内指向一个观念（这观念就是它的内容），那么换个说法就是：这观念是一种能表达（作为它的内容）单数事物的符号载体。同样的解决办法，也能在霍布斯的著作《利维坦》中找到，更别说洛克的《人类理解论》了：在这里，洛克明确说明逻辑和符号学的同一性（4.20）及观念的符号化本质。这些观念不是（正如经院派学者坚信的）事物在镜子里的影像；它们也是抽象过程的结果（其中——请注意——只有一些紧要成分才被保留），这个结果不是为我们提供被命名事物的个体本质，而是它们的命名实质。这命名实质本质上是一种汇编，是摘要，是所指事物的详细阐述。从一组经验导向一个名称的程序，跟从事物的经验导向事物的符号即观念的程序是相同的。观念已经是一种符号学产品。

显然，在洛克的系统中，观念这个概念仍然跟唯心论视角有关；但是，用“文化单位”（正如能通过一个给定的文化语境中的其他解释项被检测到的某物）这个术语取代“观念”这个术语（就像在心灵中发生的事情那样），就足够说明问题，洛克的观点展示了这种思想本身对于符号学目标来说是富于成效的。贝克莱（George Berkeley）也谈到，当一个观念再现或代表同一类中的所有特殊观念时，这个观念就是一般的观念。

显然，关于符号学未来史的这有趣的一章，值得更仔细地论说。但是，任何情况下，重要的是为了给所提出的方法找到历史根源，必须从事这项首次展开的试验性探索工作。这会帮助人们理解，为什么纵观整个哲学史，语言学的意义的概念总是借助于完全相同的术语（或者借助于一对同形异义的术语）跟感知的意义相连。

根据胡塞尔的《逻辑研究》，动态的认知行为暗示了“填充”操作，“填充”只是为所感知的对象赋予意义。他说，把一个对象命名为/红色/，和把它确认为红色是相同的过程，或者至少是命名的表现和被命名者的直觉没有明显的区别。在知觉现象学中发现的“意义”概念，在多大程度上与文化单位的符号学概念一致，这是值得确定的。依据对胡塞尔的这种讨论而重新阅读，可能会引导我们这样声称：符号学意义只是感知经验的社会化整理，现象学的悬置将为我们恢复其原初形式。如前所述，日常感知的意义（在悬置介入并重新开启它之前），只是把文化单位归于感知刺激范畴。现象学的任务，是重建从一开始形成文化单位就需要的必要条件，符号学则因为交流是在文化单位的基础上起作用而接受它们作为数据。因此，现象学悬置使知觉回到这样一个阶段：指称物不是作为明确的讯息，而是作为近似于审美文本那样非常模糊的文本被对待的。

此处不宜更深入展开这一问题。我们已经指明了符号学的另一些局限，这对于我们继续研究涉及感知意义的起源问题很有价值，这便足够了。

3.3.5 /is/作为一种元语言手段

现在回头看表达的例子/this is a cat/。人们现在准备好了接受这个观念：指称行为或指涉行为，通过先前非常复杂的符号化过程而成为可能，先前的这个符号化过程，已经把感知对象组织成为符号实体：(i) 我把一只猫认作猫，就是说，我把一个文化图示（或者观念，或者概念）运用于它；(ii) 我把猫的个别符理解为猫的类型符的符号载体（对应的文化单位），我自己只考虑到它的语义属性，抛开了无关紧要的个体化的物质属性（很明显，当我说/这是一只黑白花纹的大猫/时，即便伴随着一些其他的调节性过程，也会出现同样的情形）；（iii）在文化单位《猫》的众多语义属性中，我选择的是与语词符号载体表达的语义属性相符的那些语义属性。

因而，我把语言学表达的内容和感知行为的内容这两种符号学对象作个比较。在这一点上，我接受由系词/is/构成的等式。因为这个等式表述了一种元语言行为，它把语言学表达和鲜活的文化结构的“表达”联系起来（因此试图在来自不同符码的符号载体间建立起平衡），它要么被接受，要么被拒绝——因为它或许符合，或许不符合语义规则，即它强制性地要作为给定条目的谓项去确定其他条目，要通过某种共同的语义属性把这些条目组接起来。因此，系词/is/是个元语言符号，它意味着《拥有……的某些语义属性》①。在某些环境中，元语言可能不是语言形式：就像在用既表示《这》又表示《是》的指点着的手指，来代替/is/的情形一样。

3.3.6 谓项新属性

上述讨论（从3.3.3－3.3.5）弄清楚了符号学指示性判断的地位。但是，也许事实指示性判断的本质还有更模糊不清的时候，比如/this cat is one-eyed（这是一只独眼猫）/。这个例子中，我给这个个别符指派了猫的类型符的一种属性，这种属性不由符码认定，因

① 区别就在于打算使用/是/和在提示时打算使用指示语这两种方式之间。如果——指着一只企鹅——我说/这是一只猫/，我的意思是“这个物体具有猫的属性”，然后我说出了一个符号指示性判断，这仅仅代表了符码的错误使用；从提示理论的角度来看，它会导致错误的陈述。如果相反，我的意思是《这种动物的名字是“猫”》，那么我就说出了一种太过任意武断的元符号判断，这种判断只有天真的人类学家才会错误地接受，他把我作为一个不可靠的讯息提供者来选择。

此，在如下两个方面的关系问题上，我们的认识似乎落后了：一方面是两个符号学构件（义位《cat》和概念类型《cat》），另一方面是只一个被感知体。独眼的属性除了不只是一个被感知体之外，它还带点儿“流浪的”语义属性，这样的属性来自某种组织过的子系统，这一子系统被如此地辨认出来并赋予了这一只猫，这被看作是一种更加普遍的模式的具体现象。类型符的单个现象能比它的模式具有更多的特征化属性（因而一个单词的出现会展现许多自由变体），但是，它不能具有跟它的类型符不相容的属性。

直陈一个对象的新属性，跟产生语义上可接受的词语没有太大不同。我能接受形式完整的词组，像/铅笔是绿色的/，或者/这个人唱歌/，我通常必须拒绝像/铅笔唱歌/，或者/这人是绿色的/这样的词组；这只是语义组合方面的问题。

于是，我能接受像/这支铅笔是蓝色的/这样的事实判断，因为铅笔通常要么是黑色要么是彩色，/这支铅笔长/是因为铅笔是物质实体，具有维度属性，/这人唱歌/是因为人能发出声音。它们都是可接受的事实指示性判断。相反，/这支铅笔两英里长/，/这支铅笔以两千波周期秒的速度振动/，或者/这人是由四冲程引擎体内牵引运动/，都是非常规的事实判断，因为它们滋生的是内部语义的不相容。因此，如果我说/这只猫四英尺长/，这会有两种可能：要么我明白这只猫不是真那么长，在这个意义上，我只是把不恰当的词语跟活生生的语义属性表达联系起来了，我在概念上很清楚这些表达，但我能用另一种语言形式来表达；要么我是真的“在讲真话”。但是，如果我是讲的真话，我必须问自己：四英尺长的猫真的存在吗？我所有关于猫的知识都告诉我，它们一般不具有这样的属性，即《猫》这个概念结构（对应于《猫》这个义位）不具有这样一种属性。因此，我必须假设我所看见的也许不是一只猫，而是一只豹子。

设想一下，我现在检查并观察到，它具有猫的全部属性而没有任何一点属于豹子的属性，但全部相同点就在于它真的是四英尺长；由此，我的感知一旦概念化，就不会跟那个原本使它可能一致的概念结构相符了。于是，我必须改造概念结构的形式（以及连带而来的相对应的义位）；有可能是基因突变改变了猫的形体尺寸。因此，我必须作出事实陈述（/有些猫长四英尺/），之后，借助于元符号学判断，我才能改变符码。

3.3.7 现任法国国王是单身汉吗?

四英尺长的猫的例子，是一个被真实感知到的主体，其让人疑惑的属性，必须加以陈述。很多陈述事例中，属性并不创造问题，但主体会。下面这个著名的句子就是例子：/现任法国国王是秃子/。一旦加入对这个句子研究所引起的当代语义学奥林匹克竞赛，就可能有助于解决指称的终极问题。

每个人都同意，如果在这个世纪说出这个句子，那它相当让人困惑。有人也可能会认为，这个句子没有意义，因为“确切描述”具有意义，只有当存在某个它们所代表的单个对象之时才发生。我们已经为这种假设提供了答案，符码理论也指明了像/法国国王/这样一个描述已被充分地赋予了意义。由于不必假设像/法国国王/这样的描述必定由预设证实，便要求被一个现存对象所证实。为一个命题赋予真值时，这个理论就得到很好的支持；因此，如果/圣女贞德的丈夫/这个描述不具有“指涉指示”，那么，像/圣女贞德的丈夫来自布列塔尼/这个叙述，按照外延语义学的认识，就会引出许多有趣的问题。但是，/法国国王/代表的是文化单位，而不是一个人；它不仅和/圣女贞德的丈夫/共同具有表示某物的属性，能对应或不对应于某个事实存在的人，而且在可能世界中，他也可能一直存在着。

因此，像斯特劳森建议的那样，假设某个人说了/法国国王聪明/这句话，这个表达便被赋予了意义。如此一来，现在的问题就变成了：要弄清楚这句话是在什么环境中说出来的；如果用这个句子指路易十四，那么它是可以接受的；不过如果用它来指路易十五，那有人就有可能把它判为评价过高。

假设现在我说/这是法国国王/，同时又用食指指向法兰西共和国总统。这跟嘴里说/这是一只猫/，同时又指向一只狗，情形是相同的。在义位属性和被指示的人所代表的文化单位属性之间，存在着语义的不相容性，那个被指示的人以概念结构的具体形式被表征出来。

假设现在我说/这个人是秃头/，同时指向一个长头发的流行歌手；这是语言误用的典型案例。人们只需要把这个表达转译为/这是一个秃头的人/，它就能清楚地表明，我正把特定的语义属性归于一个概念，而这个概念不能作为秃头的人的更普遍模式的具体表现。

假设我现在说/法国国王是秃头/；这个表达本身是有意义的，它也可能为真。比如当我用它来指秃头查理时，它就为真。查理就是公元八七五年成为国王的那一位。如果我用这个句子来指路易十四，那么它为假。不过两个指称都预设了一个指示性手段；如果我说出它们，我必须以某种方式表明我指的是哪一个国王，这与我说/现任法国国王是秃头/时的情况相同。单词/现任/事实上是一个指示词，作为指示词那它就是一个替代词（见 2. 11. 5）。

/现任法国国王是秃头/意思是什么？它有如下深层语义结构：《有一个法国国王。法国国王是秃头》。但是，/there（引导词）/是一个模糊手段：它有/世界上有许多书（there are ...）/中的/there/的意思，有/他们在那里（there）/中的/there/的意思……第一个/there/具有不确切的副词功能，第二个具有《在这个确定的地方》的意思，它几乎有名词性实词的功能，就像在/他在那里（there）/中一样。

人们因此会说：/那里（there）有一个法国国王/，它的意思是：《在确切的历史时刻（或者在确切的空间环境中），讯息的发出者在说话》。这恰好是/现任/的意思，它的成分树形图可以用表 32 来表示（参见 2. 11. 5）。

表 32

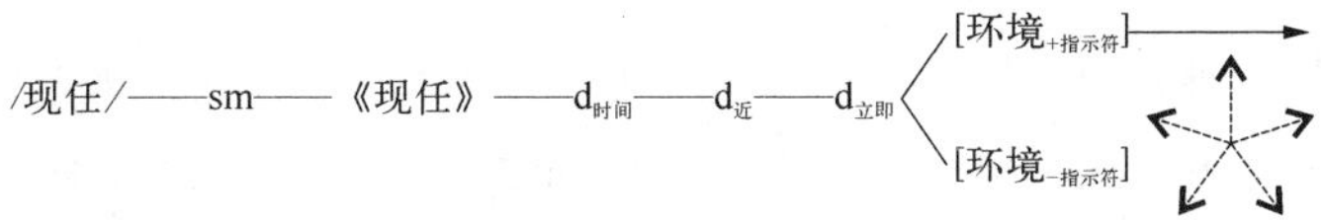

缺少指示符的地方，表示不明确的、多向的接近性。根据意义，接收者接收到必要的内容《把你的注意力指向当下的时间语境》。根据提示，接收者在如此的时间语境中找不到一个可能的被感知体能够对应的概念类型，这个概念类型具有由一个符码指派给《法国国王》的属性，因而此次交流“流产”；这个命题既不为真也不为假，由于它不适用于任何环境，因此是误用。当我说/这是法国国王，他是秃头/的同时，我的手指不指向任何事物，这跟上述分析是相同的。

因此，/现任法国国王是秃头/是有意义的句子，当被视为提示时，这个句子是一个符号产品的误用语例。但/法国国王是秃头/是有意义的句子，当用作不确切的提示（例如，说出这个句子而没有明确讲出或者预设任何非编码语境的选择）时，这个句子只是无用而已。证据就是：听见这句话时，人们会问：“哪一个？”这就要求一个指示性的环境标记[1]。

---

① 按照 2. 11 提出的修正模型所作的分析，也由于上面数页的论述代表了一种努力，即以符号学主导语义理论的观点来接近哲学语义的经典问题，如果用/the present king of France is a bachelor（现任法国国王是一个单身汉）/这个句子来测试这种方法的力量，就会更具挑战性了。我是否可以提议，从现在起，使用这句话作为一种象征性的保证，保证针对同一组问题的不同方法的可能的合并？

3.4 符号的类型学问题

3.4.1 语言符号和非语言符号

尽管在2.1中已经给出了每种符号类型的符号-功能体定义，符号生产的过程也已经从许多非语言符号的角度进行了讨论，但是如果认为不同类型的符号之间没有区别，那就有点轻率了。确实可以用/太阳升起/这一表达方式和另一种视觉表达方式来表达给定的内容，这种视觉表达方式由一条水平线、一个半圆和一系列从想象的半圆的中心辐射出来的斜线组成。不过要用同样的视觉手段声称/太阳照常升起/，似乎更加困难。而要以此方式声称/沃尔特·司各特是《威弗利》的作者/，则几乎完全不可能。我们可以用言语语言和体态语宣称我饿了（至少在意大利是可以的），但借由体态语宣称《〈纯粹理性批判〉证明了因果范畴是先验形式，而时空范畴是纯直觉的》则是不可能的（尽管哈勃·马克斯几乎要做到了）。这个问题可以通过如下说法来解决：每一种表意理论和交流理论都只有一个主要对象，即言语语言，其他所有语言对于切近这两种理论而言都存在瑕疵，并因此构成外围的和非纯粹的符号学手段的实例。

因此，言语语言可以被定义为首要的建模系统，其他的都只是其某些工具的“次要的”派生（和局部的）转译（Lotman，1967）。或者，它可以被定义为人们镜面反射式地翻译其思想的主要方式。说话和思考，是符号学研究的特权领域，因此语言学不仅是符号学最重要的分支，而且也是每一种符号学活动的模式。这样，符号学作为一个整体，不过是语言学的一个衍生（Barthes，1964）。

另一种在形而上学上较温和但具有同样实际意义的论断，是认为只有语言才具有满足可表达性要求的条件。因此，不仅人类的每一种经验，而且通过其他符号学手段表达的每一种内容，都可以翻译成语言，反之则不行。言语语言的可言说能力，无疑是由于它在发音和组合上的灵活性，这种灵活性是通过将高度复杂的离散单位组合在一起而获得的，它易于学习，并且也很容易受合理范围内的非-相关性变异的影响。

对此种方法的反对意见可能是这样的：一个言语单位所表达的每个内容都可以翻译成另一个言语单位；非言语单位所表达的大部分内容，也可以翻译成言语单位。但同样地，也有许多内容是用复杂的非言语单位来表达的，这些非言语单位不能被翻译成一个或多个言语单位（除非通过非常牵强的近似手段）。维特根斯坦在一次火车旅行中，经历了这种戏剧性的启示（正如《哲学学报》所述），当时，斯拉法（Sraffa）教授问他，那不勒斯人的某个手势，具有什么“意义”。

加罗尼（Garroni，1973）认为，一组语言手段 L 可以传递一组内容，而一组内容通常通过一组非语言手段 NL 来传递；这两个集合构成了一个内容子集，这些内容可以从 L 翻译到 NL，或者从 NL 翻译到 NL，但是这样的交集留下了大量“无法言说”却并非“不可表达”的内容。

表 33

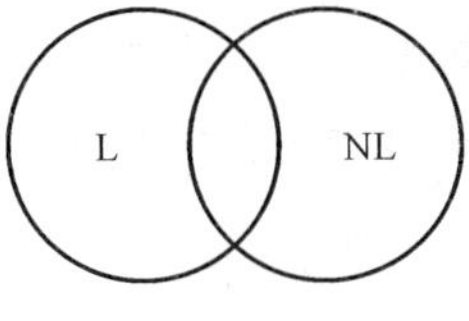

支持这种理论的证据很多。语言的力量被这样的事实证明过：普鲁斯特成功地创造了文字渲染的效果，即经由文字描绘了印象派绘画中所体现的几乎全部的感觉、情感和价值观念；不过他不可能被

迫去分析一幅想象中（由埃尔斯蒂尔创作）的画作，因为，一幅真正的画作，即使只对它进行大体上的考察就可以看到，画中有语言描述未曾涉及的某些内容。另一方面，很明显，没有一幅画作（即使是用成千上万个画面精心组织成某种技巧高超的连环画）能把《追忆似水年华》所传达的一切全部解释清楚[①]。

是否存在 NL 符号系统；它们所传达的东西，就目前的意义而言，是否可以或应该被称为“内容”；语义标记和它们的解释项，是否由此必须不仅是语言手段还得是有组织、有结构的感知、习惯、行为等等。所有这些，一起构成了目前符号学艺术学中最令人着迷的经验边界之一，对此尚需做进一步大量的研究。

为了进行这一研究，有必要证明：(i) 存在不同种类的符号或符号生产方式；(ii) 这些符号中有许多既具有内部结构，又与内容有联系，这与语言符号不同；(iii) 符号生产理论，必须也能够通过使用同一范畴的工具，来定义所有这些不同的符号。

这就是下面章节的目标。我不试图详尽地覆盖整个领域，而是试图定义不同类型的符号，分析它们在内部构成方面的差异，并将它们置入符号-功能体和符码理论的框架。从这样的探索中，将会得出如下结论：言语语言无疑是人类发明的最有力的符号手段；但是还有其他手段存在，它们分布在一般语义空间的某些部分，是言语语言无法囊括的。因此，即使后者更为强大，它也不可能完全满足可言说这一要求；为使其如此强大，它必须经常得到其他符号系统的帮助，来增强力量。人们很难想象这样一个世界：那里的人不用言语语言交流，而只用身姿手势、物体、不成形的声音、调子或者踢踏舞来交流；但同样困难的是，设想这样一个世界：那里的人只靠说话

① 无论如何，尽管接受普鲁斯特可以翻译埃尔斯蒂尔的作品，但很难相信蒙德里安可以翻译斯宾诺莎的《用几何学方法作论证的伦理学》。

来交流。当考虑到（3.3）提示陈述的劳动，即把符号和事物相关涉的劳动时（其中，词语与手势指示和被视为明示符号的物体交织在一起），人们很快就会意识到，在一个仅由文字统治的世界里，提示事物是不可能达成的。从这个意义上说，对各种同样合法的符号类型，进行更广泛的符号学研究，也有助于建立指称理论。指称理论经常被认为是用来处理言语语言的理论，后者只不过是思想的特权工具而已。

3.4.2 渠道和表达参数

在语言哲学、语言学、思辨语法、符号学等学科的发展过程中，对各种类型的符号提出了许多不同的分类。所有这些分类都是为它们的目的而设立的。在此，我将把与本讨论的目的最相关的那些问题作一个简短的概述。首先，符号可以根据它们的渠道或表达方式来区分。这种分类（Sebeok，1972）对于区分许多动物符号学手段是有用的，它根据不同的沟通技巧来检查人类的符号生产（表34）。

表 34

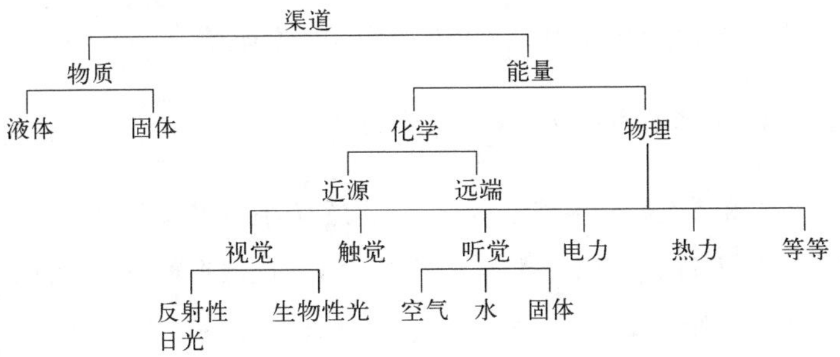

这种区别对我们眼前的讨论来说似乎并不特别有用，因为，要把贝多芬《第九交响曲》和但丁的《神曲》都归入声道符号，把路

标和马奈的《草地上的午餐》都放在日光反射的光学符号内，这种划分似乎非常不清晰。

然而，它确实允许人们从中分离出一组重要的符号学问题。有一种方式可以让贝多芬的音乐和但丁的诗都放在同一标题下，那就是音乐的音符和文字都可以藉由声音参数来界定。小号发出的C和小提琴发出的D的区别，是通过参考音高和音色参数来检测的，同样的情况也出现在对软腭浊塞音（例如［g］）和双唇鼻音（比如［m］）作区别之时：在这两种情况下，决定性的因素都是音质。区分疑问句和肯定句时，基本参数是音高、音强和节奏，就像区分两种不同旋律一样。

另一方面，要区分两种路标，或者马奈的两幅画作，人们需要同时使用空间和颜色两种参数。在第一种情况下，相关元素是常规的空间维度，具有像“上/下”、“右/左”、“放大/缩小”等特征。在第二种情况下，相关要素是波长、频率，或者更笼统地说，是指标。路标比马奈的画作简单太多，但这并不重要。因此，在检测两种触觉信号时，人们可以借助某种热度和某种压力梯度来检测通过固体物质传递的两种符号之间的差异，比如两种手势信号；还可以依赖于位置或体态语参数，比如手势的方向、压力等等。

3.4.3 离散性和渐变连续性

过去和现在的许多符号学研究，最令人不安的特征之一，就是在语言学模式的基础上解释各种符号，因此试图将某种在隐喻意义上与声音参数或者是双重分节模型相似的东西，运用于这些符号。事实上，我们对其他参数所知甚少，例如那些基于化学特征来区分嗅觉信号的参数。符号学要弄清这些问题还有很长的路要走；但是，即使我们不能把它们全部描画出来，也必须描画出它们的轮廓。例如，二元对立的概念已经成为一个令人尴尬的教条，仅仅因为唯一可用二元模式的是音位（因此也是语音的）。因此，二元性的概念与绝对离散性的概念联系在一起，因为在音系学中二元选择被应用于离散实体。这两个概念都与结构配置有关，为此，要谈到看起来是连续而非离散的现象，似乎是不可能的。

但是，“结构”不只意味着离散要素中二元对立的两极之间的对立，它也意味着一个n元组的渐变实体之间的对立，这是由一个给定连续体的习惯分类造成的，就像颜色系统的情况一样。一个辅音，要么是浊音，要么不是浊音，但一块红色不会跟它的缺失状态相对，相反，红色被置入一个相关单位的顺序阵列中，这些单位是从波长连续体中切分而来的。频率现象不容许像音质现象中的那种相关化。正如涉及符码理论（见2.8.3）时我们所说过的那样，当一个连续体是把相关单位按次序排列，并且阵列中这些单位具有明确界限时，就存在着结构。

进一步说，几乎所有的非语言符号，通常都不止依赖于一个参数；手指指示一定会使用三维空间参数、矢量参数或方向元素，如此等等。因此，建立一套完整的符号学参数的尝试，将涉及人类行为的全部物理条件，因为它们是由置入其自然环境和人工环境中的人体结构控制的。正如将在3.6中所示，只有通过识别这样一系列参数，才有可能将视觉现象作为编码符号来谈论，否则，符号学将不得不去区分哪些是属于符号的符号（因为它们的参数跟语言符号的参数相对应，或者能被隐喻性地视为跟它们类似）和哪些根本不是符号的符号。这听起来似乎自相矛盾，尽管许多著名的符号学理论都是基于这样一个悖论而建立起来的。

3.4.4 符号的来源和目的

符号也可以根据它们是来自发送者还是自然来源进行区分。就目前而言，存在着许多没有人类发送者的符号，它们作为自然事件发生，但被解释为符号装置，这种分类，对分析交流过程来说可能是有用的（表35），西比奥克（Sebeok，1972）也总结过这种分类。

表 35

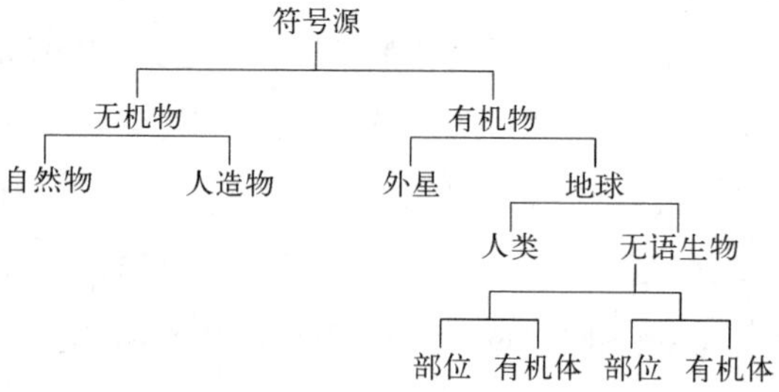

符号也可以根据其符号学特性加以区分。一些符号的诞生是为了明确指向某些事物，另外的则是为了担当某种特定功能。后者只能以两种方式之一被视为符号；它们要么是被选择作为一类对象的代表（见3.6.3），要么是被认为引发了或允许作为特定功能的形式，因为它们的外形暗示（因此“意味着”、“意指”）了某种可能的功能。在第二种情况下，只有当它们被解码为符号时，它们才被用作功能性对象。

祈使句/坐下！/与椅子的外观允许并引出“坐下”这一特定功能之间是有区别的。但同样明显的是，它们可以被视为同样的符号形式。

3.4.5 规约符、像似符、指示符：站不住脚的三分法

在这一点上看，检查皮尔士三分法中最通行的东西，似乎就是恰当的了。这种方法把符号分为三类：规约符、像似符和指示符。其中，规约符任意地和对象关联，像似符形似于对象，指示符跟对象

有物理性的联结。

这种区别已被广泛接受，我们在前面几页中曾用它来说明某些过程，以便每个人都能立即地，即使是模糊地掌握这些过程。不过以下各页的基本假设是："像似符"或"指示符"这样的概念，都是通用的实用工具，就像"符号"或"事物"等概念一样。它们无疑可以用于常规目的，但在目前情况下，无法为它们找到令人满意的定义。

原因很简单：这样的三分法假定了作为判别参数的指称物的存在，而这种情况是本书中提出的符码理论所不允许的。三分法显然能用于区分不同种类的提示（就像它在那个语境中的确如此），但更让人困扰的是，在符号生产模式的分类问题上，这个模式试图专注于信号形式的加工（即表达形式连续体）和信号（作为表达形式）与内容间的联系。因此，接下来的几页对指示符和像似符的幼稚概念进行了批判，在 3.6 中提出新的符号分类，目的则是超越这些类型。

3.4.6 可复制性

最后一个区别，涉及符号载体的可复制性。同一个词可以复制无数次，但每一个副本都没有经济价值，而一枚硬币，即使是复制品，也有它自身的物质价值。纸币的物质价值最低，但它能通过规约获得某种法定价值，因此，它不能无限度地复制，且复制过程在技术上是如此困难（困难的原因，跟阻止复制米开朗琪罗的雕塑《哀悼基督》相似；相当奇怪的是，这还获得了某种传统的、"合法的"授权，因此，无论多么完美，副本都会被当作假货拒绝），以至于对特殊技术提出了要求。最后，拉斐尔的画作通常被认为是无法复制的，除非在极其特殊的技术条件下，并且即使在这种情况下，副本也被认为并不精确，瞒不过训练有素的眼睛。[①] 因此，一个表达的具体形式与其模式之间，似乎有三种关系：(a) 符号的个别符可以按照类型符的形式无限复制；(b) 即使照其类型符复制，符号个别符也拥有物质唯一性；(c) 符号的个别符就是它们的类型符，或者符号的类型符和个别符相同。

这种区别，可以轻而易举地简化为皮尔士的三分法形式：型符（legisign）、单符（sinsign）和质符（qualisign）：(a) 类型符是纯粹的单符；（b）类型符是单符，也是质符；（c）类型符是单符，也是型符。

如果从副本的商业价值角度看这些区别，那么它们更多是财政部、税务稽查员、艺术品经销商和犯罪集团的事，而不是符号-功能体理论（其中，对象得到公认的价值，只有它能作为功能项的属性）的范畴。从符号学观点看，一张百元钞票是假币这个事实并不要紧：对接收者来说，每个看起来像百元钞票的东西，都将代表等价的黄金：这钞票是假币这个事实，只意味着这是一个谎言的例子。

一件完美的米开朗琪罗的《哀悼基督》副本，以极大的逼真度呈现原作材料纹理的每个细微差别，也会具有它的符号学属性。因此，赋予原始雕像“真实性”的价值，与商品理论有更大的关联，而如果在审美层面上对其过度重视，这将是社会科学家或重视社会异常现象的批评家们所关注的问题。对真实性的渴望，是艺术市场中隐身的游说者的意识形态的产物；当一件雕塑的副本绝对完美时，给予原作优先权，就好像认为诗歌的第一版比普通袖珍版更重要一

① 参见古德曼（Goodman，1968：99 ff）关于艺术赝品的讨论、关于“亲笔书写”艺术和“代写”艺术的有趣讨论。前者不受记录法的影响，不支持自由演绎，后者可以转译成传统的记录法，所得到的谱子可以通过一定程度的变化（比如音乐）来演绎。亲笔书写和代写的区别与密集信号和离散信号的区别有关（见 3.4.6）。

样。但是，当人们从符号生产角度看这个问题时，其他因素也必须考虑。表达的生产方式的区别，连带着必要的类型符和个别符比率的不同，就决定了不同类型符号的物质属性方面的根本差异。

从这一点上说，我们必须明确区分绝对复制品和局部复制品，前者被称为*复本*，而后者被称为*副本*。

3.4.7 复本

复本，我的意思是一个绝对复制的副本，是一个个别符，它拥有另一个别符的全部属性。假设一个既定尺寸的方形木块，它有自身的质料、颜色、重量、表面结构等等，如果我制作了另一个木块，具有跟它全部相同的属性（就是说，如果我根据相同的形式，塑造同样的一系列连续形体），那么我制造的就并不是第一个木块的符号，而仅仅是*另一个*木块，它最多可以代表第一个，就像每个对象都可以代表它所属的类一样，它因此被选为一个例子（见 3.6.3）。

显然，就像马尔特塞（Maltese，1970：115）所指出的那样，绝对复制是相当乌托邦的概念，因为，再现一个特定事物的全部属性，甚至包括它最微观的特点，是很困难的。不过有一个由常识确定的阈值，即当保留了最大数量的特征参数时，一个副本会被视为同类物体的另一个样本，而不是像似或它的再现。两辆相同颜色的菲亚特 124 型汽车，并不是互为对方的像似符，而是两个复本。

要得到一个复本，显然需要在一定程度上复制对象模型的全部特性，要保持它们的原有顺序和内部关系。但是，要做到这一点，有必要知道控制对象模型生产的*规则*。复制不是代表、模仿（在制造形象的意义上）、显示相同的外观，而是在生产*条件*和生产*程序*上要等同。

假设，有人要复制一个没有任何机械功能的东西，比如一个方木块，他必须知道（a）材料连续体的生产（或识别）方式；（b）形成方式，即控制其几何学属性关系的规则。现在假设，有人要复制一个有某种功能的物体，比如一把刀，他还必须知道它的功能特性。一把刀是另一把刀的复本，是在假设其他条件不改变的情况下才成立，包括刀刃磨得同样锋利，包括即使刀柄的表面纹理有细微的不同，肉眼、触觉或者灵敏的称重设备等都无法检测到这些细微差别等等，这些条件也都满足，那每个人都会说第二把刀是第一把刀的复本。

如果对象非常复杂，复制的原则也不会改变，所改变的是规则的数量和所涉及的技术难题，尝试造出雪佛兰的复本，就是这方面的一个例子，这跟 DIY 爱好者明显没有关系。

一个像人体这样在功能和构造上都很复杂的物体，是无法复制的，因为我们不了解其许多构造的和功能的规则，最重要的是，不了解那些制造有生命物质所需要的规则。不遵从全部生产规则，因而只产生模型对象的一定比例的构造属性和功能属性，任何一个这样的复制品都不是复本，而最多只是局部复制（见 3.4.8）。

在这个意义上，说出一个词并不是同一词汇类型的另一个词的绝对复制，正如我们稍后将要看到的那样，这更是一个局部复制。但是，如果我把同一个词打印两次（比如，/dog/……/dog/），我可以说一个是另一个的复本（墨迹或笔尖在纸上的压力这些细微区别，更多涉及的是，在形而上的意义上对身份或同等概念的怀疑）。

根据复本这个概念，一般人们会认为一幅画并不是真正可以复制的。理论上，在特定技术条件和使用相同材料的情况下，有人可以借用电子扫描仪和高清绘图仪制作一幅精美的《蒙娜丽莎》的复本图。但是，这样的精美复本，取决于对于工艺品的精确认识乃至于对其微观质地的知识，而这些条件，通常是无法达到的。

既然我们已经定义了可复制的对象，我们知道其生产规则，那么，一幅画通常被认为不能达到这样的条件。能达到这样条件的，是那些按传统做法重做而没有明显差别的工艺品，因此没有人会把副本看作原作的像似式复本。副本和模型具备同等程度的原始特性。同样的情况也发生在文明形态中，这里具有代表性的规则已经严格地标准化，所以，一名埃及画家完全有可能去拓印壁画。

如果拉斐尔的画作看起来不可复制，这是因为他绘画时发明了他自己的规则，提出了新的、不确切的符号-功能体，从而执行了一种编码行为（见 3.6.7）。要从绘画中分离出制作规则，难点在于这样的事实：口语中存在可识别的、离散性的信号单位，因此即使是一个复杂的文本，也可以通过它们而进行复制，而一幅画中，信号似乎是“连续的”或“密集的”，没有可辨识的单位。古德曼（Goodman，1968）指出，再现性符号和传统符号间的区别就在于这种对立（致密 vs. 分节），正是这种对立导致了复制绘画的困难。正如我们稍后（见 3.5）会见到的，这种对立不足以把所谓“像似性”或者“再现性”符号区分出来，但它可以暂时保持下来。

事实上，一幅画的确具有质符的元素；形成连续体之纹理的要素非常重要，以至于凝缩信号不能被还原为可识别的相关成分和无关的变体间的区别，哪怕是最低程度对变体的考虑也不能简化。正是这种品质使一幅画作成为一个审美文本，这将在 3.6.7 作更多的阐发。这无疑就是美术作品的复制几乎不可能的原因之一，也是绘制规则几乎不能被检测到的原因之一。

但另一种类型，则依赖于由一幅画表现出来的特定的类型符和个别符比率而实现。为了明确这一点，我们现在必须考虑局部复制的情况。

3.4.8 副本

就副本而言，类型符与个别符不同。类型符只规定那些基本属性，即那些判定为好的副本须具有的基本属性，而不管它们可能具有何种其他特征。因此，同一类型符的个别符可以具有自己的个体特征，只要它们遵从了类型符固有的关键性特征。正是这种类型符和个别符比率，决定了比如音位、词汇、固有表达等的生产。音系学确立了要识别一个个体音位必须具备的特定语音特性，而其他一切都是自由变体的事。地域性的或特殊的发音区别都不重要，只要它们不影响关键属性的识别。

根据不同的符号系统，类型符和个别符比率，遵循不同参数和不同的保真度规则。马尔特塞（Maltese，1970）列出了从绝对复制到单一属性复制的十种比率。绝对复制是按照给定对象在视觉-触觉方面的全部六种属性复制。单一属性复制，则是像在一个平面上进行象征性的、图示性的再现。马尔特塞的这份清单，在某些方面跟各种“像似性程度”（比如由莫尔斯提出的）一致。跟这些比率相联系的问题，将在 3.6.7 中考察；但目前我们集中讨论马尔特塞比率的前三种：在六种中的第一（6/6）、第二（5/6）和第三（4/6）种之间，人们能轻易地对各种类型符和个别符比率作出分类，这是在表达形式与其类型的关系范围内进行操作的。举例来说，指示“停止”的路标是它所属类型的 6/6 型复制；它是同类的许多其他符号的绝对复制。作为一个物体，它只是一个复本，但因为是一个符号，那它作为其中一个个别符对所属类型符的保真度必须绝对化，类型符规定了形式、尺寸、线条和颜色、材料表面的光滑度、重量等等，不允许自由改变。自由改变可能让人照样能认出符号，但会让敏锐的观察者（比如警察）怀疑这是假货。

音位不必对它的类型符如此忠诚：准确地说，它必须遵从它的类型符的规定，但其类型不会对其每一个细微表现都下达指令。在扑克牌中，规定了黑桃王形象的类型符，为自由改变提供了许多可能性（事实上，这种风格化将在 3.6.5 中被视为介于复制和发明之间的某种东西来讨论）①。

3.4.9 易率和难率

每一个副本都是根据类型符产生的个别符。因此，每一个副本都由类型符和个别符比率控制着。但是，为了理解符号生产中的许多其他程序，让我勾勒一下两种不同类别的类型符和个别符比率在这一点上的区别，我把它们称为易率和难率。当根据一个表达-类型符产生一个表达-个别符时，就有一个易率的事例出现，可由表达-系统适当地记录下来，由此，这个事例就可以被给定符码所预见。

当一个表达-个别符直接被赋予内容时，就出现难率的情况，这可能是因为对应的表达-类型符尚不存在，或者是因为表达-类型符与内容类型相同。换句话说，当表达-类型符与表达-个别符所表达的义位吻合时，就会出现难率。使用一个将在接下来的部分作批评的公式，人们可能说，如果是难率的情况，那么表达的属性是以内容的属性为理据的。

要分离出易率的事例并加以理解，并不困难，我们在 3.4.8 中已经进行过描述；符号是由一个相当简单的表达-单位和一个相当确切的内容-单位相对应而组成的。它表现为词语的例子和不同视觉实

① 给定一个复制的尺度，只要从它的顶端往下（保真度的 n/n）到较低的等级，经过一定的比例后，人们似乎就已经越过了一个门槛：它从副本的世界进入相似的世界（见 3.5.3）。事实上，这样一个刻度并不是一个相对应的范围，因为正是属性的概念本身在阈值之外会发生变化；如果是副本，这是真正的“相同”属性问题，如果是相似性，那这是被转换和某种程度上被投射属性的情况（见 3.6.7）。

体的例子（举例来说，路标和明显风格化的画刊、手工艺品和原始绘画中出现的情形）；为创制一个诸如此类的符号-载体，人们必须根据表达-系统提供的模型，制造一个用这样或那样的方式构成的对象。

这类易率并不制约复本，而是制约副本，因为对于一个独立的特定单位而言，表达-类型符确定了某些特征是紧要的，而某些特征则是可变且无关紧要的。①

根据易率，甚至许多文本都是可复制的。假设，在某个特定的原始文明中，存在着一种特定的仪式舞蹈或者礼拜典礼，它们传达了大量的社会内容；这种文明可能把某些基本活动进行了不足编码（尽管这个事件允许出现大量的自由变体），这种不足编码，允许人们把一个给定的行为作为一个给定的社会内容的可复制符号-载体独立出来。即使一种类型非常不精确，如果它已经被社会记录下来，这类型符和个别符比率是可能达成易率的。要把难率的例子独立出来，似乎会更难。事实上，它们取决于符号生产的两种不同情况。

第一种情况：表达是跟某种确定的内容相联系的一种精确单位，比如体态语指示时所出现的情形，但无论如何，表达的设计在某些方面依赖于相应的义位。这些符号很容易复制，并具有一种奇怪的特性，那就是容易被归入易率和难率两种类型（见 3. 4. 10）。

第二种情况：表达是一个将要传递非精确内容或者内容-星云的群集。这是许多文本主导文化的情况（见 2. 14. 6），这些文化没有精心设计一个高度分化的内容-系统。但这也是语法主导的文化中许多

---

① 让我们假设，在每一种易率的情况下，不仅有可能出现传统的副本，甚至有可能出现绝对复本；可以打印一个以前的单词的复本，打印黑桃王的复本，显然还可以生产一个路标的复本（最后一种情况的每个副本同时都是复本）。由易率支配的符号，可以用其他的记录来翻译。我可以用摩斯破折号和点来翻译音素，把适宜的音阶转换成书面的音符，等等。

不足编码的符号-功能体的情况。在这种情况下，表达必须根据难率作详细说明，它们往往无法复制，因为内容即使被表达了，还是不能完全被分析者分析和记录。在这种情况下，难率的例子涉及符码制作活动（见3.1.2）。在接下来的两段中，我将分析这两种不同情况下的基本事例，在这些情形中，必须有难率，表达才能生产出来。

3.4.10 部位可感性

关于体态语指示（见2.11.5），我们已经看到，不需要为了让手指获得意义而使某物靠近指点着的手指。手指指示具有《临近性》这个义素，即使是指向空气，这个语义标记也已被人们这样把握。要把这指示者理解为一个符号，真实事物的出现并非必须，即使当手指指示被用来提示某物时，某物的存在是必要的。但是，即使在无所指示时，手指指示仍然是一种物理现象，其性质跟语言中的指示词/that（那）/并不相同。现在必须分析的正是这种物理性质，因为它是符号生产的复杂行为的结果。

就指示性手指而言，表达的连续体（或物质）是由人体的一部分给出的。在这个连续体中，相关的特性是根据表达-形式系统挑选出来的。因此，在这个意义上，指示性手指属于易率，可以无限复制。

不过，当说到手指指示具有传达特定的语义标记（比如邻近、方向、距离）的四种语法标记（宽度、顶点、运动朝向和动态应力）时，人们注意到语义单位《方向》不是独立于句法特征/运动朝向/的，压力的强弱直接传达了遥远标记或邻近标记。这种情形不会出现在像/this（这）/这样的语言指示词中，语词指示的内容是任意地跟符号-载体发生联系的。

在体态语指示中，《邻近》这个义素不依赖于所指示事物的出现

（正如在 2. 11. 5 中所强调的那样），但是，手指运动必须朝向真实物体或者假设中的物体所存在的、或应该存在的空间中的那个点。的确，《在某地的一物》的概念不是一“物”，而是内容的一部分，但这种假定内容的特征之一，恰恰是一种空间场景。手指指示意味着一个空间场景，并且，那个空间场景在内涵上是可分析的，虽然它在外延上等于零；用内涵的术语说，它具有确定的语义属性，其中一个属性就是它具有空间坐标。现在，这些被传达的内容，即这些空间坐标在某种程度上决定了表达的空间属性，即信号的物理属性，因此，在明显是遵从易率规则的生产过程中引入了难率规则。这样，一个非语言指示成分就跟语言指示成分具有了相同的符号-功能体结构，而在分析为句法标记和语义标记方面具有了相同的能力，但是，这非语言指示成分的某些句法标记，似乎是以其内容为理据的。

因此，试图把每一种符号都归入同一符号学范畴内，就产生了一个新的范畴，它并非每一种符号所共有。人们可能会过于仓促地由此得出结论，认为即使指示性手指不依赖于它和指称物间的相近度，它仍然与它的可能指称“相似”，因而是“像似性的”。

接下来几页的目标之一，是证明人们不能如此轻易地把理据性和相似等同起来。但问题的确存在，第二章所概述的符码理论也不能排除它。

但还有其他原因使得手指指示不同于语言指示。

布伊森（Buyssens，1943）指出，一个方向箭头在本质上没有任何意义，但它可以表示《左转》的意思，比如，把它放在某个特殊的城市语境或者外部环境中就是如此。这种看法不正确。

假设我们在一家交通用品商店，找到了一个《转弯》标志和一个《停止》标志，这时它们跟任何特殊的城市语境都没有任何关系。

不过，我们能认出《停止》和《转弯》，也能把它们区别开来。这意味着存在着一个明确的规约，因此，那些图形符号-载体已经具有了意义，并且传达了一部分确定的内容。但是，《停止》标记对每个地方的每个人都有相同含义，而《向……转》的标志，只有在特定环境特征（与它是这个地点而不是那个地点有关）添加了额外的意义，比如《左》或《右》时，它才能获得其全部意义。

它可以表示，放置路标的位置只是一个等待解释的环境选择，或者，把路标放在那个位置这个事实，充其量是一种提示（《这是你要转弯的地方》）。

但这种情形还唤起别的东西，包括语言符号。这些被唤起的东西总是在其他符号的前后，总是在短语的语境中出现。因此，在/约翰打玛丽/这个表达中，是它们的相连位置，使玛丽成为受害人，约翰实施了非正当暴力；反之亦然，如果/约翰/是放在玛丽的位置，对玛丽来说事情则可能会好一点。词语在语境中的位置，即词组中的词语顺序，会改变表达的意义，对此，莫里斯（Morris，1946）建议开列一类符号的句法位置清单，这个清单被称为“格式器”。句法位置会因此而成为一种特殊的黏着符号。

既然如此，人们也可以挑出在某种程度上具有部位可感性（就像手指指示例子中的运动朝向那样，它通过把意义归因于空间或共时坐标而起作用）的特定的“格式器”；此外（像手指指示那样），表达平面上的这些坐标的性质，是由内容平面上坐标的性质激活的。换言之，/玛丽/放在/约翰/后面的话，是因为内容上先有《约翰》打然后才是《玛丽》被打。

所有这些考察过的例子，都有矢量化的共同特征，无论是表现一个方向（手指）的真实运动，还是由顺序特征（词组）表现的虚拟方向和运动。同样的情形也发生在置放于某个特定地点的路标箭头上：整个符号（《向左转》）具有部位可感性，因为它的表现特征之一就是指向接收者的左边而不是右边。[①]

有人可能会说矢量化特征使符号跟它的指称物“相似”。这种情况下，不再需要阐述难率这样一个范畴，就足以说，某些特定符号没有表达的类型符而是直接模仿它们所代表的对象。但是，为了避免这种天真的解释（将在3.5中受到批评），难率的范畴已经被建立起来，并将在3.6.5中提出矢量化的不同理论问题。

3.4.11 表达-集群和内容-星云

现在我们来思考一些例子，其中，内容赋予表达的理据性是如此之强，以至于它与其副本一起挑战了编码关联的概念（因此也挑战了传统的符号-功能体的概念）。我们将首先考察那些必须表达大量内容-单位的情况，这些内容-单位在聚合之前没有编过码，现在它们组成了一段话语。我们把话语定义为表达平面上的文本等值物。

人们可能会遇到两种话语，它们不存在预先建立的文本。

第一种是关于不曾听闻的事件的事实陈述。这些事件组成文化单位的新组合，内容-系统已经承认了这些新组合并做了归类。以口头描述或视觉表现的问题为例，一座金色的山峰或者一种新的化合物，因为这些实体是以前记录过的语义单位组合的结果，也因为符码已经提供了相应的表达单位，包括“范畴性的”和“黏着性的”表达-单位，所以表达格式将根据内容需要而建立，而不是根据形式建立！因此，这不是一个难率的事例：单词/金色的/和/山峰/的组合

① 因此，我们应该重新阐述莫里斯的立场，说这些格式器只是特征而不是符号，就像音素不是符号，而是一种组合特征，其存在或缺失会改变单词的性质。尽管这个假设使分析更加严谨，却并没有改变问题本身。有些表达特征似乎是以其内容的部位可感性标记为理据的（也就是说，是由句法成分所表达的内容中的给定部分直接表现出的特征）。

跟想象出来的地形结构无关（也不与之“相似”）。换言之，如果一位天文学家发现，每当摩羯座进入土星轨道时就有可能观察到小红象在月球上生活，那么，他的内容-系统无疑会被打乱（而且他不得不重组其世界观），但他的表达-系统根本不会被打乱，因为符码法则允许它“画出”世界的这种新状态（并为新的可定义内容-单位造出新词语，因为表达-系统的冗余，允许他清晰地说出新的词汇条目）。

但在面对新的*不可定义的*内容-单位（如果在这种情况下人们仍然可以谈论“单位”的话）时，或者更准确地说，面对的是*内容-星云*，而不能分析为可识别、可定义的内容-单位，在这种情形下，人们会遇到一些迥然不同的问题。人们可能说出一段新的话语，但它们不具有令人满意的解释项。假设人们必须表述如下情景：《所罗门会见了示巴女王，两人各领着一队女士和绅士，他们穿着文艺复兴时期风格的衣服，沐浴在纯洁宁静的晨光中，晨光给他们的身体蒙上一层神秘的塑像般的气息，等等》。每个人都会在这“口头的”话语中，辨认出一些跟皮耶罗·德拉·弗朗切斯卡的一幅著名画作模糊相似的东西：但这语言表达没有“诠释”这幅画作。最多可以说前者暗示了后者，只是因为后者已经被我们的文化解释过并记录下来。并且，即使在这种情况下，也只有一定的语言形式（所罗门、遇到、示巴女王等等）才指示可指认的内容-单位，而人们看到这幅画时可能接收到的许多其他内容则都没有媒介物可以传达（不用说，即使像/所罗门/这样的表达都是对皮耶罗所描绘的对应形象的一种相当不精确的诠释）。当画家开始绘画时，内容-星云结构既没有编过码，也没有分析成明确的单位。它必须被*创造*出来。

但是，这个表达也必须被发明出来，如 2.14.6 所述。只有在高度分化的内容-系统进化之后，一种文化才会处理其相应的表达-系统。所以我们就面对一种自相矛盾的局面：在这种情况下，表达必须根据这种还不存在的内容模型来建立。

对于想“说”什么，符号生产者有着相当清晰的观念，但他不知道如何去说；并且，在明确找到自己要说什么之前，他都不能知道如何行事。缺乏明确的内容-类型，这使得人们不可能找到表达-类型；同时，缺乏恰当的表达手段，又使得内容模糊难以言说。把新的但是可预见的内容映现进入表达，和把内容-星云映现进入表达，这二者之间的不同就是受规则支配的创造和改变规则的创造之间的不同。因此，画家必须创造一种符号-功能体，因为每一种符号-功能体都以符码为基础，他必须提出一种新的编码方式。

提出一种符码就是提出一种关联。通常，关联是通过规约固定下来的。但在这种情况下，规约并不存在，因此关联又必须建立在其他某种事物的基础上。要让它具有可接受性，生产者必须把关联建立在某种不言自明的理据性基础上，比如刺激。如果作为刺激的表达能够把注意力导向确定的内容条目，那关联就设定成功（很快独立出来，甚至能被认定为一种新的规约）。

这样，假定一种内容-类型在某方面是可辨识的，它的重要特征都必定通过确定的转换规则，“投射”进入一种特定的表达连续体。这并不意味着这个表达必须“模仿”对象的形式；我们将在 3.5 提出对这种探讨问题的天真的方法的批评。如果内容-类型是复杂的，那么，转换规则也会相应复杂，并且，转换规则植根于信号的微观结构，因此逃过了检测。符号（或文本）就以这种方式变得密集了。

内容-类型越新颖、越是未曾编码，或者越是属于不熟悉的指示行为的结果，符号生产者就越发需要引出接收者的感知反应，在某种程度上，相当于他在事实事件出现时可能出现的那种感知反应。正是这种极端的刺激模式，允许了“像似性”符号的概念形成，“像似性”符号的概念，是以物体本身在给定物质连续体上的“印记”为自然理据并类推的结果。

3.4.12 三种对举

在考察体态语指示时，我们已经发现符号能够存在其中，它们是可以立即复制和有理据性的符号。事实上，可复制性或理据性等，都不是能把一个符号和另一个符号区分开来的特征，它们是生产方式，扮演了把构成各种符号-功能体类的不同部分区分开来的角色。这也是具有“任意性 vs. 理据性”对立的事例。然而，很多个世纪以来，这种对立似乎明显是经验事件，这个问题主导着整个语言哲学史，从柏拉图的《克拉底鲁篇》开始，就把 Nomos（法律、规约、任意性）和 Pysis（自然、理据性、符号和事物间的像似关系）对立起来。

人们不该低估这些观点，但它们表现的问题必须用更严格的方式重新思考——如果近来“任意性 vs. 理据性”（已经和“规约性 vs. 自然性”联系）的对举终于跟第三种对举，即“数字化 vs. 类推”相耦合而如此的话。因为“类推”这个术语被理解为双重意义（见 3. 5. 4）：一是关于均衡性规则的东西，二是跟直接的“不可言说”的相似性相联系的东西，所以，在第一种意义上，类推和数字化对立，任意性符号大约可与数字上可分析的符号相等。第三个对举的情况同样如此，整个系统一般采取以下（显然合乎逻辑的）形式来表现：

数字化	vs.	类推
任意性	vs.	理据性
规约性	vs.	自然性

这里，竖向的纵列被设想为列举的是同义范畴。

即使是粗浅地一瞥，许多符号现象也告诉我们这些等式并不成立，因此，这些对举并不同义。照片也许是“理据性的”（纸上的踪迹是由对假定的参照物的处置而产生的），但它是可以数字化分析的，正如它通过电子光栅打印时所发生的那样；浓烟显示火灾的发生，这是由火引起的，但跟火并不相似；一幅圣母马利亚的画“类似”一个女人，但它被认为是圣母马利亚，那是因为规约性的法则；某种类型的发热自然是由TBC杆菌引起的，但它是一种公认为可靠的医学症状的规约。指向假定对象的手指的运动，可能是以对象的空间坐标为理据的，但手指指示被选定作为一种指示符则是高度任意的；事实上，库纳人使用的是一种完全不同的手势，即“指唇手势”（Sherzer，1972）。猫爪印是以特定的猫爪形状为理据的，但这是以猎人按照规约为表达形状指派了内容（抽象概念）《猫》为理据的。

在这一点上，人们必须面对所谓像似性符号的问题，目的是要弄清楚有多少符号学现象通常由这包罗万象的术语涵盖其中。所谓像似论，实际上覆盖了许多符号程序和许多按照符号-功能体次序生产符号的方式。我们会看到，尽管在单词/dog/和狗的图像间有某种区别，但这种差别并不是像似性符号和任意性符号（或“规约符号”）之间的微小区别。更确切地说，它是生产符号和文本的不同方式所形成的一种复杂的、连续分级的序列，每一种符号-功能体（符号单位或文本）都在这个序列之中，也都是这许多种生产方式的结果。

3.5 像似论批判

3.5.1 六种幼稚的观念

2.1中说过，符号-功能体是表达和内容之间的关联，这种关联，是基于规约性地建立起来的符码（相关规则系统），是符码提供了生成符号-功能体的规则。倘若存在这样的符号，它们以某种程度的理据，以相似、类似的方式，自然与其对象相连接，那么我们在2.1中给出的定义，就再也站不住脚了。

维持这个定义的唯一方法，是证明即使在这些类型的符号中，关联性的规约依然生效。问题的核心显然是“规约”这个概念。规约性的联接与任意武断性的联接并非一致，而是与文化性的联接一致。考察符号的生产方式，不仅要分析符号本身的生产方式，而且还要分析符号内容与符号的关联方式，这种关联性操作乃是符号生产的一部分。生产一种信号，使其与内容相关联，即是生产一种符号-功能体；单词或图像与它们各自内容关联的方式是不一样的。问题是要查明，前者是不是一种文化相关性（因此是一种规约性的关联），而后者则不是；或者相反，两者是否都卷入某种文化相关性，尽管这些相关性在操作上并不相同（易率 vs. 难率）。为了证明狗的图像也是通过文化相关方式才表示狗的，我们必须首先挑战一些幼稚的观念。这些观念是：

(i) 所谓的像似性符号与其对象具有相同属性；

(ii) 所谓的像似性符号与其对象相似；

(iii) 所谓的像似性符号与其对象类似；

(iv) 所谓的像似性符号是以其对象为理据的。

对这些假设性进行批判的，是一种对比鲜明的观点，它同样有走向教条主义的风险，即：

(v) 所谓的像似性符号是任意武断地编码的。

我们将会看到，这是有可能的，即断言像似性符号是被文化编码的，而不是说它们是完全任意的，这就在更加灵活的意义上回归到规约性分类。但一旦人们解决了这些问题，他们就会面临最后一种可能的假设：

（vi）所谓的像似性符号，无论是否是任意的，都可以被分析成相关的符码单位，并且可能受到多重分节的制约，就像语言符号一样。

我们将会看到，如果人们毫无保留地接受（v），他将被迫接受（vi），这可能带来大量的困难。但是如果人们以上述灵活和审慎的方式看待（v），那么（vi）就不再严格和直接地依赖于（v）。因此，我们可以假设，所谓的像似性符号是文化编码的，但不一定意味着它们与内容相关是任意武断的，它们的表达是可以被分解的。

3.5.2 像似论与共有“属性”

根据莫里斯（Morris，1946）的观点，一个符号是像似性的，“在某种程度上，本身具有其直指对象的特征”。乍一看，常识可能会误导我们同意这个定义。不过根据同样的常识进行更彻底的考察，就会迫使我们认识到，这个定义或多或少是同义反复，而且在任何情况下都是相当幼稚的。

这个定义的意思，难道不是说阿尼戈尼画的伊丽莎白女王的肖像，与伊丽莎白女王本人有相同的属性？莫里斯（Morris，1946：1.7）对此非常清楚，他说：“一个人的肖像应该在很大程度上具有像似性，但并非完全如此，因为画布上没有皮肤的纹理，也没有被描绘的那个人所具有的说话和运动的能力。电影更应该具有像似性，但同样并非完全如此。”

当这种方法推到极致，就会说服莫里斯，颠覆常识，并摧毁像似论的概念："既然这样，完全的像似性符号总是直指的，因为它本身就是一个直指对象"，也就是说，真正完整的伊丽莎白女王的像似性符号，不是阿尼戈尼画的肖像，而是女王本人（或者可能是科幻小说中的分身）。莫里斯本人在随后的几页中纠正了这一刻板概念，并说："人们可能记得，像似性符号就是一切在某些方面与其直指的东西相似的符号。为此，像似性只是一个程度的问题"（Morris，1946：7.2）。由于莫里斯在处理非视觉像似性符号时，甚至提到了拟声词，很明显，像似程度的问题似乎是颇富弹性的，因为/cock-a-doodle-doo/与公鸡啼叫之间的像似性关系非常弱，以至于法国的拟声符号是/cocquerico/，意大利的是/clzicchiricchi/。问题首先在于"在某些方面"这个表达的特定含义：如果一个符号在某些方面与其直指的事物相似，那么我们得到的是一个符合常识的定义，而非符号学的定义。

其次，围绕"与对象相似"的概念也存在一些困惑。人们真的能确定像似性符号与它们所代表的对象"相似"吗？人们真的能肯定像似性符号代表的是其全部对象吗？让我们先来考察一则广告。一只伸出的手，递给我一个满是新倒的啤酒泡沫的玻璃杯，而玻璃杯的外面，延伸出一层薄薄的水汽，立刻给人一种冰冷的感觉。看看这幅图包含了对象的哪些属性，可能特别有趣。纸上既没有啤酒也没有玻璃杯，更没有潮湿冰冷的薄雾。我感觉到的特定的视觉刺激、颜色、空间关系、光线的入射，被我协调成一个特定的感知结构。当我看着一杯真正的啤酒时，也会发生同样的事情。我将一些来自非结构化领域的刺激连接起来，并根据之前获得的经验，产生了感知体。

由此，我只能假设，像似性体验中某些感知机制的功能与人们卷入实际对象所涉及的感知功能类型相同。但是我在第一种情况下所关注到的刺激，与我在第二种情况下所关注到的不一样。至多，一个感知理论会告诉我，存在先前的期望、模型、符码，支配着这两种感知的协调。于是，这样的解决方案将会被提出：像似性符号并不具有与其对象相同的物理属性，而是依赖于“相同的”感知结构，或者依赖于相同的关系系统（可以说它们具有相同的感知功能，但不具有相同的感知物质的支持）。因此，当我看着实际的啤酒杯时，我在一个给定的表面上感觉到一层均匀的透明物质，当光线照射时，它会发出银色的反射，从而产生我称之为“玻璃上的冰雾”的感知体；另一方面，在这幅画中，我在给定的纸张表面，感知到一层由两种或两种以上不同色调的颜色组成的不透明的薄膜，通过它们之间的相互对比，创造出光线入射的印象。一方面是薄膜和光，另一方面是两种不同的颜色，它们之间保持着何种不变的结构关系呢？这两个感知过程的结果，会产生“相同”的感知效果吗？这样的假设不是更好吗？在已有习得的基础上，我认为是同一个感知效果的东西，实际上是两个不同的感知效果吗？假设现在我用连续的基本线条在纸上画出马的轮廓，我画出的马所拥有的唯一性质（一条连续的黑线），恰恰是一匹真正的马所不拥有的性质。我画上的马，通过线条把马与马之外的空间分开，从而使其轮廓分明，然而在实际情况中，马的身体则是存在于这个空间内或者是以这个空间为背景的。

诚然，如果我在天空的背景下看到一匹马的侧影，那么在某些情况下，马的身体与背景的边界之间的对比，可以表现为一条连续的线，在这条线的边界处，光线被马黑暗的身体所吸收。但是这个实际的过程更为复杂，边界也不那么清晰，因此，图像中用于表现这种感知体验的那条黑线，显然是对体验的一种选择性的简化。因此，图形规约允许人们在纸上转换图式概念元素或感知习惯元素，而这些元素成为符号产生的理据。

马尔特塞（Maltese，1970：VIII）认为，身体在可塑性物质上的印记所产生的连续线条，给予人们的不是视觉上的，而是触觉上的体验。从信息的角度来看，视觉刺激本身是非常贫乏的，它（通过通感的方式）暗示触觉体验。这种刺激根本不是符号，它只是表达手段的众多特性之一，这些特性有助于建立该表达与特定内容之间的对应关系（《人的手》，或者更好是《人的手压在那个点上》）。因此，手的轮廓或总的印记，并不是具有手的某些特性的像似性符号，而是刺激替代物，它们在特定的再现性规约的框架内，有助于意义的表达；它们是纯粹的材料配置，模拟感知条件或像似性符号的成分。

某种幼稚的理论，很快会把刺激替代物的生产和像似论等同起来，因此，说到像似论相关现象，我们只能如此以隐喻的方式进行定义。

让我们举个例子。日常经验告诉我们，糖精“类似”于或具有糖的某些属性。化学分析表明，这两种化合物之间不存在共同的客观性质，即使我们检测到它们的结构式和化学成分一样。糖（蔗糖）是双糖，基本分子式为 $C_{12}H_{22}O_{11}$，而糖精是邻磺酰胺苯甲酸的衍生物。我们也没有考虑视觉相似性关系，因为在这个例子中，糖和盐会更相似。所以，可以说，我们定义的相等性质，是这两种化合物共有的属性，所涉及的不是它们的形式，而是它们的效果。糖精模拟了与糖相似的感知条件（尽管在许多方面它产生了不同的味觉体验），都是“甜的”。“甜味”不是这两种化合物的特性，而是它们与我们的味蕾相互作用的结果。但这一结果在烹饪文化中是区别性地相关的，烹饪文化一方面以所有的甜跟所有的苦对立，另一方面又跟所有的盐对立——在这两种现象中分离出突出的特征，这些特征不仅是这两种单独的化合物所共有的，而且也是它们与受试者味觉之间的相互关系所共有的。不用说，对于一个精细的厨师来说，“甜味”本身并不存在，存在的是各种各样的甜味，因此糖精与糖形成了一种多样性（而非相似性）的关系。

由此，我们可以看到有多少问题已经取代了糖精和糖这两种化合物之间假定的相似性。让我们试着简单地列出它们：a）化合物的形式（化学）结构取决于分析中选择的相关视角；b）感知过程的结构（化合物和味蕾之间的相互作用），根据所选相关视角的不同，可以定义为相等或不相等（根据参数“甜 vs. 苦”它是“相等的”，但根据其他参数，例如“颗粒 vs. 软”它是“不相等的”）；c）烹饪–语义场的结构决定了在相等与不相等的认知中，相关要素的聚合选择。在这三种类型的现象中，假定的相似之处，即“自然性”，融入一个文化契约的网络中，正是这个文化契约的网络决定并引导着人们的真实体验。

3.5.3 像似论与像似性：相似度

还有一个更微妙的定义，是皮尔士提出来的。在他看来，当符号“可以主要通过其像似性来代表其对象”时（2.276），它就是像似符。

说符号与其对象相似，并不等于说它拥有对象的某些属性。无论如何，这一定义依赖于“相似”的概念，“相似”具有科学的地位，而且比“共有属性”的概念更确切。

大致说来，通俗的几何手册，将相似定义为两个共享属性的图形，它们除尺寸外，在所有方面都是相似的。诚然，体型的差异不是一个可以忽略的特征（蜥蜴和鳄鱼的体型差异在日常生活中可能非常重要），决定无视这种差异听起来并不十分“自然”，但相反，这似乎是有文化或规约的根据的。一个人做出承认两个事物具有相似性的决定，是因为他选择了一些相关的元素，而忽略了其他的一些元素。做出这种决定，需要一定的训练。如果我让一个小孩把金字塔的微型教学模型与胡夫金字塔做一个比较，然后问这两个金字塔是否相同或“相似”，小孩最明显的答案是“不”。只有经过一定的训练，我的幼稚的对话者，才能意识到我是在寻找一种“几何学”的像似性。唯一不容置疑的相似性印象当然是全等现象，即两个可以重合或重叠在一起的大小相等的图形。但它们必须是两个几何图形。死亡面具通过对物质、颜色和纹理的差异进行提取，从而与死者的真实面孔相一致；而一个未经训练的被试者，是否能认出前者是后者的完全一致的复制品，是值得怀疑的。

然而，相似可以更精确地定义为两个比例相等的等角、等边的图形所共有的性质。相似的标准，再次基于精确的规则，这些规则选择一些相关的参数，而忽略其他一些不相关的参数。由于这一规则是被提议并接受的，毫无疑问，有一种“理据性”将两个对等的方面联系在一起（它们并不仅仅通过一种规约而相互联系）。但是为了使理据性可被检测到，需要规约性的法则。视觉假象告诉我们，在很多情况下，判断两个数字是否相等是存在“理据性”方面的原因的——而这种理据性的根源在于心理因素——但只有当人们认识到几何规则，即应用参数和检查比例时，才能准确判断被断言为相似的东西。

几何学的相似，是基于把空间参数选择为相关因素的。但在图形理论中，我们可以发现其他形式的所谓的像似性，它们并不基于空间参数。因此，某些拓扑关系或程序关系的选择，若不通过另一种文化的决定，就不能转化为空间关系。根据图形理论，表 36 中的三种再现表达了相同的关系，即使它们不在空间上（因此也不在几何上）“相似”。

这三幅图传达了相同的信息（例如同一所大学六个院系之间的跨学科关联类型），但它们没有实现共同的几何属性。这恰恰因为一项规约并没有将六个部门的建筑空间布局隔离开来，而它们之间有可能进行科学类型的合作。假设 F 是物理系，A 是哲学系，D 是数学系，C 是神学系：人们很容易发现数学和物理有很多共同的话题，物理、数学和哲学也有很多共同的话题，而神学和哲学有共同的话题却很难与数学、物理有太多的关系。从“共同的科学服务”的角度看，这三幅图被称为“同构(isomorph）”。

表 36

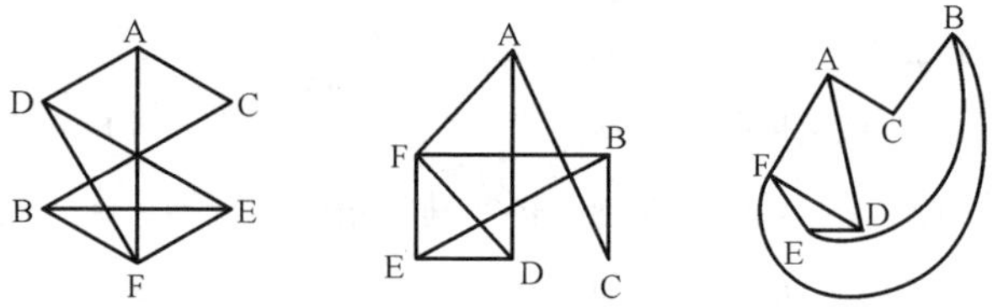

这种同构关系，可以称为像似性形式，但很难断言它是几何学上的相似。把这种关系称为“像似性”，仅仅是一种隐喻。不幸的是，这正是皮尔士在他那篇造诣精深的短论《实存图形》（4. 347 - 4. 573）中所使用的那类隐喻，他在其中研究了逻辑图表的性质。实存图形是由三段论引出的关系，就像

所有人都是热情的

所有的圣人都是人

因此所有的圣人都是热情的

用几何形式表示为：

表 37

而三段论

人无完人

但任何圣人都是人

因此没有圣人是完人

用几何形式表示为：

表 38

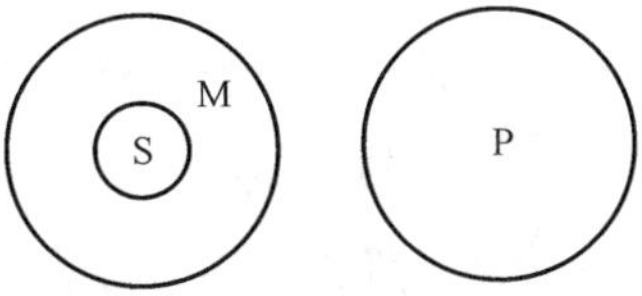

皮尔士对这类图表的建议是，它的美源于“它是不折不扣的像似，自然类似其所代表的事物，而不是一种规约的创造”（4.368）。倘若习惯于将像似论理念与相似空间属性之间的视觉关系联系起来，那么这个设想听起来相当异想天开。的确，这些图表显示了空间关系，但是这些空间属性并不代表其他空间关系！有无激情不是空间分布问题，在经典逻辑中，它是一个是否拥有特定属性的问题。然而，对于主体（主体-预示关系），内在属性是一个天真的实在主义概念。除了亚里士多德和中世纪形而上学，拥有激情并不是某个主体的偶然属性，即使如此，第一个图表给出的再现，也必须反转过来。倘若没有如此，那是因为这个图形并没有把谓项固有的经典概念转化成主语，而是把现代的类的附属物概念转化成了主语。无论如何，组成类的一部分，不是空间属性（除了某人属于特定空间中的所有聚会者那种类别），这是一种纯粹抽象的关系。在图形再现中，类的附属物如何变成给定空间的附属物？通过纯粹的规约（即使是基于某种精神机制，习惯于通过时间序列或空间邻近来思考或想象），确定某些抽象关系可以用空间情境来表达。自然，规约遵循“空间 a：空间 b = 实体 a_1：实体 b_2”类型的比例准则，正如几何相似中，明显不同大小的两边之间有比例标准。因此，有一项约定规定了确定和解释比例（特殊的非任意的理据性）的方式。把这种复杂的同构现象称为“像似论”，只是隐喻性的特许。

皮尔士采取了很多类似的特许来主张像似论，而且在某种程度上，他在这上面倾注了大量的精力。事实上，他试图界定一种表达与其内容类型之间的特殊关系，我们把这种特殊关系称为难率。但是皮尔士并没有放弃对于对象的指称，因此“像似论”对他来说仍然是一个伞状术语，它涵盖了许多不同的现象，如心像、图形、绘画。事实上，图表确实展现了特定表达与特定内容之间的某种比例关系，即内容不是对象，而是逻辑关系。它代表了一个表达项与作为其类型的内容图式之间相互关系的例子，而不必经过用对象验证的过程。这强化了我在 3.4.9 中表达的观点，在难率情况下，重要的不是图像与其对象之间的关系，而是图像与其内容之间的关系。在此情形里，内容是规约的结果，就像比例关系一样，其中存在理据性因素，但只有当被规约性地接受和编码时，才能发挥作用。

几何上的相似与拓扑学上的同构，都是通过表达有效空间中的一个点来进行转换的，这种转换被设计成内容模式虚拟空间中的一个相似的点。不同类型转换之间的区别，既在于对应的模式，也在于规约过程所关联的因素的类别，即只有这些因素必须保持不变，而其他的因素则是变化的。因此，某些程序旨在保持度量属性、其他拓扑属性等等。在术语的技术意义上，任何情况下都有转换。空间中每个一一对应的点（让我们甚至把抽象的关系内容模式当作虚拟空间，就像把附属物与不同类别的关系转化为空间术语一样）都是一种转换。转换并不意味着自然对应的概念，毋宁说它是规则和人为的结果。因此，即便是描绘马的轮廓的实线（见 3. 5. 2），也可以被认为是一种相似性关系的机制，这种机制，是通过把对应的点转换为马的抽象视觉内容模型，与绘制在特定表面上的图像之间的点建立起来的。马的抽象再现，是图像的理据，但它仍然是文化决定的后果，因此需要训练有素的眼睛，以便识别马的外形。相似是被生产出来，而且必须通过学习（Gibson，1966）才能习得。

3. 5. 4　像似论与类比

根据目前为止的说法，有可能把所谓的像似性符号称为类似性的吗?

如果类比是事物之间或形象与其所描绘的事物之间的一种天然而神秘的亲子关系，那么我们就不得不拒绝这样一种无法证实的范畴。但是，如果类比只在允许验证的意义上被理解，那么这个概念就可以被接受。除了在这个意义上，类比和像似仿佛是完全同义的术语。

让我们看看人们能否通过观察所谓的“类比”计算机功能，来解释什么是类比。这有如建立一定强度的电流 x 表示物理尺寸 y，并且这种外延关系是基于比例关系的。比例可以正确地定义为类比的一种类型，但并不是所有的类比定义都能归结为比例。[①] 无论如何，为了一个比例的存在，至少必须具备三个术语。如果我们不能把“作为大小的 y 等于……”作为一个补全条件，我们就不能说“x 的强度等于 y 的尺寸大小”。然后我们意识到，计算机之所以被称为类比计算机，并不是因为它在实体之间建立了一种恒定的关系，而是因为它在两个系列实体之间建立了一种恒定的比例关系，其中一个实体被假定为另一个实体的符号-载体。换句话说，这个比例取决于这样一个事实，如果尺寸 10 对应强度 1，那么尺寸 20 就对应强度 2，以此类推。这种关系只能被定义为类比关系，因为从一开始就任意地建立了特定电流强度与特定物理尺寸之间的关系，但是如果计算机已经确定了强度 3 对应于尺寸 9、强度 6 对应于尺寸 18 等等，那么它就可以进行同样精确的计算。可以看出，建立这种关系的并不是类比，而是使这种类比具有合法性的比例关系。但是，尺寸 y 对应于强度 x 凭什么被制定出来呢？如果人们回答是“任意的”或“出于经济原因”，那么这个问题就不存在了。但是让我们假设答案是这样的，之所以如此，是因为在强度 x 与尺寸 y 之间存在一个类比。这个类比将不成比例，而又缺乏其他术语，因此，对它最好的定义就是“相像（resemblance）”。但是，说两个实体彼此相像，就意味着它们有一种相互像似的关系。这就是为什么为了定义一种不是几何比例的类比形式，我们须得诉诸像似论概念。为此，我们面临符号学的荒谬，既用类比来解释像似论，又用像似论来解释类比。我们陷入了循环论证。

因此，即使是类比，就像相似性一样，也不排除文化规约。相

① 关于“类比”一词在整个哲学、神学和数学思想史上的多种意义，参见恩佐·梅兰德里的《线与圈》(1968)。无论这个概念过去和现在是多么迷人，我宁愿在这里只保留它最具体的操作层面的意义。即使如此，当谈到像似性符号时，类比经常被用作不可说、说不出、天生相似的同义词，也就是说，这是为了不把像似性手段简单地当成符号，以避免对它们进行任何符号学的探究。

反，它需要文化规约作为操作性的起点。另一方面，当“类比”被用作“不可言说”的同义词时，这个术语就以其最模糊、最不精确的形而上学意义被采用了。一旦这种不恰当的内涵的光环被消除，类比就被证明是一个操作上的程序：一个构成转换基本条件的程序。

3.5.5 反映、副本、移情刺激

既然转换似乎是迄今为止对像似论效果的最佳操作解释，那就让我们排除一些令人尴尬的现象，否则这些现象可能被认为属于“像似”范畴。我指的是（a）镜面反映；（b）取决于易率的复本和副本；（c）所谓的“表情符号(expressive signs)”。

镜面反映可以称为某种全等，全等是相等的一种类型，因而建立起基于反射性、对称性和传递性的一对一关系。在这个意义上说，镜面反映是相等，而不是像似。

但首先要明确的是，如果遵循本书给出的定义，镜面反映就不能被视为一种符号。它不仅不能被恰当地称为一种图像（因为它是虚拟形象，因此不是物质表达）[1]，哪怕赋予其形象存在，也必须承认它并不代表别的东西。相反，它是位于别的东西之前，它的存在不是代替某物，而是因为某物而存在，当某物消失时，镜子里的拟象（pseudo-image）也就消失了。[2] 即使承认暗箱里发生的事情与镜

---

① 参见吉布森（Gibson，1966：227）：“物理光学区分‘真实’和‘虚拟’图像。在光学中，我所称的屏幕图像（通过在一个表面上投射阴影，经由人工改变光照来构成阵列图像）被称为‘真实’图像，确实如此。我所说的光学阵列（对眼睛进行结构化分室或化合物刺激），当它来自镜子或透镜时，据说会产生‘虚拟’图像。镜子中表面的脸和望远镜视野中表面较近的物体，实际上是对象，而不是事实，但这些对象不是图片、雕刻或屏幕图像。”

② 有人可能会说，镜像在某些情况下被用作符号，比如当我在镜子里看到一个人从我后面过来，或者当我用两面镜子来检查颈项背后的头发剪得如何的时候。但是，这些只不过是我的视觉被人为地扩展的例子，与使用放大镜去看通常我看不见的东西并没有什么不同。

面反映现象（这是毋庸置疑的）“相似”，但发生变化的是这样一个事实：图像仍然在某处被追踪，而且任何关于其像似性属性的后续讨论，都是关于印迹的图像的，而不是关于投影过程本身的。

镜面反映的奇特性已由这样的事实所证明：如果人们试图将交流过程的图式用于镜面反映的分析，就会产生许多令人困惑的结论。信息源与接收者一致（至少在人们照镜子时是如此）；接收者与发送者重合；表达与内容吻合，因为反射影像的内容只是身体形象，而不是身体本身；事实上，镜像的指称物是纯粹的视觉物质。

镜子里的形象不是它的符号，也不能用来说谎（如果不是通过产生一个被反映的虚假对象，那么在这里，代表这个假定对象的就是虚假的身体，而不是它的反映）。

第二种现象，我们不应该把它当作像似论的例子来考虑，那就是复本的存在（见 3. 4. 7）。复本不是其对象模型的像似符，除非在极其特殊的情况下，即选择一个对象作为明示符号，以便视觉性地描述同一类中每个对象的特征（见 3. 6. 3）[①]。

第三个排除因素，是由易率控制的副本。当受到易率控制时，副本是这样的，它们复制了由其类型建立的某些相关特性。特别是在处理以空间参数为表达基础的符号时，似乎应该通过一定程度的相似性来再现这些特征。路标与其类型符相同，正如说出的音素与其主位模型相同，因为在这两种情况下都建立了像似关系。为什么我们不假设个别符的实际识别是由相似性原则控制的，因此是像似

① 拙劣仿制的复本的问题，是处于真实复本、试验性副本和原物的图像再现中间的开放性问题。什么是木制立方体的拙劣仿制品？什么是复印一幅画？照相复制的绘画，在任何方面都是完美的，除了用一张合适的纸代替帆布的纹理？其中一些现象可以列在印迹中（见 3. 6. 2），其他一些现象似乎逃脱了精确的定义。我认为，即使它们是作为复本产生的，当它们被选为复本时也可能成为符号。在这种情况下，它们的符号学性质取决于它们将被置入的语境，以及伴随它们的解释。

论的一个例子呢?

首先，音素的类型，或可复制的可视项类型，也规定了应该能辨识个别符的物质连续体。这种情况不会发生在所谓的（由难率原则控制的）像似性符号上，正因为如此，转换性规则是必要的。即使一个是在纸上画的，而另一个是用亚麻布剪的，两个相似的三角形仍然存在。

其次，支配个别符与其类型符对应关系的假定的“像似论”，并非符号学可以证明的定理：它只是符号学的一个假设。任何符号的概念及其可复制性（以及它的社会性）的概念，取决于这样一个假设，即这种识别是可能的。这种识别的规则深深根植于人类的感知机制，而且必须假设这种感知机制在任何符号学研究中都是既定的。因此，个别符不是它的类型符的再现性符号（即使在某些情况下，它可以被假定为它的类型符，从而成为一个明示符号。见 3.6.3)。

局部副本（与绝对副本一样）不把表达视为符号-功能体的一种功能。它将表达作为一个信号，而良好的局部副本的条件是信息工程（或语音学，或其他科学）研究的问题。

当可复制性条件涉及作为功能的表达时，即当信号的产生过程不仅影响其作为信号的可识别性，而且还影响所表达内容的可识别性时，问题就发生了变化。这些是难率的情况，其中副本的模型是内容类型。

最后，我建议不要把某些信号所谓的“表达性”属性当作“像似性”来考虑，人们认为这些属性在信号和给定的情绪之间“诱导”出了像似感。

不少艺术家（比如康定斯基）都围绕着这样一个事实广泛地建立起理论：某条线可以暗示（或“表达”）一种力量感，另一条线是软弱的感觉，再一条线是稳定的感觉，还有一条线是不平衡的感觉，等等。移情心理学已经研究过这类现象，这些现象毫无疑问发生在我们对许多所谓“符号”的感知中，这些“符号”是由人手摹写的，或是在自然环境中发现的。

我们可以把所有这些移情的例子看作神经系统生理学应该研究的刺激。在符号学框架中，断言或否认信号的这些“表达性”属性是毫无意义的，它们是基于人类心灵的“普遍”结构，或者它们可以随着许多生物的或文化的变化而变化。

然而，符号学可以在两种情况下思考这类现象：(i) 当通常由刺激引起的精确效果被文化记录下来，刺激对发送者来说就像一个规约性的符号，尽管对接收者来说不是，因为前者拥有某种刺激符码（见 3. 6. 6）；(ii) 当一个特定的效果明显与一种文化联系有关，而某种信号，比如说“优雅的感觉”，并不是由于被一种“自然的”、“普遍的”心灵结构暗示出来，而是由于信号与那种感觉之间有一种传统的、编码的联系；在第二种情况下，我们处理的是一个符号过程，但它不是一个像似的过程。

在这两种情形里，我们可以谈论程序化刺激。如果表达或多或少依赖符码单位，而且不能完全预见接收者的反应，那人们就必须把程序化刺激看作是复杂文本的创造。这个问题同样将在 3. 6. 7 中进行考察。

3. 5. 6　像似论与规约

消除了这些潜在的错误之后，我们现在必须对现实的像似性给出更清晰的定义。在这一部分，我将强调指出，说某一图像与某物相似，并没有排除这一事实，即像似性也是一个文化规约问题。在下文中，我将试图说明，像似性并不涉及图像与其对象之间的关系，而是涉及图像与先前文化熏陶的内容之间的关系。这两点是彼此严格相关的。关于第一点，有很多证据支持这一假设。

恩斯特·贡布里希在他的《艺术与幻觉》(1956) 中强调了模仿性符码的规约性。在书中，他阐述了当康斯特布尔创作一种新的技法，去描绘风景中光的存在时所发生的事情。康斯特布尔画作《威文霍公园》的灵感，源于现实的科学透视的诗学，它对树木、动物、水以及一片被太阳照射的土地的亮度进行了细致的描绘，在我们看来，这幅画显然更像“摄影”。然而，我们知道，当他的作品第一次出现时，并没有人觉得其对比色调的技巧是对光的“实际”效果的某种程度的模仿，而宁愿认为他采取了一种陌生的自由笔法。康斯特布尔因而发明了一种我们对光的感知的新的编码方法，并把它转录到画布上。①

自然，我们成功地将特定技术方法理解为自然经验的再现，因为我们已经形成了一个编码化的期望系统，这个系统允许我们进入艺术家的语义世界。也许一个“像似性”方法在提出的时候并不是规约的，但是随着接收者对它熟悉程度的提高，它也会逐渐变成规约。在某种程度上，像似性再现，不管如何风格化，似乎都比实际的体验更真实，因为人们已经开始以像似性规约之镜看待事物。贡布里希列举了许多令人震惊的例子，说明这种由压倒性的文化规约所导致的感知限制。

十三世纪的建筑师和艺术家维拉尔·德·奥内库尔，声称自己

① 为证明转录系统的规约性，贡布里希还引用了威文霍公园同一角落的两张照片。这两张照片清楚地表明，康斯特布尔画上的公园与照片上的公园之间的共同点是如此之少。但他并没有接着说明照片构成了判断画作的像似性的参数。照片中没有一平方英寸与镜像完全相同。黑白照片只能在很窄的灰色范围内重现色调的渐变。这些色调中没有一个符合我们所说的“现实”。其比例尺很大程度上取决于摄影师在暗房的选择。给出的两张照片（由贡布里希复制），其中一张在灰色的小范围内印刷，产生一种光线朦胧的效果，而另一张使用强烈的对比，产生了另一种效果。

复制了一头真正的狮子，然而，他是按照当时最显著的纹章学的规约来复制这头狮子的。他对狮子的感知，受到了当时流行的像似性符码的制约；或者其像似性转换的符码阻止了他以任何其他方式转录他的感知。也许他已经习惯了自己的符码，认为自己在用最合适的可能方式记录自己的感知。丢勒描绘了一头覆盖着鳞片和鳞状盾片的犀牛。犀牛的形象因此至少在两个世纪里保持不变，并在探险家和动物学家的书籍里重复出现，尽管这些后来的人们见过真正的犀牛，知道它们没有鳞状盾片。然而除非运用鳞状盾片，否则他们就无法描绘犀牛皮肤的粗糙程度，因为他们知道，只有这些规约性的图像符号，对于解释像似性符号的人来说，才能指称《犀牛》。

但同样真实的是，丢勒和他的模仿者们，试图通过这些手段来复制某些感知条件，而这些感知条件是摄影式的复制品所不能传达的。在贡布里希的书中，丢勒的画作与真实犀牛的照片相比，无疑显得荒谬可笑，犀牛的皮肤几乎是光滑而均匀的。但是，如果仔细观察犀牛的皮肤，我们会注意到，从某种角度（例如，在人类皮肤与犀牛皮肤比较的情况下），丢勒的夸张画法对粗糙赋予了过分的、风格化的关注，却比照片中的图像更有现实性，因为照片中的图像，按照规约只描绘大量的颜色，使不透明的表面统一，通过色调的不同来区分它们。因此，我们可以说，丢勒的《犀牛》更成功地描绘了我们对犀牛的文化观念，即使它不是真实的犀牛。也许它并没有描绘我们的视觉体验，但它确实描绘了我们的语义知识，或者至少描绘了接收者所共享的语义知识。

这表明，难率所控制的符号是有理据的，而且主要是以内容-形式为理据的。如果我们以某种程度的现象学的超然性来考察视觉再现中最常见的程序，那么上述假设就可能被更大程度地接受。

3.5.7 像似中的表达与内容

假设，在绘制了3.5.2中引证的马之后，有人想把它变成斑马。假设斑马的形象是非常图式化的，那么只需要在马背上画一些黑色的正弦条纹，转换就算完成了。甚至可能没有必要画正弦条纹，仅仅有条纹存在就足够了。这意味着我们根据“识别符码”来选择感知的基本方面。如果在动物园里我们看到一匹斑马在远处，我们马上就能认出（并记住）的是它的条纹，而不是它的模糊得像一头驴或骡子的轮廓。所以当我们画斑马的时候，我们力图让它的条纹能够被辨认出来，即使这只动物的轮廓和马的轮廓非常相似，没有条纹的话可能是可以互换的。但是让我们假设存在一个非洲部落，那里唯一已知的四足动物是斑马和鬣狗。在那里，马、驴和骡子是不为人知的，画斑马时，人们便不再需要用条纹来识别斑马（甚至可以在黑暗中识别，而不需要分辨皮肤），更重要的是要强调它的口部形状和腿的长度，以便与鬣狗区分开来（鬣狗也有条纹，因此条纹不再构成区别性因素）。假设它们存在，识别符码（像其他符码一样）为传递内容的相关特性做出了规定。像似性符号的可识别性取决于对这些特征的选择。但相关特征必须被表达，因此，必须存在一种像似性符码，它在某种图形装置和识别符码的相关特征之间建立等值关系。

在这里，我想介绍我和四岁儿子的一次经历。有一次，我发现他俯卧在一张桌子上，并在桌子上旋转着，胳膊和腿伸展开来，像指南针上的针一样旋转。他说：“我是一架直升机。”我儿子根据自己的识别符码，从直升机的复杂结构中提取出其区别于其他机器的基本特征——它的旋转叶片。他在三个旋转叶片中，只保留了两个相对的叶片的图像——通过它们的变换，我们可以得到不同的叶片组。他保留了两个叶片之间的基本几何关系，一条以叶片为中心旋转 360°的直线。在掌握了这种关系的基础之后，他又用自己的身体复制了这种关系。这时，我让他画一架直升机，我想，既然他已经掌握了直升机的基本结构，他就能在他的画中再现出来。出人意料的是，他画了一个笨拙的中心结构，在这个结构周围，他以任意顺序置入无数的平行六面体形式，这个物体就好像是一只豪猪，他解释说："这里有很多很多的翅膀。"当他使用自己的身体时，他把体验减少到一个极其简单的结构，但当他使用铅笔时，却把对象变成了一个相当复杂的结构。

很明显，他的身体在模仿叶片的运动，而在他的画中，他必须通过增加更多的翅膀来暗示这种运动。但是他可以把这个运动描绘成成年人所描绘的样子，通过许多在中心相交的直线，构成一颗星星。事实上，他还没有能力把他已经成功地用身体描绘出来的那种结构，用图形符码表达出来。他已经感知到了直升机，并建立了识别模型，但他无法确定符合规约的图形装置与识别符码的相关特征之间的等值性。在这一点上，要将像似性符号定义为具有指称对象的某些属性，就变得更加困难了。

像似符和对象共有的属性被看见还是被知道的？就在同一个时期，我儿子画出了一辆看得见所有四个轮子的汽车的轮廓。他识别并复制了他所知道的属性。后来，他学会了为他的图形程序编写符码，并画出有两个轮子的汽车（他解释说，另外两个轮子在后面）。现在他只复制他看到的属性。文艺复兴时期的艺术家再现了他们所看到的东西，立体主义画家再现了他们所了解的东西（但大体上讲，公众一般只习惯于识别能看到的东西，而不是能了解的东西）。因此，像似性符号可能具有：(a) 视觉的（可见的）、(b) 本体论的（假定的）和 (c) 对象规约性的属性。我所说的规约性的属性，指的是那些依赖于一种图像规约的属性，这种规约改变了先前对实际知觉体验的创造性呈现。一个典型的例子是将太阳的图像再现为一个圆圈，许多短线从这个圆圈放射出来。关于太阳最初的经验，是通过半闭着眼睛观察而获得的。在这种情况下，它看起来像一个发光的点，从那里射出不均匀的光线。如果我们接受某种图形规约，这些光线就可以通过如此众多的黑色直线来表示，而表现亮点则可以用一个白色的圆圈。因此，图像学规约（符号化了原初经验）似乎也适用于我们对太阳的复杂而科学的经验：人们认为太阳是一个白炽球体，从中射出“光线”。但是，光线的科学观念是抽象的，它甚至受到上面提到的精确的、经典的图像学和与之相关的欧几里得几何的影响。无论光被理解为量子还是波，它都与规约性的光线特征无关。然而，这个太阳的图式再现，似乎很好地模拟了太阳的科学观念。

事实上，关系的确存在，但不是图像与作为对象的太阳之间的关系，而是图像与作为科学实体的太阳的抽象模型之间的关系。因此，一个图式化再现复制了另一个图式化再现的某些属性。

由此，“像似性”符码，要么在图形符号-载体与已经编码的感知单位之间建立关联，要么在图形系统的相关单位与语义系统的相关单位之间建立关联，这依赖于先前对感知经验的编码。

3.5.8 拟像似现象

我们已经看到伞形术语“像似论”涵盖了许多不同的现象：其中一些与意义无关（镜面反映、复制副本、纯粹刺激），其他的则形成一种渐变连续体：从最小规约（全等，如死亡面具）到最大规约，如风格化或特征化（作为圆形太阳的纹章状再现）。

在 3.6.7 部分，我们将不得不回到这个可能的渐变连续体。但让我们首先思考一些其他的现象，它们通常被认为是像似性的，并且可能以不同的方式分类，因为它们卷入了不同的符号生产过程，并且只给人一种像似印象，而没有实现3.5.3中定义的相似类型。人们通常说像似性符号与其对象相似，是因为它们体现了对象自身的某些特性。他们知道这些符号不会模仿（或复制）对象的所有特征，但他们断言，如果存在某些突出的特征，这些特征就足以建立起像似性的印象。在这种情况下，最谨慎的态度是，建议像似性装置可以具有某些基本的像似性标记，有时相似度最低，是由于像似性符号即使在形状上不同于对象（上述基本标志除外），履行的却是相同的功能。

我想说明的是，无论是基本标记还是功能上公认的同一性，都不是像似论印象的结果，而是由构造性操作引起的。贡布里希（Gombrich，1951）在他关于木马（其最基本的形式，是儿童把简单的扫帚把当成一匹马）的文章中指出，假定的像似论关系，并不是建立在形式相似性的基础上，马是在相当模糊的意义上具有了相关的特征：这种线性维度也可以在棍子上找到。

事实上，棍子和真马唯一的共同点是可以跨骑。因此，儿童依照其生理和心理的理据性，描绘出马应该具有的突出和相关的功能之一。他发现了一件在功能上的马的代用品，并不是因为这个代用品与马“相似”，而是因为它具有可以与马类比的功能。

贡布里希这一棍子的例子颇具启示性。棍子可以成为马、权杖或剑的像似符。在所有这些对象中反复出现的元素（以及看起来被棍子所复制的元素），是线性（垂直或水平）特征。但不能说棍子的垂直品质是“模仿”了铁锹的垂直品质，就这两种物体的特性而言，垂直性是相同的。因此，我们面对的是一个经典的内在编码行为，或者更确切地说，表意是通过指称物的部分使用得以实现的。

最近关于体态语研究（Ekman & Friesen，1969）得出的证据表明，手势符号并不完全是任意的（如同表示是和否的规约符号），而是基于与被表现对象的某种像似性，才构成体态语的像似性符号的。

例如，一个孩子举着右手的手指，假装那是一支手枪，而他的拇指是手枪的击锤（这个动作伴随着一个拟声符号，代表射击）。但还有其他一些符号并不是直接的像似性符号，埃克曼和弗里森称其为*内在编码行为*的符号。让我们再次以手枪为例。孩子可能会通过移动弯曲的手指来实现同样的幻想，就像在扣动扳机一样，而其他手指则握紧拳头，就如同在抓枪柄。在这种情况下，枪没有被模仿，射击行为也没有被模仿。射击的行为是通过手势这个符号-载体的方式来直指的，不然它就是作为假定所指物的一部分物理性的在场（没有手枪，但有一只握着它的手，而表意的手势，恰恰是“手握手枪”）。

所以在这里，*指称物的一部分*被我们用作符号-载体，或者对象的一部分被我们转喻性地用于整体行为（进一步的分析，参见Verón，1970、1973；Farassino，1973；这些手势的另一种理论将在3. 6. 3中提出）。

这种符号在日常生活中很常见。如果理发师能展示一个带有红、白、蓝条纹的圆柱体来指称自己的存在，那么我们就有了皮尔士意义上的*规约符*：一个任意的符号；如果他展示的是一张画着剃刀的牌子，那么我们就有了一个*像似符*。但是，如果像一些理发师过去做的那样，他展示的是给顾客擦洗肥皂时用的碗（《堂吉诃德》中曼布里诺的头盔），那么由符号-载体直指的复杂对象的一部分，通过转喻，就变成了符号-载体本身。所指对象的一部分被*符号化*，并被任意地当作它所指称的复杂整体的象征。就这样，许多所谓的像似性符号，作为内在编码行为的实例，被重新分类。在绘制红旗时出现的红色，与真实红旗的红色并不“相似”：它是*同一种*红色。如果这一点是真的，我们可以再次接受莫里斯的定义：像似性符号拥有其指称物的某些属性；或者接受皮尔士的定义：它“指示对象……是凭借其自身的特点”。然而，要达成红旗的像似符，一抹红色是不够的。红色必须被包含在一个正方形，或一个长方形，或一个具有波浪形边缘的平行四边形内，等等。这个几何特征不属于对象旗帜，就像红色不属于对象旗帜一样：这幅画中的正方形，只是与制作旗帜的那块布“相似”。定义一个像似性符号特征的困难，不仅仅是因为这种关系的多样性（在旗帜的例子中，我们一方面有指称物自身的存在，另一方面有对指称物特征的“相似性复制”），还因为它由这样一个事实引起：某些看似属于同一范畴的关系，实际上属于不同的范畴。例如，有人指出，有关的“垂直性”属性，在棍子和马那里同样存在，那么，为什么旗帜的“正方形”性质与绘画里旗帜的“正方形”性质不一样呢？我们在这里面临着两个不同的抽象层次：线性（垂直或水平）是一种空间维度，它代表感知和选择空间的方式，而正方形已经是一个在空间中构建的图形。

提及“古老的”哲学问题，以澄清这一差别，并非不合时宜。在康德的第一批判（《纯粹理性批判》）中，空间就像时间一样，是纯粹直觉，是我们赋予经验数据的基本形式，以便能够感知它们并将它们置于范畴之内。垂直性和水平性等概念并不是智力上的抽象概念，而是我们用来构建感知的直观模式。康德认为，它们需要先验美学的研究，而几何图形则应该得到先验逻辑的支持，更确切地说，那是对纯粹智力原则的分析（建立在直觉公理的基础上），以此建立一种先验结构，使形式范畴能够应用于感觉数据。卡西尔（Cassirer，1906：20）注意到，“空间和时间比范畴更接近于经验材料”：这就解释了为什么像垂直性这样的空间决定因素，可以产生内在编码行为（也就是说，可以是一种能够被用于自身符号的具体经验)。然而，正方形的概念——是知性结构，因而它是从未在事实上存在的抽象概念——不能构成作为自身符号的所指对象，只能通过对自身的复制来产生。

正是语言使用的局限性，使我们把“垂直属性”和“正方形属性”理解为同一层次上的抽象概念。实际上，我们在这里关心的是不同的层次。空间维度不是一种知性建构，而是可能对象的构成条件，而且是作为它们可以在不同的环境中对等地复制的条件。另一方面，正方形的概念，已经是在这种条件的框架内建构的一个对象，它不能与其自身对等地复制，而只能作为一个与先前结构像似的抽象概念。

这并不妨碍棍子本身复制“垂直性”条件来代表马，不妨碍正方形复制“同构”的几何结构来代表旗帜的形状，也不妨碍正方形成为代表旗帜的符号。在基本的符号学层次上，两者都是符号。简单地说，第一个问题不构成像似性问题，第二个问题才构成像似性问题。像似论不是一种同质现象，而是涵盖了尚未完全分类和分析的不同现象的标签。

木棍的线性不是构形，而是所有其他可能构形的条件（因此是一种能够确定空间的直观技巧），这一点也被另一个事实所证明。构成“棍马”与“棍剑”替代品可靠性的，不只是垂直的对象的存在，而是（就马而言）身体骑在棍子上这一条件的存在，以及（就剑而言）手抓住假定的剑柄条件的存在。这种情形是如此之多，以至于我们甚至能在小孩没有任何东西在他两腿之间作半旋转时看出对马的模仿，在小孩移动握紧的拳头（没有任何东西握在手里）假装击剑时看出对剑的模仿。垂直性加上手势的存在（这不是对手势的“模仿”，而是假如真实物体在场时所做的真实手势）不是对单个物体的模仿，而是对整个行为模式的模仿。内在编码行为与邻接符号贯穿整个过程，像似论（在这个术语的经典意义上）没有出现，此外，以这种方式谈论它，构成了一个错视的奇怪例子。

这是唯一似乎具有像似性功能的对象，它反而为内在编码行为的实现提供了更为必要的空间条件。

如果在小孩骑在木马上做半旋转动作中，还有什么可以称为像似性的东西存在的话，这是因为：(a) 线性维度已被用作表达特征，以替代同样在非常有限的程度上表征马的线性维度；(b) 整个行为模式的一部分，作为内在编码行为，被用作表达装置，以传达棍子是马的概念。但在这一点上，我们最好把表达特征与内容特征分离开来，如果同样的特征，既表现为传达又表现为被传达，那么如何着手分析这个符号呢？由于人们几乎不能否认木马是一种符号，唯一的解决办法是更好地区分模仿素（imitans）与模仿体（imitatum），使代表某物的东西从代表另一物的东西中分离出来。

与相似性概念相联系的最后一个歧义，是由这样一个事实引起的：在非常基本的形式现象（如高-低、右-左或长-宽）的层次上，所有事物都与其他事物相似。这意味着存在着某些形式特征，它们是如此普遍，以至于几乎属于所有的现象，并且它们可以被认为是与所有现象相关的像似性特征。雅各布森（Jakobson，1970a）指出了一些不同的文化规约，例如 (a) 头部向下晃动表示是，从右向左摇动表示不；(b) 头部向下晃动表示是，向上晃动表示不是；(c) 头部横向摇动表示是，向上晃动表示不。人们不得不得出这样的结论：同意和反对的符号都是任意的。但雅各布森发现了其中一些动作的像似理据性：点头说“是”让人联想起服从的动作；横向摇动说“不”，表示想把脸从对话者身上移开；抬起头说“不”，表示想要把自己与对话者隔开，保持一定的距离。然而，这并不能解释为什么一个人说“不”时把头往后一仰，然后把脑袋侧向一边，说“是”。

由于没有一个像似性的解释，雅各布森求助于一个系统来解释，并指出（给定一个先前确立的像似性形式）它的反义词纯粹是由形式的对立而产生的。事实上，我们也可以同样用像似性来解释侧着头运动表示“是”：它可能表示想要不断地向对话者露出自己的脸，而不是想要把脸多次转开（如同用同样的姿势表达“不”时所发生的情况）。事实的真相是，左右或前后是如此普遍的特征，以至于它们能够成为每一种现象的像似性复制。所以，倘若将许多任意性的姿势追溯到潜在的像似性是合法的，那么将明显的像似性关系追溯到任意性的潜在编码，同样是合法的。

3.5.9 像似性符号的分节

在上面研究的案例中，人们误以为像似符实际上是像似论效果的基本条件。在3.5.6考察的例子里，我们发现规约性的因素处于“像似性”程序的核心。因此，人们可能倾向于相反的、同样教条的结论，即像似性符号完全是一个规约性问题（就像言语符号一样），它们应该容易受到多重分节和完全数字化的影响。于是，与通常的等式“像似性＝类比性＝理据性＝自然性”相反，人们可能会将规约（和文化）与任意，任意与数字（尽管这在3.5.1中被证明是不正确的）打成一片的情况颠倒过来。

但是，由于视觉符号在某种程度上分节的可能性在最近的研究中已得到显著体现，我想再次回到这个问题上。因为拒绝强制性识别，并且，假设在特定的限制之外时，所谓像似性符号不能分成更小的单位，这种假设就可能催生以语法主导和文本主导的程序差异（见2.14.6）为基础的对分节进行的新分类，这样，就尤其需要回头重新审视分节的可能性问题。

系统阐述这个问题最幼稚的方式是：有没有像似性的句子和音

素？这样的系统性阐述，无疑源于一种以语言为中心的教条主义，但它的天真性掩盖了一个严重的问题。

每个人都承认图像传达了特定的内容。如果你试图用语言表达内容，你会发现一些容易识别的语义单位，例如，一片有房子的草地、两匹马、一条狗、一棵树、一个女孩。图像中有与这些内容单位相对应的表达-单位吗？如果答案是肯定的，下一个问题是：这些单位编码了吗？如果没有，如何识别它们？假设存在这样的单位，它们可以被分解成更小的、无意义的单位（通过组合有限数量的单位，可以生成无限个主要单位）吗？

我们已经看到，为了识别感知的像似性等值物，只需挑选出某些相关的方面。四岁以下的儿童，认不出人体躯干是一个相关性特征，只用头和四肢来描绘人。但是，如果在大规模识别单位的层面上，便有可能分离出相关特征，而在"微观"层面上，问题就更加混乱了。离散单位存在于言语的各个层面：从词汇单位到音素，从音素到区别特征，一切似乎都可以分解。然而，在假设的像似性符码的层面上，我们面临更加混乱的全景。可视化通信的世界提醒我们，我们的交流既基于强编码（如语言），甚至是非常强的编码（如摩斯密码），也基于弱编码，它们几乎没有定义，并且在不断地变化，其中，自由变体优于相关性特征。

在英语中，有各种不同的语调和口音来发［gud］这个音。但是，仍然存在某些区别性特征，这些特征并不是多余的，通过它们界定了这样一个范围，其中，某一特定的"非位"语音被发出来，或者被识别为/good/，或者被识别为/god/。

［u］和［o］之间的边界是强编码的。但在图像表现领域，我可以使用无数种方法来描绘一匹马。我可以用光影的游戏来唤起它，我可以用下苦工的绘画来象征它，也可以用极端的现实主义来限定

它（同时我可以表现一匹马站立、奔跑、半侧面、惊厥、低头吃喝，等等）。诚然，我还可以用许多不同的语言和方言说出/马/。但是只要我使用语言和方言，不管有多少种，都可以编码和罗列出来，然而成千上万种不同的画马方式是无法预测的。另一方面，语言表达只有懂相关语言的人才能理解，然而，成百上千不同的画马的方法，即使是那些不熟悉视觉规约的人也能理解（除非是在高度图示化的情况下）。因此，我们发现自己面临的事实是，存在着大规模的（文本）块，其分节的要素难以辨别。

人们可以利用一系列的替换来找出——例如，给定一匹马的轮廓——为了强化其可识别性，需要改变哪些特征。但是，这个操作只允许对其进程的一个无穷小的侧面进行编码。换句话说，虽然人们得到了理解文本的印象，但他们不知道如何对它进行解码。在像似性文本中，卷入了如此复杂的语境关系，似乎很难将相关单位从自由变体中分离出来。

我们可以在图像连续体中分离出相关的离散单位，但一旦检测到它们，它们似乎又会消失。在规约中，有时它们是可识别的大型装置，有时只是一小段线、点、黑色区域（就像在人面画中，一个点代表眼睛，一个半圆形代表嘴唇。然而，我们知道，在不同的语境中，相同类型的点和相同的半圆代表的是香蕉和葡萄籽）。因此，像似符号素（iconic figurae）并不对应于语言的音素，因为它们没有位置值和对立值。

这些拟特征有时可以假定语境的含义（点 = 眼睛，当放成杏仁形状），但它们并没有被组织为严格的差异系统，因此一个点的值是由直线或圆的存在与否决定的。它们的位置值根据语境形成的规约而有所不同。因此我们发现了大量的个人言语，其中一些得到了许多人的认可，另一些得到了少数人的认可。自由变体远远超过相关性特征，或者说，根据语境，自由变体成为相关性特征，反之亦然。因此，像似性符码——如果它们存在的话——似乎会延续《月亮广场》，因此看起来与3.7.6中定义的个人言语非常相似。①

这也帮助我们理解为什么一个说话时看似没有与生俱来的特殊能力的人，如果能画画，他似乎就已经和其他人“不一样”了，因为我们认识到他有能力将不属于整个群体的符码元素清晰地表达出来。我们认识到在他身上有一种与正常系统相联系的自主性，除了诗人以外，我们在任何说话者身上都没有发现这种自主性（Metz，1964：84）。

因此，在这个节骨眼上，任何被视为像似性符号的东西都必须被视为：(a) 是一个视觉文本，它 (b) 无法被进一步分解成符号或符号素。

一个像似性符号确实是一个文本，因为它字面的对等物（除非在极少数情况下有相当大的图式化）不是一个单词，而是一个短语，甚至是一个完整的故事。马的图像再现并不对应于单词/马/，而是对应于一个描述（一匹黑马，站着，或跳跃等等），对应于一个提示（这匹马正在飞奔）或其他一些不同的言语行为（看，多么漂亮的马!）。如果在科学文本中置入一个像似性符号，这个像似性符号可以对应于一个类型的陈述/所有的马都有四条腿和这样的视觉属性……/。

构成一个像似性文本的单位被建立起来——如果有的话——是

① 如果每个复杂的像似性再现本身都是符码，那么像似性符码就不止一个，而是有很多，可能是成千上万个。假设已知的语言并不是语言体系中唯一的语言，还有其他上百万种可能存在的语言，这并没有免除我们研究这些语言是如何构成的这一符号学任务。在像似性体系中也是如此。存在与讯息一样多的“语言”的假设是一个极端的假设。它可以被翻译如下：1）一个作家的个人风格和他的像似性语言一样多；2）一个学派或一个时期的典型风格和方式有多少种，就有多少种像似性语言；3）如果各种像似性艺术作品都含糊地对待现存的编码，就像对待口头艺术作品一样（这是乔伊斯的语言?），那么，为非审美用途保留的像似风格，遵循的是更可预测的规则体系。因此，在大众传播、摄影、连环画和电影中都有可识别的像似性编码。

根据语境而来的。如果脱离语境，这些所谓的“符号”根本不是符号，因为它们既没有编码，也没有跟事物的任何相像之处。因此，就建立符号的编码值而言，像似性文本是一种编码行为。

3.5.10 摆脱“像似性符号”

因此，像似性符号部分地受到规约的支配，但同时又受到理据性的制约。其中的一部分涉及既定的风格规则，而另一部分则似乎提出了新的规则。在某些文本中，只允许大规模编码，即谨慎的不足编码。在其他情况下，虽然受操作规约的支配，相似的构成与感知基本机制的联系似乎比与明确的文化习惯的联系更牢固。一些通常被称为像似性的现象却并非如此。在我们研究的最远边界，我们遇到的文本，似乎是创新的规则所“承诺”的未来符号学的可能性，而不是符号。

在这一点上，似乎只有一个结论是可能的：像似论不是一种孤立的现象，也不是一种独特的符号学现象，它是用一个通用标签捆绑在一起的现象集合（就像在黑暗时代，“瘟疫”这个词可能涵盖了许多不同的疾病）。正如我们所看到的，这些隐藏的现象中的一部分，在任何意义上都不能被看作是符号学的，事实上，其他现象根本就不是像似性的。但是，即使有了这个结论，一个方法论原则也引起了人们的强烈关注：正是符号的概念本身站不住脚，致使“像似性符号”的派生概念也如此令人费解。

当表意的基本单位与固定关系混淆起来时，符号的概念是站不住脚的。也有相反的情况，“符号”是由不精确的表达织体与传达大量不可分解的内容之间的关联产生的。还有一些表达手段，可以根据不同的语境表达不同的内容，从而证明了 2.1 中已经假设的内容。也就是说，符号-功能体通常是基于过程与环境之间的契约的暂时结果。但不只像似性符号是环境性的。像似性符号之所以不能被归为一个独特的类别，是因为正如我们所看到的那样，一些规定所谓的像似性符号的程序，限制了其他类型的符号，而支配其他类型的符号的诸多程序，又进入了所谓的像似性符号的定义。

到目前为止，我们成功地分离出来的是产生符号-功能体的模式，而不是符号的类型。在设计符号类型学的过程中存在着根本性的谬误。但是，如果我们从另一个角度对符号的生产方式进行分类，那么就可以把语法上独立的符号-功能体和更全局的文本单位包括进来，后者承担着大规模（不足编码的）符号功能的角色，如本节所考察的所谓"像似性符号"：宏单位无疑具有重要的功能，但它不可能将符号作为语法单位独立出来。①

一个问题自然地产生了：当处理这些宏单位时，我们能说到符码吗？存在非编码的宏表意单位（这会让我们回到类比和任意性之间的区别）吗？所有这些问题都将在下一节讨论，我将处理（不是表意形态的类型学，而是）作为符号形态的类型学。

3.6 生产方式类型学

3.6.1 一个四维的分类

表 39 所列生产方式的分类考虑到四个参数：

(i) 生产表达需要的外在体力劳动（从简单地把一个预先存在的

① 在某种程度上，皮尔士建立了他的符号类型学计划的一部分（在计划的 66 条中只有 10 种类型），每个符号都作为不同类别的符号束出现。没有一个像似性符号是这样的，但至多有一个像似性的单符同时是一个呈符和一个质符，或一个像似性的呈符性型符。尽管如此，分类仍然是可能的，根据皮尔士的观点，不同的三分法从不同的角度描述了符号，符号不仅是精确的语法单位，而且是短语、全文本、书籍。因此，皮尔士的努力的部分成功（以及他几乎完全的失败）告诉我们，如果一个人想要抽象出一个符号类型，他必须首先放弃一个符号与"语法"单位的直接识别，从而将符号的定义扩展到各种符号-功能体。

对象或事件识别为符号，到创造以前不存在的和未编码的表达）。

（ii）类型符/个别符比，易率或是难率（见 3.4.9）。

（iii）形成连续体的类型。连续体可以是同质的也可以是异质的。当表达形成于相同的物质材料或被相同的物质材料所塑造，就象符号-功能体的可能的指称物可以被塑造的那样，一个连续体就是同质的（在某些情况下，符号是用来提示事物的）。其他所有情况都意味着一个任意选择的异质连续体（除非在少数情况下，表达的构造是由指称物的直接行为强加的，例如，印迹是由打印机在特定的材料上印出的）。

（iv）分节的方式和复杂性。范围从精确的被适当编码和附加编码的组合单位系统，到那些尚未被进一步分析的可能构成单位的文本系统。

表 39　符号生产方式的类型学

<table>
<tr><td>生产表达需要的外在劳动</td><td colspan="3">识　别</td><td colspan="3">明　示</td><td colspan="5">副　本</td><td>创　造</td></tr>
<tr><td>类型符和个别符比率
难率
易率</td><td>印迹</td><td>症状</td><td>线索</td><td>实例</td><td>样本</td><td>虚构样本</td><td>矢量</td><td>风格化</td><td>组合单位</td><td>拟组合单位</td><td>程序化刺激</td><td>全等投影图形　转换</td></tr>
<tr><td>有待成形的连续体</td><td colspan="3">异质物质（理据性）</td><td colspan="3">同质物质</td><td colspan="6">异质物质（任意性）</td></tr>
<tr><td>分节方式与比率</td><td colspan="9">预先建立的（编码和附加编码）语法单元（根据不同的相关性模式）</td><td colspan="3">被提出的不足编码文本</td></tr>
</table>

该表记载了表达的物理生产方式，而不是它们在符号学上与其内容的关联方式，这种关联方式由两个必须在表达产生之前或之后做出的决定所蕴含。

例如症状的识别，毫无疑问，由于先前的经验，存在着既定的理据性，这种理据性表明，在特定行为主体和特定结果之间存在恒定的物理关系。因此，按照规约，这些作为结果的对象，必须在任何情况下都与该行为主体的概念相关联，即使人们不能确定现有行为主体是否真的产生了结果。就言辞（它可以被归在“系统组合单位”中）而言，这种相关性是在实体单位产生之后出现的，并且在任何情况下都独立于它的形式（这个假设是有效的，即使由于无法证实的历史偶然，言辞的起源都有某种模仿理据性）。

出于上述理由，症状和言辞这样的非同质对象被放在同一行里。这里列出的每个对象，都可以根据其现有的表达类型（易率）生成，而与选择这些对象作为特定内容的表达的原因无关。所有这些都可以由一台只“知道”表达的适当的指令机器生成，而另一台机器则可以为每个表达分配特定的内容，前提是指令应与其功能关联起来（换句话说，两种表达可以有不同的理据，但可以以同样的规约方式发挥作用）。

另一方面，所有受难率支配的对象，都是以其内容的语义格式为理据（见3.4.9）的，以至于它们是否与以往的经验相关联（与脚印的情况一样，其中内容的语义分析已经完成），或者内容是否是“创造”表达的经验的结果（与绘画的情况一样），都无关紧要。因此，根据难率，它们被选为理据的方式（见下文对印迹和投影的进一步分析）并不影响其生产方式；它们是与其义位的某些方面相关联，从而成为表达，其表达的特征同时也是内容的特征，并因此投射出语义标记。①

---

① 所有这些都再次要求语义组件的概念从以动词为中心的谬论中解放出来。特定表达的语义再现，还包含无法语词化的标记，如方向、空间配置、顺序关系等。因此，单词/狗/的内容在其标记中必须包含《狗》的概念（及其内涵描述），以及所有可能的语言中的相应单词。如2.11.3中所述，这种语义百科全书，与其说是个人知识问题，不如说是一种调节性的假设，它是特定义位虚拟的社会语义再现，因此它必须是假定的，以便允许一种符码理论能够解释每一个具体的交流行为。

从这个意义上说，被下令生产这些对象的机器，也应该被认为收到了语义指令。有人可能会说，既然它被指令生成表达，它就得到了图式性语义再现。①

与参数“类型符和个别符比率”对应栏中所列的项目，可能看起来像“符号”，因为它们在某种程度上可以唤起预先存在的符号类型，但事实并非如此。它们只是一些应该重新转换的速记公式，以便“生产印迹”、“施加矢量运动”或“复制组合单位”，等等。

“印迹”或“实例”至多必须被理解为物理对象，因为它们的某些特点（不仅是它们被生产的方式，还有它们被挑选的方式）是向意义的相关性开放，即准备赋予其功能体的尊荣。换句话说，它们是潜在的表达特征或特征束。根据其被置入的系统，它们也许能也许不能自己传达某部分内容。所以，虽然它们也可以充当符号，却未必如此实行。必须说清楚的是，整个表39论及物理过程和实体，这些过程和实体被定制到符号-功能体，即使没有符码将它们与内容关联起来，这些过程和实体也可能存在。另一方面，它们是为表意而生产的，而生产它们的方式又使其能够以特定方式表意。

一个现成的表达，如/樱桃白兰地/是两个过程产生的结果，取决于双重类型符/个别符比，它由两个组合单位构成，这两个单位是由矢量序列排序的。同样地，一根指示性手指，既是矢量，也是组合单位；一个道路箭头，既是风格化的，也是矢量。因此，像“矢量”或“投影”这样的项目不是符号类型，也不能等同于“指示符”或“像似符”这样的类型类别。比如“投射”和“印迹”都可能是像似符，但前者意味着任意选择的表达连续体，而后者则是一种被建构起来的理据，两者（同样由难率决定）都以内容-类型为理据

① 然而，人们不应该相信这就是模拟机和数字机之间的区别，因为即使是模拟机也可以根据不同的易率来生成个别符（参见电视扫描和广播）。

(尽管印迹是被“识别”的，而投影是被“创造”的)。

印迹和矢量看起来像指示符，但实际上取决于两种不同的类型符/个别符比。而且某些类别（例如“虚构样本”）可分为两类：它们是双重劳动的结果，因为有些东西必须被复制才能被显示（明示）。

所有这些问题，都将在以下各节中进一步讨论。我只是在此预先列举一些例子，以强调一个事实，人们不可能期望通过看看表 39 就能找到符号类型。这个表只列出了通过彼此相反的、复杂的相互关系，可以产生不同符号-功能体的生产活动类型，不管它们是已经编码的单位还是正在编码的文本。

3.6.2 识别

当一个给定的对象或事件由自然或人类行为（有意或无意地）产生，并作为众多事实之一而存在于事实世界中，而接收者通过预先存在的编码联系或者通过一种可能的相关性假设，将其看作是某种给定内容的表达时，识别就发生了。

为了被认为是符号-功能体的一项功用，这个对象或事件必须被认为似乎已由明示、复制或创造所生产，并由一种特定的类型符和个别符比率关联起来。因此，识别行为可以将对象或事件重构为印迹、症状或线索。解释这些对象或事件，意味着将它们与作为其内容的可能的物理因果关系联系起来，因为按照规约，物理原因充当了符号的无意识生产者。我们将看到，通过试推方式得出的推断原因，是纯粹的内容。这个对象可能是假的，也可能被错误地解释为印迹、症状或线索，但实际上它是其他物理因素的偶然产物：在这种情况下，“被识别”的对象所表达的依然是一个内容，尽管所指对象并不存在。

在印迹识别中，表达是现成的，内容是任何种类的可能印制物，类型符和个别符比率是难率。表达的形式以假定内容的形式为理据，与相应的义位具有相同的视觉和触觉标记，尽管义位标记能以各种方式被印迹“表现”。例如，印制物的尺寸决定（或触发）印迹的大小，一个相似的规则确定了后者的尺寸总是大于前者（即使差距无穷的小）。印制物的重量决定印迹的深度，但这一过程受制于比例规则（即 3.5.4 中所概述的严格意义上的类比）。对于指纹来说，大小并不是一个相关的参数，因为即使被极度地放大，它们也可以与内容相关联。

这些观察可能有助于澄清，在何种意义上人们可以说印迹既再现了隐喻操作，又再现了转喻操作。事实上，印迹似乎与其印制者“相似”，并可代替或代表它，印迹可以被看作是与施动者“邻接”的从前的证据。

这一解释可能是有效的（也可能确实被用来从线索和症状中区分印迹，见下文），前提是人们要接受这样的情况：印迹与其可能原因的相似不能立即被检测到，因为某些转换操作必须被理解为已经发生了，而这种与指称物的从前的邻接性，是由于当符号被看作是聚焦于世界而被解释为提示时所进行的假定的结果（见表 31）。

所有这一切意味着，首先人们必须学会识别印迹（或伪造它们）。印迹通常是已编码的，猎人学习识别野兔的印迹，而不会把它误认为是家兔的。就其编码而言，它们依赖的是对立的表达系统，粗略地说，是处理诸如“野兔 vs. 家兔”这样的对立，尽管事实上这些对立应该是一个更精细的可分析的相关空间特征系统的产物。符号学还没有对这样的表达系统做足够的研究，但它的临时边界之一不是非符号的“印迹”，而是被置入符号-功能体中的对象。事实上，动物的踪迹被视为一种符号-功能体，它不仅隐含着空间或触觉参数（大小或重量），还隐含着矢量线索（见 3.6.5）。

踪迹也按照其方向进行解释。这个方向是另一个可伪造的有效线索，人们可以反过来给马安上铁蹄，以便给人一种马是朝相反方向走的印象。当一个特定的踪迹被解释为印迹和矢量时，与已编码的单位（猫、马、野兔、党卫军士兵等等）的关联并不大，而与一种话语（一匹马三天前经过，正朝那个方向走）的关联更大。因此，表达不再是一个符号，而是一个文本。[①]

当谈到投影时，可以更好地解释印迹的相关动力学（见 3.6.9），事实上，它们被认为是故意投射的。作为投影，印迹也可以是复杂的文本，因为它们可以是非常复杂的事件的印迹，这样它们就不能再被认为是已编码的单位了。

但在本节中，我思考的是与已编码的内容相对应的已编码的印迹。从这个意义上说，它们是相关的宏单位，在某种程度上可以分解为相关的基本特征。

无论如何，印迹有双重理据：一是通过它们的内容形式，一是通过它们与原因的假定关系。因此，印迹是一种异质材料的对象（泥中的猫爪印在物质上与引发这一爪印的原因并不相同），但它的物质是以其原因作为严格的理据的。

印迹（像任何其他认知程序一样）是规约性编码的，但这种编码不是由任意的社会决定建立的，而是以既有的经验为理据的，其特定形式与特定内容之间的关联，已经通过一系列提示、基于非编码环境的推论以及元符号学的陈述来进行调节。[②] 由于一个事件的经历总是与一个特定的印迹形式相关联，因而这种关联最初是作为推

---

① 当鲁滨逊在海滨发现“星期五”的足迹时，该足迹通常表示《人》，但也意味着《赤脚》。在沙地上留下的方向性的印记，语境//*脚印 + 位置 + 方向*//也是一个文本意义：《一个人路过这里》。

② 由于鲁滨逊认为自己是岛上唯一的人，因此他必须进行推理和预设，以得出结论：“我不是这里唯一的人”或者“岛上还有另一个人”。这可能涉及一些关于岛屿定义的元符号学表述。

理的结果提出，然后才被假定。

在对症状的识别中，表达是现成的。内容是所有可能原因的类别（有机变化），类型符和个别符比率是易率，因为红斑和麻疹没有相同的语义标记，烟和火也没有相同的语义标记。然而，在对其内容的义位再现里，在标记之中，既有对症状的描述，也有对症状的再现。

这就解释了症状的概念和原因之间的关系。症状概念构成了原因义位的一部分，因此有可能在功能之间（通过局部整体的程序）建立转喻关系。这是一个从概念到概念（或单位到单位）的过程，不需要指示物的有效存在。即使根本没有火，也会有烟，这意味着症状可以被伪造，而不会失去其表意性能。比率是易率的，它对于谈论症状的某种“像似性”是不正确的，它们与其内容（或指称物）在像似性方面没有任何关系。当症状在之前尚未编码时，对其解释是一项复杂的推理，并导致符码建立的可能性。

症状可以用来指称（吸烟意味着《有火》，脸上的红斑意味着《这个孩子有麻疹》）。在这种情况下，提示过程如下：通过“结果到原因”类型的已编码和已证明的因果关系（邻接性），推导出一个有效存在的原因。

在对线索的识别中，人们会将某人做某事时在某地留下的某些物体（或任何其他不是印迹的痕迹）分离出来，这样，通过这些物体的实际存在，就可以推断出行动者过去的现场。很明显，当线索用于提示时，其发挥作用的方式与症状完全相反，经由已编码和已证明的邻接性（类型为“所有者拥有”），一个致使施动者可能存在的原因就被试推出来。为了进行试推，必须按规约确认该物体属于（或被归属于）某一类确定的行动者。因此，如果在谋杀现场，我发现了一副假牙，我可以假定，至少有一个没有天然牙齿的人到过那里，即使此人不是谋杀者。如果最近有人闯入政党办公室，在地板上，我发现了敌对组织的徽章，我可能会认为窃贼是个“坏人”（显然线索也可以伪造，在这种情况下，通常如此）。

事实上，线索很少被编码，对它们的解释往往是一项复杂的推理事务，而不是对符号-功能体的识别，这使得犯罪小说比发现肺炎更有趣。

可以这样说，印迹和线索，即使经过编码，也是“专有名称”，因为它们会回返指涉*特定的*行动者。在任何情况下，有关反对意见都不影响它们指称某种内容这一事实，因为没有任何东西可以妨碍该表达所指涉的种类成为某个单一项类（见 2.9.2）。

但事实上，很少有印迹和线索可以被解释为个体行动者的痕迹（实际上可能永远也不会）。当看到岛上的脚印时，鲁滨逊不可能想到是某个人，他发现的是《人类》。当发现星期五时，他无疑能够表达指示性命题《这可能就是留下足迹的那个人》。但是，即使他以前知道岛上有一个人，而且只有一个人，他在看到脚印的时候，也不可能把它准确地指派给某一个体，因为表达主要的外延应该是《人类》，剩下的就得靠推理了。如果没有内容作为中介，很难想象一个印迹会指涉一个指称物。① 唯一如此的情况是，人们从踩下脚印的行

---

① 当踪迹没有被预先编码时，人们不得不认为踪迹中的每一个点都必须对应于印迹指称上的一个点。在皮尔士看来，这个印迹实际上是一个指示符。事实上，在这种情况下，印迹不是一个符号，而是一种指称行为。指称行为必须得到证实。但是要验证一个指称（见 3.3.5），意味着——特定表达/这个对象有 6 米长/——人们必须决定它是否是指称物，作为一个明示符号（见 3.6.3）的指称物，它是否可以被称为一个对象，以及它的维度属性是否可以被定义为/6 米长/。换句话说，为了检查所提及的对象，人们必须已经知道所指称对象的属性。假设一个探险家发现了一种未知动物的足迹。人们通常认为，用一种*逆向投影*的方法，以痕迹来重建留下印迹的对象就足够了。但是要把动物作为印迹的成因加以试推，人们就必须具备某种普遍内容图式。只有通过解释一个或多个*已知*动物的踪迹，才能推断出*未知*动物爪子的形状。探险家不只是在追溯踪迹要素和其成因要素之间的一类直线，而是一系列内容单位充当的*中介线索*。换句话说，探险家是从现有的踪迹中试推一个未知的符码。只有在科幻小说中才有“我所不知”的印迹，在这种情况下，完全不可能从踪迹逆推至指称物，即所谓的*没有更好说法的*“那个东西”。

为中看到了某一特定个体。但是在这种情况下，脚印将不会被“识别”为符号，因为它不是“代替”别的东西，而是与它“同时出现”的东西(参见 3.5.5 中镜子的情况)。[①] 线索也是如此。即使我知道在被谋杀者的朋友圈中，只有一个人有一副假牙，我也不能把留在犯罪现场的东西看作是指向“某人”的符号。这个对象仅仅意味着“没有牙齿的人”，剩下的就又是一项推论事务了。

相反，许多线索是被附加编码的对象。假设我在同一个地方发现了一只烟斗，是什么让我确信那里有个男人？是规约性的社会规则：绅士抽烟斗而女士不抽（如果我找到一瓶香奈儿五号香水，那么相反的情况就会发生）。

3.6.3 明示

当自然或人类行为（有意或无意地，作为众多事实之一存在于事实世界中）产生的特定对象或事件，被某人“挑选出来”，作为所属类别表达的成员之一加以展示时，就会发生明示。

明示，是积极表意最基本的表现形式，也是两个语言不同的人首先使用的一种形式。有时该对象被连接到指示物，有时则被定期挑选出来并加以展示。在这两种情形下，对象作为个别符的身份被忽略，不再是提示的直接可能的指称，而成为更普遍内容的表达。

---

① 假设某人发现了一个巨大的脚印，他的第一个天真的推论可能是：这里走过了一个巨人。这里有一个（适当编码的）内容-单位使推断成为可能，但这一单位通常带有《传奇》内涵的标记。因此，某人正在解释一个提示，他发现这个提示所指的是不存在的某物，因而是不可指称的。在这种情况下，他有可能断定这个提示是假的，因此这个表达是一个谎言。如果这个谎言是用言语来表达的，那它就只是一个谎言。由于它是用图画来表达的，所以通常被当作笑话来欣赏。因为生产文字很容易，但生产图像就不那么容易了，特别是如果它们通常是被无意识的行为主体所生产就更是如此。此外，完美的图像比完美的词语需要更多的技巧。因此，赝品之所以能逗乐有两个原因：(1) 这是一种基本的艺术技巧；(2) 它伪造一些通常被认为是不可伪造的东西，也就是一个非有意为之的行为主体的产品。人会撒谎，事物却不会。因此，使事物撒谎，似乎是一种相当奇怪的成就，所以会引我们发笑。

关于明示的涵义有很多种说法（Wittgenstein，1945：29－30），斯威夫特创造了一种纯粹的明示语言。我在这里只是想说，明示总有一种暗含的或明确的*相关性规约*。例如，如果我给一位正在购物的朋友展示一包 X 牌的香烟，这个明示可以表达两种不同的意思：《请买些香烟》或《请买这个牌子的香烟》。也许在后一种情况下，我将不得不添加某些指示性手段，比如用手指轻敲烟盒印有品牌名称的部分，等等。同样地，在其他情形下，只有事先的相关性规约才会阐明，在展示烟盒时，我指的是《烟盒》还是仅仅指《香烟》。

在其他时候，明示可能意味着整个话语。比如当我向某人展示我的鞋时，不是为了说《鞋》，而是为了表明《我的鞋脏了》或《请擦亮我的鞋》。在后一种情况下，对象不仅被当作一种符号，而且还被当作一种指称物，指示构成一种提示行为。事实上，这就好像我在说“鞋子（明示）＋这些（提示）＋鞋子（指称物）”。

这个理论解决了“内在编码的行为或对象”问题（见 3.5.8），没有暗示指称物的一部分或整体将构成符号-功能体定义的一部分。鞋首先被视为一种表达，它是由相同的材料作为其可能的所指对象。因此，明示符号（取决于选择）是*同质*的。

原则上，明示性生产，应该被认为是受*难率*支配的，因为表达的形式是由内容的语义成分所描述的情况决定的。但事实上，明示性生产所组成的表达，其形式已经受某个项目总集的支配而确立，因此它们应该被看作是受*易率*支配的。由于这个原因，我把它们置于两种比率比值的中间进行分类。在实践中，它们（作为功能对象）已经产生，其类型符和个别符比率的问题已随之消失。但是，从理论上讲（把它们看作是必须要生产的东西），它们构成了一类特殊的符号-功能体，在这一类符号-功能体中，两个比率是重合的。

由明示产生的表达的另一个特点是，它们通过两种途径被接纳：作为规约性的文化表达单位（香烟指的是《香烟》），或作为对应义位所记录的属性的内涵描述。所以我可以展示一根香烟来描述香烟的特性（圆柱体、几英寸长、白色等等）。这是复本可以用作符号的唯一情况。

因而，与副本一样，在表面上，类型符/个别符比变成了个别符/个别符比。从理论上讲，类型符和个别符是重合的，这就解释了为什么易率和难率也是重合的。

所有这些观察很可能会导向这样的结论：在由明示产生的表达中，区分表达与指称物是一种相当复杂的做法，但事实并非如此。假设有一群人，每人拿了一块面包，举起这些面包（形状和大小各不相同），大声地说：/再来一块！/。这时指称物之间的差异消失了，只有主要的相关特征被保留了下来。这群人说《我们想要更多的面包》（不管它的形状和确切的数量）。正如其被展示的那样，面包作为符号发挥作用，它被“制作”得比真实的面包更简单，通常可观测的许多物理属性实际上被剥夺。

当选择一个对象作为一个类别的表达时，这就构成了示例的选择，其控制选择和表意的相关机制，是以“其类型成员”的提喻为基础。当只选择对象的一部分来表示整个对象（以及它的类型）时，这就构成了样本的选择，其控制选择和表意的相关机制，是基于“整体的一部分（一个类型的一个成员）”这样的提喻。这种情况的例子是，裁缝展示一小块面料，以便作为整个剪裁的指称，或者直接展示用这种面料制成的夹克（或衬衫），或者引用一段音乐来指代整部作品（/为我演奏“嗒—嗒—嗒—嗒”/可能意味着《为我演奏贝多芬的〈第五交响曲〉》）。另一方面，《柳叶刀》的语意是“外科医生”，可以作为“转喻”样本的一个实例。

正如古德曼（Goodman，1968）在关于样本的一次有趣讨论中所说，样本可以作为“样本”的样本。他还指出，一个多音节词，可以作为多音节词的普遍类型的示例。由于这是一个复本的例子，它的选择或产生是为了例证元语言义位的语义属性，而不是例证个别符的物理性质，为了规定相关性的层次，总是需要一个前置或预设的话语。如果没有预先的规约，/多音节/这个词的明示，将被认为是对/多音节/表达的性质的描述，而不是对每一个多音节词的性质的描述，正如/单音节/一样。

看一下表39，人们可能会注意到，有一类样本既列在明示这个标题下，又列在副本这个标题下。这类样本都是虚构样本，即埃克曼和弗里森（Ekman & Friesen，1969）称之为“内在编码行为”的符号-功能体（见3.5.8）。

如果我假装用拳头打某人，整个动作的意思是《我打你》。可以说，这是一个标准的明示，因为我选择了个别符的手势来表现其所属的类型。事实上，与其说我“挑选”了一个已经存在的手势，不如说我是“重造”了它，在重造的过程中，我忽略了这个手势的某些特性（例如，我并没有真正打对方，因此我在手势全部完成之前稍作停顿）。因此，我复制了一个手势的一部分作为整个手势的样本。这样，所谓内在编码行为就既是明示的，同时又是复制的。拟态和拟声都属于这一类（就是说，它通过人的声音或其他乐器对特定声音进行了“真实”的再现，而不是拟声的仿效，如/雷鸣/）。①

虚构样本也是同质材料，因为副本是使用与部分复制模型相同

① 在一部西方电影中，当印第安人发出郊狼的叫声时，这种完全的拟声词起到了双重作用。在印第安人与印第安人之间，它是一种完全任意的装置，它被适当地编码，以便传送某些信息。在印第安人与白人之间，这是一个虚构样本，用来指《郊狼》（而不是《印第安人》），因此这是一个谎言。

的材料来完成的。因此称这些拟声词为“像似性”，就像人们称物体的图像为“像似性”一样，对它们的分类是不准确的，因为图像必须被归入投影这一类型中（见 3.6.7）。在投影中，表达-连续体与可能指称物的材料不同，其对应关系由转换规则确定。一个虚构样本不需要转换规则，因为它是一个同质副本（部分重合），这样处理的好处是，可以用易率来控制，而图像则用难率来控制。所谓内在编码行为是一种规约，它可以通过这样一个事实来证明：为了产生符号-功能体的作用，它需要一个事先的规定[①]。

3.6.4 副本：组合单位

副本的生产方式支配着最常见的表达成分，于是在定义符号概念时，人们只考虑为了表意而有意制造的可复制对象。因此，最著名的复制类型是音素和语素；其表达单位是根据易率构建的，它使用一个与可能的指称物完全不同的连续体，并且任意地与一个或多个内容-单位相关联。

但是这种单位到单位的相关性并不是副本特有的。识别和明示将单位和症状、印迹、线索、示例、样本和虚构样本分离开来，而且都是由单位到单位的相关性编码的。按照规约，某一踪迹意味着《野兔》，某一医学症状意味着特定疾病，某一作为实例的对象意味着明确的类别。的确，正如我们所见，脚印比《人》更能“表达”更多的意思，一包香烟也可能意味着《给我买些香烟》，但同样真实的是，在某些情况下，/香烟/这个词可能代表整个话语。这就意味着，所有依赖于复制、明示和识别的符号-功能体，都被给定的单位组接，从而产生更复杂的文本。

---

① 威胁的滑稽手势，如果不事先编码，可能是有效的。如果一个人看到马歇·马叟，而不知道滑稽表演模仿的规约性，就会认为他是个傻瓜。

即使是这样，人们也可以在“副本”的标题下继续列举，不仅是文字工具，还有表意符号、标志（如旗帜）、字母、已编码的各种体态语（例如手势意味着《来这里》、《是》、《不》等）、音符、各种交通信号（《停》、《走》、《不转弯》）、基本的图形特征、形式逻辑和数学中的符号、空间关系特征等等。

的确，单词可以被分解为更基本的非表意单位（音素），音素又可以分解为更基本的、非分节性特征，而其中，表意符号或标志必须被视为不可分解的单位。但这仅仅意味着，可复制的表达在不同的相关层级上发挥作用，并且可能从属于两个分节、一个分节或者不分节。

六十年代，符号学被危险的语词中心的教条主义主宰，在此观念下，“语言”的尊严仅仅被赋予了由双重分节规则支配的系统。这一谬误的一个典型例子，是列维-斯特劳斯对绘画、调性音乐和后韦伯音乐的“语言”属性的讨论。

在言语语言中，存在着具有意义（词素）的第一层分节，这些词素结合在一起形成更广泛的组合轴字符串，这些元素随后被作为第二层分节要素（音素）来分析。毫无疑问，语言的意义是通过这两种元素的相互作用产生的，但这并不意味着每一个符号学过程都必须以同样的方式进行。相反，列维-斯特劳斯坚持认为，除非这些条件得到满足，否则语言不可能存在。

列维-斯特劳斯在《访谈》（1961）中，在接受电台记者采访时，已经在其发现的关于视觉艺术作品的理论里概述了这一观点，并在《生食与熟食》一书的“绪论”中对此作了更为全面的阐述。在上面这个例子中，正如他在《野性的思维》中所阐明的那样，他将艺术理论称为像似性符号，将艺术称为现实的“简化模型”。艺术被认为是文化对自然的俘获，它将野蛮的对象提升到符号的层次，并在其中揭示了一个先前隐藏的结构。但艺术是借助其符号和对象之间的某种关系来表意的，是对象激发了艺术。因此，如果它不是一种任意的语言秩序的规约现象，它就不再具有符号的特征。如果在艺术中，符号和对象之间存在着一种可感知的关系，这当然是由于它以这样或那样的途径，表现出与言语语言相同类型的分节方式。

绘画和言语语言一样，被认为是有意义的、与语素等值的被组接起来的单位（在这里，列维-斯特劳斯显然指可识别的图像，因此也指像似性符号），这些单位可以被分解为较小的分节元素（形式和颜色），它们只有对立的价值，没有任何自主的意义。按照列维-斯特劳斯的说法，“非写实”的流派放弃了初级层次的分节，“并声称第二层次的分节足够了”。他们陷入了与无调性音乐相同的陷阱，失去了所有的交流能力，滑入了“本世纪的异端邪说”，声称“想要在单一分节层次上建立一个符号系统”。

列维-斯特劳斯的文本，阐述了对调性音乐问题的敏锐观察（比如，他识别出了第二层的分节），而这些阐述事实上是基于一系列不幸的教条主义假设，即：(1) 不存在没有双重分节的语言；(2) 双重分节不可移动，层次不可替代或互换，其结构是基于人类心灵的深层自然结构。但是，相反，如果我们考察各种符号系统的功能，就会发现：(a) 存在各种不同类型的分节系统，或者根本没有分节系统；(b) 存在分节层次可以改变的系统。

显然，人们可能会认为，也许存在一个复杂的分节矩阵，它控制着每一个符号系统及其所有可能的组合变换，不过这个矩阵不能视为与其任何一种表面现象相等同，这正是列维-斯特劳斯所做的工作。例如，当他把音乐中的音调体系视为具有特权地位时，他忘记了音调体系是在一个特定的历史时刻诞生的，而西方人的耳朵已经习惯了它。列维-斯特劳斯反对无调性系统（以及整个非具象绘画），因为它不受可察觉的双重分节控制，因此，他提出音乐中的调性系统和绘画中的具象程序是基本的、自然的元语言，可以用来专门地定义（或拒绝）所有其他音乐或视觉“语言”。

把调性音乐的规律和音乐的规律简单地混淆起来，就像相信如果某人有一副法国纸牌（五十二张加上一个或两个小丑），纸牌之间唯一可能的组合就是那些由桥牌设定的方式。然而相反，桥牌是一个子系统，它使无数种不同的游戏成为可能，这些游戏仍然使用同样的纸牌，可以被扑克替换，扑克是另一个子系统，它重组了由单张纸牌构成的分节要素，使它们呈现不同的组合值，并形成另外的意义排列（对子、三张顺子、同花顺等）。显然，一个特定的游戏（无论是扑克、拉米纸牌游戏，还是桥牌游戏）只会在纸牌所允许的组合中分离出一些可能的组合，但如果认为这些组合中的任何一个都是基本的组合，那就错了。

的确，五十二张（或五十四张）纸片提供了一种选择，这种选择在可能的位置值的连续体中操作——就像调和音阶的音符一样——但显然，在这个系统中可以构建各种子系统。同样，有些纸牌游戏会选择不同数量的纸牌——那不勒斯人一盒纸牌是四十张，德国人的纸牌是三十二张。真正的纸牌游戏系统，是一个可以用博弈论研究的组合矩阵。如果用音乐科学去研究允许不同的吸引力系统存在的组合矩阵，这将是有益的。但是列维-斯特劳斯将桥牌和纸牌等同，把一个事件和使多个事件成为可能的结构混淆了起来。

扑克牌使我们直面研究中一个非常重要的问题：扑克牌的系统有双重分节吗？如果扑克牌的词汇可能是通过将意义归属于几张牌

（不同套牌的三张 A，等于《三张顺子》；四张 A 等《四张顺子》）的特定分节实现的，那么我们应该把纸牌的各种组合，看作是第一分节的表意链，而形成这些组合的纸牌则是第二层分节的要素。

然而，这些纸牌的区别，并不仅仅在于所假定的它们在系统中所处的位置，而在于它们所处的双重位置。它们作为不同的值，在同一套花色的层次序列中相互对立（A、2、3……10、J、Q、K），并作为隶属于四套不同花色序列的层次值而对立。因此，两个十组合成一个《对子》，一个 10、一个 J、一个 Q、一个 K 和一个 A 组合成一个《顺子》，但是只有同花色的牌，才能组合成《套子》或《同花》。

因此，就某些表意组合具有相关性而言，某些价值也是具有相关性特征的，其他的表意组合也是如此。然而，是不是因为单张纸牌是任何可能的分节状态的终极项，因此无法被进一步分解？倘若相对于六张同花和七张梅花，红桃 7 构成了一个位置值，那么，单张的红桃不是潜在的、可进一步分解的分节要素又是什么呢？

第一个可能的答案是，玩家（“说”纸牌语言的人）实际上并没有被要求对花色单位进行分节，因为他发现纸牌已经在价值上被分节，被分为 A、2……9、10。然而，这种观点虽然对扑克玩家来说似乎是合乎逻辑的，但对其他游戏玩家（比如意大利的 scopa 纸牌）而言，就值得怀疑了。在这些游戏中，牌的点数（单位）被累加起来，因此，花色是与点数相关的单位（即使添加的内容起到的是附加物的作用）。

所有这些思考迫使人们认识到相信以下观点是错误的：（1）每一种符号系统行为都基于类似于文字的“语言”；（2）每一种“语言”都应该有双重固定分节。相反，人们应该假定：（i）符号系统不一定有双重分节；（ii）分节不一定是固定的。

在此，让我们按照普列托（Prieto，1966）提出的建议，列出一系列不同的分节可能性。我们将看到，存在双重分节的系统、只有

第一层分节的系统、只有第二层分节的系统和没有分节的系统。让我们回顾一下（i）第二层分节要素（被叶尔姆斯列夫称为符号素）是纯粹的差别单位，它们不是第一层发音要素所传达意义的一部分；（ii）第一层发音要素，通常称为“符号”，是由第二层发音要素构成的字符串，并传达出第二层发音要素不是其意义的部分；（iii）有些符号的内容不是一个内容-单位，而是一个完整的命题，这种现象不会发生在言语语言中，但它确实发生在许多其他符号系统中。假定它们具有与语音语句相同的功能，我们就把这些非语音语句称为超符号（super-signs）。在许多符号学系统中，这些超符号必须被认为是严格编码的表达单位，为了产生更复杂的文本，它们可以进一步组合（布伊森之后的普列托，将这些超符号称为/sèmes/，但我更愿避开这个术语，因为它可能会与成分分析中使用的/seme/或/ sèmes/混淆，表示《语义标记》，从而具有完全不同的意义）。

超符号的一个典型例子，是作为人的照片的“像似性”语句，它不仅意味着《某人》，而且还意味着《某某人、微笑着、戴着眼镜，等等》（这可能只是一种描述），或者《某某正在行走》，它显然对应于一个语句。

因此，根据普列托的建议，让我们试着列出不同类型分节的各种类别的符号系统：

A. 无分节系统：不能在其构成要素中被进一步分解的超符号。

（1）具有单个超符号的系统（例如盲人的白手杖，它的存在表明《我是盲人》；鉴于它的缺席并不一定意味着相反的意思，作为一种可能情况，是零符号-载体系统）。

（2）零符号-载体系统（船上有海军上将的旗帜，它的存在表明

《海军上将在船上》，而它的缺席则表明《海军上将不在船上》；如果一辆汽车没打方向灯，就意味着《我在一直向前开》）。

（3）红绿灯（每个单位表示要执行的操作，这些单位之间不能相互连接形成文本，也不能进一步分解为更为基础的分节单位）。

（4）标有单个数字或字母的公共汽车线路。

B. 只有第二层分节的符码：这些单位是超符号。它们不能被分解成符号，而只能被分解为符号素（符号素不表示主要单位内容的一部分）。

（1）有两个号码的公共汽车线：例如，第/63/号线路，表明它《从X位置运行到Y位置》。该单位可以分割为符号素/6/和/3/，但没有任何意义。

（2）海军“手臂”信号：允许有各种各样的符号素，代表左臂和右臂的各种方向动作。两个符号素组合成一个字母表中的字母，这个字母通常不是符号，因为它没有意义。只有当它被认为是语音语言的一种分节元素，并根据其规律被连接时，它才能获得意义。然而，它可以在海军的符码中获得一个规约值，例如表明《我们需要一个医生》，这样，它就必须被视为一个超符号。

C. 只有第一层分节的符码：主要单位可以分解成符号，但其后不能分解成符号素：

（1）酒店房间的编号：单位/20/通常表示《第二层，第一间房》。它可以细分为符号/2/，意味着《二楼》；可以细分为符号/0/，意味着《第一间房》。

（2）可被分解为符号的街道标志单位：一个带有红色边框的白色圆圈，蕴含了自行车的黑色轮廓，意思是《不允许骑自行车》，并且可以分解为表达//*红色边框*//和自行车的图像，前者意味着《不允许》，后者意味着《骑自行车的人》。

D. 有双重分节的符码：超符号可以分为符号和符号素。

（1）言语语言：音素被组接成语素，语素又被组接成更宽的组合段。

（2）六位数电话号码：有些数字可以被分成两组，每组（根据位置）表示城市的一部分、街道和个人。而两个数字中的每个符号，可以被分解成两个没有意义的符号素。

E. 流动分节的符码：在某些符码中，符号和符号素可以同时存在，但它们的功能并不总是相同的，符号可以变成符号素，反之亦然，符号素可以变成超符号，其他现象可以假定具有符号素的价值，等等。

（1）调性音乐：音阶的音符是符号素，它们被组接成符号（部分意义的配置），如音程与和弦。这些被进一步组接成音乐的组合段，其特定的旋律序列是可识别的，不管它是用何种乐器演奏的（因此音色也是如此）。然而，如果有人以明显的方式改变了旋律的每个音符，那么他听到的就不再是旋律，而是一连串的音色。因此，音符不再是相关性特征，而是成为自由变体，音色反而变得相关。在其他情况下，音色可以成为承载文化内涵的符号（例如乡村风笛牧歌）(Schaeffer，1966)，而不是符号素。

（2）牌类游戏：这里我们有第二层分节的元素（花色单位，如红桃或梅花），它们结合起来形成与游戏相关的意义符号（红桃 7、黑桃 A)。它们可以组合成“纸牌句子”，如《满贯》或《同花大顺》。在这些限度内，纸牌游戏将是一套符码，它依赖于有两个分节的表达系统。然而必须注意的是，在这个系统中，存在（a）一些没有第二层分节的符号，例如“图像性”的超符号，正如“大王”或“小王”；(b) 图像性的超符号，不能与其他符号在一起组合成句子，如“大王”和“小王”，或者某些游戏中的黑桃 J。此外，这些符号素反过来还可以通过形状和颜色来区分，并可根据从一场比赛到另一场比赛的不同相关标准进行选择。因此，在红桃比黑桃更有价值的游戏中，*符号素*不再是没有意义，而是可以理解为符号。依此类推：在纸牌系统中，有可能引入最为多种多样的游戏规约（甚至是那些用于算命的规约），通过这些规约，分节的层次可以改变。

F. *带有三层分节的符码*：根据普列托的说法，很难想象这样一种符码。因为要想象第三层分节单位，人们需要一种由更具分析性的分节“符号”组成的*超级单位*（词源与“超级空间”相同），以至于它的分析成分已不再是超级单位所传达内容的一部分（同样，*符号素*是符号的分析成分，但前者不能传达后者的一部分意义）。在我看来，唯一的三层分节的例子存在于电影语言中。假设（即使不是那么简单）在电影摄影框架中存在视觉上非表意的光亮（*符号素*），其组合产生视觉上的意义现象（让我们称其为“图像”、“像似符”或“超符号”），这种相互关系假定依赖于双重分节机制。

但在镜头的传递过程中，人物的姿态和图像通过短暂的运动产生了体态语符号，这些体态语符号可以被分解成离散的体态语的*符号素*，而这些*符号素*并不是内容的一部分（从这个意义上说，没有任何意义的小单位的运动，可以组成各种有意义的姿态）。在日常生活中，很难把这些连续体的离散瞬间分离出来，但这并不适用于摄影机。

我要强调这样一个事实，从一种“像似性”语言的角度来看，体态语的*符号素*确实是表意（即当其被视为照片时，它们是表意），但是从体态语语言的角度来看，它们根本没有意义！假设我将两种典型的头部姿势（表示/是/和表示/不/）细分为很多帧：我发现有很多不同的位置，但我无法确定它们是不是某个特定姿势的组成部分。//*头向右侧倾斜*//的位置，可以是//*是*//的符号的*符号素*，与暗示//*在右侧的人的迹象*//相耦合；也可以是//*不*//的符号的*符号素*，与//*低下的头*//相匹配（一个姿势可以传达不同的含义）。因此，相机提供了缺乏内容的体态语的*符号素*，可以在一个框架的空间限度内进行分离（Eco，1968：B. 3. I.）。

所有这些可选择方法的提出，只是为了说明，在理论上确定某些系统的分节层次有多么困难。重要的是，要避免在固定的相互关系中识别固定数量的分节。根据经过深思熟虑的观点，第一层分节的要素可以成为第二层分节的要素，反之亦然。

在确定了系统有不同类型的分节以后，就没有理由遵从语言模式。我们还必须记住，一个系统通常是通过建立相关性特征来组接的，这些特征是一个更具分析性的系统的组合段。或者相反，一个系统认为组合段（其组合可能性的最大限度）是一个更具综合性的系统的相关性特征。在海员手臂信号的例子中，我们也观察到了类似的可能性。

语言将音素视为其最终的分节要素，然而海军旗帜的编码，卷入了与音素相关的更具分析性的符号素（右臂位置和左臂位置），这些组合提供组合段的配置（最终与编码相关），从实际意义上讲（即使它们转录的是字母表中的字母而不是音素），它们与言语语言的符号素是一致的。

然而，叙述功能系统关注大型的组合链（或者/英雄离开房子遇到敌人/这种类型），就叙述系统来看，它们是相关性特征，而就语言系统而论，它们却是组合段。因此，符码决定它将挑选出自己的相关性特征的复杂性级别，并将这些特征的最终内部（分析的）编码委托给另一个符码。如果人们思考/英雄离开家遇到敌人/这个叙述单位，那么叙述符码就把它作为一个复杂的内容-单位分离出来，而并不关心它可以用什么语言来表达，也不关心促成其构造的体裁和修辞手段。

所有这些都是连续附加编码的例子。在附加编码中，最小组合单位通常是先前基本符码的最大组合链。但是，当特定符码的最小可组合单位或最小可分析集群被提交给进一步的相关化分析时，有时也会出现附加编码。

例如，在各种实验中，扫描仪被用来将图像分解和分析成区别性特征，它通过二进制信号，将图像输入计算机，并通过绘图仪在输出中再现它们。绘图仪绘制非常复杂的栅格，能够定义任何类型的图像（它们的复杂性仅仅是技术设备复杂性的问题，但从理论上讲，一旦通过非常复杂的二进制信号序列输入程序，要用非常精细的光栅再现达·芬奇的《蒙娜丽莎》，绝非不可能）。

例如，胡夫（Huff，1967）制作并分析了一些图像，展示了它们是如何组成的：(a) 由四个两种大小的点组成的基本单位，有五种组合的可能性；(b) 各种大小点阵的无限排列，允许其大小连续渐变；(c) 由三个点组成一组基本单位，点的大小有两种变化，因此，它们组合的可能性支持四种类型的元素（三小、无大；两小、一大；一小、两大；无小、三大）；(d) 两种大小的点的排列；(e) 等等。每一种情况都提出一个问题：我们仍然面临着一系列类比性的大小尺寸吗？或者，我们面对的是一系列离散单位，比如音素，它们之间是通过一系列不同的特征来区分的？在此情况下，由胡夫描述的最小图形单位的独特特征是：颜色、密度、形状、要素的位置，更不用说晶格的构型了。

无论如何，胡夫提出了自己的图形符码的二进制简化问题："也许（设计师）甚至会探索在最小的情况下，只有两种大小的要素在工作，因而它是一个二进制系统。在此过程中，他确实遇到了一个非常棘手的问题：为了保持表层连贯，他必须用一种不同于照相工艺的方法来解决两个结构梯度之间的问题。也许这些操作性的经济学是学者们手工制作栅格的实践，它们构成了一种对计算机绘图技术而言几乎没有效果的技巧。假定计算机绘图技术有能力形成任何可想象的表面的明暗特征，从而与照相制版工艺流程相匹配，它也似乎是亮度色调中单一大小元素的分级，而不是不同大小的单一颜色元素的分级。尽管它是一种机智的冒险，其努力方向却是不对的——这与数字或二进制计算机基本的简单性原理，多少有些背道而驰。”

显然，胡夫的讨论，关注的是图形实现的实际可能性，而不是符码绝对二进制简化的理论可能性。在这最后一种意义上，莫莱斯（Moles，1968）给出的例子似乎更富决定性。例如，他展示了由单个直角三角形组成的点阵，放置在方形区隔空间的上角或下角，以便能够在“空位对实位”的对立中发挥作用。

总之，关于光栅在照相复制中的二进制可能性（以实用性为标准）的讨论，不及如下这方面的讨论更有价值，即通过给计算机提供数字指令，再把指令传送给模拟绘图仪，从而实现任何“像似性”图像的可能性。①

---

① 音乐科学为我们提供了研究的范例。音乐在调性“语法”的范围内，详尽地编织了一个记谱系统，将连续的声音分解为相关性特征（分解为高音和半音；分解为节奏-节拍的敲击、钩针编织、全音符等）。任何音乐话语，都可以通过对这些特征的分节来完成。最直接的反对意见是，即使这个乐谱规定了如何在数字符码的基础上“说”音乐，但单个乐段（演奏）仍然被非编码的自由变体所丰富。这样，一个*滑音*、一个*颤音*、一个*自由变奏*、一个休止符的长度，都被认为是“表达”的手段（在日常语言和批评语言中都是如此）。然而，尽管它承认这些表达的事实，乐谱科学依然尽其可能地符码化甚至复制这些变体。它使*颤音*、*滑音*符码化，并增加了诸如“快板转急板”等记法。我们会注意到，这些符码化不是数字化的，而是“类比的”，是通过（或多或少）概略地使其轮廓分明的渐进方式进行的。虽然它们不是数字化的，但它们可以被数字化。为了证明这一点，无论如何，人们并不考虑对于解释者的乐谱层面，而是考虑到声音转录和复制*技术符码*的层面。在唱片凹槽上，随着留声机唱针的每一个微小的表达变化，都对应着一个精确的特征。有人会说，这些特征也不能被认为是离散的，因为它们作为曲线连续体，或多或少地加强了振荡。但是，当我们考虑这样一个物理过程，通过一系列的合成电子信号和一系列的声音振动，我们将这个连续的渐变曲线传递到经由放大器接收和转播的声音时，我们关注的是数字现象。从凹槽到唱针，在输入到放大器的电子块之前，声音是通过一个连续的模拟来复制的。然而，从电子元件的输入到放大器的声音输出，这一过程是离散的。通信工程师也一直在尝试，甚至在计算机中，将类比模拟转换成数字符码，这是一个始终可能的过程。信号离散的性质是通过噪音的存在来确定的。噪音可以精确地存在于渠道中，是因为作为信号的电子发射，是一种离散现象。如果信息的传递在整个过程中是连续的，就不会有噪音。

很明显，电脑用数字指令绘图仪，通过“类比”的方式还原图像（Soulis & Ellis，1967：150－151）。对此克莱尔和迈克尔（Cralle & Michael，1967：157）进一步解释道，“当我们想要绘制某个东西时，我们还必须说明在哪里绘制它。通常选择的寻址方案，是通过想象一个二维的笛卡尔坐标系，叠加在阴极射线管屏幕上得到的。在水平（x）和垂直（y）方向上，我们可以为电子束可能发生数字偏转的每个点分配整数”。利用计算机进行“像似性”复制实验，例如诺尔顿和哈蒙在贝尔电话实验室，也即由日本计算机技术小组所进行的实验表明，预期高度成熟的数字编程的“像似性”符号，目前就可以实现，而一个更加成熟和更为复杂的数字编程的“像似性”符号的达成，也只是一个时间和经济手段的问题。不幸的是，这个数字还原涉及的复制表达的可能性，使用的是另一个、而非艺术家使用的那个连续体程序。它不涉及原创表达功能的分节性质。

计算机的经验告诉我们，（原则上）可以用符号素的形式分析原始信号，但实际上，信号不是由预先存在的离散实体的组合而被组接的。事实上，这些实体很难被识别，因为最初的信号是通过“连续的”对“密集的”物质的配置而形成的。因此，计算机或其他机器的可复制性，与支配被复制符号的符码没有直接关系，毋宁说，这是一个支配信息传递（从信号到信号的过程）的技术符码问题，它将在通信工程的框架内加以考察（见 1.4.4）。人们可能会怀疑，这些程序与复本的生产（见 3.4.7）或部分副本的生产（见 3.4.8）密切相关。当计算机将原始的“线性”图画转换成绘制的摹本时也是如此。但当一幅“完全凝缩”的油画被“转译”成“准凝缩”的栅格时，事情就不一样了。在此情形下很难判断，处理的是局部副本、“像似符”，还是拟复本。

让我们谈谈从一种表达到另一种表达的转换。这种转换提供了一个令人满意的、通过难率投影所要求的程序的实验室模型（参见3.6.7中的投影模型）。

这些例子还表明，即使是在不可复制的超符号的情况下，照样存在使用机械程序将其复制的可能性，这种机械程序在只有一个“文本”的地方设置“语法”。从这个意义上说，这些实验，为我们提供了有关创造性质的具有挑战性的理论建议。

每一个关于“像似性”符号类比性质的假定，总是基于（或旨在支持）那些无法名状和“不可言说”的装置的概念，这些装置通过神秘地与对象相联结而进行表意。证明这些指派给符号-功能体的信号至少是可以被分析性地拆解的，这并不能解决问题，但确实起到了某种祛魅。因此，有人可能会说，这种数字化的方法，为那些想要进一步理解像似论奥秘的学者提供了心理学上的支持。当破译一个秘密讯息时，人们必须首先确定它确实是一个讯息，因此有一个潜在的符码，并从它开始“试推”。同样地，认识到像似性的信号也是可以被数字分析的，这有助于促进对其符号学本质的进一步研究。

3.6.5 副本：风格化和矢量

回到副本问题，人们可以复制的是：

（i）一个给定系统的特征，必须与同一系统的特征相结合，才能构成一个可识别的功能；

（ii）一个弱结构指令系统的特征，其可识别性是建立在感觉机制，以及由一个大规模附加编码所决定的相关内容的基础上，不必与其他特征相结合；

（iii）为了组成可识别的功能，给定系统的特性必须被添加到来自一个或多个其他系统的一束或一串特性中。

类型（i）的特征上面一节已经考察过了。例如，言语语言结合第二层分节的要素来构成第一层分节的要素，因此也就构成了短语。类型（ii）的特征是风格化，类型（iii）的特征是矢量。

我说的风格化，是指某些明显的像似性表达，它们实际上是规约确立的结果。它们不会因为自身与内容模型的相似而被识别出来，而是因为它们与表达类型相似被识别出来。而表达类型并不是严格强制的，它允许多种自由变体。

这类副本的典型例子，是一副纸牌中的“大王”或“小王”。我们不会“像似性”地识别为一个《人》和一个《国王》，而是能立即领会《大王》的含义，只要某些相关元素得到重视。也正是在这个基础上，“肖像图”被编码，即被纳入绘画中可识别的类别，如圣母马利亚、圣露西、雅典娜、魔王。在这些情况下，即刻的直指是一个“创造”（它们的生产受难率支配，在男性和女性的身体之间建立了某种像似性，等等）问题，而其完整的表意（这《人》是《丘比特》），起因于可复制特征（风格化）的附加编码的存在。

因此，魔王的画像是一个超符号，在后面谈到“创造”时，我们将对此做进一步分析。而在其他过程中，大规模附加编码属性的副本，有助于这种符号-功能体的构造。就它是一幅肖像图而言，在不考虑其众多自由变体的情况下，魔王的形象是一个既有编码类型的副本。

事实上，当我们观察黑桃王或者圣母马利亚的图像时，我们并不需要真正理解图像再现的意义，我们不会通过对内容类型格式的某种反向投影来询问表达以进行猜测。我们立即识别出这个大规模的构型，似乎它是一个基本特征。某些一般属性受到重视，表达被识别为与某一内容有规约性的联系。内容也可以在概念上把握，而不必借助其空间和图形标记。肖像图就是一个标签。

从这个意义上说，甚至更大的构型也可以看作是风格化的。哪怕是更具分析性的一瞥，也会将它们是由更精细的操作所构成这一点显现出来。但是，如果不进行这种分析，即使它们显示的标记与相应的义位相同（难率），它们也会被接受，就好像受到了易率的支配。

让我们列举一些大规模的风格化，每一类都构成了一个规约性的表达的汇编，因此都存在一个次符码：

(i) 纹章学特征，如支撑英国王室盾徽的独角兽；

(ii) 图示拟声，例如/叹气/或/狗叫/，这些可以作为简化的完整的拟声词被分析，因而它们是作为虚构样本（见 3.6.3），但事实上，它们目前是作为任意表达被接受的；

(iii) 已编码的宏观环境特征，诸如建筑上的一幢房子、一座庙宇、一个广场、一条街道；

(iv) 复合对象及其惯用图像，如广告中描绘的汽车；

(v) 音乐类型（进行曲、惊悚音乐）；

(vi) 文学或艺术体裁（西部片、滑稽戏）；

(vii) 所谓识别符码（见 3.5）的所有要素，由此，豹以斑点为特征、虎以条纹为特征（当然，一个基本的“猫科动物”的轮廓被识别，是基于某种相似性规程）被识别；

(viii) 肖像学研究的肖像图：《耶稣诞生》《最后审判》《启示录》中的四个骑士等等；

(ix) 预先制定的可估价与可欣赏的涵指，它经由肖像学的方法来传达，主要用于刻奇艺术：希腊神庙约定俗成的内涵《古典美》，一个特定的女性形象在历史上象征着《优雅》或《性》；

(x) 其他特征，如一款香水立即暗示《诱惑》或《欲望》，而另一款则暗示着《清洁》，熏香的气味暗示着《教堂》，等等。

一旦超过一定限度，就很难把风格化与创造性区分开来。在通常情况下，决定不是由发送者做出的，而是由接收者做出的。接收者实际上是在对特定表达进行风格化处理。每个人都有过这样的经历：一部特定的音乐作品，多年来一直被视为一个复杂的文本被欣赏，它的所有特征都要经过透彻而详细的审视，而在某一点上（当一个人的品味与所讨论的音乐对象相吻合时），被作为（大致像《第五交响曲》或简直就是指《浪漫主义》或《音乐》那样的）未经分析的形式被简单地接受。

因此，风格化是对以前的发明的形式误用，作为超符号，它能够而且应该传达复杂的话语（成为一个文本），而且实际上它几乎承担了专有名称的功能。其副本，不管多么不精确，都被认为是一个充分的个别符，被认为同样忠实于它的表达类型。通过持续的交流和连续的规约，它们是难率可能会变为易率的证据。

风格化也可以与其他手段相结合构成话语。例如，把某些风格化与组合的视觉副本放在一起，一个道路标志可以"说"：《此路禁止卡车通行，汽车的行驶时速不得超过三十英里，禁止掉头；请不要发出噪音，附近有医院》。

现在，让我们考察那些不能与同一系统的特征组合在一起，而仅仅与其他系统的特性协作组成表达的那些特性。我称这些特征为矢量。

典型的例子（在 2. 11. 4，2. 11. 5 以及 3. 5. 7 中已经给出）就是指示性手指：维度特征通过人体的一部分来实现，诸如《线性度》和《顶端性》，这与由图形箭头实现的维度特征相同。在这个意义上，指示性手指应该被看作是由组合单位的聚合而产生的表达，就像一个口头表达，箭头也应该如此。但是手指会向某物移动，有一个方向性的特征（这自然描述了许多其他的体态语特征，尽管在这里，这些运动特征可以用其他相同类型的特征来表达）。这种方向性特征，以"左"、"右"或"上"、"下"等参数使接收者的注意力定位。但这些并不是简单的"左对右"类型的空间参数，在其他体态语构型中作为组合单位使用；相反，它们应该被视为"从左到右对从右到左"。

接收者不必在身体上跟随那个方向（也不需要在指示的方向上有任何东西，指示物才有表意，见 2. 11. 5）。事实上，存在两个"方向"：一个是实际上和身体上可感知的方向，它是一个表达的特征；另一个是"所指的"方向，是纯粹的内容。方向特征根据难率产生，因为方向的产生与人的"说话"一致。

为了理解矢量，我们还必须思考其他类型的方向特征，我们必须将"方向"这个术语从空间内涵中解放出来（这也许可以用"矢量"或者"矢量化"词语来更好地实现）。因此，我们可以把类语言学特征中的音高和动态的增减看作是矢量装置，例如，当一个"疑问语调"被说出来时，它就是一个矢量化。音乐旋律本质的把握，不只是因为组合单位的组接，而是因为其精确的时间序列。这样，即使是语法短语标记，也必须被视为矢量①。

---

① 生成语法的整个理论，实际上都是关于"深层"短语标记中的矢量化问题的。"政府"、"命令"和"嵌入"的观念，都是矢量观念（事关等级关系，"上下"或"前后"关系）。在这个意义上，矢量化应该被视为语境特征，这与 2. 9. 3 中作（转下页）

在/约翰打玛丽/中，使其内容得以理解的是方向短语（书面短语中的空间方向和口头短语中的时间方向）。通过改变名字的位置，整个内容被翻转。同样，矢量化本身既不是符号，也不是完整的表达（除了表示纯矢量相关的表达，正如在/a∩b/中的情况），而是生产性的特征，它与其他特征一起构成了表达[①]。有人会说，在某些情况下，矢量本身可以产生符号-功能体。假设我哼着向上的音调曲

（接上页）出的假设无论如何也不矛盾。其中义位的再现甚至卷入组合规则。原则上，由于矢量装置是空间或时间安排中的一个位置，特定元素以 n 个位置谓项的形式再现，我们可以假设，参数显示的任何再现作为语境性的选择，都是在特定语境中对其作用的再现。例如：

$$
x \begin{cases} (cont_{v(x,y)}) \cdots\cdots d_{\boxed{\text{行动者}}} \\ (cont_{v(y,x)}) \cdots\cdots d_{\boxed{\text{对象}}} \end{cases}
$$

但这样的解决方案引出了第一个问题：矢量位置是由表层结构实现还是由深层结构实现？莱考夫（Lakoff，1971a）给出的表达/萨姆声称约翰只约会过几个女孩/对两种解读开放：/萨姆声称：约翰约会过的女孩很少/，以及/萨姆所声称的、约翰约会过的女孩很少/。表层结构中的矢量装置容易产生歧义，只有在更深层次的语义结构中，对量词进行正确的"矢量化"才能消除这种歧义表达。然而，生成符号（特别是"符码观察"）的劳动，在于通过一些规则或"约束"，把深层语义再现映现到表层结构中。这些规则规定了矢量装置如何在表层结构中实现和解释。在这一点上，语义再现（在生成语义学的术语中）是一个解释项，或者是一种矢量装置的合成，它作为一种元语言装置发挥作用，能够解释选择和产生符号的劳动。因此矢量化出现（i）在语义理论的元语言再现中，（ii）在特定义位的组合可能性的语义再现中，（iii）在解释一个语境时所表现出的指称和预设的劳动中。因为所有这些问题对于转换语法、解释语义学或生成语义学（毋宁说它们是正在进行讨论的问题）都不够清楚，让我们假设，目前，矢量装置问题在语音语言学中是一个非常令人费解、需要进一步研究的问题。这表明，没有解决涉及整个矢量的一般符号学的问题，即便是面向语义的语言学的最特殊的问题也无法解决。

① 在不同语言中，词素在表层结构中的位置，并不代表允许句子正确消除歧义的矢量特征。例如，在意大利语中，人们通常会说/Giovanni ama Maria（约翰爱玛丽）/——行动者出现在对象之前——但也可以说（即使带有少许"诗意"）/ama Maria Giovanni/。在第二种情形里，该位置不允许我们确认谁是行动者。不过，说的时候，位置的特征是容易被副语言学的特征取代的（Lakoff，1971b）：如果我说/ama Marria，Giovanni！/，强调第二个名字，我已经明确地风格化了（在书面表达中，通过逗号和感叹号，副语言学的装置被取代了）。桑德斯（Sanders，1974）提醒我们，在西班牙语里，说/Manuel me presentó a ti（曼纽尔把我介绍给你）/与说/Manuel te me present/都是合适的。但是在第二种情形里，我们有权谈论附加编码，因为这个表达可以被视为现成的句段或者一个成语。

线，我可以成功地意指《问题》（或者《我在质疑》，或者《什么?》），通过在声音连续体上施加一个方向，而不诉诸任何其他手段。但这是一个编码风格化的例子。

受最佳图示化难率支配的许多矢量是如此容易识别，正如风格化发生一样，以致某种词语形式误用过程产生了，难率实际上变成了易率。上面援引的疑问式哼唱，即这个过程的一个典型例子。

3.6.6 程序化刺激和拟组合单位

介于副本和创造之间，存在两种通常不被认为是符号学上可定义的生产性操作。第一个是关于非符号学元素的配置，目的是引起接受者的即时反应。在戏剧表演中，一道闪光，一个无法忍受的声音，一种下意识的兴奋，等等，都被列在刺激物中，而不是像3.5.5中强调的那样列在符号中。但在同一段中我们注意到，当发送者知道表现出来的刺激可能产生的效果时，人们就必须把他的这一知识看作是一种符号学能力，因为对他来说，一个特定刺激对应于一个特定的可预见的反应，他明确地想要引起这个反应。换句话说，存在一个符号-功能体，通过这个符号-功能体，刺激是假定产生效果的表达平面，刺激反应则是作为其内容平面。

然而，刺激的效果是无法完全预测的，特别是当它作为拟符号置入到文本其他更为具体的符号学元素中时更是这样。假设一个说话者根据法律修辞的规则，正在讲述一段有说服力的话语，并试图唤起接收者的怜悯与同情。他可以用颤抖的声音说话，或者用几乎察觉不到的抽泣表明他想哭。这些超音段特征，很明显可能是副语言手段，或者仅仅是表明他情绪状态的症状。但它们也可能是他置入话语中的刺激物，以激起听众某种程度的认同，并将他们带入相同的情感状态。他将这些手段作为程序化刺激来使用，但并不确切地知道它们将如何正好被接收、被察觉、被解释。这样，说话者介入某些刺激规则的执行中，展现出新的非规约性因素，这些因素可能（或可能不）被视为符号学手段。有时，说话者并不确定特定刺激与特定预设反应之间的关系，他更多是在将表演变成程序化刺激的试探性编码。因此，这些手段居于副本与创造之间。它们可能是、也可能不是符号学手段，构成了一种模棱两可的界限。因此，即使程序化刺激的表达串可以被分解成可检测的单位，相应的内容仍然是星云似的概念或行为“话语”。由可分析和可复制的单位组成的表达（由*易率*支配），可能在内容平面上生成一种模糊的话语。在这些程序化刺激中，我们可以列举：(i) 所有在诗歌、音乐、绘画等方面的程序化的共同感觉。(ii) 所有所谓“表达性”符号，诸如康定斯基等艺术家提出的那些理论，例如，习惯上认为能够直接“传达”某种特定感觉的视觉构型（力量、优雅、不安、运动，等等），它们也被*移情*或共情理论家所研究。就这些手段在心灵力量与“再现”身体经验之间拥有理据性关系而言，它们应该在关于投影的那段文字中被讨论（见 3. 6. 7）。如果知道它们的强调效果的发送者把它们展示出来，那它们就是程序化刺激（因此是预先编码的装置），然而，结果（在内容平面上）只是部分可预见的。（iii）3. 5. 8 中所描述的所有替代性刺激产品。（iv）为数众多的投影，3. 6. 7 将对此详加讨论。

无论如何，我们应该对这类程序化刺激与用来表达情感的更明确的符码化手段，如身体动作、面部表情等进行仔细区分。如今体态语（Ekman，1969）和副语言学的最新研究报告，都非常精确地记录了这一现象。

另一种似是而非的符号学操作是*拟组合*。最典型的例子是抽象画或无调性音乐作品。显然，蒙德里安的画作或勋伯格的音乐作品是完全可以复制的，因此它们似乎是由系统的组合单位所组成。这些单位明显不拥有意义，但它们确实遵循组合规则。

没有人可以否认，存在着一个表达系统，即使内容平面仍然像以前那样对所有人开放。因此，这些例子是比符号-功能体更*开放的信号肌理*。正是因为这个原因，它们似乎对内容的归属发出邀请，从而对其接受者产生了一种解释上的挑战（Eco，1962）。让我们称它们为视觉的或音乐的*命题功能*，它们只能“等待”着能和内容发生关联，而且每种功能都有许多不同的相关性。

因此，每当听到后韦伯式的声音集群时，我们就能察觉到以某种方式组合在一起的可复制的音乐单位的存在，有时我们也知道支配这种素材活动的聚合规则。

然而，当人们在处理抽象表现主义绘画、随机音乐、约翰·凯奇的偶发艺术等等时，问题似乎发生了变化。在这些情况下，我们可以谈论缺乏任何可预见规则的结构云。那么，我们还能继续讨论拟组合操作吗？正是这种艺术操作，促使列维-斯特劳斯（Lévi-Strauss，1964）否定这些现象的任何语言学性质，因为它们缺乏离散单位或基于潜在系统的对立。

在这种情况下，人们可以回答说，整个物质肌理，由于它本身没有规则，就与支配“语言的”艺术的整个规则系统自身对立起来，从而创造了一种宏系统，在这个系统中，纯粹噪音的显现与信息秩序的显现是对立的。这种解决方案的好处是很优雅，事实上它的确解释了*不定形*艺术家作品背后的许多意图。但它也等于维持了这样的看法，即使在非符号学现象中（也存在一个符号学的意图），只要它们为了使缺失的符号学现象具有相关性而被展现出来，就是如此。在这个意义上，“*不定型艺术*”的创作，应等同于沉默，以“表达”拒绝来进行言说。

事实上，这类艺术的许多例子至少具有拟组合性质还有另外一个原因。当艺术家们告诉我们，他们研究材料的纹理、木材的质地、画布、铁质或声音和噪音，并试图从中找到关系、形式、新的视觉或听觉路径时，他们就自己给出了线索。艺术家在更深层次的表达-连续体中，发现了一种新的关系系统，而之前对这种连续体分节所引出的表达形式，却从未切中主题。这些新的相关性特征，连同它们的组织方式，是如此的可检测和可识别，以至于人们能够将一个特定艺术家的作品分离出来，从而作出辨别。例如，从波洛克的作品中分离出福特里耶的作品，或者从贝里奥的作品中分离出布列兹的作品。

既然这样，拟组合单位的确立，并非先于作品自身的制作。相反，作品的生成和系统的诞生是一致的。而且，只要这些形式传达了一种内容（这种内容有时与作品的性质及其意识形态主旨的元语言描述相同），那么在作品建立时就提出了一套完整的符码。

让我强调一下，我们这里讨论了三个问题：(i) 分节在可识别的表达形式下进行，也就是说对表达-连续体作进一步的分割。当我们在3.7谈到审美文本时这方面将变得非常重要。(ii) 这种分节在不同层次上的复杂性，有时无法检测出可区分的单位，从而无法建立可复制的表达类型；当这种情况碰巧发生时，拟组合单位就不能复制（在后韦伯式音乐里一些声音集群可以复制——确实存在一个关于他们演出方式的乐谱规定——当另一些声音集群只能被作曲家“建议”时，就表演者而言就需要有创造性的参与了。杜布菲的画很难复制）。(iii) 新的表达层次的创造与其可能的分节与系统化是同时进行的。在此情形下，拟组合程序变成了纯粹的创造性程序。这就把我们带到了现行符号生产方式分类的最后一项。

不过在表39中，拟组合单位仍然被列在受易率支配的生产方式里，因为，只要它们是可复制的，它们就不得不再生产一个表达类型，尽管它们是否代表了符号-功能体的一个确切的实例，甚至代表了一个“开放”信号的实例，似乎是值得怀疑的。但如果它们的构成性单位不能被检测到，它们就不能被复制，它们因此就仍然处于符号产生和操作的连续体的新可能性的提议之间。

与此相反，程序化刺激被列在与实例和样本相同的行列，处于易率与难率之间，并非偶然。有时，就像移情理论家假设的那样，某种线条和某种感觉之间存在某种“理据性”的连接，因此，刺激的案例依赖于投影或风格化程序。

3.6.7 创造

我们可以把创造定义为一种生产模式，由此，符号-功能体的生产者选择了一种尚未分节的新的材料连续体，并为此目的而提出了一种新的组织方式（给予形式），以便在其中映现内容类型的相关的元素形式。因此，创造是我们在难率的情形下实现的异质材料中的表达；但是，由于之前不存在将表达元素与选择内容关联起来的规约，符号生产者必须以某种方式假定这种关联，以便使其可接受。从这个意义上说，创造根本不同于识别、样本和副本。

每个人都能辨识由识别产生的表达，因为既有的经验已经将特定表达-单位与特定内容-单位连接起来。基于共有的抽象机制，每个人都能识别由制作的样本所产生的表达，诸如承认特定项目是其所属类别的代表。每个人都能识别由副本产生的表达，因为副本复制了一个表达类型，而这个表达类型已经与特定的内容规约性地关联在一起。在所有这些情况下，不管比率是易率还是难率，每个人都能认识到个别符与其类型符之间的对应关系，因为这个类型已经作为一种文化产品存在了。无论个别符的表达是复现内容类型，如印迹，还是复现表达类型，如音素和单词，其过程都遵循一定的基本要求。

如果将类型符（无论是内容类型符还是表达类型符）视为一组被挑选出来作为相关属性的集合，那么通过将原始集合的元素映现成个别符集合的元素，即可获取个别符。这个过程可以由表 40 表示，其中 *xs* 表示类型的相关属性，*ys* 表示非相关性和变量元素[①]。

在易率情况下，映现并不提出任何问题，它只是涉及使用与类型所规定的相同类型材料的属性的复制。例如，音素的类型可以规定“唇音 + 浊音”（以暗示：通过人类发声的方式），从而确定如何产生一个［b］。

表 40

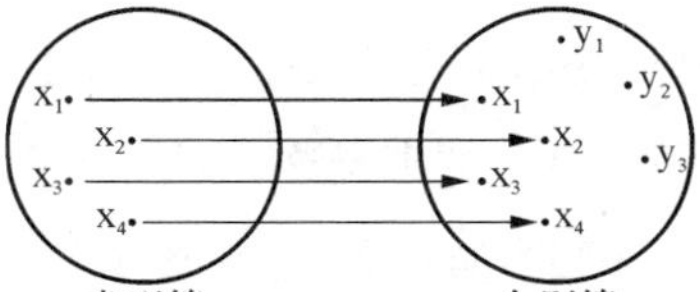

在难率情况下，映现概念的问题稍微要多一些。因为难率的类型是一个内容单位，一个义位，其属性是语义标记，原则上与任何特定表达-连续体没有联系。

那么，将一杯酒的相关属性映现到另一种材料中，以便在桌子上产生其可识别的湿印，这意味着什么呢？以这种方式提出问题，因为人们对于“指称”的偏见，可能会得到一个令人困惑的答案。

---

① 对于这一段所涉及的所有问题，我要感谢克兰佩（Krampen，1973）和沃利（Volli，1972）。*VS* 杂志（1972、1973）通过法拉西诺、卡塞蒂、贝特蒂尼、沃利、贝隆、麦茨、奥斯蒙德-史密斯等人的发言，对于像似性符号发展的全面讨论，作为对上述贡献的批判性总结，有益于澄清目前论述的许多观点。我也要感谢托马斯·马尔多纳多（私人通信）、西比奥克（私人通信）、罗曼·雅各布森（私人通信），以及为数众多的其他人。

事实上，一杯酒的印迹，不必具有《一杯葡萄酒》的对象属性，但它必须具备《一杯葡萄酒的印迹》的文化单位属性。在这种情况下，讨论中该实体的语义再现，只需要不超过四个的语义标记，即《圆形》、《红色》、《内径（或直径）的长度》和《湿的》。将这些标记映现到另一种材料中，仅仅意味着实现义位《圆形》、《红色》、《直径x》和《湿的》之几何学和化学的*解释项*。如此，映现过程是完整的，内容类型的个别符的实现也是一件相对容易的事情。从这个意义上说，我们*不能*认为兔子的爪印具有像似性特征，就像兔子的形象一样。在前一种情况下，内容类型是靠文化确立的，而后一种情况则不是（风格化的情况除外）。

唯一的问题似乎是：桌子上特定直径的圆，在何种意义上映现语义标记《圆形》和《直径x》?

但是再仔细一想，这个问题与在何种意义上唇辅音和浊辅音映现抽象音系类型“唇+浊”的声音这一问题，没有什么不同。在后一种情况下，答案似乎相当的容易：存在某种声音参数，允许实现和识别的副本（如何实现一个参数是可识别的，这把我们带回到基本的感知条件，正如我们在3.4.7和3.4.8中所特别提到的，它们是一个符号学理论的假设而不是定理）。

因此，人们只需重复（见3.4.2）就可以实现各种表达，无论是根据空间参数还是语音参数，这证明将圆的副本与音素的副本列在同一理论阵列是正确的。唯一的区别是，支配音素复制的声音特征不是内容标记，支配几何图形复制的空间特征（即使是虚拟的，如识别印迹）才是内容标记。正如我们所看到的，这正是*易率*与*难率*之间的区别。

现在，如果我们思考表39就会注意到，所有*难率*的情况都与内容类型有关，其中最重要的语义标记是*拓扑性*的，即图形或矢量属性。这让我们回到 2.7.2 中所概述的问题：不是每个语义标记都可以语言化。当语义标记可以语言化时，它们无疑获得了最大程度的抽象。它们预先被文化化，并被频繁地通过语言手段表达，甚至可以任意地与其他非语言手段相关联（例如，一个几何形状的道路标志意味着《停止》），通过语言习惯的调节，它们很容易被识别。在这些情况下，的确，正如巴特和其他理论家所说，非语言符号学系统依赖于语言学符号系统。但是有些标记是不能语言化的，至少不能完全语言化，因此它们不能通过语言表达的元语言定义来传达。

野兔爪印的空间分布无法被语言化地元描述。然而，很难断言它在这之中没有文化性的"存在"，这么说的证据并不在于它事实上可以被"思考"（这将是外在于符号学的、有点唯心主义的论点），而在于它事实上可以用多种方式解释。例如，我们可以设想一种算法，当把它输入绘图仪时，它将输出一张兔爪子画。这幅画比真正的印迹更具图式感，这一事实进一步证明了本文的论点：这种印迹（义位）的文化概念，既不和它的知觉模式，也不和它对应的对象相同。

从感知模型到语义模型，再从语义模型到被难率支配的表达模型，这一过程，可以如表 41 所表示。

表 41

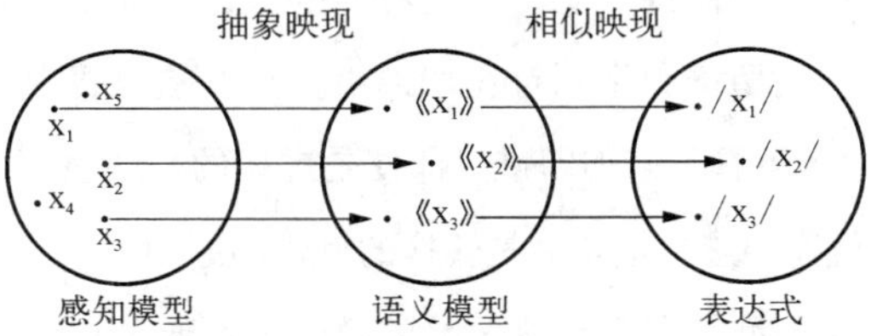

换句话说，给出一个感知模型，作为特定经验的"凝缩"的再现，赋予感知对象 x 属性 x_1、x_2、x_3、x_4……x_n，这种感知模型产生了一

种语义模型，我们可以说，它只保留了凝缩再现的三个特性。这并不是说所有这些选择的语义标记，都必须是可用言辞表达的事项，其中许多可能是拓扑性关系。

在这一点上，借助富有表现力的手段，来表达语义模型（义位）是有可能的。如果该义位的标记是非拓扑性的，那么内容表达的相关性可以是任意的。然而，由于在这种情况下，某些标记是拓扑性的，所以这种相关性是有理据的，并且原则上必须遵循支配任一类型符/个别符比的规则，亦即转换规则。

现在让我们补充一些关于表 41 中列出的双重映现的内容。第一种映现（从感知到义位）不需要用符号学解释：它遵循着支配每一种抽象现象的规则——包括概念上的和“视觉上的”思维——因此，这是一个依赖于人类智力机制的过程（这并不是说这个过程不能被看作是符号学的过程，而是说这个问题的定义构成了符号学的“政治”边界之一——见《导论》）。

第二种映现，应该与支配相似三角形生产的映现相同，只要给出一定的空间参数和约定（比如大小无关，但边长必须成比例，角度必须相等）。让我们称这个过程为转换：“空间中点的每个一对一的对应都是一个转换。我们关心的是，特定转换的存在使得几何实体的某些突出属性保持不变。”[①] 这种转换概念，非常适合于从个别符到个别符、类型符和个别符比率的再生产（这是符号学的一个假设）。但是它也解释了诸如印迹（即使是虚拟的）的生产，这就是在 3.6.2 中甚至连印迹也被认为是转换的例子的原因。

然而，在类型符和个别符比率的情况下，通过相似性进行的映

① 沃利（Volli，1972：25）提到了克莱因在他的埃尔朗根计划（1872）中表达的几何学概念。根据这个概念，“每一种几何学都是研究相对于一个确定的转换群保持不变的性质”。

现就发生在表达类型符（以及对象的模型）与表达个别符（以及另一个物理对象）之间。另一方面，就印迹而言，我们考虑的是建立在语义模型及其物理表达之间的相似性。让我们再次关注易率与难率之间的区别。

在这一点上，出现了两个问题：

（i）“映现”如何从内容模型到表达模型，即从非物质实在到物质连续体；

（ii）如何根据内容类型及其拓扑性的复杂性所达到的规约性的程度，来列出各种映现。

如果在表39中，印迹（即使偶然被复制而非被识别出的）没有被作为直接的转换而被归类于创造，这是有充足理由的。在印迹中，内容模型已经存在。它已经在文化上以这样或那样的方式被确立。当复制一个印迹时，它作为已知的事物被映现。而且在物质连续体中，如何体现一个义位的某些语义的拓扑性属性（比如一杯葡萄酒），存在相似性规则。因此，表41中，根据难率进行映现的过程，与根据易率进行映现的过程（表40）并没有太大的差别。这种映现无疑是建立在假定对象语义再现的理据上，但同时又受到映现规约的约束。主要的问题出现在这个时候，即试图判定如何将某物的属性映现到表达-连续体上，而此物（由于其文化上的奇特性或形式上的复杂性）在文化上还不为人所知。

必须强调的是，在这里，人们关心的不是对一座金山，或者一个有十只眼睛七条腿的人的再现。人们很容易从已知元素的附加部分中推断出未知元素的性质，就像语言通过对可识别的单位进行分节来表达闻所未闻的事件一样。但是，真正令人困惑的问题，不在于人们如何能再现一个十只眼睛七条腿的人，而在于人们为何能在视觉上再现（并辨认出所再现的）某个既定两只眼睛两条腿的人。怎么可能用一种特定的光线和特定的情绪，去再现一个站在树下的男人和一个坐在树下的女人，他们的周围是一片宁静的风景，背后是云彩和一片玉米地——就像在庚斯博罗《安德鲁斯夫妇》画中的情形那样？

这个复杂的内容不是一个单位，而是一段话语（绘画不是符号，而是文本）。由于事先不知道这一内容，接收者又是第一次从表达中把握某些信息，而表达又不存在已有的类型，符号学怎么可能去界定这种现象呢？唯一的答案似乎是，绘画不是一种符号学现象，因为其既没有既定的表达，也没有既定的内容，因而在功能与许可的表意之间没有相关性。因此，一幅画似乎应该是一种“神秘”的现象，它假定功能项而不是被功能项所假定。

不过，如果说此一现象似乎逃脱了符号-功能体的相关定义，那它也当然逃脱不了符号的基本定义，即符号是代替别的东西的某物：因为庚斯博罗的画正是这样，实际在场的某物表达了不在场的某物，在某些情况下，它可以被用来指称世界的状态。

3.6.8 作为编码的创造

有了这个例子，我们对当前符号生产模式进行分类就已到达一个关键点。我们现在必须定义一种符号学的生产模式，在这种生产模式中，某物从另一物中映现出来，而在映现行为发生之前，另一物并没有被定义和分析。我们正在目击这样一种情况，即在一种表意规约被假定时，两种相互关系的功能项被创造出来。

但对于符号学家来说，后一种定义听起来很熟悉。奇怪的是，它与围绕语言起源或符号学规约的历史兴起问题（至少有三代语言学家如此强烈地对此表示反对）类似。

现在，对这一问题，如果从抽象的、粗略的考古学角度提出时，那么可能被拒绝，而从符号生产方式的现象学角度来探讨时，那就无法回避。因此，让我们假设这些转换问题被列为创造并基于难率（取决于拓扑性的内容模型）提出编码活动的问题（见表31和3.1.2）。

我们现在可以按照表41中的建议，修改映现过程如下（表42）。

表 42

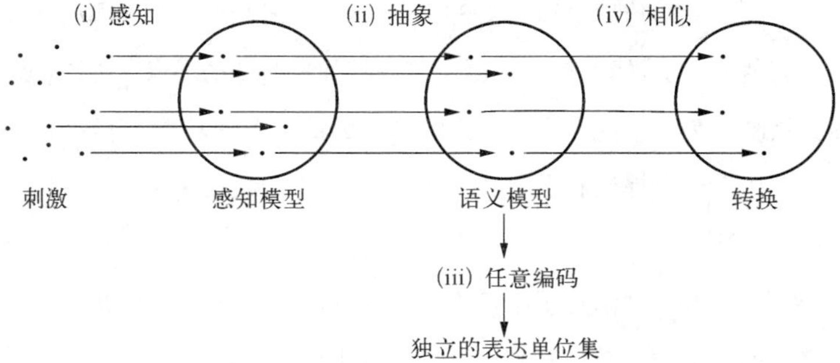

在这里，(i) 从一个不成形的感知场中挑出相关元素并将其组织起来，以便建立感知对象；(ii) 通过非常类似于支配风格化之规则的抽象程序（见3.6.5），将感知映现到语义再现上，后者是前者的文化简化；(iii) 这种语义再现既可以任意与一组表达手段相联系，如同系统组合元素及其他种类的副本，又可以 (iv) 根据规约性的相似规则被映现到转换中。这些程序解释了表39中列出的各种符号产出，但创造除外。

创造的产生有两种方式，一种是温和的，一种是激进的：

(a) 温和的创造是某人直接从感知再现投射到表达-连续体，从而实现一种表达形式，该表达形式规定了产生等值内容单位的规则（表43）。

表 43

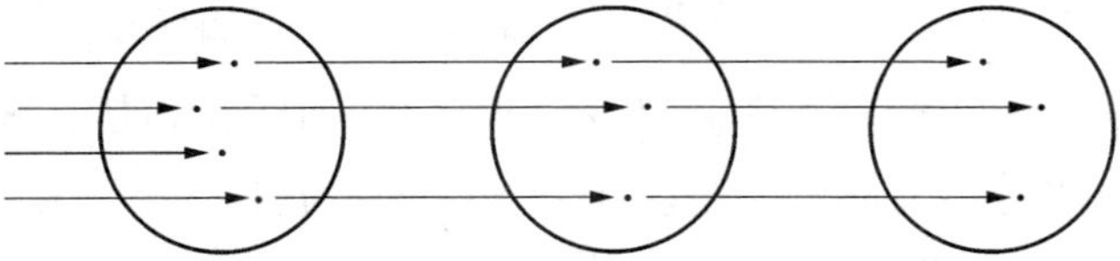

例如，庚斯博罗的画就是这样，所有所谓的“古典”画作也都如此。同样的事情也发生在印迹的第一次复制（或识别）中。

从发送者的角度来看，感知结构是一个编码的语义模型（即使没有其他人会这样看它）。根据更普遍接受的拟真性规则，它的感知标记被映现为一个尚未成形的连续体。因此，即使功能-内容尚不存在，发送者也会提出相关规则。但从接收者的角度来看，其结果只是一个表达结构。

当接收者把这幅画用作印迹，他通过回推和外推的拟真性规则，最终重构了当初的感知。然而，这个过程并不容易，有时接收者拒绝合作，规约便无法确立。接收者必须得到发送者的帮助，为此，一幅画永远不可能完全是创造性转换的结果。它必须提供各种线索：风格化、也许有一些预先编码的组合单位、若干虚构样本和程序化刺激。这样，凭借一系列复杂的调整，规约得以确立。

当这一过程成功时，一个新的内容平面就出现了，它位于感知（只有画家才记得）和可验证的物质表达之间。与其说是一个单位，不如说是话语。这个最初由画家通过感知组织起来的原始内容-连续体，现在逐渐成为一种新的对世界文化的安置。符号-功能体从编码的探索劳动中浮现出来，并由此确立起绘画本身所由此产生的习惯、后天的预期和特殊风格。表达的视觉单位变得足够固定，可以有效用于进一步的组合。风格化形成了。

绘画现在提供了可操作的单位，可以用于进一步的符号生产。符号过程的螺旋上升，被新的符号-功能体和解释项所丰富，而今准备开启下一轮过程。

(b) 激进的创造的情况则大不相同。因为发送者或多或少绕过了感知模型，并直接深入到尚未成形的感知连续体中，在对其进行组织时也对其加以映现（表 44）。

表 44

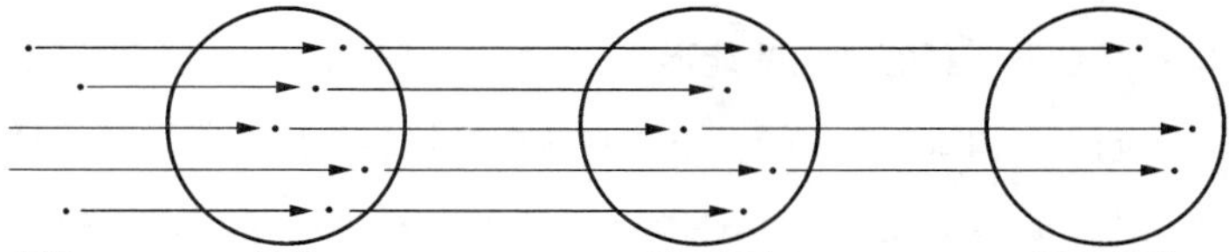

在这种情况下，转换，即已实现的表达，是一种速记手段，发送者通过它来固化感知劳动的结果。只有在完成了这个表达劳动之后，他才能达成一个感知模型，以及随之而来的义位再现。这个过程在绘画史上所有伟大的创新时刻都有所体现。以印象派画家为例，他们的接收者完全拒绝“承认”其所表现的对象，说他们“不理解”，说这幅画“没有任何意义”，说现实生活不是那样的，等等。这种拒绝来源于：接收者不仅缺乏一个可以用来指称映现项的语义模型，而且缺乏一个可以用以猜测的感知，因为他们从来没有以这种方式感知过。

在此情形下所发生的，就是激进编码：一种对新规约的激进提议。这种符号-功能体尚不存在，有时甚至根本无法自我建立。发送者对于符号化过程的可能性孤注一掷，结果失败了。在一两种情形里，仅仅几个世纪之后，这种赌博就结束了，规约得以建立。所有这些程序都将在专门讨论审美文本一节中进一步加以考察，并由此意味着编码和创造是审美活动。

说来奇怪，这个假设把对语言的推测带回到了维科（Giambattista Vico）所采取的立场，维科提出，语言是作为诗性创造而兴起的，之后才被规约性地接受下来。这并不是说，本章的结论应该被解释为对唯心主义论点的一种验证，当其走向极端，就会导致对任何符号学科学（或者至少是对符号学的社会意义的承认）的排斥。事实上，没有人真正见证过完全激进的创造，也没有人真正见证过完全温和的创造，因为文本是迷宫般的结构，是创造、副本、风格化、明示等的集合。符号过程从不会求诸新异，也不会无中生有。只有在旧文化的背景下，新的文化才能形成。

正如2.1和2.4中所说，不存在这样的符号，许多所谓的符号其实是文本。符号和文本是一种相互关联的劳动的结果，在这种劳动中，许多不同的符号生产方式缠绕交织在一起。如果“创造”是符号类型学中的一个范畴，那么它就有可能把绝对和激进的创造分离出来。这些绝对和激进的创造或许构成了语言诞生的真实例子，证明了“曙光”时刻的持续重现，通过这个时刻，每个人生活中的每一天，语言降临这个世界——正如克罗齐的语言学所坚持的那样，过高地估计了说话主体的创造力。

相反，由于创造是不同符号生产方式中的一种，它与其他的符号生产方式协作，使各种功能相互关联，并建立起多种多样的符号-功能体，避免了唯心主义的谬误。

人类只有在其他符码已经存在的情况下不断地编码和再编码。在符号学的体系中，既没有单一的主角，也没有蒙受神恩的先知。即便是先知，为了正确，也必须得到社会的接受；否则，他们就是错的。

3.6.9 转换连续体

符号学创造的产品，即使被视为潜在的超符号，也是“模糊的”符号。它们没有尽可能多层次地建立直接的对立，而且对于编码而言，它们更多地受制于不足编码。如果断言一幅画像一首诗，是由许多可辨认的符号构成的复合体，那就错了。但是，认为绘画不是一种符号学现象，这同样是错误的。绘画代表了这样一种符号学现象产生的时刻，即利用以前的符号的残留成分，提出一种可能的符码。在这种情况下，必须强调存在不同种类的转换，其中一些更接近于为了纯粹的感知或使用目的而进行的双重转换，另一些则更接近于符号学程序。无论如何，让我们在这个连续体中列出三个等级。

首先是全等或模型[①]：表达物理空间中的每个点，对应于真实对象空间中的每个点。其中一个例子就是死亡面具。但是，死亡面具可以被“理解”，即使一个人不知道模型对象（事实上，为了让人们发现一个从未认识的人身上的物理特性，它们经常被展示出来）。死亡面具并不是绝对的全等（在这个术语完整的几何意义上），它们抛弃了无关的皮肤纹理、颜色和其他属性，事实上它们也可以在不丧失其再现力的情况下，在较小的规模上复制。因此，它们也必须遵循相似性的规约。当看到一个死亡面具时，你会“向后映现”。但在投影的最后，不是一个对象，而是一个内容类型：因此它们是符号-功能体。

此外，很明显，死亡面具是可以伪造的。所以不管你怎样看，这些异质材料的模型一定是符号，只有同质材料的全等才不是符号，

---

① “让我们首先思考全等，也就是使每一段对应于等长段的转换。它们使几何实体的度量特性保持不变，因此显然也使关系紧密的、投影的和拓扑的等性质保持不变。我们关心的是，我们直观上所说的几何图形的‘相等’。两个‘具有相同形式’的物体，即使是由不同的物质构成，在上述提及的近似范围内，显然彼此是最简单的、合理的像似性符号。它们的像似关系，可以严格定义为各自表达形式之间的一致性。值得注意的是，镜面反射也是全等的”（Volli，1972：25）。

它们实际上是绝对的副本或复本！其次是投影①：表达个别空间上的点，对应于拓扑性感知模型或语义模型空间上选定的点。强大的相似性规则在起作用。事实上，人们必须学会识别这种“形象”。存在不同类型的投影，它们很容易被证伪。

任何对投影的天真的解释者，都把它“解读”为一个印迹，也就是说，一个事物的实际方面的直接映现！

相反，投影总是映现规约的结果。通过映现规约，表面上的特定痕迹成为刺激，迫使人们向后映现并假设一个内容类型，其中看到的只是个别表达。因此，总是有可能从空无中或从没有指称物对应的内容进行投影（如在代表神话英雄的古典绘画中）。投影中社会规约的存在（所以从感知模型或语义模型映现是可能的）使得反向过程变得容易，也就是从投影映现到一个不存在的、被认为是投影的实体。强化我们对天真像似论批评的是，既然有可能提取出虚假的像似性符号，像似论就是一种高度复杂的符号学规约①。当被认为

---

① 让我以“投影”的名义，来囊括诸如同质变异（homotetiae）和投射转换的所有现象：“同质变异提供了另一种有趣的变换类型，在初等几何中称为像似性，它不保留图形的所有度量性质，而仿射、投影和拓扑性质保持不变。建筑的塑料模型是最典型的基于同质变异的像似性符号的例子。然后，我们有了投影转换。投影转换，除开其他方面，会产生透视对应，而且除了拓扑性质，所有的投影性质保持不变，例如‘直线’、‘二次曲线’、直线的四个点之间的双向关系等。照片和大多数图形复制品，构成了基于物体表现形式的投影转换的像似性符号的例子。但在这种类型的符号中，不管是近似性的感知原理，还是像似性符号的表现形式，都只是物体某一部分的转换，并起着重要的作用。”（Volli，1972：25）

① 即使是看起来像一个特定对象集合的“指示”印迹，本身也是从一个感知模型的几个相关特征映现而来的高度简化的结果，见吉布森（Gibson，1966：190 ff.）对于从给定点实现的房间再现方式的研究。最常用的投影方式是只考虑边缘和边界。虽然科学的（即使是抽象的）表面光散射反射的再现，给出了“一个密集的空间填充网络，从任何地方反射光线，每个通常可识别的在房间里的物体图像在房间里只映现来自表面和物体表面的光线……不是从事物的各个方面……可以观察到，由曲面的边或角定义的每个面对应一个透视投影”；此外，所有这些都是从单眼角度映现的。在解释图像时，是接收者填补了空白，并从“像似性”抽象映现到感性模型。感知场再现是基于投影规约的，因此必须学习。由于这个原因，未知对象的再现变得困难，并且无法通过投影规约来解决，因此它既需要程序化刺激，也需要各种类型的风格化组合。

是指称时，投影通常是虚假的。他们试图断言存在某种东西，它竟然看起来像表达项目，但情况根本不是这样。因此，他们可以展示尤利乌斯·恺撒和匹克威克先生的形象，而不考虑两者不同的本体论地位。在投影的例子中，所谓的“意象论尺度”，可以被作为具有启发性的、有益的东西来接受。

最后，存在图形或拓扑转换①，其中表达中的空间点对应于非拓扑性关系点。皮尔士的实存图形就是这样（见 3.5.3）：空间表达显示的相关信息完全不是空间上的，而是与经济关系有关，正如我们用表 45 来表达如下关系：“每个无法独立的工人都属于被剥削和异化的无产阶级。”

表 45

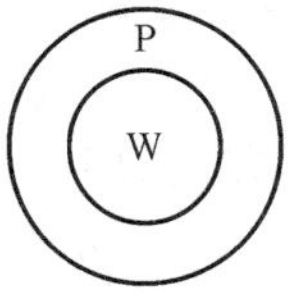

在任何情况下，这整个范围的创造性再现，从全等或模型到图形，显示的不是符号，而是文本。当这些文本第一次出现时，相关性和非相关性的特征之间也没有区别，只有在解码的过程中相关的特征才会出现，并开始产生符号（从而产生它们自己的特殊习惯）。由于很难分离它们所指称的内容-类型（通过一个难率过程），这些文本不容易被复制。

成功复制一幅画绝非易事。而戏仿伦勃朗的一幅画，很可能被

---

① “最后，我们有拓扑转换，它只保留某些非常基本的性质，如线的连续性和位势系统的排列。从拓扑转换中产生的最典型和最重要的像似性符号是图表。地铁或铁路系统的示意图，或电气或电子设备的结构图，只有与它们所指的对象相同的某些基本的排列特性，然而，它们保留了解释、清晰度和信息的巨大能力。拓扑转换也可以考虑方向，就像在城市地图上再现单行道一样。”（Volli，1972：25－26）

认为是一种类似艺术的成就，因为要发现这种表达的意指力量所依赖的相关性质绝非易事，只有技艺高超的造假者，才有能力分离和复制它们。当世界上只有一个人能够伪造一种创造模式（即不是复制一幅既定的画，而是按照同一种创造程序进行绘画）时，这种绘画所提出的符码，还没有被一种文化所接受；当其有可能描绘出具有风格的画作时，那么这个创造（作为一种编码的提议）就在符号学上的意义上成功了，一种新的规约出现了。但很明显，目前的讨论，正在不断地从编码与新的规约的获取问题，转移到语言的审美使用问题。任何关于创造的讨论，都不可避免地向符码的模糊性、自指性和个人言语的使用问题开放，并迫使我们再次回到审美文本的讨论中。

3.6.10 生产特征，符号，文本

本节所概述的信号生产方式的类型，明确地阐明了一个事实，即人们通常所说的“符号”是许多相互交织的生产方式的结果。例如在教堂里闻到一股熏香的气味，这只是一种识别的情况，也就是说这是一种症候，人们通过它来识别正在举行的礼拜仪式。当生产时，它同时是风格化和程序化刺激的副本。当在戏剧中被使用时，以暗示一种神秘的情况，它既是一个程序化刺激，又是一个虚构样本（整个仪式的熏香）。

微笑可以是一种症状，也可以是一种风格化的副本，有时甚至是一种矢量化。一段音乐旋律，当它引用来唤起整部交响乐时，它已经外推为一个样本。但它可以是由组合单位构成的文本的副本，有时甚至是混合了拟组合单位的复杂的程序化刺激。所有这些东西通常都汇集在一起。地图是预先转换（介于投影和图形之间）的结果，它肯定已经成为一种风格化，由此是副本的结果。一般来说，

衣服是可复制的风格化，与拟组合单位和程序化刺激缠绕交织在一起。

当我们必须界定一幅画时，问题变得更加困难。在任何情况下，一幅画都肯定不是“符号”：它是一个复杂的文本，由许多生产方式的网络产生。

人们可能会假定，特定的某个人的肖像，代表了一个完美的“专有名称”的例子，即它必然会返回身体指称物（而对于内容的语词性专有名词，已经在2.9.2中得到了证明）。我们最好这样说，这样的肖像既不是符号，也不是复杂的超符号，而是一种指称（/这是一个男人，他拥有这些属性……/）。另一方面，同样的肖像也可以说相当于描述。古德曼（Goodman，1968：1.5）指出，一个人的画像（拿破仑的画像）和人物的画像（匹克威克先生的画像）存在不同。事实上，如此的肖像呈现出不同类型的活动，实际上涵盖了表31和39中所概括的所有类型的符号学劳动。它是指称，是因为通过程序化刺激，它展示了感知对象的替代物，并通过某些图形手段来显示可能对应的义位标记；它是创造，只要感知模型尚不存在；它是事实判断（/存在一个人某某/）和描述（/一个人某某/）。由于尚未编码，它同时依赖于许多已经编码的印迹、风格化、样本、拟组合单位、矢量化，等等。因此，这样的肖像是一个复杂的文本，其内容范围从一个可检测的编码单位（《先生某某》）到一个无限的话语或内容-星云。但只要肖像被一种文化接受和认可，它就创造了一种“类型”（在“文学类型”的意义上，作为某些“普遍”属性的再现：英雄、绅士、淑女、傲慢贵妇人，等等）。在这一点上，它成为进一步风格化的模型。所以在一个特定历史时期，它可以被看作是创造性的投影，而在另一个时期则成为风格化。

同样的事情发生在所谓的“建筑符号”上面。即使许多建筑符号学领域的研究报告都试图将“建筑符号”的存在形态分离出来[①]，但很明显，即使最基本的建筑构型也总是一个文本。让我们以楼梯为例来思考。楼梯无疑是意指某些功能的一种符号学装置，但要构成这样一种装置，生产劳动就必须表现出以下特征：(i) 拟组合单位的分节；(ii) 矢量化（楼梯表示有赖于拓扑性参数的方向）；(iii) 程序化刺激（楼梯以某种方式要求人迈动脚步往上爬）；(iv) 风格化（楼梯对应明确的类型学）；等等。

试图在建筑中分离出精确的表达-单位，并不是没有意义的。但是，必须考虑这些单位所具有的大量的生产性特征。

这一切都提醒我们，文本变得越复杂，表达与内容的关系也就越复杂。可能存在简单的表达-单位传达内容-星云（例如我们在程序化刺激中看到的许多案例）；也可能存在表达-群集传达精确的内容单位（凯旋门可以是一个非常精致的建筑文本，但同时也传达了一个严格规约的抽象概念，如《胜利》）；还可能存在符合语法规则的严格的表达，由可复制的组合单位构成，诸如/我爱你/这样的短语，在某些情况下会戏剧性地传达出内容-星云，等等。

这种情况，并非不允许我们忽视对可检测的精确符号-功能体的

---

① 我（Eco，1973e）试图将建筑符号定义为：人造物体和环境化的空间，其表意基于之前编码的可能性功能（上下、进出、遮风挡雨、聚在一起、睡觉、吃饭、庆祝等等）。在这个意义上，我区分了刺激过程（我在黑暗中绊了一跤，不得不抬起腿）和表意过程：一架//*楼梯*//由其表达上升功能的形态元素的分节构成；楼梯只有在被识别为楼梯时才能使用，而且不需要使用就可以识别（它甚至在其功能不能使用的情况下也允许这样做，例如在错视的情况下）。我（Eco，1968）也区分了两种意指类型功能：首要功能，即表达的第一个和直接的外延内容（比如上楼、站在窗口、住在一起等等）；次要功能，即间接的涵指内容（如各种“象征意义”、《神秘气氛》、《恭敬》、《胜利》等）。我（Eco，1972c）还试图提出一种对建筑物进行构成分析的模型，例如，一根圆柱，就考虑了许多语境和环境的选择。比如，废墟中的柱子，就增加了许多“考古学”和“历史”的内涵。这些都被建筑美学的重要文献充分地记录下来。所有这些都与本书批评的符号概念联系在一起，人们现在应该通过以“建筑文本”的概念取代“建筑符号”的概念来阅读它们。在“建筑文本”的概念中，许多符号生产方式在同时发挥作用。

分离，而是提醒我们，在符号学过程中，我们通常面对的是不足编码或附加编码的文本。

当无法检测到更多的可分析单位，亦不能否认符号学关联的存在。文化规约的存在，并不仅由所谓基本符号的出现所证实。它首先是通过符号学生产方式（识别、明示、副本、创造）的可检测性存在被揭示的，对此，本节已经概述了这些方式。这些方式的存在表明，即使不存在确切的单位对单位的相互关系，仍然存在一个假定的符号-功能体。

3.7 作为创造的审美文本

3.7.1 审美文本的符号学意图

语言的审美使用，在许多不同层次上值得注意：(i) 审美文本卷入一种非常特殊的劳动，即特殊的表达操作（见 3.7.2）；(ii) 这种表达操作，释放（并通过释放）了一种对内容的重新评估（见 3.7.3）；(iii) 这种双重操作产生了一个异质的、高度原创的符号-功能体实例（见 3.7.4），它在某种程度上，恰恰体现在审美符号-功能体得以建立的那些符码上，从而释放出符码转换的过程（见 3.7.5）；(iv) 整个操作，尽管聚焦在符码上，却频繁产生一种新型的关于世界的认识（见 3.7.6）；(v) 就审美劳动是接收者致力于反复的勘探和审查而言，它是接收者所从事的一项复杂的解释劳动，审美的发送者也必须把注意力聚焦在接收者可能的反应上，这样，审美文本就再现了一个由多样化的交流行为所引发的高度原创性回应的网络（见 3.7.7）。

在所有这些意义上，审美文本呈现出某种符号-功能体所有方面的总结性的实验室模型：它可以履行任何或所有的生产功能（由各种类型的判断构成，并充当元符号学陈述），并可以要求任何一种生产劳动。

同时，表 31 可以看作审美文本被生产和解释时所发生一切的简化再现。

所有这些都清楚地说明，为什么符号学家会对检视审美经验感兴趣。但是，尝试用符号学的方法研究审美文本还有其他的原因，因为人们也可能希望借此澄清许多传统哲学、美学尚未解决的问题。

许多哲学美学理论的典型特征是，它们并没有阐明诗歌的信息，而是列出诗歌的任何读者（或视觉艺术作品的观众）可能感受到的效果。哲学美学性的反应与外行人的反应的不同之处，在于其复杂的修辞手法架构，这种架构通过隐喻的富有想象力的相互作用，译解出全部不言而喻的道理。

有些所谓艺术的美学定义，可以被译解为“艺术就是艺术”或“艺术是产生美学效果的东西”这样的表述。

一个例子是克罗齐的艺术宇宙品质理论：宇宙的整个生命在艺术再现中呼吸，个体与整体的生命一起悸动，整体在个体的生命中显现。“每一种真正的艺术再现，就在其自身的宇宙里……在诗人写作的每一个字里，在他想象的每一个生物里，都有整个人类的命运、全部人类的希望、幻想、悲伤、欢乐、伟大和痛苦。整个现实的戏剧，它永远自己发展和成长，痛苦和欢乐……”[①] 这种诗意效果的定义，似乎与我们在审美经验中所获得的某些印象相一致，但它是模糊的，令人不满意的，因为它只是以一种优雅的方式告诉我们感觉或感受*到什么*，而没有告诉我们*为什么*，即没有告诉我们产生这种感觉或感受的原因。因此，我们现在必须看看，符号学方法对这种诗意效果是否能提供更好的解释。

---

① 克罗齐，《美学原理》，巴里：拉托萨，1913 年，第 9 版，1947 年，第 134—135 页。

3.7.2 歧义与自指的文本

根据雅各布森提出的著名的语言功能细分，一条讯息可以有以下一种功能，也可以是以下几种功能的组合：a）指称的；b）情感的；c）意动的；d）交际的；e）元语言的；f）诗性的。当信息是歧义和自指时，它就具有诗性功能（尽管在这种情况下，我们最好称之为“审美”功能，假设我们处理的是任意一种艺术）。显然，这六种功能可以在一条单独的讯息中共存。在大部分日常语言（以及审美讯息）中，它们总是相互联系、相互重叠的，尽管其中一种功能通常占主导地位，从而成为讯息的特征。符号学意义上的歧义，必须被定义为一种违反符码规则的方式。存在完全歧义的讯息（如/wbstddd grfmμ/，它违反了语音和词汇的双重规则）、语法歧义的讯息（/John has a when/等违反了次类划分规则）和语义歧义的讯息（如著名的/green colorless ideas sleep furiously/）。但不是所有这些类型的歧义必然产生审美效果（尽管把它们置入一个适当的语境中可能会产生审美效应）。

另一种形式的歧义，是文体的歧义。科塞留（Coseriu，1952）区分了系统和规范，认为一种语言可以允许不同的运用，而所有这些运用都被认为是“符合语法规则的”，但其中一些会获得“常规性”的外表，而另外一些则被认为是文体的（也就是：上流社会的、通俗的、高雅的）变化。拉丁语使得人们可以说/彼德鲁斯爱保卢斯，彼德鲁斯与保卢斯相爱，彼德鲁斯对保卢斯之爱/，但是第三种表达，似乎比起前两种而言“不太规范”。在接收第三种表达时，接收者立刻就能体会到一种过度优雅的内涵。

这些规范依赖于文体的子符码，它们为孤立的单词和（通常是）现成的句子赋予了额外的含义。因此，文体规范是附加编码的一个实例（见 2.14.3）。当听到/彼德鲁斯对保卢斯之爱（Paulum Petrus amat）/我不见得关心一个叫彼德鲁斯的人爱上了一个叫保卢斯的人这个事实，我感兴趣的是这个表达可能暗示的“诗意的”（或者“刻奇的”）细微差别。现成的修辞句也是附加编码的例子。

某些文体论的批评方法（Spitzer，1931）认为，审美是对规范的偏离。这种说法并不完全令人满意，因为并非每一次偏离文体规范都构成一种审美成果：/爱保卢斯彼德鲁斯（Amat Paulum Petrus）/在语义上可以理解，在文体上离经叛道，但听起来只不过相当奇怪。此外，这一理论并没有说清楚，诗性偏离是与日常生活规范相联系，还是与诗性所确立的规范相联系。事实上，这两类情况都可能出现偏离。

然而，歧义是一种非常重要的手段，因为它被作为审美经验的入门。它使我的注意力集中，并迫使我作出解释的努力（同时提出如何着手解码），而并不是产生一种纯粹的混乱，激发我从正在处理的语言中发现一种意想不到的灵活性。

朝向歧义的审美定义的第一步可以用以下假设来表示：在审美文本中，表达平面上的歧义，必定卷入相应的内容平面上的歧义。/彼德鲁斯对保卢斯之爱/或/爱保卢斯彼德鲁斯/毫无疑问偏离了某种表达规范，但不影响表达内容，内容保持不变。/无色的绿思狂暴地沉睡/更接近于一种审美效果，因为打破某些规则所受到的冲击，迫使听者重新考虑内容的整个组织。

俄国形式主义者强调审美文本的一个特点是疏远的接受（Sklovskij，1917），即所谓的“陌生化手段”（Erlich，1954）：为描述接收者可能多次见过和认识过的事物，作者出人意料地以不同的方式使用言辞（或任何其他类型的符号）。人们的第一反应是困惑感，几乎认不出其所指称事物。在某种程度上，表达手段的改变也改变了内容。因此，艺术“增加了困难和感知持续的时间”，并将其描述为“就像第一次看到它一样”，所以“意象的目的不是让我们更接近理解它所传达的意义，而是创造出一种对对象的特殊感知”。这就解释了诗性运用的拟古主义，解释了艺术作品在第一次呈现给观众时的困难和晦涩，因为观众对此尚未做好接收的准备，或者是艺术在人们期待遵循习惯性的“金科玉律”时，所带来的节奏上的破坏：“在艺术中有‘秩序’，但希腊神庙中没有一根柱子完全遵循这一秩序，而审美节奏是由一种被打破的平淡无奇的节奏组成的……这不是一个复杂节奏的问题，而是对那个节奏的破坏，这种破坏是无法预测的。如果破坏成为规则，它就失去了作为运作障碍所具有的力量。”因此，什克洛夫斯基（Sklovskij，1917）在大约三十年的时间里预测了所谓的“信息美学”的类似结论（Moles，1958；Bense，1965；Meyer，1967；Zareckij，1963）。

无论是在表达平面还是在内容平面规范的破坏，都迫使人们重新考虑它们之间的相互关系，而这种相互关系已不可能与通常符码所预见的情况相同。由此，文本变成自指：它把接收者的注意力主要转移到它自己的形状上。存在这样一些自指讯息，其中的歧义率处于最基本的水平，但这些讯息更接近于审美效果，而不仅仅是歧义。雅各布森对诸如/I like Ike/（1960）这样的政治口号的研究已经变得众所周知①。

---

①“政治口号‘I like Ike’［*ay/ayk ayk*］结构简洁，由三个单音节词和三个双音节词组成［*ay*］，每个音素后面都有一个辅音音素［……*l*……*k*……*k*］。这三个词的构成有变化：第一个单词中没有辅音音素，第二个单词中有两个双元音音素，第三个单词中有最后一个辅音音素。在济慈的一些十四行诗中，海姆斯注意到一个类似的显性核［*ay*］。三音节的‘I like/Ike’这两个词彼此押韵，而这两个押韵词中的第二个完全包含在第一个词中（回声押韵），三音节式的‘I like/Ike’和‘cola’互相押韵，而这两个押韵词的第二个完全包含在第一个押韵词（回声韵）［*layk*］-［*ayk*］中，这是一种感情的拟声图像，完全包裹着它的对象。两个 cola 的头韵都包含在第二个词中，第一个词包含在第二个词中：［*ay*］-［*ayk*］，是爱的主体被爱的客体包裹的拟声图像。其次，这句竞选口号的诗意功能，增强了它的感染力和效力。”事实上，这种讯息获得了它的部分“魅力”，因为它带来了一种“音乐”的性质，这种性质既不与句法手段相联系，也不与语义手段相联系。它显然表明，如果改变表达，内容也会受到影响（不能通过说/It is Ike that I like/或/Ike is liked by me/来获得相同的效果）。但它也表明，口号的一个特定发音（可能带有俚语意味）加强了它的“审美”效果。

3.7.3 对连续体的操作

到目前为止，歧义与自指的特性并没有完全集中在表达和内容层面上。在审美文本中，发送者的劳动和接收者的注意力，都聚焦于表达平面的更低层面。

因此，让我们通过研究几个审美经验的例子，来思考审美符号-载体的一些特性。对于任何审美研究来说，这些品质显然都是已经熟悉的，但它们应当有一个符号学的解释。无论发送者说/I like Ike/还是/It is Ike that I like/（符号-载体），人们都会立即理解某人喜欢Ike（意思）。这两种情况，都遵循表达系统的某些形式规则，但这些规则不一定出现在日常语言的使用中。为了传播各种内容，人们常常使用语言，但并未完全意识到其潜在的能力。然而，正如雅各布森所证明的那样，在/I like Ike/这个例子里，接收者的注意力集中在信息的音质上。在这个句子中，有一些似乎很容易诉诸唇舌的东西，超越了通常的表达和内容之间的关联。有些东西似乎是如此难以理解，以至于审美的第一反应是断言它是艺术，它超越其自身的“语言”形式，也传达出一种“我不知道为什么”的意思。这样，美学就成为了一种不可言说的哲学。

假设我们现在看到的是一座意大利文艺复兴时期的宫殿，它的正面是琢石筑成。如果宫殿被绘制成图或拍成照片，人们就可以明白建筑师的“意图”，所谓手工艺品的“形式”，其他的图纸则可以提供平面图和全套的几何规则以指导建设者。但当人们直接参观宫殿时，就会发生别的事情。

它不仅需要花时间去理解，去进行视角转换，从而把时间作为建筑经验不可缺少的组成部分引入。还有材料本身，它的不均匀性和触觉刺激，增加了我们对概念的理解。建筑体系产生了一定数量的单位，即一定尺寸的石头，显然，每一个都是清晰地分割的砖石连续体的相关元素。但是，既然琢石工艺的大部分吸引力无疑都来自这一因素，那么单块石头的内部肌理又该如何呢？现代美学认为，审美欣赏甚至会影响制造材料的微观结构①。这是正确的，除了这些，微观结构的符号学定义必定继续指出，它们代表了正在谈论的材料进一步分割的相关元素，从而暗示了一种更基本的表达形式的可能性。美学不仅涉及超系统（hypersystems），如艺术作品所传达的各种内涵，超越了它直接的交流表象，而且它还涉及一系列的亚结构（hypostructures）。

让我们回到符码的符号学层次与符号-功能体之间的比较，正如2.2（表6）所示。符码理论考察的是表达平面（expression level），在这种表达平面中，基于尚未成形的连续体，句法系统产生了一组结构化的信号-单位，符码将这个平面的单位分配给内容平面的单位，其中一个尚未成形的连续体，通过语义系统构建为一组文化单位。

与此相反，当我们思考符号-功能体自身时，我们必须考虑传达特定意义的符号-载体。符号-载体是通过塑造特殊渠道来实现的。

---

① 通过不同的整合与分节，本斯（Bense，1965）提出了一个分类，我们可以说，在审美讯息中存在许多层次的信息：(1) 物理支承物：在言语语言中，它们是声调、转调、语音的发散；在视觉语言中，它们是颜色、材料；在音乐中，它们是音色、音高、动态应力、持续时间。它们是信号构成的物质连续体的表现-意图或要素。(2) 表达平面的差别要素：音素、节奏、韵律长度、位置关系、几何和拓扑形式等。(3) 句法规则：语法上的规则、建筑上的比例关系、绘画上的角度、音乐上的音阶和音程。(4) 外延内容。(5) 内涵内容。(6) 附加编码的现存字符串：文体子符码、修辞系统、图解模式等。(7) 其他。然而，本斯说的是总体的“审美信息”，这不是在任何一个特定的层次上实现的，而是在他称之为三重现实（Mitrealität）的层次上实现的（即所有相关层次表意何为）。本斯的三重现实论似乎是作品所展示的未必存在的一般语境，但这个术语（因为作者的黑格尔模式）带有一点唯心主义的意味。然后三重现实似乎表示一种特定的“本质”——也许是美——它可以被直觉地把握，但不能从符号学上被单列出来。相反，美学符号学方法的任务之一，必须是它能够系统地分析和描述三重现实的印象产生的原因。在下面的段落中，审美个人言语的概念将满足这一需求。

换句话说，制作符号-载体的材料是一个连续体，从这个连续体中，表达形式和表达单位相切分。这些单位，如果没有被置入符号-功能体中，就仅仅是信号。信号是一个物质事实，因此可以被信息论研究和描述。信号是表达物质单位方面的个别符。让我们把信号的这个物理方面称为符号-载体物质。

上面所考察的审美欣赏的例子证明，在审美的符号-载体中，物质起着重要的作用，这是因为它被赋予了符号学的趣味。换句话说，不仅可以将符号-载体（作为表达-单位）如同表达系统的相关元素来检测，甚至符号-载体的材料连贯性，也成了进一步细分的领域。运用语言的日常规则，我能以多种方式说出一个单词：改变发音、以不同的方式重读某些音节，或者改变语调模式，然而这个单词仍然保持不变。而在审美话语中，每一种通过“说出”符号-载体而引入的自由变化，都具有“形式”的价值。这意味着，即使不必考虑那些通常属于连续体的符号学的方法（而是将它们留给物理学或生理学）的特征，这些特征也变得与符号学关系重大。在审美文本中，符号-载体的物质成为表现形式的一个方面。

高速公路上或政治会议上的红旗，可以基于各种不同的操作事项，而被人们理解为一种表达：但是布料的质量和红色的深浅是完全无关紧要的，重要的是接收者发现了/红旗/。然而，绘画艺术作品中的红旗，则取决于它的色彩质量而非其他，以便其被欣赏（并传达其意义）。

为了制作通用的十字架符号，人们只需要交叉的两根木棍。为了给中世纪国王的金库制作一个十字架，必须使用黄金和宝石，每一块宝石都因其大小、重量、透明度、光泽等对作品的美学效果做出了贡献。黄金和宝石之所以被欣赏，是因为它们可以被操作，而且在某种程度上，它们实际上是按某种特定方式操作的。但是，即使把它们看作是以某一特定材料出现，也值得特别注意：这些材料已经被赋予了文化表意。因此，即便同样精心制作，铁和玻璃制成的十字架，也不会具有同样的审美意义。黄金和宝石，在工匠开始制作之前就已经是表意材料了。

在实践中，这种材料的连贯性是有经验限度的，即使被细分到最大程度，艺术家和接收者也只能将其视为一组不可预测的亚形式(hypoforms)。超过这个限度，可能仍然有知觉和情感效应，但就不存在更多的表意了。一旦它越过这个门槛，艺术作品似乎就是刺激反应，而不是传达内容。这似乎证实了某些人的观点，他们断言艺术中有比“语言”更多的东西，一种不可简化的“审美信息”与“语义信息”截然不同（Moles，1958，或者布兰迪对“符号活动”和“缺席”或“在场”的区分，1968）①。

但如果这些微观结构没有得到形式上的考察，那么就很容易断言，在审美经验中存在一种“我不知道为什么”的问题而逃避了“理性”思考。我能识别一个短语、一幅图像、一段旋律，但有些东西我无法通过普遍接受的符号范畴来把握，因此给人的印象是“不可言说”。幸运的是，现在许多前符号学和符号学之外的学科，能够更精确地告诉我们这些现象。

例如，在二十世纪，许多测量微观结构的技术被开发出来。从

① 然而，尽管有人承认，作者是在塑造一些没有真正“交流”内容就能得到回应的东西，我们不得不假设，无论是作者还是艺术分析家都知道，这些不可预测和未被发现的微观结构集群应该产生可预测的回应。至少有那么一刻，集群和回应之间的关系被编码（或试推）为一种符号学关联。这些是程序化刺激的例子（见 3.6.6）。想象一下，一个批评家知道某个特定的艺术程式（被认为是“大师的秘密”）出现在大师的许多作品中，并不可改变地产生一种“无法言说的”感觉和一种特定的享受，这种知识构成了符号学对一件艺术作品所能运用的最后一种（至少是更令人满意的）“合理化”形式。

伯克霍夫定理到本斯提出的各种建议，以及信息论应用中产生的某些技术（摩斯密码及其他），结构项目的分布和顺序越来越向定量测量开放：电子计算机，连同它们的扫描和绘图设备，能够分析线、点和空间间隔之间的结构相互关系，而录音和记录仪则可以显示声音的光谱共振峰，在那里，它被界定为结构的频率、时值和重音，作为音乐科学的最终术语被构想。色调的细微差别、颜色的强度、材料的一致性和稀缺性、触感、通感联想，所有这些都是所谓的“情绪”表演。例如，超切分特征和“音乐”手势、音变、歌唱中的滑音和颤音，以及许多其他几十年前还被认为是未编码的特征，现在正被符号学学科研究。这些符号学学科研究所谓的较低层面的交流（Stankiewicz，1964）。超切分特征和自由变体是语言学不能识别的合适的研究对象，现在被副语言学处理——同时被处理的还有，在其他的符号学编码中的口哨和击鼓语言或手势、模仿、面部表情。

最近苏联在诗性层面的研究（Toporov，1965；Kolmogorov，1962）提醒我们，正如叶尔姆斯列夫（Hjelmslev，1928）所说的那样，在语法内和语法外的成分之间，或在语言的智性和情感运用之间建立理论上的区别是危险的。无论是所谓的语法外元素，还是情感效果所遵循的规则，都尚未被分离出来。特鲁别茨柯伊（Trubeckoj，1939：IV. 4）描述为“强调的”因此是“表达的”（尽管是规约性的）某些音韵特征，自此以后被编码到对立系统中，或至少被编码到渐变序列中。

3.7.4 审美的附加编码：表达

从审美符号-载体的物质连贯性出发，我们绝不可能到达一个完全不研究审美现象（至少不是特别研究）而只研究符码理论分支的当代学科。其原因是，在特定符号-载体个别物质的进一步细分与整个符号系统表达平面的进一步细分之间，存在强烈的关联。换句话说，审美经验表明，在其基本物质中，存在一个可以分离出子形式和子系统的深层空间。这意味着美学符号所依赖的符码，同样可以系统地服从于这种进一步细分。个别符符号-载体所具有的个别物质之关联性，对表达-连续体那些方面相关性的需求，迄今为止不得不作为“亚符号学材料”来考虑。

审美经验由此倡导“分离的”连续体的“符号学基本权”，艺术作品对其基本物质进行符号学救赎（这样就成功地完成了柏拉图主义者的上帝也无法完成的任务，尽管其有超凡的能力）。

在经历了审美符号-载体所实现的物质相关性之后，人们被迫把表达系统作为一个整体来重新考虑，以便观察它是否或者任何一种符号生产是否被其允许，可以经受同样的形式配置。因此，在 2.2 中概述的叶尔姆斯列夫的关系图，必须按照表 46 重写。

表 46

<table>
<tr><td rowspan="3">内容</td><td>连续体</td></tr>
<tr><td>单位</td></tr>
<tr><td>系统</td></tr>
<tr><td rowspan="5">表达</td><td>系统</td></tr>
<tr><td>单位</td></tr>
<tr><td rowspan="3">连续体</td><td>系统</td></tr>
<tr><td rowspan="2">连续体</td><td>系统</td></tr>
<tr><td>连续体</td><td>等等</td></tr>
</table>

叶尔姆斯列夫（Hjelmslev，1943：52）断言，“每一次连续体都为新形式准备了实体”，只是他用这样的表述对此作了细致的说明：这种连续体的进一步细分，是其他方法而非语言学研究的问题。我们现在已经看到，这种进一步的细分，既与语言学方法无关，也与

各种符号学方法无关。

只要符号学继续发展，连续体就会被进一步细分，从而得到更好的理解：审美经验为增进这种理解提供了特殊的机会。

作为它的第一个结果，这种物质的进一步“文化化”，产生了符号生产的进一步的规约（这在某种程度上是另一种附加编码）。美学和艺术批评的直接后果，就是这种新知识将许多现象从个人“创造”和“灵感”的领域中移除，并将它们还原到社会习俗的领域①。但这类研究，对于反向的过程也变得不可或缺，因为只有当所有可以编码的都被编码之后，有关特定传播媒介表达可能性的实际创新和真正的洞见，才能出现。

对丰富每一符码表达-连续体的所有系统进行研究（这可能是已知的，但是就表达平面的灵活性而言，永远不会被完全耗尽），这代表了布拉格学派口中的诗学学科所从事的一项主要任务②。

---

① 下一层次的复杂性，似乎逃过了任何定义，并诱导一些美学家认为这些层次与诗学形式无关。德拉·沃尔普（Galvano della Volpe，1960）反对各种关于艺术“不可言说”的唯心主义理论，为了消除一切可能逃避理性主义的艺术方法，他已经排除了所有无法编码的“音乐”价值。这些价值被贬低到“享乐主义”元素的范围，即刺激因素，一种外在于审美的享受。从此，根据许多评论家的意见，不少语音现象被否定，虽然它们构成了诗歌的主要感染力。所以节奏被可疑地看待；所以有这样一种说法，即当一件作品被翻译成另一种形式的物质支撑时，它的美学价值依然存在，音乐手段可以改变影响，但仍然有一种逻辑和概念模式，能够保持真正的表意关系。奇怪的是，这种朝向“理性主义”艺术理论的努力所产生的“不合理”因素，远远超出了它们应有的范围。放弃将理性分析扩展到表达形式的下一层次，就等于将“理性”等同于“语义”——对于“不可言说”的艺术，这是用一种非常糟糕的方式来反驳唯心主义方法。相反，即使从德拉·沃尔普的观点来看，正确的方向也应该是本章所概述的，即对表达的物质实体进行附加编码。

② “诗学主要研究的问题是，是什么使语言讯息成为艺术作品的？由于诗学研究的主要对象，是语言艺术相对于其他艺术和其他语言行为的特有差异，因此诗学在文学研究中占有主导地位。诗学研究的是语言结构问题，正如绘画分析研究的是图像结构问题一样。由于语言学是语言结构的总体科学，诗学则可以说是语言学不可分割的部分……许多诗学的特征不仅属于语言科学，而且属于整个符号理论，也就是属于一般符号学。不过，这种说法不仅适用于语言艺术，而且也适用于各种各样的语言，因为语言分享了其他一些符号系统，甚至其他所有符号系统（泛符号学特征）的许多属性。”（Jakobsen，1960：351）

3.7.5 审美的附加编码：内容

因此，表达-连续体组织程度的提高，将不可避免地包含着内容-连续体组织程度的平行提高。观看一件艺术品，接收者实际上是在双重印象的压力下被迫对文本提出质询：一方面，他“猜想”存在表达的剩余，他不能对其进行彻底的分析（尽管他也许可以）；另一方面，他含糊地理解内容的剩余。这第二种感觉被表达的剩余清楚地唤醒，即使这种表达的剩余没有被有意识地把握时，它也会发生。

假如我们正在阅读格特鲁德·斯泰因众所周知的诗句：“玫瑰就是玫瑰就是玫瑰就是玫瑰”。乍一看，没有什么比这句话更“正常”的了。从表达角度看，英语编码的所有基本规则都得到了充分尊重。就内容而言，它似乎提供了最基本的信息，即自明之理的同义反复。为了传达反复的内容，表达似乎依赖过度的冗余（在内容平面上实现相同的冗余，同义反复实际上只是语义的冗余）。

然而，这条信息给人的印象是说出了一些语义丰富的东西，因此高度模糊。模糊的感觉之所以被唤起，首先是由于过度表达的冗余违反了文体规范。正如当人们感知到白色时，物理学家会识别出过量同时重叠的颜色，因此对这种老生常谈的顽固重复会让人怀疑，每次相同表达事项的返回是否都意味着不同的东西。植物学和逻辑学从来没有使人习惯于把这样一种不提供讯息的陈述看作是正常的，这种陈述是对定义规范的偏离。这两类过度的冗余（分别在表达平面和内容平面）引起信息可能性的增加：这条讯息实际上已经成为进一步不可预测的信息的来源，所以现在它在语义上是模糊的。

从这个角度出发，接收者有权假定/玫瑰/在每一次出现时，都可能与不同内涵的子符码有关，例如与寓言、图像、图标有关。因此，该作品可以有多种解释（Eco，1962）。语境的相互作用，给生活带来了越来越多的意义，一旦它们被发现，它们似乎就充满了其他可能的语义选择。的确，我们很难避免得出这样的结论：一件艺术品传达的信息太多，因此根本就没有传达什么，它简直就是作为神奇的咒语而存在，从根本上讲，所有的符号学方法都不能渗透它。

3.7.6 审美的个人言语

然而，这个“魔法咒语”并不是像它看起来那样完全不可渗透。首先，它存在符号学交流测试的可能性。倘若人们改变了一个语境元素，其他所有语境元素就都失去其原有的功能，而通常无法获得另一个语境元素；它们保持着不平衡，就像国际象棋棋盘上一个象被第三个车所取代。如果存在这样的语境同一性，那么就一定有一个系统规则。

这意味着艺术品与语言具有相同的结构特征。所以它不可能仅仅是一种“呈现”：必然存在一个相互关联的潜在系统，这样，符号学设计巧妙地产生了非符号化过程的效果。

审美文本犹如不同球队同时进行的多场比赛，每个球队都遵循（或打破）自己的游戏规则。在此情况下，存在这样的可能性吗，棒球运动员偏离规范的方式与足球运动员偏离其自身规则的方式有关？这毋宁说是艺术品给人的印象。因此，棒球运动员一次犯规所揭示的，不只是一种机智的解决方案——此后棒球运动规则必须认可的方案，而且是一种手段，它应该是放在不同策略视点的、一个遥远的足球运动员正在犯下的“手球犯规”。

因此，艺术似乎是讯息相互连接的方式，以便在这种连接中产生文本，在文本中：(a) 许多讯息在话语的不同层次和层面上被歧义地组织起来；(b) 这些歧义性不是任意地实现的，而是遵循精确的设计；(c) 特定讯息内部，无论是正常的还是歧义的装置，都对其他所有讯息内部正常的和歧义的装置施加语境压力；(d) 特定系统的规范被某一讯息冒犯的方式，与其他系统的规范被其所允许的各种讯息冒犯的方式相同。

在每一层（对于每一条讯息），其解决方案是根据相应的解决方案系统来分节的，而每一个偏离都源于一般偏离矩阵。因此，在一件艺术作品中，建立了相应结构关系的超级系统，倒像是所有的层次都是在单一结构模型的基础上确定的。但是每一个被偏离矩阵支配的系统，与其他如此被支配的系统都不只是同源的。在这种情况下，一件艺术作品可能是一个极其出色的互相连接的结构复合体，但它不一定有任何特殊的符号学地位。然而，在这种彼此同源结构安排的基础上，艺术作品似乎获得了如同超级符号-功能体的新地位。

只要审美文本具有自指品质，它的结构安排就成为其所传达的内容之一（甚至可能是最重要的内容之一），而有关规则在一个层次上重新安排的方式，将代表它们在另一个层次上重新安排的方式。此外，一个层次的歧义安排引发了对另一个层次的重新评估：在/玫瑰就是玫瑰就是玫瑰就是玫瑰/令人费解的词汇层面上的冗余，代表了定义上的语义复杂性。因此，偏离矩阵不仅表示结构重排——它需要重新排列编码本身，还由此代表了对一种新的编码可能性的提议。

很明显，这种新的编码只被一个说话人使用，而且只被有限范围内的听众所理解，它是一块符号学的飞地，社会不能承认它是人人都能接受的社会规则。这种类型的私人编码通常被称为“个人言语”。在艺术作品的各个层次上发挥作用，支配着所有偏离的规则，也就是使所有偏离相互产生功能的唯一图式，即审美的个人言语。就其被同一作者可以应用到自己的许多作品（尽管略有变化）而言，个人言语成为支配作者作品语库的一般风格，即作者的个人风格。

当其被艺术社区所接受，并产生模仿、特殊风格、文体习惯等时，它便成为运动性个人言语，或者时代性个人言语，而被批评学或思想史作为特定历史时期的主要艺术特征加以研究。当其产生了新的规范，被整个社会接受，艺术的个人言语，就可能充当改变普通符码的元符号学判断①。

作品性个人言语、语库性个人言语、运动性个人言语，以及时代性个人言语，形成越来越抽象的模型的层级结构，而每一层级都构成了个人潜在能力的展演。诚然，能力不仅允许展演，而且展演还建立了新的能力形式。审美的个人言语产生了附加编码规则。例如，在当今社会，如果不回忆乔伊斯的双关语技巧，就不可能完成某些词汇的杂交。倘若某人，不管其有意无意，遵循乔伊斯式混合词汇的制作规则，那么他言说的就不是像是“芬尼根”所说的那种不合语法的英语。他真正在说的远非这个潜在的陈述重要：“我在乔伊斯式地言说”（I am joycing）。

要发现审美的个人言语并非易事，事实上，只有当所讨论的个人言语高度标准化时才能做到。作品越是屈从于“商业”影响，其潜在个人言语似乎与先前个人言语经验的联系就越紧密，作品越直接被识别为“真正的艺术”（即刻奇艺术、中产阶级文化、庸俗之美、华丽艺术、口袋本《想象博物馆》），个人言语模式也就越容易在各个层次上重复不变地出现，并被清晰地识别出来。

然而，即使批评家已经分离出一部作品的个人言语，也并不意

---

① 审美的个人言语，不能被看成是支配一个且仅仅一个讯息的编码（然而，这无论如何不能被视为理论上的矛盾）；相反，它是支配各种不同讯息的编码，这些讯息组成了被称为“审美文本”的复杂的信息网络。不过，它是（或在原则上可能是）支配独一无二的文本的编码，一种注定要产生独特话语的编码，它（而不是其他）解释了一件艺术作品的创造性和个性特征。艺术作品是系统中的系统，它由个人言语审美编码支配，并连接各种各样的讯息，而这些讯息将被视为重新安排的潜在系统的基本实例（参见 Jakobson & Tynianov，1927；Wellek & Warren，1942）。

味着他拥有了可以生产类似作品的公式。倘若把这个公式看作是作品性个人言语，那么它只允许生产与第一部作品完全相同的另一作品。倘若把这个结构模式看作是语库性或时代性个人言语，那么它只不过是体现在新实体中的一般图式。该模式与给定作品之间的区别，与符码及其可能讯息之间的区别相同。艺术作品不可复制性的另一原因是，无论个人言语如何小心地被分离，它永远不会充分抵达作品的较低层面的形式。事实上，尽管每次进一步的批评行为都会揭示作品更加精确的个人言语定义，但是揭示得越多，批评过程就越能构成连续的和未完成的近似值。在其他情况下，该公式可以产生令人满意的新作品。但是在这里，模仿者对个人言语的理解越准确，他就越渴望强调他所分离出的模型，因此模仿之作（pastiches）比单纯的仿制品（imitations）更容易被接受。成功的时候，模仿之作（如普鲁斯特对巴尔扎克或福楼拜的重新创作）代表了一种诙谐的批评，它阐明其模式的特点，带讽刺性意味地彰显一些关键点或外围手段。审美个人言语的主导性存在，既可以通过批判性分析发现，又可以通过非技术性的、却是智识性的阅读，去隐约地“感觉”。

接收者“感觉”到表达和内容的剩余及其相互关联的规则。这一规则必定存在，但要识别它，需要一个复杂的试推过程：假设、对抗、拒绝与认可的相关性、附带和无关的判断。这个过程导致了 3.7.1 中所提到的三种结果：现存编码被关注并屈从于改变或部分修订；被接受的内容-系统与世界状态之间的关系不断受到挑战；发送者和接收者之间建立了一种新型的“对话”互动。

让我们在以下各段中考察这三个结果。

3.7.7 审美的符码变化

审美个人言语的符号学概念，解释了接收者在观照艺术作品时所感受到的“浩瀚性”的歧义印象。由于审美文本的每个层次在符号学意义上都是相互关联的，审美文本便不断地将其外延转化为新的内涵，没有一个层次停留在最初的解释项上，其内容从来就不是为了自身的目的而被接受，而是作为其他事物的符号-载体被接受的。如果用元语言明确地描述个人言语，作品的解读无非是正确地解码。

皮尔士意识到，一个假想的紧张时刻会引起类似一段音乐所产生的感觉。由此我们可以理解，艺术作品所需要的解释努力，为何以及如何会释放出如此强烈而复杂的感觉。美学家们用不同的方式（快乐、享受、兴奋、满足等等）给这种感觉命名，总是相信这是一种“直觉”的形式。为每种需要极其细致的分析才能描述的经验仅仅贴上“直觉”的标签，不过是某种程度的哲学上的懒惰。然而，一般的艺术经验也告诉我们，艺术不仅能引起感情，也能产生进一步的知识。当错综复杂的解释游戏开始时，文本迫使人们重新思考通常编码及其可能性。每段文字都危及编码，但同时又给予它们力量；它揭示了其中未知的可能性，并由此改变了接收者对待它们的态度。

透过讯息与编码之间紧密的、辩证的相互关系的维护，讯息与编码相互滋养，接收者开始意识到新的符号化过程的可能性，并因此被迫重新思考整个语言，包括已经说、可能说、能够说或者应该说的全部遗产。通过增加人们的编码知识，审美讯息改变了人们对其历史的看法，从而锤炼了符号化过程。在此过程中，审美经验挑战公认的内容组织，暗示语义系统的秩序可能发生变化，现存组织受到文本某些方面充分频繁且富有说服力的质疑。

然而，改变语义系统意味着改变文化“观看”世界的方式。因此，经常被认为与任何真实性条件完全无关（存在于一个完全“悬浮”的可疑的层面上）的审美类型的文本，引起了这样一种怀疑，即内容的当前组织与世界的“实际”状态之间的对应，既不是最好的，也不是最终的。这个世界可以通过其他语义（即概念）模型定义和组织（因此感知和了解）。

这种认识论原则，似乎只是一种隐喻性的许可。“感觉”到（读一首诗、看一出戏、欣赏一张画时）可能有些东西并不像它们通常看起来那样，无疑是一种很常见的经历。然而，简单地说一件艺术作品“道出了真相”，并没有丁点儿符号学价值，也不会与某些诗意的表述有太大的区别（比如“美即是真，真即是美”），这些被认为是哲学原理的东西，其实是非常愚蠢的。

因此，为了验证这一符号学原理，需要对审美文本所产生的语义变换进行彻底分析（Eco，1973f，虽然这篇文章的目的不是要详尽地论证，但它至少试图为进一步和更具体地审视这一问题提供一般性的指导）。假如审美文本可以改变我们通往世界状态的具体方法，那么它们对于符号生产理论的一个分支就非常重要，这个分支关注的是，将符号与世界状态联系起来的工作。

3.7.8 作为交流行为的审美文本

最后，审美文本具有一种特质，通过其复杂的预设行为网络，在交流者之间建立符用关系，使其成为符号生产劳动的一个特殊例子。既然个人言语构成其作品的最终定义（尽管从未完全实现），那么阅读艺术作品马上就意味着：(i) 归纳，即从个案中推断出一般规律；(ii) 试推，即以假设的方式检验新旧两种符码；(iii) 演绎，即检验在一个层次上把握的东西是否能决定另一个层次上的艺术事件，等等。因此，所有的推理模式都在起作用。艺术作品就像一个巨大的迷宫式花园，允许人们走许多不同的路径，而这些路径的数量，是随路径的纵横交错而增加的。

首先，对审美文本的理解，是以发送者符码的接受与拒绝之间的辩证关系为基础的——这是一方面——另一方面是对个人符码的引入和拒绝。倘若更常见的试推形式是提出尝试性的符码，以消除未编码状态的歧义，那么审美试推法则是提出尝试性符码，使作者的讯息得以理解。接收者不知道发送者的规则是什么，他试图从自己审美经验的片断数据中去试推。他或许认为正确地解释了作者的意图，他或许决定对作者在他面前所展示的文本进行新的解释可能性的试探。但他这样做，从来是不想完全背叛作者的意图。由此，在解释性阅读中，确立了忠实性与创造自由之间的辩证关系。一方面，接收者试图从讯息的歧义中寻求兴奋点，并用适当的符码填充歧义文本；另一方面，他又受语境关系的影响，所领会的讯息恰好符合文本的意图，这体现在忠实于作者原著与忠实于讯息被释放的历史环境的行为中。

在这种忠实性与主动性的辩证关系中产生了两种知识：(a) 关于特定符码内部全部可能范围的组合知识。(b) 关于特定艺术时期环境和符码（实际上是所有规范）的历史知识。因此，艺术作品的符号学定义解释了为什么：(i) 在审美交流的过程中，一种经验的发生，既不能被归结为确定的公式，也不能预见所有可能的结果；(ii) 然而与此同时，这种“开放”的经验，是由某种应该在所有层次上都存在（而且确实有）结构的东西，使之成为可能。因此，审美文本的符号学定义，为非结构化的交流互动过程，提供了结构化的模式。

接收者被要求进行负责任的合作。他必须介入以填补语义上的空白，去减少或进一步得出复杂化、多样化的阅读，去选择自己偏爱的解释路径，去同时参酌其中的几种路径（即使它们互不相容），去反复多次阅读同一个文本，并每次尝试不同的和自相矛盾的假设。

因此，审美文本成为不可预知的“言语行为”的多重信源，其真正的作者尚未确定，有时是讯息的发送者，有时是在其发展过程中进行合作的接收者[1]。

3.8 修辞劳动

3.8.1 修辞学的遗产

符号生产的理论必须考虑到为附加编码和转换符码而进行的劳动。如 3.1.1 中所说，这种活动通常被归入修辞的范畴。在这一节中，我将试图说明：(i) 传统修辞范畴在什么意义上能置入一个符号学框架；(ii) 在什么意义上与附加编码和符码转换有关的一些问题超出了通常的修辞框架，要求一种新的、以符号学为导向的修辞，或者要求一种新的、自治的符号学分支；(iii) 在什么意义上，关于“意识形态”和“意识形态话语”的许多讨论都属于符号学导向的修辞学范畴，以及如何从符号学的观点来研究意识形态的整个问题（Genette，1966；Todolov，1967；Groupe μ，1970；Barthes，1970）。为了达成这些目标，我们尝试总结并把古典修辞学的研究对象图示如下，同时增加古代修辞学未曾关注的一些项目。所加入的这些项目，无论现代修辞学是否以符号学为导向，它们要么已经考虑了这些项目，要么是应该将其纳入考虑。

---

① 罗兰·巴特（Barthes，1963c）曾经说过：“艺术乃这样的形式：历史用自身的时间将其填满”。我同意这种陈述，但我更愿意把它重新翻译成现有的符号学方法范畴内的说法：艺术作品是由具体的接收者改编而成的文本，以在不同的历史或心理环境中实现多种不同的交流目的，而不完全无视构成它的潜在规则。

表 47

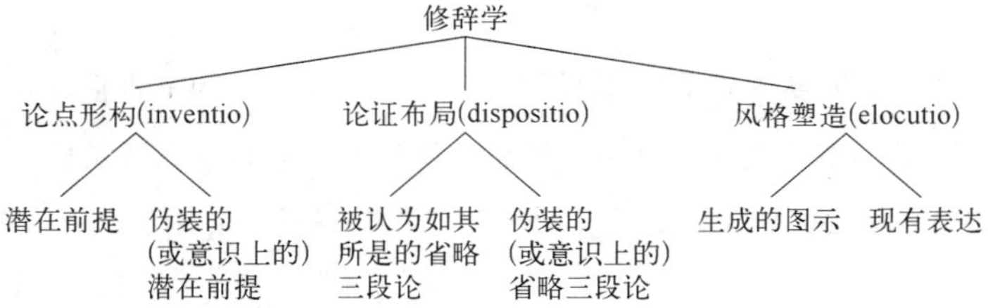

古典修辞学家把他们的学科视为说服的艺术。说服不一定是狡诈的手段，更可能是面向社会的一种推理形式，它无关乎“首要原则”（比如形式逻辑的那些原则，即同一律、非矛盾律、排中律等），因而不能使用绝对的三段论。这样，修辞学和辩证逻辑一样，只处理可能的前提（因此对于讨论持开放态度）；辩证逻辑目标是要在合理的逻辑基础上从这些前提推导出一个可接受的结论，修辞学则公开研究省略三段论，即虽然也是从可能的前提出发的三段论，但它转向从情感上和符用上影响接收者。最近，所谓“新修辞学”（Perelman，1958）已经明确地把必然性话语减少到只留下公理系统，并把所有其他类型的话语（从哲学到政治学或宗教学）都列在修辞学标题下。因此，人类关于事实、决定、观点、信仰和价值观的几乎所有推理，都不再认为是基于绝对理性的权威，而是和情感成分、历史评价、符用动机纠缠在一起。在这个意义上，新修辞学认为说服性话语不是一种精巧的欺骗性过程，而是一种“合理的”人类互动的技巧，它由质疑所控制，并明确地受制于逻辑之外的许多条件。

如果用这种方式来考虑修辞学，它就代表了符号生产的一种更加复杂的形式，包括对给定的可能前提的选择、对修辞三段论（或多值逻辑的其他形式）的处理和用修辞格对表达进行必要的“乔装”

等。这项活动有它自己的规则（佩雷尔曼列举出了不少），归根到底，它成为话语互动符号学的研究对象。这项活动的主要要求是要尊重规则；这些规则中最重要的一条是明确承认前提的片面性，而且，接受修辞时所持的原则，在不同的情况下问题也可能不同。

但是，同类型的符号生产也有“异常”的现象，这导致了“意识形态”话语（在这个标题之下，我会列出欺骗性宣传和大众劝导的所有形式，以及许多所谓“哲学”陈述）；我指的意识形态话语是一种论证模式，它使用可能的前提，只考虑给定语义场的一部分，假装发展出一个“真正的”论证，从而掩盖了全域语义系统的矛盾本质，却把只体现它自己视角的看法作为唯一可能的结论（无论发送者是故意和讽刺地采用这种态度以欺骗幼稚的接收者，还是发送者只是他自己的片面性的受害者）。这种意识形态话语可能会对全域语义系统结构提出新的解释，它的问题将在 3.9 中得以检视。它也关注所有修辞学平面上的三重操作问题（论点形构、论证布局和风格塑造）。

3.8.2 作为附加编码的雄辩术

为了更好地理解这些观点，必须得说，被普遍和严格地认为整体上属于“有神论”的，是雄辩术的各种技巧。要促使接收者注意到前提和论点，就必须引起他的注意；这就引出修辞手法（或者各种思维技巧、修辞格和转义等），这些都是借以使话语获得不平常的、新奇的外观并提供出乎意料的高比率信息的修饰性手段。

不幸的是，最近两个世纪，修辞学声名蒙尘，这是由于看待“修辞格”概念的两种方式造成的。按照古代理论家的观点，修辞格是一种意外图示，它提供了用其他词和概念代替一个词语（及其相应的概念）的规则。在这个意义上，它们是附加编码的生成规则：在接下来的段落中将这样来考虑修辞格。

但是，几个世纪以来，修辞运用中产生了大量既成的修辞表达。修辞学最初是关于语言操纵的一种特定类型的理论，逐渐成为一种预先建立的操纵实例的储存。因此，修辞学常常意味着一套作为“好文章”或“好口才”的模式的现成句子。这一剧目表既包括预先试验过的带有“艺术性”的附加编码内涵的风格手段（这些现成组合的一个出路是媚俗——见 Eco，1964），又包括通过使用已经试验并获得一定声望的公式来劝服观众的符号生产方式，或者是预先设定的带有固定情感价值的内涵（像/祖国/和/自由世界/，母亲和孩子的形象暗含着“纯洁”的感情等），如此等等。

在这个意义上看，修辞学是千百年来附加编码的结果。在某些情况下，产生了修辞手法生硬而自相矛盾的误用现象，那就是，曾经严格编码的修辞格所代表的实体已经确定无疑地失去了它们恰当的符号-载体，就像在/table's legs/这个例子中一样。

这些现象和其他的修辞学附加编码结果，都不能作为符号生产理论的研究对象，倒应该是处理经过附加编码的现成表达的符码理论的研究对象。当被用于符号生产时，它们只是充当修饰性角色；当被用来掩盖某种粗糙的内容时（就像在使用这种表达的情况下：用/和平与荣誉/而不是《要和平，但并非即刻的和平》），它们就作为意识形态话语的使用放在雄辩术这个标题下面（见 3.9）。

3.8.3 隐喻和转喻

但是，修辞手法不只是“修饰”。当它们最初被创造性地使用时，它们实际上改变了考虑内容的方式。通过发展义位理论（正如 2.11 所述）和 Q 模式理论（见 2.12），可以尝试对修辞手法进行符号学解释。

在这一段中，我将仅限于对隐喻和转喻两种典型修辞手法的进一步讨论。按照雅各布森（Jakobson，1956）的观点，这二者分别依赖于聚合段和组合段；因此，它们代表两种不同程式：一种是用相似物代替，另一种是用相邻物代替。

如果考察两个义位，它们的一些“解读”具有共同的语义标记，人们就能轻易地理解“相似性”意味着什么。承认《dog（狗）》这个义位和《friar（修道士）》这个义位具有《fidelity（忠诚）》（对其主人来说）和《defense（保护）》（狗保护主人，修道士捍卫宗教教义）这样相同的内涵标记，在十二世纪期间，为多明我会创造“上帝之犬”这样的隐喻就很容易[①]。用这种方式，“相似性”这个概念不再涉及一种以事物本身为基础的可疑的相似性（即使它经常使人们相信是这样）；语义标记间的“相似性”只是一种义素同一性。另一方面，转喻似乎经常是附加编码的一个简单事件；被组合时的相邻物代替是以这样的事实为基础的：假定一种现成的组合，所建立的习惯允许它的一个成分被另一个成分代替。因此，假设已接受的符号学判断/美国总统在白宫办公/，就很容易用/白宫/作为/美国总统/的转喻。

但是，对这种机制的进一步思考表明，住在白宫这个事实是习惯上被看作《美国总统》这个文化单位的一个语义属性——的确，语义系统更像百科全书而不是词典（见 2. 11. 3）。

---

① 上面的例子可能过于完美，因为除了语义上的替代之外，还有机智的语音呼应：因此隐喻通过双关得到强化，即内容平面上的替代通过表达平面上的共现得到强化。关于“隐喻 + 双关语”方面，参见埃科（Eco，1973b）关于乔伊斯的技巧的讨论；双关是一种修辞格，它不是用“载体”来代替“要旨”（根据理查德的定义），而是使与载体相对应的词包含了与要旨相对应的词。在这种情况下，替换的“必要性”得到了加强，比如根据雅各布森的说法，押韵是表达层面上的平行与内容层面上的平行同时存在。因此，这句话尤其适用于中世纪文化，人们进一步确信名为神权或名为事物之果。

因此，为了使一个现成的组合段的两个部分之间有规约上被接受的连续性，它就必须是一个符号学陈述。因为一个符号学命题为一个义位属性赋予了一些已编码的标记，转喻也依赖于既给定文化项目的义位谱系。这不是一个义素同一性的问题，而是义素相互依赖的问题。

这种义素互相依赖性可能至少有两种类型：(i) 一个标记代表它所属的义位（/哥伦布的航行/和《哥伦布的船》）；(ii) 一个义位代表它的标记中的一个（/哈里是一条普通的鱼/和《哈里游得很好》）。

但是，义素互相依赖的概念不考虑古典习惯所假定的提喻和转喻间的不同：前者是“概念内容框架内的替换”，后者是其“现实的其他方面之间的替换，所给定事物在传统上看作同这些方面是联系在一起的”(Lausberg，1949)。

的确，这种区别是以内涵方法与外延方法的混淆为基础的，并没有注意到义位的百科全书式的性质。关于后一种观点，人们不接受“葡萄和串”之间的关系是提喻，而“葡萄和巴克斯”之间的关系是转喻，因为甚至葡萄（和葡萄酒）在某种角度说是跟酒神巴克斯相联系的这一事实，也该由《葡萄》的语义再现加以记录。

但是，不可否认，我们提出的二分法比传统的分类法要弱一些。一些区别，比如局部代替整体，整体代替局部，属代替种，种代替属等（涉及提喻）和原因代替结果，结果代替原因，领属者引出所有物，从发明者到发明物，由环绕者引出被环绕者等（涉及转喻），从语义学视角看似乎相当重要①。

---

① 这些区别也记录在中世纪对场合（loci）的定义中：“quis（谁），quid（什么），ubi（哪里），quibus auxiliis（通过什么渠道），cur（为什么），quo modo（怎么说），quando（什么时候）”，但这些问题只是部分地涉及义素的格式。其中一些(转下页)

有人可能反对说，接收者通常“理解”一个转喻或提喻时，会忽略这些区别，而只抓住一般的互相依存关系。但是，这些区别直接关系到对义位的“好”组织，和符号学蕴含或者“意义包含”的问题（在 2.11.1 中讨论过）。事实上，如果一个义位是非连续标记的不分层次的聚合，人们应该说《男性》这个义素具有直指性标记《人类》，《人类》这个义素可能具有《男性》这个涵指性标记。但是，符号学包含的系统要求一个精确的等级划分；因此，每一个标记都表示（通过符号学的蕴含）其所属的类，也内含它所包含的类属成员（也参见格雷马斯的观点，在“坐标轴和义素”之间，2.9.5）。因此，一个义位直指由上义词表示的属，它自己是这个属中的一个种；它涵指一些由下义词表示的种，它自己是这些种的属（《深红色》直指《红色》，《红色》涵指《深红色》）。这解释了跟提喻有关联的所有修辞上的区别。转喻可以根据角色或“事例”类型，在语义表达中置入多位谓项，这是个令人满意的解决方案（比较 2.11.1）。用这种方式，人们能记录像原因代替结果这样的关系，反之亦然，比如领属者引出所有物，由环绕者引出被环绕者，等等。

我们来考察一下《埃涅阿斯纪》第十章第一百四十节：

伤害与毒箭（vulnera dirigere et calamos armare veneno）

（接上页）涉及语境和环境，因此形成了一系列未编码的前提。那么，让我们假设存在语义理论无法记录的经验系列的情况。例如，在做梦时，一个人经常依赖于仅基于个人和特殊经验的联系。进一步向符码化开放，就出现了一些隐喻，比如用垂直物体代替阴茎（莫里斯在 1938 年已经用符号学术语讨论过）。因此，把所有在梦中发生的“系列”或精神分析中的言语互动称为转喻是有风险的——分析学家就是这样解释的。精神分析似乎是一个解释尚未符码化的文本的问题，产生进一步的附加编码，病人的话语与审美文本有许多共同点，而审美文本的独特语言必须由评论家发现。本文中发现的许多“相邻”都是语境前提，希兹（比较 2.11.1）称为“指称物”。

这里的/vulnera dirigere/意思是《突发一击（使……受伤）》，表征了/dirigere tela（布网）/、/dirigere ictus（捕鱼）/、/dirigere plagas（布下陷阱）/或/vulnerare（伤害）/。假设，它表征了/dirigere tela（布网）/——跟/dirigere ictus（捕鱼）/一起，结果是相同的。作为/telum（箭）/的暂时表征，排除其他的许多可能选择，参考标准的拉丁语，出现了如下情况（这里，R 是实施行为的结果）：

$$\text{《箭》}\ d_{\text{工具}},\ d_{\text{武器}},\ \cdots\cdots \begin{cases} (\text{内涵义}_{A:+\text{人}}) \begin{cases} (\text{内涵义}_{O:+\text{人}})d_{R:\text{伤，鱼，网}} \\ (\text{内涵义}_{O:-\text{人}})\cdots\cdots \end{cases} \\ (\text{内涵义}:_{A:-\text{人}})d_{A=I}\cdots\cdots \end{cases}$$

然后，/vulnera dirigere（使……受伤）/是类型（i）的转喻——用于义位的标记——代表由结果引出工具的替代的例子。如果同一个表达代表/vulnerare（指被伤害或面对攻击而无力防御）/，修辞机制就改变了，除非它更复杂一点：

被伤害

或面对攻击而无力防御　$d_{\substack{\text{展现}\\\text{事实}\\\text{动作}}}\ d_{\substack{\text{敲打}\\\text{振动}\\\text{受挫}}}\ d_{A:\text{人}};\ d_{O:\text{人}};\ d_{p:\text{伤口}};\ d_{I:\text{箭}}\cdots\cdots C_{\text{方向}}$

事实上，《vulnus（伤口）》代替《vulnerare（伤害）》是结果对原因的代替，但也有一部分是《方向》这个内涵义代替伤害的动作方向；它的确是一个非常冒险的提喻（只在被“更强大的”转喻支持时才有效）。

现在我们假设，为了指出我的一个单身汉朋友，我说出/那只不幸的海豹/。假如我的听众读过卡茨、福多和波斯达尔的著作（在这个圈子里，每个人都读过)，那么，替换就容易理解了。现在这里的问题是，这个修辞手法是隐喻还是转喻。既然/bachelor/作为人类男性成员和作为海豹这二者是一个义位的两种解读，人们就能说这是用一个标记代替一个义位，因此就属于类型（i)。不过，很明显，这种替代是在《无配偶》这个标记的“同一性”基础上发生的（这个标记比《从未结婚》更普遍，并且，因为冗余规则，在任何情形它都产生于《从未结婚》)。在这一点上看，只有两种可能的解决方法：要么这两种《bachelor》是大同小异的同义义位，要么人们即使是在分析同一义位的两个不同解读的同一性时也必须谈到隐喻。在任何情况下，只要隐喻不再被视为事物间具有相似性，转喻不再被视为事物间具有相邻性，义素同一性和义素互相依赖性这两个方面就都是义位之外或者义位之间的联系的事。在这个视角看，即使语义系统的根本结构允许义素的同一性，结果还是结构上的相邻性支撑并支配了全部的修辞互动。隐喻和转喻要通过语义全域才成为可能。这个语义全域的格式就是Q模型的格式①。

3.8.4 修辞的符码变化

在这一点上，有必要确定用什么规则来区分“好的”隐喻或转喻，和“坏的”、“琐碎的”隐喻或转喻。一个尝试性的解决方案可

---

① 隐喻和转喻的功能解释了其他辞格的机制，即通过变换达成的所有替代。迂说法(periphrasis）是指一个词位被相应义位的全部（或大部分）标记替代。代称(antonomasia）既是提喻（synecdoche）——种类替代个体——又是迂说法的子事例。因为义位表述是在分析上（或符号学角度上）包含了对反义词的否定，所以，反语法（litotes）是用标记替代义位的常见实例，而讽喻法（ironies）则是对反义词的直接使用（但事实上，作为语言和思想的代表形象，它们涉及更复杂的语境替代)。强调法（Emphases）是提喻类型，夸张法（hyperboles）属于隐喻类型。不同的话语应该适合于其言语和思维特征（通过附加、缩减和词类转化来展开)，还依赖于音韵、句法和推理机制。格鲁普在《一般修辞学》中仔细区分了表达类辞格（词法辞格和句法辞格）和内容类辞格（语义辞格和逻辑辞格)；必须强调的是，本书所提出的建议仅适用于语义辞格的研究。

能如下所述：相对来说，所讨论的这两个义位外围的、特殊的特征是“相同”的标记时，好的隐喻就产生了。将一队战士称作/人/显然只是转喻的萌芽，因为所有的士兵都是人，而《人》是许多其他义位共享的标记，因此，这种替代不怎么能刻画士兵的特征。但是，如果有人为了传达他有两千士兵听他指挥而说/我手上有两千把剑/，那么我们就有了一个更成功的转喻，因为战士是唯一有剑的人。

成功转喻的一个更好例子是由相互依赖关系提供的。罗马人在《gladiator（角斗士）》和《ready to die（准备赴死）》或者《death-seekers（寻死者）》之间建立了这种相互依赖关系（恺撒万岁，赴死者向您致敬！）。在这后一个例子中，转喻不仅看起来更加“独出心裁”，它还增强了人们对语义实体《角斗士》的理解。

假设现在有人用《角斗士》替换《士兵》，再用《死亡》代替《角斗士》。这不仅仅因为士兵作标记更不太常见，而且因为这是采用了跟其他义位共享的次要的标记来描绘他们的特征，这些义位可能迄今都会被认为是跟所考察的对象远不相关。比如，现在可以把士兵跟《替罪羊》隐喻式地联系起来（通过下定义把《替罪羊》界定为《死亡过程》），因此，一队士兵可能被定义为/国王野心的替罪羊/。因为《替罪羊》有《无辜》的标记，那么，通往更复杂的替代网络的通路被打开了，士兵们能变成/两千把无辜的剑/，等等。在这种替代转变的极端情况下，人们平常看待勇士的方式发生了巨大的变化；《凶猛》、《勇气》、《骄傲》和《胜利》等内涵义没有消失，但同时出现了与它们融合在一起的一些相反义，比如《恐惧》、《悲伤》、《耻辱》、《失败》等。

对语义场中的潜在联系进行修辞上的追溯，揭示了丰富的矛盾。因为它必须发生在义位分支之间，也因为这些分支内的任何节点都是新义位的起始点（见模型Q），修辞替代通过建立进一步的联系而对语义全域的整个范围起作用，由此揭示了其“拓扑”结构。这项活动中，语境和环境选择频繁地切换和重叠，所有类型的简短回路都产生了瞬间的不可预测的连接。当这进程迅速而出人意料地把非常遥远的点连接起来时，它就像一个“跳跃”，接收者虽然不知所以地感觉到它的合理性，却并没有察觉到在底层语义链中将明显分离的点连起来的一系列步骤。结果，他认为修辞创造是直觉的产物，是一种“启示”，或者是顿悟，然而事实上，发送者只是瞥见一眼语义结构让他可以穿越的路径而已。对他来说，是飞快而清晰地看见了语义系统的可能性，而这些可能性对接收者来说，却变成了模糊难辨的东西。后者归因于前者拥有一种优越的直觉能力，而前者知道他对语义系统的底层结构有更直接和更清晰的看法。然而，二者都发现了连接语义单位的一种新方式，因此，修辞过程（在某些情况下，可以等同于审美过程）证明自己是一种知识的形式，或者至少是一种推翻已经获得的知识的方式①。

假设，为了得到一个点对点关联的特殊例子而修改 2.9.6 中的表 15 的形式，表中有一条轴线上包含了两个语义单位（u_1 和 u_2），它们通常被认为互不相容，因为它们的第一个直指义标记，分别源于同一个对立轴上的两个单位（α_2 对 α_1），但是，通过 α_1 产生了共有的涵指义 γ_1（表 48）。

现在设想，经由一系列的修辞替代，一个义位可能通过以下几种方式命名（并由此提供修辞等价物：┆）：（i）通过它的标记之一

---

① 卡茨（Katz，1972：8.4）提出在经典的语法成分理论中增加一种修辞再现，认为“语法理论需要下一个子理论，即修辞形式理论，更进一步，语法需要一个新的成分来表达对表层短语标记的修辞解释”。卡茨因此认为，修辞操作可能只会改变表面结构，而不会影响语义解释。应该清楚的是，本书中概述的理论是完全相反的，即使有人可能承认，在特殊情况下一些修辞操作可能只决定非常边缘的内涵。但是，在这些情况下，修辞学与语义有关，我认为不可能独立于语义来考虑修辞成分；它们更应该被看作是同一符号学问题的两个方面。

（转喻替代的情况，用 mtn 表示，需要时在它后面写出那个造成联结的标记 via），或者（ii）通过另一个与它共享一个给定标记的义位（的隐喻性替代的情况，用 mif 表示，后面是替代所依赖的标记 upon），如表 49 所示。

表 48

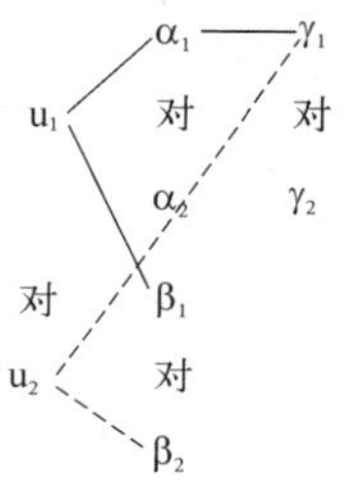

表 49

$$((u_1\ (mtn\ \alpha_1) \vdots \gamma_1) \cdot (\gamma_1\ (mtn\ \alpha_2) \vdots u_2)) \rightarrow (u_1\ (mtf\ \gamma_1) \vdots u_2)$$

假设不是形式逻辑规则而是修辞规则在起作用，那么，u_1（因为它和 u_2 等值）既获得标记 α_1 又获得标记 α_2，这两个标记以前被看作是语义相反不相容的（表 50）。

表 50

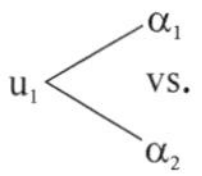

有时，这种被挑战的不兼容性会以某种形式的“机智”（一种巴洛克式的手法，如*矛盾修饰法*：/一个强大的弱点/）表现出来。有时，对立轴的确让人烦恼，而接收者必须问问自己，它是否需要被重新组织。在其他时候，符码仍然不接受这种不兼容性，尽管修辞手法继续运作，因此创造了一种不平衡的感觉，并允许逻辑学家断言自然语言没有逻辑。

事实上，自然语言的符号生产程序没有逻辑，但包含了修辞，这经常是实际情况。后者最多就是一种模糊逻辑。当只涉及词语和思想的基本形象时，这些矛盾表现通常被当作合法的修辞游戏。

因此，似乎只有风格塑造与此相关，而前提（对论点形构的考虑）和论点（对论证布局的考虑）二者都没有受到挑战。

但是，设想一下，比如，KF 模型中提出的《bachelor》的语义树可能重写为表 51，跟修正的模式相同：

表 51

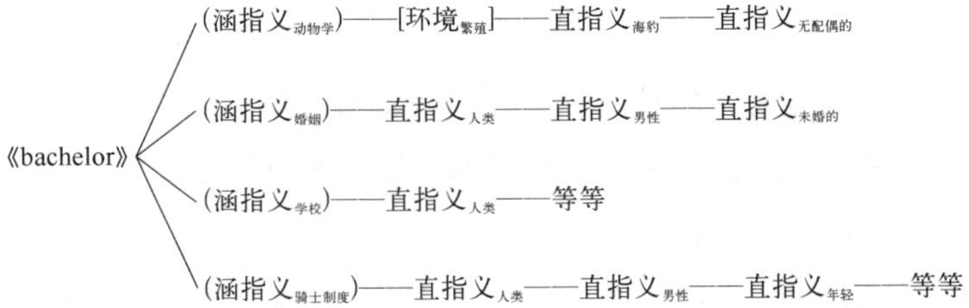

因此，就有可能用“bachelor-海豹”对“bachelor-男人”作修辞替代，因为二者都恰好具有明确的标记《无配偶》，也就有可能为一个从未结婚的朋友详细说明/那只不幸的海豹/的修辞定义。经过一系列进一步的转喻替代，就有可能用《动物》替代《人》，把那个人称为/可怜的动物/。每个人都会把这一系列的替换当作一种令人愉快的反讽性笑话，不会否认它在二值逻辑基础上的合理性，或者是在一种极其严格的语义理论基础上的合理性。

然而，这个笑话可能隐藏了一个“诗意的真理”，而这只是一种推断的知识：尽管许多附带的内涵暗示单身汉们是自由的、快乐的，准备好了各种情爱冒险，但如果作为一个单身汉真的是一种可悲的状况呢？这些怀疑蕴含了对于许多惯常前提的修正；因此，诙谐的修辞手法可能会引发对整个公认价值领域的讨论。

3.8.5 修辞的符码转换

然而，对公认价值的讨论，在假定有省略三段论推理时就变得明确了。当推理论证明确地假设它开始的前提是可能的（即观点问题），游戏规则就会得到遵守，有说服力的交流就会直接产生。但是，要把一个有直接说服力的论点转变成一个“意识形态的”论点，几乎没什么必要。这两种推理之间的界限将通过一个具体的例子来说明。

一直到一九六九年的许多年以来，营养食品在美国市场上大量地做广告。因为人们认为糖会导致肥胖，而肥胖又与包括引发心脏病在内的几种疾病有关，所以营养食品以糖精代替糖。一九六九年十一月，一个医学研究项目发现，糖精可能致癌。因此，所有宣传其主要成分中含有糖精的营养食品都必须从市场上撤下。由于这一决定在许多工业企业中造成了经济危机，新包装的营养食品在销售时都宣传它们不含糖精，并在标签上加上“添加糖”进一步强调这一点。

乍一看，这个解决方案可能听起来相当矛盾，因为通过宣称一种营养食品含有糖——一种被广泛认为是增肥元素的物质——来为其做广告，显然是愚蠢的。然而，消费者接受了这种新的广告方式。

为了解释这一现象，可能可以这么认为，一九六九年十一月以前，美国社会接受了某种隐性符码，这种符码设定了一系列相互排斥的对立观点，并记录了一些明确确立的含义，见表52。

表 52

糖	=	胖	=	心脏病	=	死亡	=	（－）
vs.		vs.		vs.		vs.		
糖精	=	瘦	=	（无心脏病）	=	生命（life）	=	（＋）

超内涵义把第二栏标记为正（＋），第一栏标记为负（－）。基于这一系列的对应和对立的符码，一系列的符号学声明可以坚持认为，糖导致肥胖（因此导致心脏病发作），而糖精导致苗条（因此保证更长的寿命）。

把糖精与癌症联系在一起的事实陈述（通过宣布它的科学家的权威），作为一种元符号学陈述，产生了把糖精与癌症和死亡联系在一起的新符号学陈述。因此，在几天的时间内，社会能力接受了一系列新的对应关系和对立的看法（见表 53）。

表 53

糖	=	（无癌症）	=	生命	=	（＋）
vs.		vs.		vs.		
糖精	=	癌症	=	死亡	=	（－）

糖会使人发胖的事实被抛在脑后。许多报纸采访表明，人们坚定地认为发胖比得癌症好。人们很容易接受这样一种观点，即轻松地食用含糖食品造成的更艰苦的减肥过程，比可预测的肿瘤更可取。

人们必须记住，《糖》的义位谱系并没有改变：它仍然被编码为致肥，因此（通过一种典型的冗余规则，把肥胖和循环系统疾病连起来）对健康有害。变化都发生在《糖精》的语义再现，虽然没有失去《变苗条》这个标记，却获得了《癌症》标记。因此，为了解释对立系列的逆转，我们必须假设存在一个事实上被所有人接受并被记录在访谈中的修辞前提："胖比死好"。只要这个前提是一个典型的修辞学上的常识，就普遍的观点而言，推理的规则允许它用于说服性话语。如此，在一九六九年十一月，人们就可以进行一场可接受的、有说服力的辩论。

假设我的医生说："很明显，你必须减肥，但糖精太危险了；你最好暂时放弃那些减肥食物。你知道我的意思：胖总比死好。"这个论点本来是可以接受的，因为这位医生并没有声称要证明一个绝对的真理，而只是试图说服我在两套价值观中作出选择。

使广告商的论点成为宣传和"意识形态"话语的典型例子的，是这样一个事实：糖在与糖精比较（将它们对立起来的轴线大致就是"死亡方式"）时所获得受肯定的地位，被应用于一项有关营养食品（讨论的轴线是："减肥之道"）的争论中。因此，糖似乎对减肥有积极作用，但实际上并非如此。由此，它被偷偷赋予了《瘦身》的标记，无论是被公认，还是以其他方式，这是它从来都没有权利拥有的。

这种"意识形态"操作通过符码转换来实现，从而取代了情感内涵。一个被识别但被遗忘（或隐藏）的前提（"胖比死好"）使糖带有一个肯定性的标记（但仅根据未编码的语境选择《vs. 糖精》）。广告人员保留了这个标记，仿佛它可以在任何情况下与义位《糖》传统地联系在一起一样。

这个例子说明了两个问题：(i) 产生符码转换的方式；(ii) 语义子系统根据给定的语境选择获得给定状态的事实，和从不同的背景视角来看，这种状态不会或不应该保持不变的事实。关于糖精的讨论是"意识形态"符码转换的一个例子，因为它假定给定语义子系统的结构，在任何情况下都保持不变。

在任何情况下，意识形态符码转换的问题都值得被更彻底地检视。为此，让我们总结一下前面的所有要点，然后建立一个更抽象的实验模型。

3.9 意识形态的符码转换

3.9.1 作为符号学范畴的意识形态

在2.14.1中，当考察/他追随马克思/这一表达的解释时我说，它在一定程度上卷入的意识形态内涵（追随马克思是好还是坏?），决定了对这个表达的解释，这一解释不取决于任何先前的编码。从这个意义上说，解释者为消除句子歧义性所依赖的意识形态背景，是通过复杂的推理得出的，它包含一系列关于发送者或句子对象的预设。对说话者世界观的检测，依靠解释的过程，而不是先前的编码。因此，意识形态似乎是一种超出符号学的残余，它能够决定符号学事件，在许多试推过程中起催化作用，却逃脱了文化编码（参见表30）。

但前提（因为它没有任何以前已建立的符码作保证）是，发送者持有特定的意识形态，而意识形态本身即预设的对象，是一个必须进行符号学分析的有组织的世界观。

语义系统或子系统可能是赋予世界形式的一种方式。如此，它构成了对世界的部分解释，并且在理论上每次都可以被新的信息修改，这些新信息从语义上重构编码，引入新的位置值。一条/火星人吃婴儿/的讯息，不仅使《火星人》义位带上《同类相食》的含义，而且由于《否定性》的全域性价值论属性携带上了一整套的内涵链。很明显，这一系列的讯息的确解释了火星人吃婴儿，但不同物种的婴儿，就像我们吃"小动物"一样，却可能会改变全域价值论内涵。但这种对符码的修订，意味着一系列元符号学陈述，这些陈述质疑内涵子符码——这就是科学的批评功能。

但一般而言，任何接收者都会转向自己的文化遗产，即他自己偏爱的世界观，以便选择他希望应用于讯息的子符码。为了界定这种偏爱的世界观，对现实预期的切分包含了马克思主义的意识形态概念，即“虚假的意识”。从马克思主义的观点来看，这种虚假的意识自然是作为具体的社会关系和特定的物质生活条件的理论伪装（自命科学的客观性）而产生的。

因此，意识形态是始于事实描述的讯息，随后试图从理论上证明其合理性，并经由附加编码的过程逐渐被社会接受。对于符号学符码来说，不需要确定讯息是如何产生的，也不需要确定是出于什么政治或经济原因，相反，它关心的是在何种意义上这种新的符码可以被称为“意识形态”。

3.9.2 实验室模型

想象一个容器，通过一块有一个小孔的隔板，它被分成两部分，α 和 β，两边的气体分子以不同的速度运动。为了保护这个小孔，存在气体动力学理论称之为“麦克斯韦妖”的东西。“麦克斯韦妖”是挫败热力学第二定律的智能生物，它通过允许较慢的分子从 β 传递到 α，而较快的分子则只允许从 α 传递到 β 来实现其魔力。由此，它在测试中导致了气体温度的增加。我们也可以想象我们的“麦克斯韦妖”（比麦克斯韦更加聪明），给所有快速的分子分配了相同的速度。倘若我们知道了分子的数目和标准速度，我们就可以用相同的计量单位来确定压力和热量。

想象每当有 n 个分子进入 β，“麦克斯韦妖”就会发出一个信号：每个信号单位只传达与我们目的相关的分子数量（比如特定条件下容许的压力和热量的特定计算）。结果，是目的决定了相关性标准。

如果“麦克斯韦妖”——作为发射器——有诸如“是 vs. 不”这样非常简单的符码，我们就只需要一个电讯号来表示计量单位。信号的重复次数表示测量单位的和。让我们假设/Z/表示《最小》(热量和压力)，/ZZZZ/表示《最大》。

表 54

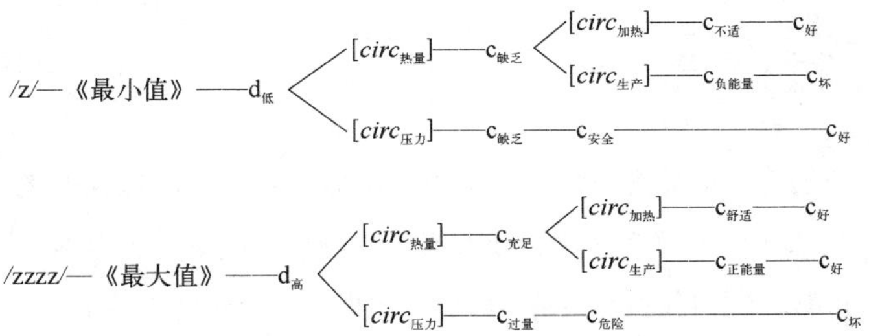

如果信息接收者是一台机器，它将记录《最小值》或《最大值》，并根据接收到的指令进行响应。在这种情况下，信号不是一个“符号”，机器也不“理解”其“含义”。相反，如果接收者是人，他的反应会将信号转换成符号，即在表达与内容之间建立关联。但同时，接收者也会在指称标记的基础上增加一定的内涵标记。

例如，当指涉“热量计算”时，表达/ZZZZ/涵指某些肯定性的价值，而当“压力计算”被检视时，则不能考虑这些肯定性的价值。进一步，如果为使房间更加舒适，而需要特定的热量充当生产某种东西的能量形式时，那么它就意味着某些标记的明显变化。表达/Z/(《最小值》)也是如此，这样，人们就可以根据不同的环境选择，为两个表达建立义位的再现方式（表 54）。

两种义位如果需要确立，就要求文化将其语义空间细分为一系列对立的子系统，而其中只有少量的子系统，通过各种义位的解读而被考察。

因此，每一种环境选择都将这种对立分离出来。这些对立，有时在语义上同一，有时并非完全一致，有时则直接矛盾（表 55）。

表 55

(1)	(2)	(3)
压力	加热	生产
最小 vs. 最大	最小 vs. 最大	最小 vs. 最大
低 vs. 高	低 vs. 高	低 vs. 高
缺乏 vs. 过量	缺乏 vs. 充足	缺乏 vs. 充足
安全 vs. 危险	不适 vs. 舒适	负能量 vs. 正能量
好 vs. 坏	坏 vs. 好	坏 vs. 好

如果我们将特定义位的组成表示为不同语义轴和不同位置的连续分支（见 2.9.6），那么义位《最大值》的再现，应该至少有两个不兼容的读数，它们分别由一条实线和一条虚线来表示（表 56）。

表 56

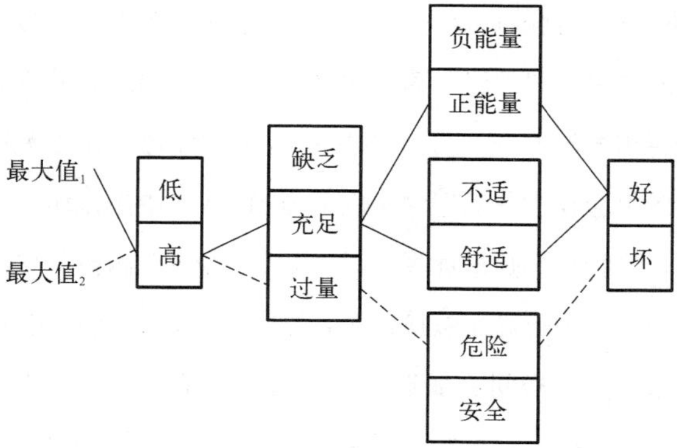

3.9.3 意识形态操控

我准备把一系列基于先前偏见（或明或隐）的符号学陈述，界定为“意识形态”的论点形构，即特定环境选择的抉择，将某一属性归于义位，同时隐藏或忽略与该义位同样可预测的其他矛盾属性，赋予其语义空间非线性矛盾格式。因此，以连续或虚线表示的符号学陈述，将被视为意识形态的陈述。

一个非意识形态的陈述将是一个元符号学陈述，表明其语义空间的矛盾性质。这种元符号学陈述如表 57 所示。

表 57

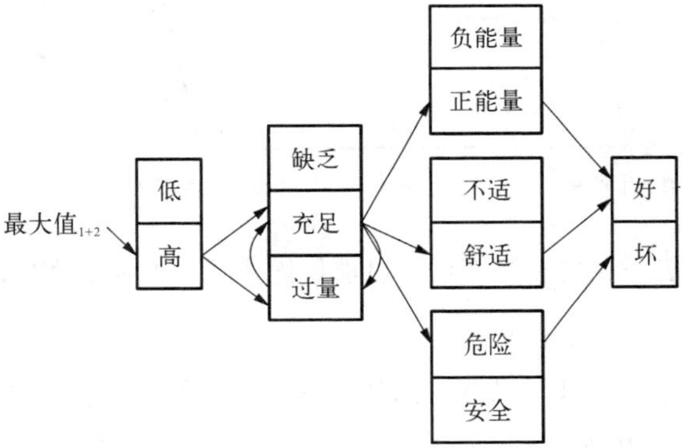

我将把一种论证界定为“意识形态”的论证布局，这种论证，在明确选取一种可能的环境选择作为其主要前提时，并不清楚存在一个矛盾前提，或存在一个明显导致矛盾结论的互补性前提——从而掩盖了其语义空间的矛盾性质。

我还将把一种论证界定为“意识形态”的论证布局，这种论证虽然比较了两个不同的前提，但选择了不具有相互矛盾标记的前提，因此，有意无意地隐藏了那些可能扰乱论证的“线性”的东西。

假设有人相信（或想让人们相信），α－β 系统的最大热量可以提供最优采暖和最优生产率状态，那么他就可以陈述他的论点，以表明这些目标是相互兼容的，它们共同达成了一个“令人满意”的状况（我们可以称之为《福利》）。因此，这个论证可以按照表 58 所列的对称方式，安排这两种环境选择所依赖的子系统。

表 58

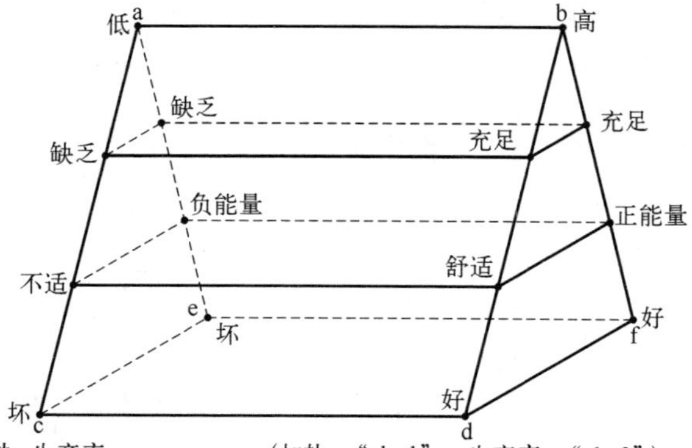

这个省略三段论的模型表明，追求最优采暖与追求最优生产率之间不存在矛盾。

正方形“abcd”（代表“高热量有利于好采暖”这一前提）之对立和连续的内涵，与正方形“abef”（代表“高热量有利于好生产”这一前提）之对立和连续的内涵是如此的互补，以至于人们如果考虑侧面三角形“ace”和“bdf”就会发现，《不适》可以看作《负能量》的转喻，《舒适》可以看作《正能量》的转喻。根据 3.8.3 中所概述的修辞规则，这些替换实际上是表 54 所列出义位再现所允许的。事实上，很明显，能量的下降会导致采暖环境不那么适应（而反过来充足的能量供应则导致舒适）：因果关系之间的相互替代，为转喻提供了绝佳的例子。

3.9.4 对于意识形态的符号学批判

上面有关论证布局的例子是“意识形态的”，因为它没有考虑两个方面之间的潜在矛盾，即一方面是《生产与压力》之间的矛盾，另一方面是《热量与压力》之间的矛盾。

让我们在表 59 中列出这两个子系统之间的对称对应关系，以阐明明显出现的矛盾状况。

表 59

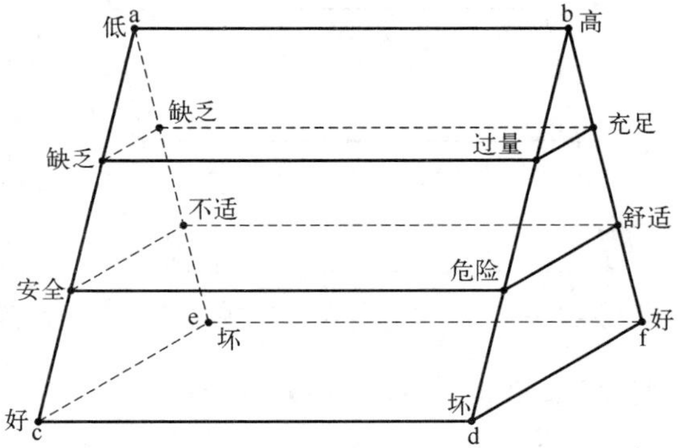

压力vs.加热 (压力="abcd"，加热="abef")

可以看到，侧三角形呈现成对的反义词标记:《过量 vs. 充足》、《安全 vs. 不适》、《危险 vs. 舒适》，它们既不是相互的解释项，也不能相互代替（除非在反讽矛盾修饰法的情况下）。棱柱结构的第二层，表现出两种观点比较时所产生的不兼容性；底层图表，显示整个网络的互不兼容性，每个环节产生一个对立的“好 vs. 坏”。同样的情况，也会发生在“压力 vs. 生产率”的图示上。

表 60 无需进一步评论。当忽略表 58、59 和 60 所示的联系时，可能会出现两种意识形态话语。一种观点认为，为了大众的幸福，供暖和生产是人们不惜一切代价追求的基本价值，但它掩盖了供暖和生产与大众的幸福并不相容的问题，因为它们会产生危险；另一种观点认为，最重要的事情，是社会群体中所有成员的绝对安全，但同时掩盖了这样一个事实：如果完全实现了安全，就不会增加生产率和福利。

表 60

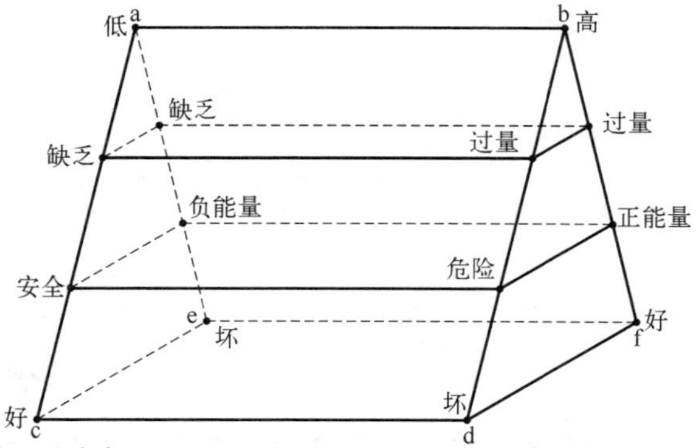

压力vs.生产率　　　　　　（压力=“abcd”，生产率=“abef”）

我并不是要试图指出，一个好的供暖系统的生产是一个“坏”目标，事实上，以最大安全为目标也不是一个“坏”主意。相反，任何关于社会群体目标的真诚的有说服力的话语，都必须考虑所有这些目标，但同时，它也必须承认在什么基础上（即根据哪些前提）这些价值是可取的，以及它们在何种程度上是相互排斥的。

事实上，对这些有争议的价值观进行批判性的考察将会发现，只有当它们被看作是绝对的（即逻辑上形式化的），它们才会相互排斥。而实际上它们都是模糊的概念。对这些概念的语义构成进行批判性考察就会发现，它们是可以分级的，在《负能量》和《正能量》之间，以及在《安全》和《危险》之间，有一系列的中间状态（危险是一种非常低的安全状态，反之亦然）。因此，有可能将能源刻度的中间部分与安全刻度的中间部分分开（假设它们的“梯度”是成反比的）。

但在进行这样的计算时，人们已经通过批判性的、具有说服力的话语，闯入了“意识形态”的领域。这种话语显然会遭到任何一个对话者的拒绝，因为他们已经确立了一种激进的优先标尺，诸如

表 61

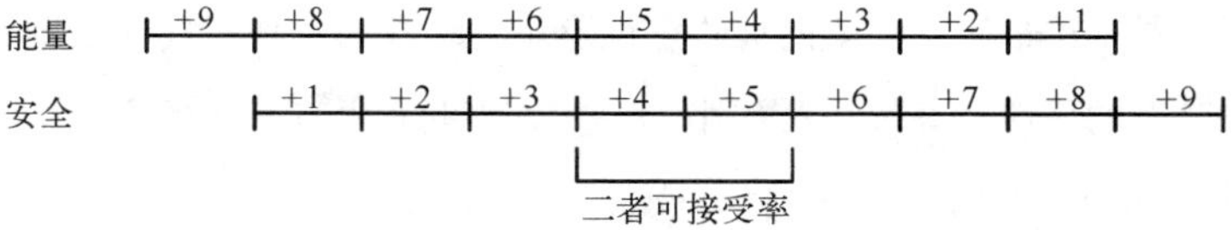

“富裕比安全更好”（或“安全比富裕更好”）[1]。对意识形态话语进行批判性的符号学考察，并不会消除说话者的实用和物质动机，因此也不会改变世界（或生活的物质基础），而只会使它们更明确[2]。

意识形态话语试图掩盖这些不同的选择，因此必然卷入一种符码转换和附加编码的修辞工作。因此，任何接受生产和加热之间的协调和对称对应关系（表 59）的人很可能忘记，他们的观点所基于的语义单位《最大值》，不仅代表了热量和能量的最大值，而且代表了压力的最大值。与这一单位相关的唯一内涵，是那些《充足》、《舒适》和《能量》，它们很快成为它的名称[3]。所以，当有人坚持认

---

① 例如：“我们的社会必须改善和增加生产。为了实现我们的目标，社会的每一个成员都需要作出许多牺牲。就集体福利而言，个人是不重要的。”相同类型的编码，由另一个语句隐藏地建立：“生产力产生金钱，金钱产生福利。显然是在这场生命的斗争中——或者在这场自由竞争中——必须有人被征服。这是一个富人经济体所要付出的代价。”所有这些陈述的构成，都暗含了元符号学判断，强化了某些语义规则与价值观的连接。另一方面，可以阐述不同的前提：“贫穷比我们自身作为富裕的奴隶更好”；“一个人为了给别人创造财富而死去的社会是一个疯狂的社会”；“烧草不烧油”；“社会保障必须是本届政府的首要任务”。不过，所有这些声明（很容易被认为是属于不同的意识形态），都是一些想通过修辞上的劝说，努力让人们以另一种方式思考问题的例子。它们因此构成的元符号学判断，旨在赋予旧语义项以新的内涵。

② 一种意识形态向另一种意识形态的转换没有客观规律。语义空间的分离，可以证明不同的偏见产生了不同的语义组织。这些意识形态没有理论可以检验和改进。有一种符号学的分析技术，它允许人们通过反对另一种意识形态来摧毁它，后者显示了前者的虚假性（反之亦然）。选择正确的观点或修正偏见，不是符号学问题。符号学可以帮助我们分析不同的意识形态选择，但它不能帮助我们选择。

③ 在这一点上，我们可以采纳和发展巴特（Barthes，1964b）已经提出的一个问题，即修辞程式与意识形态立场之间的关系。一个共产主义者，不可能通过短语/保卫自由世界/表明第三世界与西方列强斗争的必要性，即使他认为殖民地人民的自治是唯一值得为之奋斗的自由形式。从那时起，/捍卫自由世界/的修辞模式，就与美国及其盟友及其意识形态愿景的政治立场紧密联系在一起。当然，同样的行动也可以在诸如“兄弟般互助的社会主义联盟”的形式下完成。因此，某种使用语言的方式与某种看待社会的方式是一致的。

为最大热量也意味着《危险》时，这种说法被视为语义反常，并被看作是指称错误。它因此被“意识形态”解释为一种破坏“法则和秩序”的恶性努力，而“法则和秩序”，支配着没有矛盾的语义世界（即一个人的文化、世界观、宗教、“生活方式”等）。

让我们回想一下/最大热量/这一表达不仅暗示《财富》和《舒适》，而且也是最初用来指称世界状态的符号。我们还应该明白，按照自然规律，这种世界状态，无论过去还是现在，都在压力下增长——所有这一切都意味着，它将装上一只习惯于倒置的“哲学”的脚。但意识形态是片面和不连贯的世界观，通过忽略语义世界的多重联系，它也掩盖了某些符号（有各种各样的解释）产生的实际原因。这种遗忘产生了虚假意识①。因此，符码理论（看起来如此独立于现实世界，通过符号来命名它的状态）显示了它的探索性和实践性力量。因为，通过显明特定文化系统隐藏的相互联系，它揭示了符号生产劳动可以尊重或背叛如此文化网络复杂性的方式，从而使其适应（或与之分离）改变世界的人类劳动②。

---

① 以上讨论印证了意识形态的最新定义。十八世纪法国“理论家”赋予这个术语的意义，几乎等同于我们作为意识形态“基因”批判的符号学概念。意识形态作为有意识的符码转换，是恩格斯所说的“一个所谓的思想家有意识地但是带着虚假意识完成的过程。决定他的真正动力仍然未知（否则这将不是一个意识形态的过程）”（《给梅林的信》）。雅斯贝尔斯将意识形态描述为无意识的符码转换，作为“思想和表象的复合体，作为对世界的解释的思维主体的绝对真理而出现……产生自欺欺人、掩饰、逃避（现实）”（《时代的精神状况》）。另一方面，马克思主义关于“意识形态”作为服务于积极改造世界这一社会目的的理智和政治“武器”的“积极”意义，与前面的消极定义并不矛盾。在这个意义上，意识形态被接受时，人们既不否认它的片面性，也不隐瞒它所拒绝的东西，除非先前的前提系统，基于特定的社会理论和物质需求，已经阐明了人们想要和喜欢的东西。

② 意识形态劳动可以有更复杂的形式。通过隐喻性的替代，我们可以将《能量＝舒适》等同于《危险》。有可能将《危险》转化为《安全》，从而证明更多的能量意味着更少的安全，这也许是为了获得更高的舒适感而付出的代价。有可能在不确定其确切层次的情况下，暗中引入模糊概念。假设生产力理论家提出了一个可以接受的前提，即所有人的舒适与所有人的安全是不相容的，提出一个类型的拟逻辑方阵： （转下页）

3.9.5 最终阈值

如果不将这样的世界状态组织到语义系统中，就无法实现对世界的转化。为了进行这种转化，就必须对世界状态进行命名和结构安排。一旦它们被命名，这个被称为“文化”（它也组织了思考和讨论物质力量的方式）的符号系统的体系，就可能具有一定程度的超出指称的自主性，而符码理论必须遵守和分析其全部自主性。只有这样，我们才有可能描述符号生产理论，这种理论（即使是在用真假来探讨符号与事物之间的关系时）将受益于纯符号学方法。

当α-β系统导致意识形态失衡，语义子系统“倒置”时，只有两种可能的方法来阻止这个过程：(i) 使α-β容器爆炸，使压力的存在显露出来，摧毁虚假意识的遗忘。这种行为，有时被称为“革命”，代表着另一种符号学界限，我们的学科必须认识到这一界限，并且不能冒犯它。当α-β容器爆炸时，整个符号学单位系统将随之上升，需要被重建（即使可能没有符号学家来记录这个新现象）。

(ii) 证明（经由对语义世界中相互矛盾格式的考察，沿着内容系统的分支尽可能地回到源头，跨越不同符号-功能体的各种符码转换和凝结）语义世界的格式，比大多数意识形态所认识到的要广泛得多。

（接上页）所有人享有所有舒适——所有人享有所有安全
部分人享有部分安全——部分人享有部分舒适

其中，第一个与之相反的元组，显然是与两个相反的东西相对立的；第二个元组，则是两个相反的东西，而包含着某种安全感的普遍舒适，似乎是一个公平问题。将《所有》和《部分》看作模糊操作的符号就足够了，它们根据其位置改变自身语义性质，并对方阵假定逻辑的正确性提出挑战：“所有人享有所有舒适”是指《人人平等》（社会主义）还是《人人都有机会》（自由竞争）？第一个《部分》量化《安全性》是多少？那么第二个又是多少？这场“游戏”可以无限地做下去。只有当每一项都回到其在符码中的位置并进行语义分析时，意识形态的劳动才能被揭示出来，才能回到一个基于偏好逻辑的具有说服力的话语中。

诚然，主张（i）和（ii）相互兼容是大胆的，但绝不荒谬，符号学家在这件事上可能并没有太多的话可说，却有事可做。符号生产劳动释放了社会力量，它本身就代表了一种社会力量。它可以产生意识形态，也可以产生对意识形态的批评。因此，符号学也是一种社会批判形式，因此也是众多社会实践形式之一。

第四章　符号学的主体

由于前面说过，符号生产劳动也表现为一种社会批判和社会实践形式，因此直到现在才在某种程度上远离当前的话语，一种幽灵般的存在，终于不可避免地现身了。在符号学框架下，每一符号学行为的行为主体所处的位置是什么?

如果符号生产理论的一个主题，是发送者和接收者之间的关系，这种关系构成我们考虑各种“言语行为”的基础，那么我们可以谈论在前几章很少注意到的这些过程的“先验”或“经验”的主角。

发送者-接收者关系理论，也应该考虑说话主体这个角色，不只把它作为交流的虚构之物，而且把它作为具体的、历史的、生物的、精神的主体，作为精神分析学和相关学科研究的对象。无论如何，本书所采用的方法，需要做出以下假设:

(i) 说话行为主体（它不必与陈述的“语法”主语相同，因为陈述的主体和被陈述的主体存在区别）①，必须被认为是讯息或文本可能的指称物之一，无论它可能是明确的还是含蓄的。它可能是讯息履行的指称物之一，因此，必须由有关语言所言及的各种物理或心理的对象的学科来研究。

(ii) 只要主体连同其某些属性和态度是以陈述为前提的，那么它就必须“解读”为所传达内容的一个元素。任何其他试图在符号学话语里引入主体的考虑，都会使符号学侵入其某一“自然”边界。

我觉察到这样一个事实，有些符号学方法确实越过了这一阈限，而使符号学成为符号过程形成的主体的创造性活动研究，并打算把它作为“深刻”的、意义深远的主体，而不是作为现象学上的先验自我。②

那么，让我假设，符号学注定要克服它的某一自然边界，不仅成为符码和符号生产理论，而且成为任何“希望生产符号”的“深层”的个人起源理论。从这个角度来看，我的符号生产理论的某些主题（例如编码与符码转换活动），可以被文本创造理论和“文本主义”理论纳入思考范畴。

但是，让我也假定，从本书的观点来看，符号学对这种主观活

① 可以看到在过去十年中，关于“陈述 vs. 被陈述”，特别是在法国，有着大量的讨论（Benveniste，1966；Lacan，1966；Todolov，1970；Kristeva，1968；Durot，1972；Chabrol，1973）。

②“符号学的一个阶段现在结束了：从索绪尔和皮尔士到布拉格学派和结构主义，它使系统地描述每个表意实践中的社会和/或象征约束成为可能……对这种‘系统符号学’及其现象学基础的批判，只有从意义理论出发才有可能，而意义理论必然是说话主体的理论……意义理论现在处于十字路口：或者它将继续尝试通过增加数理逻辑工具的复杂性来形式化意义系统。这些工具使它能够在作为先验自我行为的意义概念（已经相当陈旧）的基础上形成模型，从它的身体、它的无意识，还有它的历史中被切断。否则，它将把自己调和到说话主体作为分裂主体（有意识/无意识）的理论中，并继续试图具体说明分裂双方所特有的操作类型：从而暴露他们，也就是说，一方面使他们暴露在生物性的生理过程（它们本身已经是表意过程中不可避免的一部分：弗洛伊德·拉贝勒的“驱动力”）中，另一方面使他们暴露在社会约束（家庭结构、生产方式等）中。”（Kristeva，1973；有关这些论点的更广泛的发展，见 Kristeva，1969）。可以说，当文本的这些主观决定因素被表达为文本自身的内容时，它们无疑就成为符号学问题。参见 3.9 中关于意识形态话语的意识形态和经济动机的案例，通过对 α－β 系统的一系列判断所采取的相同形式，或通过在说服性话语过程中所陈述或预设的先在修辞前提，使之变得明确。当这些文本外的“驱动器”没有被文本显示为写作活动时，我就无法将它们假设为符号学框架。

从这个意义上说，可以构想一种本书不敢考虑的跨越阈限的符号学。当克里斯蒂娃发现，有必要称这样的研究不是“符号学”，而是“符号心理分析”，这绝非偶然。

动最可靠的把握是符码理论所提供的：任何符号学研究的主体都不过是符号活动的符号学主体，即语义空间考察所获得的世界切分的历史和社会结果。这个主体是一种看待世界的方式，只能被称为切分宇宙的方式，以及将语义单位与表达-单位耦合的方式：通过这种劳动，它有权利不断地打破和重构其社会和历史的系统构成。

符号学只能通过符号学分类来界定每一符号活动的主体。因此，表意主体不过是不断完成的反映自身表意系统的系统。

我想从这样的断言中消除任何唯心主义的影子。我并不是在否认当其在交流、服从、丰富、改变和批判表意系统时个别物质主体的存在及其重要性。

我只是假设，除非在其本身的理论框架内，符号学不能定义这些主体，同样地，就像考察作为内容的所指，它不否认物质事物和世界状态的存在，但是将它们的验证（以及它们在具体属性、变化、真伪方面的分析）交给了其他类型的方法来研究。

在本书中，符号学提供了一个最重要的主题，即*符号活动*。符号活动是经验主体赖以交流的过程，这个交流过程是通过表意系统的组织成为可能的。经验主体，从符号学的角度来看，只能被定义和分解为符号活动的双重（系统和过程）表现。这不是形而上学的陈述，而是方法论的陈述。物理学知道恺撒和布鲁图斯是由基本粒子之间的相互关系定义的时空事件，而不必关心他们的行为动机，也与这些行为结果的伦理评价无关。符号学以同样的方式对待符号活动的行为主体：要么可以用符号学结构来定义它们，要么——从这个角度来看——它们根本不存在。

正如皮尔士所说："既然人类只能通过语词或其他外在符号来思考，那么这些符号可能会反过来说：'除非我们教给你东西，否则你不会产生意义，只有当你说出某个词作为你思想的解释项时，你才会产生意义。’事实上，人与语言是相互教育的。人的信息的每一次增长，都卷入和被卷入语词信息相应的增长……人所使用的语词或符号就是人本身。因为，事实上每一种思想都是符号，如果把生活看成一系列思想的结合，那么就可以证明人是符号。所以，每一种思想都是外在符号，证明人也是外在符号。也就是说，人与外在符号是相同的，在同样的意义上，人这个词与人是相同的。因此，我的语言就是我自己的总和：因为人就是思想。”（Peirce，5.313 - 5.314）

显然，当经验主体能够批判对表意系统的意识形态调节时，就是人在见证具体的社会实践行为。但是这种行为之所以成为可能，是基于符码可以自我批评这个事实，因为全域语义空间的形式是矛盾的，如 2.13 所述。

当有人断言根本不存在元语言时，他就混淆了符码理论和符号生产理论。经验主体可以元语言性地使用符码，只是因为不存在元语言；因为在自相矛盾的符码中，一切都是元语言。如果一个全域语义空间的形式是 Q 模型（见 2.12）所建构的轮廓，那么任何具体符号学批评实践的深层主体，都是极端矛盾的形式。

符号生产的存在，是因为存在经验主体。经验主体展示劳动，是为了从物理上生产表达，为了使它们与内容、与切分的内容相互关联，等等。但符号学只有通过符号-功能体、生产符号-功能体、批判其他符号-功能体，以及重构事先存在的符号-功能体，来显示其自身的时候，才有权识别这些主体。符号学通过接受这个限定，完全避免了唯心主义的风险。

相反，符号学将表意世界的社会存在视为其话语中唯一可检验的主体，这是由解释项的物理可测试性所揭示的，而解释项的物理可测试性，是为了最后一次强调这一点，即物质表达。

本书所概述的方法论意义上的“主体”，在其背后、之前或之后、外部或内部，有太多的东西也许极其重要，不幸的是，在我看来——眼下——这样的研究似乎已经超出了符号学的界限。

参考书目

1929 *Thèses presentées au Premier Congrès des philologues slaves* (Travaux du Cercle Linguistique de Prague 1) (now in Vachek, ed., 1964).

1961 *Poetics* (Polska Akademia Nauk, Proceedings of the International Conference of Work-in-Progress, Warsaw, August 1960) (The Hague: Mouton).

1966 "Problèmes du langage", *Diogène* 51.

1970 *I linguaggi nella società e nella tecnica* (Convegno promosso dalla Ing., C. Olivetti and C. Milano, ottobre 1968) (Milano: Comunità).

1970 *Sign-Language-Culture* (The Hague: Mouton).

1973 *Recherches sur les systèmes signifiants* (Symposium de Varsovie, 1968) (The Hague: Mouton).

ALEXANDER, CHRISTOPHER

1964 *Notes on the Synthesis of Form* (Cambridge: Harvard College).

ALLARD, M., ELZIÈRE, M., GARDIN, J.C., AND HOURS, F.

1963 *Analyse conceptuelle du Coran sur cartes perforées* (The Hague: Mouton).

AMBROGIO. IGNAZIO

1968 *Formalismo e avanguardia in Russia* (Roma: Editori Riuniti).

ANTAL, LÁSZLÓ

1964 *Content, Meaning and Understanding* (The Hague: Mouton).

APOSTEL, LÉO

1960 "Matérialisme dialectique et méthode scientifique", Le *Socialisme* 7-4.

APRESJIAN, J.

1962 "Analyse distributionelle des significations et champs sémantiques structurés", *Langages* 1, 1966.

ARGYLE, MICHAEL

1972 "Non-Verbal Communication in Human Social Interaction", in Hinde, R.A., ed., *Non-Verbal Communication* (Cambridge: Cambridge University Press).

ARGYLE, M., and DEAN, J.
1965 "Eye-contact, distance and affiliation", *Sociometry* 28.
ARGYLE, M., and INGHAM, R.
1972 "Gaze, Mutual Gaze and Proximity", *Semiotica* VI/2.
ARNHEIM, RUDOLF
1969 *Visual Thinking* (Los Angeles: University of California Press).
ASHBY ROSS, W.
1960 *Design for a Brain*, 2d ed. (London: Chapman and Hall).
ATTNEAVE, FRED
1959 "Stochastic Cognitive Processes", *Journal of Aesthetics and Art Criticism*, XVII 4.
AUSTIN, J. L.
1961 "The Meaning of a Word", *Philosophical Papers* (Oxford: Clarendon Press).
1962 *How to Do Things with Words* (Oxford: Oxford University Press).
AVALLE, D'ARCO SILVIO
1965a *"Gli Orecchini" di Montale* (Milano: Saggiatore).
1965b Intervento in *Strutturalismo e critica* (in Segre, ed., 1965).
1970 *Tre saggi su montale* (Torino: Einaudi).
1972 *Corso di semiologia dei testi letterari* (Torino: Giappichelli).
BACH, EMMON
1966 "Linguistique structurale et philosophie des sciences", *Diogène* 51.
BACH, EMMON, AND HARMS, ROBERT, EDS.
1968 *Universals in Linguistic Theory* (New York: Holt).
BALDINGER, KURT
1966 "Sémantique et structure conceptuelle", *Cahiers de lexicologie* VIII 1.
BALLY, CHARLES
1932 *Linguistique générale et linguistique française* (Bern: Franke).
BARBUT, MARC
1966 "Le sens du mot 'structure' en mathématique", *Les Temps Modernes* 264.
BARISON, F.
1961a "Considerazioni sul 'Praecoxgefühl'", *Rivista Neurologica* 31 305.
1961b "Art et schizophrénie", *Evolution Psychiatrique* I 69.
BARTHES, ROLAND
1953 *Le degré zéro de l'écriture* (Paris: Seuil).
1957 *Mythologies* (Paris: Seuil).
1963a *Sur Racine* (Paris: Seuil).
1963b "L'activité structuraliste", *Lettres Nouvelles* (now in Barthes, 1964c).
1963c "Littérature et signification", *Tel Quel* (now in Barthes, 1964c).
1964a "Eléments de sémiologie", *Communications* 4.
1964b "Rhétorique de l'image", *Communications* 4.
1964c *Essais critiques* (Paris: Seuil).
1966a "Introduction à l'analyse structurale des récits", *Communications* 8.
1966b *Critique et vérité* (Paris: Seuil).

1967a *Système de la mode* (Paris: Seuil).
1967b "L'arbre du crime", *Tel Quel* 28.
1968 "L'effet de réel", *Communications* 11.
1970a *S/Z* (Paris: Seuil).
1970b "L'ancienne rhétorique", *Communications* 16.
1971 *Sade, Loyola, Fourier* (Paris: Seuil).
1973 *Le plaisir du texte* (Paris: Seuil).

BASTIDE, ROGER, ED.
1962 *Sens et usages du mot "structure"* (The Hague: Mouton).

BAUDRILLARD, JEAN
1968 *Système des objets* (Paris: Gallimard).

BEAUJOUR, MICHEL
1968 "The Game of Poetics", *Yale French Studies* 41.

BENSE, MAX
1965 *Aesthetica* (Baden-Baden: Agis).

BENSE, M., AND WALTHER, E.
1973 *Wörterbuch der Semiotik* (Köln: Kiepenheuer *Sl* Witsch).

BENVENISTE, EMILE
1966 *Problèmes de linguistique générale* (Paris: Gallimard).
1969 "Sémiologie de la langue", *Semiotica* 1/1 and 1/2.

BERTIN, JACQUES
1967 *Sémiologie graphique* (Paris: Mouton and Gauthier Villars).
1970 "La graphique", *Communications* 15.

BETTETINI, GIANFRANCO
1968 *Cinema: lingua e scrittura* (Milano: Bompiani).
1971 *L'indice del realismo* (Milano: Bompiani).
1973 *The Language and Technique of the Film* (The Hague: Mouton).

BIERWISCH, MANFRED
1970 "Semantics", in Lyons, J., ed., *New Horizons in Linguistics* (London: Penguin).
1971 "On Classifying Semantic Features", in Steinberg and Jakobovits, eds., 1971.

BIRDWHISTELL, RAY L.
1952 *Introduction to Kinesics* (Washington: Department of State, Foreign Service Institute).
1960 "Kinesics and Communication", in Carpenter, E., and McLuhan, M., eds., *Explorations in Communications* (Boston: Beacon Press).
1963 "Some Relations between American Kinesics and Spoken American English", American Association for the Advancement of Science (in Smith, ed., 1966).
1965 "Communication as a Multichannel System", *International Encyclopedia of Social Sciences* (New York).
1970 *Kinesics and Context* (Philadelphia: University of Pennsylvania).

BLOOMFIELD, LEONARD

1933 *Language* (New York : Holt).
BOLINGER, DWIGHT L.
1961 *Generality, Gradience and the AU-None* (The Hague: Mouton).
BONOMI, A., AND USBERTI, G.
1971 *Sintassi e semantica nella grammatica trasformazionale* (Milano: Saggiatore).
BONSIEPE, GUY
1965 "Visual/Verbal Rhetoric", *Ulm* 14–16.
1968 "Semantic Analysis", *Ulm* 21.
BOSCO, NYNFA
1959 *La filosofia pragmatica di C. S. Peirce* (Torino: Ed. di "Filosofia").
BOULEZ, PIERRE
1966 *Relevés d'apprenti* (Paris: Seuil).
BRANDI, CESARE
1966 *Le due vie* (Bari: Laterza).
1968 *Struttura e architettura* (Torino: Einaudi).
BREMOND, CLAUDE
1964 "Le message narratif", *Communications* 4.
1966a "L'analyse conceptuelle du Coran", *Communications* 7.
1966b "La logique des possibles narratifs", *Communications* 8.
1968a "Postérité américaine de Propp", *Communications* 11.
1968b "Pour un gestuaire des bandes dessinées", *Langages* 10.
1973 *Logique du récit* (Paris: Seuil).
BURKE, KENNETH
1931 *Counter-Statements* (Chicago: University of Chicago Press).
BURSILL-HALL, G. L.
1971 *Speculative Grammars of the Middle Ages* (The Hague: Mouton).
BUYSSENS, ERIC
1943 *Les langages et le discours* (Bruxelles: Office de Publicité).
1967 *La communication et l'articulation linguistique* (Paris-Bruxelles: P. U. F.).
CARNAP, RUDOLF
1942 *Introduction to Semantics* (Cambridge: Harvard University Press).
1947 *Meaning and Necessity* (Chicago: University of Chicago Press).
1955 "Meaning and Synonymy in Natural Languages", *Philosophical Studies* 7.
CARPENTER, E., AND MCLUHAN, M., EDS.
1960 *Explorations in Communications* (Boston: Beacon Press).
CASSIRER, ERNST
1906 *Das Erkentnisproblem in der Philosophie und Wissenschaft der neuren Zeit* (Berlin: Bruno Cassirer).
1923 "Philosophie der simbolischen Formen"-*I. Die Sprache* (Leipzig).
1945 "Structuralism in Modern Linguistics", *Word* 1–2.
CHABROL, CLAUDE, ET AL., EDS.
1973 *Sémiotique narrative et textuelle* (Paris: Larousse).
CHARBONNIER, GEORGES
1961 *Entretiens avec C. Lévi-Strauss* (Paris: Plon-Juilliard).

CHATMAN, SEYMOUR

1966 "On the Theory of Literary Style", *Linguistics* 27.

1974 "Rhetoric and Semiotics", report to the First Congress of the IASS (mimeographed).

CHERRY, COLIN

1961 *On Human Communication* (New York: Wiley).

CHOMSKY, NOAM

1957 *Syntactic Structures* (The Hague: Mouton).

1962 *Current Issues in Linguistic Theory* (Ninth International Congress of Linguistics) (now in Katz and Fodor, eds., 1964).

1965a *Aspects of the Theory of Syntax* (Cambridge: M.I.T.).

1965b "De quelques constantes de la théorie linguistique", *Diogène* 51.

1966 *Cartesian Linguistics* (New York: Harper and Row).

1967 "The Formai Nature of Language", in Lenneberg, E.H., ed., *Biological Foundations of Language* (New York: Wiley).

1968 *Language and Mind* (New York: Harcourt, Brace).

1969 "Deep Structure, Surface Structure and Semantic Interpretation", in Steinberg and Jakobovits, eds., 1971.

CHURCH, ALONZO

1943 "Carnap's Introduction to Semantics", *Philosophical Review* 52.

1951 "The Need for Abstract Entities in Semantic Analysis", *Proceedings of the American Academy of Arts and Sciences* 80, 1.

CICOUREL, AARON V.

1973 *Cognitive Sociology* (London: Penguin).

CIV'JAN, T.V., NIKOLAEVA, T.M., SEGAL, D.M., AND VOLOCKAJA, Z.M.

1962 "Žestovaja kommunicacija i ee mesto sredi drugich sistem čelovečeskogo obščenija", in *Simpozium po strukturnomu izučeniju znakovich sistem* (Moskva) (Italian transl, in Faccani and Eco, eds., 1969).

COHEN, JONATHAN

1962 *The Diversity of Meaning* (London: Methuen).

1973 "Spoken and Unspoken Meanings", *TLS October* 5.

CONKLIN, H.C.

1955 "Hanunoo Color Categories", *Southwestern Journal of Anthropology* 11 (now in Hymes, ed., 1964).

COONS, E., AND KRAEHENBUEHL, D.

1958 "Information as Measure of Structure in Music", *Journal of Music Theory* 11, 2.

CORTI, MARIA

1965 "Intervento", in Segre, G., ed., *Strutturalismo e critica* (Milano: Saggiatore).

1969 *Metodi e fantasmi* (Milano: Feltrinelli).

COSERIU, EUGENIO

1952 "Sistema, norma y habla", *Revista de la Faculdad de Humanidades y Ciencias* 9 (now in *Teoria del lenguaje y linguistica general*, Madrid, 1962).

CRALLE, R. K., AND MICHAEL, G. A.
1967 "A Survey on Graphic Data Processing Equipment for Computers", in Krampen and Seitz, eds., 1967.
CRESSWELL, R.
1968 "Le geste manuel associé au langage", *Langages* 10.
CRESTI, EMANUELA
1972 "Oppositions iconiques dans une image de bande dessinée reproduite par Lichtenstein", *VS* 2.
DAMISCH, HUBERT
1972 *Théorie du nuage* (Paris: Seuil).
DE CAMPOS, HAROLDO
1967 *Metalinguagem* (Petropolis: Vozes).
1969 *A arte no horizonte do provável* (São Paulo: Perspectiva).
1973 *Morfologia do Macunaima* (São Paulo: Perspectiva).
DE FUSCO, RENATO
1967 *L'arte come mass-medium* (Bari: Dédalo).
1973 *Segni, storia e progetto dell'architettura* (Bari: Laterza).
DE JORIO, A.
1832 *La mimica degli antichi investigata nel gestire* (Napoli).
DELEUZE, GILLES
1968 *Différence et répétition* (Paris: P. U. F.).
DELLA VOLPE, GALVANO
1960 *Critica del gusto* (Milano: Feltrinelli).
DE MAURO, TULLIO
1965 *Introduzione alla semantica* (Bari: Laterza).
1966 "Modelli semiologici: l'arbitrarietà semantica", *Lingua e stile* 1.
1968 "Some Proposals Concerning a Formalized Theory of Lexical Noeme and the Historical and Social Character of Linguistic Phenomena", in *I linguaggi nella società e nella tecnica* (Milano: Comunità, 1970).
1971 *Senso e significato* (Bari: Adriatica).
DERRIDA, JACQUES
1967a *L'écriture et la différence* (Paris: Seuil).
1967b *De la grammatologie* (Paris: Minuit).
DINNEEN, FRANCIS P.
1967 *An Introduction to General Linguistics* (New York: Holt).
DOLEZEL, LUBOMIR
1966 "Vers la stylistique structurale", *Travaux Linguistiques de Prague* 1.
DORFLES, GILLO
1962 *Simbolo, comunicazione, consumo* (Torino: Einaudi).
1966 *Nuovi riti, nuovi miti* (Torino: Einaudi).
1968 *Artificio e natura* (Torino: Einaudi).
DUCROT, OSWALD
1972 *Dire et ne pas dire* (Paris: Hermann).
DUNDES, ALAN

1958 *The Morphology of North-American Indian Folktales* (The Hague: Mouton).
1962 "From Etic to Ernie Units in the Structural Study of Folktales", *Journal of American Folklore* 75 (296).
1964 " On Game Morphology: A Study of the Structure of Non-Verbal Folklore", *New York Folklore Quarterly* 20 (4).

ECO, UMBERTO
1956 *Il problema estetico in Tommaso d'Aquino*, 2d ed. (Milano: Bompiani, 1970).
1962 *Opera aperta* (Milano: Bompiani).
1963 "The Analysis of Structure", in *The Critical Moment* (London: Faber).
1964 *Apocalittici e integrati* (Milano: Bompiani).
1966 "James Bond: une combinatoire narrative", *Communications* 8.
1967 "Rhetoric and Ideology in Sue's 'Les Mystères de Paris' ", *International Social Sciences Journal* XIX 4.
1968a *La definizione dell'arte* (Milano: Mursia).
1968b "Lignes d'une recherche sémiologique sur le message télévisuel", in *Recherches sur les systèmes signifiants* (The Hague: Mouton, 1973).
1968c *La struttura assente* (Milano: Bompiani).
1971 *Le forme del contenuto* (Milano: Bompiani).
1972a "A Semiotic Approach to Semantics", *VS* 1.
1972b "Introduction to a Semiotics of Iconic Signs", *VS* 2.
1972c "A Componential Analysis of the Architectural Sign/*Column*/", *Semiotica* V/2.
1973a "Social Life as a Sign-System", in Robey, D., ed., *Structuralism* (Oxford: Clarendon Press).
1973b "Looking for a Logic of Culture", *TLS*, October 5 (now in Sebeok, ed., 1975).
1973c *Il segno* (Milano: Isedi).
1973d "Sémantique de la métaphore", *Tel* Quel 55.
1973e "Function and Sign: Semiotics of Architecture", in Bryan, J., and Sauer, R., eds., *Structures Implicit and Explicit*, in *VIA* - Publications of the Graduate School of Fine Arts, vol. 2 (Philadelphia: University of Pennsylvania).
1973f "On the Possibility of Generating Aesthetic Messages in an Edenic Language", in Bann, S., and Bowlt, J. E., eds., *Russian Formalism* (Edinburgh: Scottish Academic Press).

EFRON, DAVID
1941 *Gesture, Race and Culture* (The Hague: Mouton, 1972).

EGOROV, B. F.
1965 "Prostejšie semiotičeskie sistemy i tipologija siužetov", in *Trudy po znakovim sistemam* II (Tartu) (Italian transl, in Faccani and Eco, eds., 1969).

EKMAN, P., AND FRIESEN, W.
1969 "The Repertoire of Non-Verbal Behavior Categories, Origins, Usage and

Coding", *Semiotica* I/1.
EKMAN, P., FRIESEN, W., AND TOMKINS, S.
1971 "Facial Affect Scoring Technique: A First Validity Study", *Semiotica* III/1.
ERLICH, VICTOR
1954 *Russian Formalism* (The Hague: Mouton).
FABBRI, PAOLO
1968 "Considérations sur la proxémique", *Langages* 10.
1973 "Le comunicazioni di massa in Italia: sguardo semiotico e malocchio della sociologia", *VS* 5.
FACCANI, R., AND ECO, U., EDS.
1969 *I sistemi di segni e lo strutturalismo sovietico* (Milano: Bompiani).
FANO, GIORGIO
1962 *Saggio sulle origini del linguaggio* (Torino: Einaudi).
FARASSINO, ALBERTO
1969 "Ipotesi per una retorica della comunicazione fotografica", *Annali della scuola superiore di comunicazioni di massa* 4.
1972 "Richiamo al significante", *VS* 3.
FAYE, JEAN-PIERRE, ED.
1969 "Le cercle de Prague", *Change* 3.
1972 *Langages totalitaires* (Paris: Hermann).
FILLMORE, CHARLES J.
1968 "The Case for Case", in Bach and Harms, eds., 1968.
1971a "Types of Lexical Information", in Steinberg and Jakobovits, eds., 1971.
1971b "Verbs of Judging: An Exercise in Semantic Description", in Fillmore and Langendoen, eds., 1971.
FILLMORE, CH. J., AND LANGENDOEN, D. T., EDS.
1971 *Studies in Linguistic Semantics* (New York: Holt).
FONAGY, IVAN
1964 "L'information du style verbal", *Linguistics* 4.
1971 "Le signe conventionnel motivé", *La linguistique* 7.
1972 "Motivation et remotivation", *Poétique* 11.
FONTANIER, PIERRE
1827 *Traité général des figures du discours autres que les tropes* (now in Fontanier, 1968).
1830 *Manuel classique pour l'étude des tropes* (now in Fontanier, 1968).
1968 *Les figures du discours* (Paris: Flammarion).
FORMIGARI, LIA
1970 *Linguistica ed empirismo nel 600 inglese* (Bari: Laterza).
FOUCAULT, MICHEL
1966 *Les mots et les choses* (Paris: Gallimard).
FRANK, LAWRENCE K.
1957 "Tactile Communication", *Genetic Psychology Monographs* 56.
FREGE, GOTTLOB

1892 "Über Sinn und Bedeutung", *Zeitschrift für Philosophie und philosophische Kritik* 100.

FREUDENTHAL, HANS

1960 *Lincos: Design for a Language for a Cosmic Intercourse* (Amsterdam).

GALLIOT, M.

1955 *Essai sur la langue de la réclame contemporaine* (Toulouse: Privat).

GAMBERINI, ITALO

1953 *Per una analisi degli elementi dell'architettura* (Firenze: Casa Ed. Univers.).

1959 *Gli elementi dell'architettura come parole del linguaggio architettonico* (Firenze: Coppini).

1961 *Analisi degli elementi costitutivi dell'architettura* (Firenze: Coppini).

GARRONI, EMILIO

1964a "Estética antispeculativa ed estetica semantica", *Nuova Corrente* 34.

1964b *La crisi semantica delle arti* (Roma: Officina).

1968 *Semiotica ed estetica* (Bari: Laterza).

1973 *Progetto di semiotica* (Bari: Laterza).

GELB, I. J.

1952 *A Study of Writing* (Chicago: University of Chicago Press).

GENETTE, GÉRARD

1964 "Frontières du récit", *Communications* 8 (now in Genette, 1969).

1966 *Figures* (Paris: Seuil).

1968 "Vraisemblable et motivation", *Communications* 11.

1969 *Figures II* (Paris : Seuil).

1972 *Figures III* (Paris: Seuil).

GIBSON, JAMES J.

1968 *The Senses Considered as Perceptual Systems* (London: Allen and Unwin).

GODELIER, MAURICE

1966 "Système, structure et contradiction dans 'Le Capital'", *Les Temps Modernes* 55.

GOFFMAN, ERVING

1959 *The Presentation of Self in Everyday Life* (New York: Double-day).

1963 *Behavior in Public Places* (Glencoe: Free Press).

1967 *Interactional Ritual* (New York: Doubleday).

1969 *Strategic Interaction* (Philadelphia: University of Pennsylvania).

1971 *Relations in Public* (New York: Basic Books).

GOMBRICH, ERNST

1951 "Meditations on a Hobby Horse", in Whyte, L. L., ed., *Aspects of Form* (London) (now in Gombrich, E., *Meditations on a Hobby Horse and Other Essays on the Theory of Art*, London, Phaidon, 1963).

1956 *Art and Illusion* (New York: Bollingen Series, 1961).

GOODENOUGH, W.

1956 "Componential Analysis and the Study of Language", Language 32.

1957 "Cultural Anthropology and Linguistics", in Garvin, P., *Report on the*

Seventh Annual Round Table Meeting on Linguistics and Language Study (Washington, Georgetown University) (now in Hymes, ed., 1964).

GOODMAN, NELSON

1947 "The Problem of Contrafactual Conditionals", *Journal of Philosophy XLIV*.

1949 "On Likeness of Meaning", *Analysis* 10.

1968 *Languages of Art* (New York: Bobbs-Merrill).

GRASSI, LETIZIA

1972 "Il codice linguistico e altri codici: il codice genetico", *VS* 3.

GREENBERG, JOSEPH H., ED.

1963 *Universals of Language* (Cambridge: M.I.T.).

GREIMAS, ALGIRDAS JULIEN

1966a *Sémantique structurale* (Paris: Larousse).

1966b "Eléments pour une théorie de l'interpretation du récit mythique", *Communications* 8 (now in Greimas, 1970).

1968 "Conditions d'une sémiotique du monde naturel", *Langages* 10 (now in Greimas, 1970).

1970 *Du sens* (Paris: Seuil).

GREIMAS, A.J., AND RASTIER, F.

1968 "The Interaction of Semiotic Constraints", *Yale French Studies* 41 (now in Greimas, 1970).

GRICE, H.P.

1957 "Meaning", *Philosophical Review*, 66.

1968 "Utterer's Meaning, Sentence-Meaning and Word-Meaning", *Foundations of Language* 4.

GRITTI, JULES

1966 "Un récit de presse", *Communications* 8.

1968 "Deux arts du vraisemblable: la casuistique, le courrier du coeur", *Communications* 11.

GROSS, M., AND LENTIN, A.

1967 *Notions sur les grammaires formelles* (Paris: Gauthier-Villars).

GROUPE μ

1970 *Rhétorique générale* (Paris: Larousse).

GUILBAUD, G.-T.

1954 *La cybernétique* (Paris: P.U.F.).

GUILHOT, JEAN

1962 *La dynamique de l'expression et de la communication* (The Hague: Mouton).

GUIRAUD, PIERRE

1955 *La sémantique* (Paris: P.U.F.).

GUMPERZ, J.J., AND HYMES, D., EDS.

1972 *Directions in Sociolinguistics* (New York: Holt).

HALL, EDWARD T.

1959 *The Silent Language* (New York: Doubleday).

1963 "A System for the Notation of Proxemic Behavior", *American*

Anthropologist 65.

1966 *The Hidden Dimension* (New York: Doubleday).

1968 "Proxemics" (with comments by R. Birdwhistell, R. Diebold, Dell Hymes, Weston La Barre, G. L. Trager, and others), *Current Anthropology* 9, 2/3.

HARTLEY, R. V. L.

1928 "Transmission of Information", *Bell System Technical Journal* 7.

HAYES, ALFRED S.

1964 "Paralinguistics and Kinesics: Pedagogical Perspectives" (in Sebeok, Hayes, and Bateson, eds., 1964).

HAYES, F.

1957 "Gesture: A Working Bibliography", *Southern Folklore Quarterly* 21.

HEGER, KLAUS

1965 "Les bases méthodologiques de l'onomasiologie et du classement par concepts", *Travaux de Linguistique et de Littérature* III, 1.

HEWES, GORDON

1974 "Implications of the Gestural Model of Language Origin for Human Semiotic Behavior", Communication to the First Congress of the I. A. S. S. (manuscript).

HIZ, HENRY

1969 "Referentials", *Semiotica* I, 2.

HJELMSLEV, LOUIS

1928 *Principes de grammaire générale* (Copenhagen).

1943 *Prolegomena to a Theory of Language* (Madison: University of Wisconsin, 1961).

1957 "Pour une sémantique structurale" (in Hjelmslev, 1959).

1959 *Essais linguistiques* (Travaux du Cercle Linguistique de Copenhague) (Copenhagen: Nordisk Sprogog Kulturforlag).

HOCKETT, C. F.

1967 *Language, Mathematics and Linguistics* (The Hague: Mouton).

1968 *The State of the Art* (The Hague: Mouton).

HUFF, WILLIAM S.

1967 "The Computer and Programmed Design: A Potential Tool for Teaching", (in Krampen and Seitz, eds., 1967).

HUSSERL, EDMUND

1922 *Logische Untersuchungen* (Halle: Niemayer).

HUIT, CLELIA

1968 "Dictionnaire du langage gestuel chez les trappistes", *Langages* 10.

HYMES, DELL, ED.

1964 *Language in Culture and Society* (New York: Harper).

ITTEN, JOHANNES

1961 *Kunst der Farbe* (Ravensburg: Otto Mair).

IVANOV, V. V.

1965 "Rol semiotiki v kiberneti*č*eskom issledovani Celoveka i kollektiva",

Logičeskaja struktura naučnogo manija (Moskva) (Italian transl, in Faccani and Eco, eds., 1969).

IVANOV, V.V., TOPOROV, N.N., AND ZALIZNIAK, A.

1962 "O vozmožnosti strukturno-tipologičeskogo izučenjja nekotorych modelirujuščich semiotčeskich sistem", *Strukturno tipologičeskie issledovanija* (Moskva) (Italian transl, in Faccani and Eco, eds., 1969).

1965 *Slavianskie jazykovye modelirujuščie semiotičeske sistemy* (Moskva) (French transl, in Todorov, 1966a).

JAKOBSON, ROMAN

1958 "Les études typologiques et leur contribution à la linguistique historique comparée" (Rapport au VIIIme Congrès Internationale des Linguistes à Oslo, 1957) (now in Jakobson, 1963a).

1959 "Boas' View of Grammatical Meaning", *The Anthropology of Franz Boas*, ed. by W. Goldschmidt, *American Anthropologist* 61, 5, 2.

1960 "Closing Statements: Linguistics and Poetics" (in Sebeok, ed., 1960).

1961a "Lingistique et théorie de la communication", *Proceedings of Symposia in Applied Mathematics* XII (American Mathematical Society).

1961b "The Phonemic Concept of Distinctive Features", *Proceedings of the Fourth international Congress of Phonetic Sciences*, Helsinki (The Hague: Mouton, 1962).

1963a *Essais de linguistique générale* (Paris: Minuit).

1963b "Implications of Language Universals for Linguistics", in Greenberg, ed., 1963.

1964 "On Visual and Auditory Signs", *Phonetica* II.

1966 "À la recherche de l'essence du langage", *Problèmes du langage* (Paris: Gallimard).

1967 "About the Relation between Visual and Auditory Signs", in *Models for the Perception of Speech and Visual Form* (Cambridge: M.I.T. Press).

1968 "Language in Relation to Other Communication Systems", Convegno promosso della Ing. C. Olivetti and Co., S. p. A. per il centenario nascita di Camillo Olivetti (now in *Linguaggi nella société e nella tecnica*, Milano: Comunità, 1970).

1970a "Da i net v mimike", *Jazyk i čelovek*, in memory of P. S. Kuznecov, Moskva (now translated as "Motor Signs for 'Yes' and 'No'", *Language in Society* 1, 1971).

1970b "Linguistics", *in Main Trends of Research in the Social and Human Sciences* 1 (The Hague: Mouton).

1973 *Questions de poétique* (Paris: Seuil).

1974 "Coup d'oeil sur le développement de la sémiotique", Introductory Report to the First Congress of the I.A.S.S. (manuscript).

JAKOBSON, R., AND HALLE, M.

1956 *Fundamentals of Language* (The Hague: Mouton).

JAKOBSON, R., AND LÉVI-STRAUSS, C.

1962 "'Les Chats' de Charles Baudelaire", *L'Homme*, Janvier.

JAKOBSON, R., AND TYNJANOV, J.

1927 "Voprosy izuccenija literatury i jazyka" (in Todorov, ed., 1965).

KALKOFEN, HERMANN

1972 *"Pictorial" Stimuli Considered as "Iconic"* Signs (Ulm: mimeographed).

KARPINSKAJA, O. G., AND REVZIN, I. I.

1966 "Semiotičeskij analiz rannich p'es Ionesko", *Tezisy dokladov vo vtoroi letnej škole po vtoričnym modelirujuščim sistemam* (Tartu) (Italian tr'ansl. in Faccani and Eco, eds., 1969).

KATZ, JERROLD J.

1972 *Semantic Theory* (New York: Harper and Row).

KATZ, JERROLD J., AND FODOR, JERRY A.

1963 "The Structure of a Semantic Theory", *Language* 39 (now in Katz and Fodor, eds., 1964).

KATZ, J.J., AND FODOR, J.A., EDS.

1964 *The Structure of Language* (Englewood Cliffs: Prentice-Hall).

KATZ, J.J., AND POSTAL, P.M.

1964 *An Integrated Theory of Linguistic Descriptions* (Research Monograph 26) (Cambridge: M.I.T. Press).

KLAUS, GEORG

1973 *Semiotik and Erkenntnistheorie* (München-Salzburg: VEB).

KLEINPAUL, RUDOLF

1888 *Sprache ohne Worte* (Leipzig: Friedrich) (now The Hague: Mouton, 1972).

KOCH, WALTHER A.

1969 *Vom Morphem zum Textern — From Morpheme to Texteme* (Hildesheim: Olms).

KOECHLIN, B.

1968 "Techniques corporelles et leur notation symbolique", *Langages* 10.

KOENIG, GIOVANNI KLAUS

1964 *Analisi del linguaggio architettonico* (Firenze: Fiorentina).

1970 *Architettura e comunicazione* (Firenze: Fiorentina).

KOLMOGOROV, A.N., AND KONDRATOV, A.A.

1962 "Ritmika poèm Mayakovskogo", *Voprosy Jazykoznanija* 3 (Italian transl, in Faccani and Eco, eds., 1969).

KRAMPEN, MARTIN

1973 "Iconic Signs, Supersigns and Models", *VS* 4.

KRAMPEN, MARTIN, AND SEITZ, PETER, EDS.

1967 *Design and Planning 2 — Computers in Design and Communication* (New York: Hastings House).

KRISTEVA, JULIA

1967a "L'expansion de la sémiotique", *Informations sur les sciences sociales* VI, 5 (now in Kristeva, 1969).

1967b "Bakhtine, le mot, le dialogue et le roman", *Critique*, Avril.

1967c "Pour une sémiologie des paragrammes", *Tel Quel* 29 (now in Kristeva,

1969).
1968a "Distance et anti-répresentation", *Tel Quel* 32.
1968b "La productivité dite texte", *Communications* 11 (now in Kristeva, 1969).
1968c "Le geste; pratique ou communication?", *Langages* 10 (now in Kristeva, 1969).
1968d "La sémiologie aujourd'hui en URSS", *Tel Quel* 35.
1969 *Σημειωτική— Recherches pour une sémanalyse* (Paris: Seuil).
1970 *Le texte du roman* (The Hague: Mouton).
1974a *La révolution du langage poétique* (Paris: Seuil).
1974b "The System and the Speaking Subject", *TLS*, 12, October 1973.

KRISTEVA, J., REY-DEBOVE, J., AND UMIKER, D.J., EDS.
1971 *Essays in Semiotics/Essais de sémiotique* (The Hague: Mouton).

KRZYZANOWSKI, JULIAN
1961 "La poétique de l'enigme", in *Poetics* (The Hague: Mouton).

LA BARRE, WESTON
1964 "Paralinguistics, Kinesics and Cultural Anthropology", in Sebeok, Hayes, and Bateson, eds., 1964.

LACAN, JACQUES
1966 *Ecrits* (Paris: Seuil).

LAKOFF, GEORGE
1971a "On Generative Semantics", in Steinberg and Jakobovits, eds., 1971.
1971b "Presuppositions and Relative Well-formedness", in Steinberg and Jakobovits, eds., 1971.
1972 *Hedges: A Study in Meaning Criteria and the Logic of Fuzzy Concepts* (mimeographed).

LAMB, SIDNEY M.
1964 "The Sememic Approach to General Semantics", in Romney, A.K., and D'Andrade, R.G., eds., *Transcultural Studies in Cognition (American Anthropologist* 66, 3/2).

LANGENDOEN, TERENCE D.
1971 "The Projection Problem for Presuppositions", in Fillmore and Langendoen, eds., 1971.

LANGER, SUZANNE K.
1953 *Feeling and Form* (New York and London: Scribner's).

LANGLEBEN, M. M.
1965 "K opisaniju sistemy notnoj zapisi", *Trudy po znakovym sistemam* II (Tartu) (Italian transl, in Faccani and Eco, eds., 1969).

LANHAM, RICHARD A.
1968 *A Handlist of Rhetorical Terms* (Berkeley: University of California Press).

LAUSBERG, H.
1949 *Elemente der literarischen Rhetorik* (München: Hueber).
1960 *Handbuch der literarischen Rhetorik* (München: Hueber).

LEECH, GEOFFREY

1969 *Towards a Semantic Description of English* (Bloomington: Indiana University Press).

LEKOMCEVA, M. I., AND USPENSKIJ, B. A.

1962 "Gadanie na igral'nych kartach kak semiotičeskaja sistema", *Simpozium strukturnomu izučeniju znakovych sistem* (Moskva) (Italian transl, in Faccani and Eco, eds., 1969).

LEPSCHY, GIULIO

1966 *La linguistica strutturale* (Torino: Einaudi).

LEVIN, SAMUEL

1962 *Linguistic Structures in Poetry* (The Hague: Mouton).

LÉVI-STRAUSS, CLAUDE

1947 *Les structures élémentaires de la parenté* (Paris: P. U. F.).

1950 Introduction à *Sociologie et anthropologie* by M. Mauss (Paris: P. U. F.).

1958a "Le geste d'Asdiwal", *Annuaire de l'EPHE* V (now in *Les Temps Modernes* 179, 1961).

1958b *Anthropologie structurale* (Paris: Plon).

1960a "L'analyse morphologique des contes russes", *International Journal of Slavic Linguistics and Poetics* III.

1960b Discours au Collège de France 5. 1. 1960 (now as *The Scope of Anthropology*, London, Cape, 1967).

1961 *Entretiens* (in Charbonnier, 1961).

1962 *La pensée sauvage* (Paris: Plon).

1964 *Le cru et le cuit* (Paris: Plon).

LEWIS, DAVID K.

1969 *Convention-A Philosophical Study* (Cambridge: Harvard University Press).

LINDEKENS, RENÉ

1968 "Essai de théorie pour une sémiolinguistique de l'image photographique" (Communication au Symposium Internationale de Sémiotique, Varsovie, 1968).

1971 *Eléments pour une sémiotique de la photographie* (Paris: Didier; Bruxelles/AIMAV).

LINSKY, LEONARD, ED.

1952 *Semantics and the Philosophy of Language* (Urbana: University of Illinois).

LOTMAN, JU. M.

1964 "Sur la délimitation linguistique et littéraire de la notion de structure", *Linguistics* 6.

1967a "K problème tipoiogii kul'tury", *Trudy po znakovym sistemam* III (Tartu) (French transl, *in Informations sur les sciences sociales* VI, 2/3) (Italian transl, in Faccani and Eco, eds., 1969).

1967b "Metodi esatti nella scienza letteraria sovietica", *Strumenti Critici* 2.

1969 "O metajazyke tipologčeskick opisany kul'tury", *Trudy po znakovym sistemam* IV.

1971 "Problema 'obučenija kul'ture' kak ee tipologičskaia charakteristika",

Trudy po znakovym sistemam V.
LOTMAN, JU. M., AND USPENSKIJ, B. A.
1971 "O semiotičeskom mechanizm kul'tury", *Trudy po znakovym sistemam* V.
LOUNSBURY, F. G.
1964 "The Structural Analysis of Kinship Semantics", *Proceedings of the 9th International Congress of Linguists* (The Hague: Mouton).
LYONS, JOHN
1963 *Structural Semantics-An Analysis of Part of the Vocabulary of Plato* (Oxford: Blackwell).
1968 *Introduction to Theoretical Linguistics* (Cambridge: Cambridge University Press).
1970 *New Horizons in Linguistics* (London: Penguin).
MACCAGNANI G., ED.
1966 *Psicopatologia delVespressione* (Imola: Galeati).
MAHL, GEORGE, AND SCHULZE, GENE
1964 "Psychological Research in the Extralinguistic Area" (in Sebeok, Hayes, and Bateson, eds., 1964).
MALDONÁDO, TOMAS
1954 *Problemas actuales de la comunicacción* (Buenos Aires: Nueva Visión).
1959 "Kommunication und Semiotik-Communication and Semiotics", *Ulm* 5.
1961 *Beitrag zur Terminologie der Semiotik* (Ulm: Korrelat).
1970 *La speranza progettuale* (Torino: Einaudi).
MÄLL, LINNART
1968 "Un approche possible du Sunyavada", *Tel Quel* 32.
MALLERY, GARRICK
1881 *Sign Language among North American Indians* (Smithsonian Institution) (now The Hague: Mouton, 1972).
MALTESE, CORRADO
1970 *Semiologia del messaggio oggettuale* (Milano: Mursia).
MARANDA, ELLI-KAIJA KÖNGÄS AND PIERRE
1962 "Structural Models in Folklore", *Midwest Folklore* 12–13.
MARANDA, PIERRE
1968 "Recherches structurales sur la mythologie aux Etats-Unis", *Informations sur les sciences sociales* VI-5.
MARIN, LOUIS
1969 "Notes sur une médaille et une gravure", *Revue d'esthétique* 22 (2).
1970 "La description de l'image", *Communications* 15.
MARTINET, ANDRÉ
1960 *Eléments de linguistique générale* (Paris: Colin).
1962 *A Functional View of Language* (Oxford: Clarendon Press).
MAUSS, MARCEL
1950 *Sociologie et anthropologie* (Paris: P. U. F.).
MAYENOWA, M. RENATA
1965 *Poetijka i matematica* (Warszawa).

MCCAWLEY, JAMES

1971 " Where Do Noun Phrases Come From", in Steinberg and Jakobovits, eds., 1971.

MCLUHAN, MARSHALL

1962 *The Gutenberg Galaxy* (Toronto: University of Toronto Press).

1964 *Understanding Media* (New York: McGraw-Hill).

MELANDRI, ENZO

1968 *La linea e il circolo* (Bologna: Mulino).

MERLEAU-PONTY, MAURICE

1960 *Signes* (Paris: Gallimard).

METZ, CHRISTIAN

1964 " Le cinéma: langue ou langage?", *Communications* 4 (now in Metz, 1968a).

1966a "La grande syntagmatique du film narratif", *Communications* 8 (now in Metz, 1968a).

1966b "Les sémiotiques ou sémies", *Communications* 7.

1968a *Essais sur la signification au cinéma* (Paris: Klincksieck).

1968b "Le dire et le dit au cinéma", *Communications* 11.

1969 "Spécificité des codes et spécificité des langages", *Semiotica* 1/4.

1970a "Au delà de l'analogie, l'image", *Communications* 15.

1970b "Images et pédagogie", *Communications* 15.

1970c *Langage et cinéma* (Paris: Larousse). 1974 *Film Language* (New York: Oxford University Press).

MEYER, LEONARD

1967 *Music, the Arts and Ideas* (Chicago: University of Chicago Press).

MILLER, GEORGE

1951 *Language and Communication* (New York: McGraw-Hill).

1967 *Psychology and Communication* (New York: Basic Books).

MINSKY, MARVIN

1970 "The Limitation of Using Languages for Descriptions", *Linguaggi nella società e nella tecnica* (Milano: Comunità).

MINSKY, MARVIN, ED.

1968 *Semantic Information Processing* (Cambridge: M.I.T. Press).

MOLES, A BRAHAM A.

1958 *Théorie de l'information et perception esthétique* (Paris: Flammarion).

1967 *Sociodynamique de la culture* (The Hague: Mouton).

1968 "Théorie informationnelle du schéma", *Schéma et schématisation* I, 1.

MORIN, EDGAR

1962 *L'esprit du temps* (Paris: Grasset).

MORIN, VIOLETTE

1966 "L'histoire drôle", *Communications* 8.

1968 "Du larcin au hold-up", *Communications* 11.

1970 "Le dessin humoristique", *Communications* 15.

MORRIS, CHARLES

1938 *Foundations of the Theory of Signs* (International Encyclopaedia of Unified Science 1 - 2, University of Chicago Press).

1946 *Signs, Language and Behavior* (New York: Prentice-Hall).

1971 *Writings on the General Theory of Signs* (The Hague: Mouton).

MOUNIN, GEORGES

1964 *La machine à traduire* (The Hague: Mouton).

1970 *Introduction à la sémiologie* (Paris: Minuit).

MUKAŘOVSKÝ, JAN

1934 "L'art comme fait sémiologique", in *Actes du 8me congrès international de philosophie*, Prague, 1934.

1936 *Estericka funkce, norma a hodnota jako socialni facty* (Praha).

1966 *Studie z estetiky* (Praha).

NATTIEZ, JEAN JACQUES

1971 "Situation de la sémiologie musicale", *Musique en jeu* 5.

1972 "Is a Descriptive Semiotics of Music Possible?" *Language Sciences* 23.

1973 "Trois modèles linguistiques pour l'analyse musicale", *Musique en jeu* 10.

NAUTA, DOEDE, JR.

1972 *The Meaning of Information* (The Hague: Mouton).

OGDEN, C. K.

1923 See Richards, 1923.

OSGOOD, CHARLES

1963 "Language Universals and Psycholinguistics" (in Greenberg, ed., 1963).

OSGOOD, CH., AND SEBEOK, T. A., EDS.

1965 See Sebeok and Osgood, eds., 1965.

OSGOOD, CH., SUCI, G. J., AND TANNENBAUM, P. H.

1957 *The Measurement of Meaning* (Urbana: University of Illinois Press).

OSMOND-SMITH, DAVID

1972 "The Iconic Process in Musical Communication", *VS* 3.

1973 "Formal Iconism in Music", *VS* 5.

OSOLSOBĚ;, IVO

1967 "Ostenze jako mezní pripad lidského sdělováni", *Estetika* 4.

OSTWALD, PETER

1964 "How the Patient Communicates about Diseases with the Doctor", in Sebeok, Hayes, and Bateson, eds., 1964).

PAGNINI, MARCELLO

1967 *Struttura letteraria e metodo critico* (Messina: D'Anna).

1970 *Critica della funzionalita* (Torino: Einaudi).

1974 *Lingua e musica* (Bologna: Mulino).

PANOFSKY, ERWIN

1920 "Der Begriff des Kunstwollens", *Zeitschrift für Ästhetik und allgemeine Kunstwissenschaft* XIV.

1921 "Die Entwicklung der Proportionslehre als Abbild der Stilentwicklung", *Monatshefte für Kunstwissenschaft* XIV.

1924 "Die Perspektive als 'simbolische Form'", *Vorträge der Bibliothek*

Warburg (Leipzig-Berlin: Teubner, 1927).
1932 "Zum Problem der Beschreibung und Inhaltsdeutung von Werken der bildenden Kunst", *Logos* XXI.
1955 *Meaning in the Visual Arts* (New York: Doubleday).
PASQUINELLI, ALBERTO
1961 *Linguaggio, scienza e filosofia* (Bologna: Mulino).
PAVEL, TOMA
1962 "Notes pour une description structurale de la métaphore poétique", *Cahiers de linguistique théorique et appliquée* I (Bucuresti).
PEIRCE, CHARLES SANDERS
1931 – 1958 *Collected Papers* (Cambridge: Harvard University Press).
PELC, JERZY
1969 "Meaning as an Instrument", *Semiotica* 1/1.
1974 "Semiotics and Logic", report to the First Congress of the IASS (mimeographed).
PERELMAN, CHAIM, AND OLBRECHTS-TYTECA, LUCIE
1958 *Traité de l'argumentation-La nouvelle rhétorique* (Paris: P. U. F.).
PETÖFI, JANOS S.
1968 "Notes on the Semantic Interpretation of Linguistic Works of Art", Symposium on Semiotics, Warsaw, 1968 (now in *Recherches sur les systèmes signifiants*, The Hague: Mouton, 1973).
1972 "The Syntactico-Semantic Organization of Text-Structures", *Poetics* 3.
PIAGET, JEAN
1955 "Rapport", in *La perception* (Paris: P. U. F.).
1961 *Les mécanismes perceptifs* (Paris: P. U. F.).
1968 *Le structuralisme* (Paris: P. U. F.).
PIGNATARI, DECIO
1968 *Informacão, Linguagem, Comunicacão* (São Paulo: Perspectiva).
PIGNATARI, D., AND DE CAMPOS, A. AND H.
1965 *Teoria da poesia concreta* (São Paulo).
PIGNOTTI, LAMBERTO
1965 "Linguaggio poetico e linguaggi tecnologici", La *Battana* 5.
PIKE, KENNETH
1954 – 1960 *Language in Relation to a Unified Theory of the Structure of Human Behavior* (The Hague: Mouton, 1966).
PIRO, SERGIO
1967 *Il linguaggio schizofrenico* (Milano: Feltrinelli).
PITTENGER, R. E., AND SMITH, H. L., JR.
1957 "A Basis for Some Contribution of Linguistics to Psychiatry", *Psychiatry* 20 (now in Smith, ed., 1966).
POP, MILHAI
1970 "La poétique du conte populaire", *Semiotica* II/2.
POTTIER, BERNARD
1965 "La définition sémantique dans les dictionnaires", *Travaux de Linguistique*

et de Littérature III, 1.

1967 "Au delà du structuralisme en linguistique", *Critique*, Fevrier.

POUSSEUR, HENRI

1965 "La question du hazard en musique nouvelle" (Conférences au Centre de Sociologie de la Musique de l'Institut de Sociologie de l'Université Libre de Bruxelles) (now in Pousseur, 1970).

1970 *Fragments théoriques I sur la musique experimentale* (Bruxelles: Institut de Sociologie).

1972 *Musique, sémantique, société* (Paris: Casterman).

PRIETO, LUIS

1964 *Principes de noologie* (The Hague: Mouton).

1966 *Messages et signaux* (Paris: P. U. F.).

1969 "Lengua y connotacion" (in Verón, 1969).

PROPP, VLADIMIR JA.

1928 *Morfologija skazki* (Leningrad).

1958 *Morphology of the Folktale* (The Hague: Mouton).

QUILLIAN, ROSSM.

1968 "Semantic Memory" (in Minsky, ed., 1968).

QUINE, WILLARD VAN ORMAN

1953 *From a Logical Point of View* (Cambridge: Harvard University Press).

1960 *Word and Object* (Cambridge: M. I. T. Press).

RAIMONDI, EZIO

1967 *Tecniche della critica letteraria* (Torino: Einaudi).

1970 *Metafora e storia* (Torino: Einaudi).

RAPAPORT, ANATOL

1953 "What Is Information?", *Etc*. 10.

RAPHAEL, BERTRAM

1968 "SIR: A Computer Program for Semantic Information Retrieval" (in Minsky, ed., 1968).

RASTIER, FRANÇOIS

1968 "Comportement et signification", *Langages*, 10.

RICHARDS, I. A.

1923 *The Meaning of Meaning* (with C. K. Ogden) (London: Routledge and Kegan Paul).

1924 *Principles of Literary Criticism* (London: Routledge and Kegan Paul).

1936 *The Philosophy of Rhetoric* (New York: Oxford University Press).

ROSIELLO, LUIGI

1965a Intervento in *Strutturalismo e critica* (in Segre, ed., 1965).

1965b *Struttura, uso e funzioni della lingua* (Firenze: Vallecchi).

1967 *Linguistica illuminista* (Bologna: Mulino).

ROSSI, ALDO

1966 "Semiologia a Kazimierz sulla Vistola", *Paragone* 202.

1967 "Le nuove frontiere della semiologia", *Paragone* 212.

ROSSI, PAOLO

1960 *Clavis Universalis -Arti mnemoniche e combinatoria da Lullo a Leibniz* (Milano: Ricciardi).

ROSSI-LANDI, FERRUCCIO

1953 *Charles Morris* (Milano: Bocca).

1961 *Significato, comunicazione e parlare comune* (Padova: Marsilio).

1968 *Il linguaggio come lavoro e come merca to* (Milano: Bompiani).

1973 *Semiotica e ideologia* (Milano: Bompiani).

RUSSELL, BERTRAND

1905 "On Denoting", *Mind* 14.

RUWET, NICOLAS

1959 "Contradictions du langage sériel", *Revue Belge de Musicologie* 13.

1963a "L'analyse structurale de la poésie", *Linguistics* 2.

1963b "Linguistique et sciences de l'homme", *Esprit*, Novembre.

1966 Introduction (special issue on La grammaire générative), *Langages* 4.

1967a *Introduction à la grammaire generative* (Paris: Plon).

1967b "Musicology and Linguistics", *International Social Science Journal* 19.

1972 *Langage, musique, poésie* (Paris: Seuil).

SALANITRO, NICCOLO

1969 *Peirce e i problemi delVinterpretazione* (Roma: Silva).

SANDERS, G. A.

1974 "Precedence Relations in Language", *Foundations of Language*, 11, 3.

SANDRI, GIORGIO

1967 "Note sui concetti di 'struttura' e 'funzione' in linguistica", *Rendiconti* 15-16.

SAPIR, EDWARD

1921 *Language* (New York: Harcourt Brace).

ŠAUMJAN, SEBASTIAN K.

1966 "La cybernétique et la langue", *Problèmes du langage* (Paris: Gallimard).

SAUSSURE, FERDINAND DE

1916 *Cours de linguistique générale* (Paris: Payot).

SCALVINI, MARIA LUISA

1972 *Para una teoria de la arquitectura* (Barcelona: Colegio Oficial de Arquitectos).

ščEGLOV, JU.

1962a " L postroenjju strukturnoj modeli novel o Šerloke Cholmse ", in *Simpozium po strukturnomu izučeniju znakovych sistem* (Moskva) (Italian transl, in Faccani and Eco, eds., 1969).

1962b "Nekotorye čerty struktury ' Metamorfoz ' Ovidjia ", in *Strukturno-tipologičeskie issledovanija* (Moskva) (Italian transl, in Faccani and Eco, eds., 1969).

SCHAEFFER, PIERRE

1966 *Traité des objets musicaux* (Paris: Seuil).

SCHAFF, ADAM

1962 *Introduction to Semantics* (London: Pergamon Press).

SCHANE, SANFORD A., ED.
1967 "La phonologie générative", *Langages* 8.
SCHAPIRO, MEYER
1969 "On Some Problems of the Semiotics of Visual Arts: Field and Image-Signs", *Semiotica* 1/3.
SCHEFER, JEAN-LOUIS
1968 *Scénographie d'un tableau* (Paris: Seuil).
1970 "L'image: le sens 'investi' ", *Communications* 15.
SCHUCK, MORITZ
1936 "Meaning and Verification", *Philosophical Review* 45.
SCHNEIDER, DAVID M.
1968 *American Kinship: A Cultural Account* (New York: Prentice-Hall).
SEARLE, J. R.
1969 *Speech Acts* (London, New York: Cambridge University Press).
SEBEOK, THOMAS A.
1962 "Coding in Evolution of Signalling Behavior", *Behavioral Sciences* 7, 4.
1967a "La communication chez les animaux", *Revue Internationale des Sciences Sociales* 19.
1967b "On Chemical Signs", in *To Honor Roman Jakobson* (The Hague: Mouton).
1967c "Linguistics Here and Now", *A. C. L. S. Newsletter* 18(1).
1968 "Is a Comparative Semiotics Possible?" (Communication at 2d International Congress of Semiotics, Warsaw, August 1968).
1969 "Semiotics and Ethology" (in Sebeok and Ramsay, eds., 1969).
1972a *Perspectives in Zoosemiotics* (The Hague: Mouton).
1972b "Problems in the Classification of Signs", in Scherabov Firchow, E., et al., eds., *Studies for Einar Haugen* (The Hague: Mouton).
SEBEOK, THOMAS A., ED.
1960 *Style in Language* (Cambridge: M. I. T. Press).
1968 *Animal Communication* (Bloomington: Indiana University Press).
1975 *The Tell-Tale Sign — A Survey of Semiotics* (Lisse: DeRidder).
SEBEOK, T. A., HAYES, A. S., AND BATESON, M. C., EDS.
1964 *Approaches to Semiotics* (The Hague: Mouton).
SEBEOK, T. A., AND OSGOOD, CH., EDS.
1965 *Psycholinguistics* (Bloomington: Indiana University Press).
SEBEOK, T. A., AND RAMSAY, A., EDS.
1969 *Approaches to Animal Communication* (The Hague: Mouton).
SEGRE, CESARE
1963 Introduzione a *Linguistica Generale* di Ch. Bally (Milano: Saggiatore).
1967 "La synthèse stylistique", *Informations sur les Sciences Sociales* VI, 5.
1969 *Isegni e la critica* (Torino: Einaudi). English translation: *Semiotics and Literary Criticism* (The Hague: Mouton), 1973.
SEGRE, CESARE, ED.
1965 *Strutturalismo e critica* (Milano: Saggiatore).

SEILER, HANSJAKOB
1970 "Semantic Information in Grammar: The Problem of Syntactic Relations", *Semiotica* II/4.
SÈVE, LUCIEN
1967 "Méthode structurale et méthode dialectique", *La Pensée* 1.
SHANDS, HARLEY C.
1970 *Semiotic Approaches to Psychiatry* (The Hague: Mouton).
SHANNON, C. E., AND WEAVER, W.
1949 *The Mathematical Theory of Communication* (Urbana: University of Illinois Press).
SHERZER, JOEL
1973 " The Pointed Lip Gesture among the San Bias Cuna ", *Language in Society* 2.
ŠKLOVSKIJ, VICTOR
1917 "Iskusstvo kak priëm", *Poetika* 1913 (French transl, in Todorov, ed., 1965).
1925 *O teorii prozy* (Moskva).
SLAMA-CAZACU, TATIANA
1966 "Essay on Psycholinguistic Methodology and Some of Its Applications", *Linguistics* 24.
SMITH, ALFRED G., ED.
1966 *Communication and Culture* (New York: Holt).
SØRENSEN, H. C.
1967 "Fondements épistémologiques de la glossématique", *Langages* 6.
SOULIS, GEORGE N., AND ELLIS, JACK
1967 "The Potential of Computers in Design Practice" (in Krampen and Seitz, eds., 1967).
SPITZER, LEO
1931 *Romanische Stil- und Literaturstudien* (Marburg: Elwert).
STANKIEWICZ, EDWARD
1960 "Linguistics and the Study of Poetic Language" (in Sebeok, ed., 1960).
1961 "Poetic and Non-Poetic Language in Their Interrelations", *Poetics* (The Hague: Mouton).
1964 "Problems of Emotive Language" (in Sebeok, Hayes, and Bateson, eds., 1964).
STAROBINSKI, JEAN
1957 *J. J. Rousseau, la transparence et l'obstacle* (Paris: Plon).
1965 Intervento in *Strutturalismo e critica* (Milano: Saggiatore) (in Segre, ed., 1965)
STEFANI, GINO
1973 "Sémiotique en musicologie", *VS* 5.
1974 *Musica Barocca: poetica e ideologia* (Milano: Bompiani).
STEINBERG, D. D., AND JAKOBOVITS, L. A., EDS.
1971 *Semantics* (Cambridge: Cambridge University Press).

STEVENSON, CHARLES L.
1944 *Ethics and Language* (New Haven: Yale University Press).
STRAWSON, PETER F.
1960 "On Referring", *Mind* 59.
SZASZ, THOMAS S.
1961 *The Myth of Mental Illness* (New York: Harper and Row).
TODOROV, TZVETAN
1966a Review of *Slavianskie jazykvyex modelirujuščie semiotičeskie sistemy* by Ivanov, Toporov, and Salizniak, *L'Homme*, Avril-Juin.
1966b "Les catégories du récit littéraire", *Communications* 8.
1966c "Perspectives sémiologiques", *Communications* 7.
1966d "Recherches sémantiques", *Langages* 1.
1967 *Littérature et signification* (Paris: Larousse).
1968a "L'analyse du récit à Urbino", *Communications* 11.
1968b "Du vraisemblable qu'on ne saurait éviter", *Communications* 11.
TODOROV, TZVETAN, ED.
1965 *Théorie de la littérature — Textes des formalistes russes* (Paris: Seuil).
TODOROV, T., AND DUCROT, O., EDS.
1972 *Dictionnaire encyclopédique des sciences du langage* (Paris: Seuil).
TOPOROV, V.N.
1965 "K opisaniju nekotorych struktur, charakterizujuščich preimuščestvenno nizšie urovni, v neskol'kich poettčeskich tekstach", in *Trudy po znakovym sistemam* II (Tartu) (Italian transl, in Faccani and Eco, eds., 1969).
TRAGER, GEORGE L.
1964 "Paralanguage: A First Approximation" (in Hymes, ed., 1964).
TRIER, J.
1931 *Der deutsche Wortschatz im Sinnbezirk des Verstandes* (Heidelberg).
TRUBECKOJ, N. S.
1939 *Grundzüge der Phonologie* (TCLP VII) (*Principes de phonologie*, Paris, Klincksieck, 1949).
TYNJANOV, JURY
1929 *Archaisty i novatory* (Leningrad: Priboj).
ULLMANN, STEPHEN
1951 *The Principles of Semantics*, 2d ed. (Oxford: Blackwell).
1962 *Semantics: An Introduction to the Science of Meaning* (Oxford: Blackwell).
1964 *Language and Style* (Oxford: Blackwell).
VACHEK JOSEPH, ED.
1964 *A Prague School Reader in Linguistics* (Bloomington: Indiana University Press).
VAILATI, GIOVANNI
1908 " La grammatica dell'algebra ", *Rivista di Psicologia Applicata* (now in Vailati, 1911). 1911 *Scritti* (Firenze-Leipzig: Seeber-Barth).
VALESIO, PAOLO
1967a "Icone e schemi nella struttura della lingua", *Lingua e stile* 3.

1967b *Strutture dell'allitterazione* (Bologna: Zanichelli).
VAN DIJK, TEUN A.
1972 *Some Aspects of Text Grammars* (The Hague: Mouton).
VAN ONCK, ANDRIES
1965 "Metadesign", *Edilizia Moderna* 85.
VERÓN, ELISEO
1968 *Conducta, estructura y comunicación* (Buenos Aires: Jorge Alvaiez).
1969 " Ideología y comunicación de masas: la sematisación de la violencia politica" (in Verón, ed., 1969).
1970 "L'analogique et le contigu", *Communications* 15.
1971 "Ideology and Social Sciences", *Semiotica* III/1.
1973a "Pour une sémiologie des operations translinguistiques", *VS* 4.
1973b "Vers una 'logique naturelle des mondes sociaux'", *Communications* 20.
VERÓN, ELISEO, ED.
1969 *Lenguaje y comunicación social* (Buenos Aires: Nueva Visión).
VOLLI, UGO
1972a "E' possibile una semiotica dell'arte?", in Volli, U., ed., *La scienza e Varte* (Milano: Mazzotta).
1972b "Some Possible Developments of the Concept of Iconism", *VS* 3.
1973 "Referential Semantics and Pragmatics of Natural Languages", *VS* 4.
VYGOTSKY, L. S.
1934 *Thought and Language* (Cambridge: M. I. T. Press, 1962).
WALLIS, MIECZYSLAW
1966 "La notion de champ sémantique et son application à la théorie de l'art", *Sciences de l'art* 1.
1968 " On Iconic Signs " (Communication at 2d International Congress of Semiotics, Warsaw, August 1968).
WALTHER, ELISABETH
1974 *Allgemeine Zeichenlehre* (Stuttgart: DVA).
WATSON, O. MICHAEL
1970 *Proxemic Behavior* (The Hague: Mouton).
WATZLAWICK, P., BEAVIN, J. H., AND JACKSON, D. D.
1967 *Pragmatic of Human Communication* (New York: Norton).
WEAVER, WARREN
1949 "The Mathematics of Communication", *Scientific American* 181.
WEINREICH, URIEL
1965 "Explorations in Semantic Theory", in *Current Trends in Linguistics*, ed. by T. A. Sebeok (The Hague: Mouton).
WELLEK, RENÉ, AND WARREN, AUSTIN
1949 *Theory of Literature* (New York: Harcourt Brace).
WHITE, MORTON
1950 " The Analytic and the Synthetic: An Untenable Dualism ", in *John Dewey*, ed. by S. Hook (New York: Dial Press) (now in Linsky, ed., 1952).

WHORF, BENJAMIN LEE
1956 *Language, Thought and Reality*, ed. by J. R. Carroll (Cambridge: M. I. T. Press).
WIENER, NORBERT
1948 *Cybernetics or Control and Communication in the Animal and the Machine* (Cambridge: M. I. T. Press; Paris: Hermann).
1950 *The Human Use of Human Beings* (Boston: Houghton Mifflin).
WILSON, N. L.
1967 "Linguistic Butter and Philosophical Parsnips", *Journal of Philosophy* 64.
WIMSATT, W. R.
1954 *The Verbal Icon* (Lexington: University of Kentucky Press).
WINTER, MIKE
1973 "Semiotics and the Philosophy of Language", *VS* 6.
WITTGENSTEIN, LUDWIG
1922 *Tractatus Logico-Philosophicus* (London: Kegan Paul, Trech, Trubnerand).
1945 - 1949 *Philosophische Untersuchungen* (Oxford: Blackwell, 1953).
WOLLEN, PETER
1969 *Signs and Meaning in the Cinema* (Bloomington: Indiana University Press).
WORTH, SOL
1969 "The Development of a Semiotic of Film", *Semiotica* 1/3.
WYKOFF, WILLIAM
1970 "Semiosis and Infinite Regressus", *Semiotica* II/1.
ZARECKIJ, A.
1963 "Obraz kak informacija", *Voprosy Literatury* 2.
ZEVI, BRUNO
1967 "Alla ricerca di un codice per l'architettura", *L'Architettura* 145.
ZOLKIEWSKI, STEFAN
1968 " Sociologie de la culture et sémiotique ", *Informations sur les Sciences Sociales* VII, 1.
1969 *Semiotika a kultúra* (Bratislava: Nakladelstvo Epocha).
ŽOLKOVSKIJ, ALEKSANDR K.
1962 " Ob usilenii ", *Strukturno-tipologičeskie issledovanija* (Moskva) (Italian transl, in Faccani and Eco, eds., 1969).
1967 "Deus ex machina", in *Trudy po znakovym sistemam* III (Tartu) (Italian transl, in Faccani and Eco, eds., 1969).
1970 Review of *La struttura assente* by U. Eco, *Voprosy Filosofii* 2.
ZUMTHOR, PAUL
1972 *Essai de poétique médiévale* (Paris: Seuil).

术语及人名对照表

A

Abduction　试推法，试推
Addressee　接收者
Aesthetic text　审美文本
Amalgamation　融合，合并
Ambiguity　含混，歧义
Ambiguous　含混，歧义，模糊
Analogous　类似的
Analogy　类比
Antal, L.　安塔尔
Antonyms　反义词
Apostel, L.　阿波斯特尔
Arbitrariness　任意性，任意武断性
Architectural signs　建筑符号
Argyle, M. 阿盖尔
Aristotle　亚里士多德
Articulation　分节，组接
Aulus Gellius　奥鲁斯·格利乌斯
Austin, J. L.　奥斯汀

B

Barison, F.　巴里森
Barthes, R.　巴特
Bateson, M. C.　贝特森
Baudrillard, J.　鲍德里亚
Bedeutung　指称物
Behavior　行为
Bense, M.　本斯
Benveniste, E.　本维尼斯特
Berkeley, G.　贝克莱
Bertin, J.　贝尔坦
Brandi, C.　布兰迪
Bremond, C.　布雷蒙
Buyssens, E.　布伊森

C

Carnap, R.　卡尔纳普
Casetti, F.　卡塞蒂
Cassirer, E.　卡西尔
Catachresis　词语误用
Chabrol, C.　夏布洛尔
Channel　渠道，信道
Chatman　查特曼
Chomsky, N.　乔姆斯基
Cicourel, A.　西柯莱尔
Circumstance　环境，语境
Circumstantial selections　环境选择
Clues　线索

Code 符码
Code-changing 符码变化
Code-making 编码
Codification 符码化
Cohen, J. 科恩
Combinational units 组合单位
Communication 交流，传播
Communicational acts 交流行为
Competence and performance 能力和行为
Compositional analysis 成分分析
Conformal 共形
Congruence 全等，一致
Conklin, H. C. 康克林
Connotation 内涵，内涵义，内含
Content 内容
Content model 内容模式
Content-substance 内容-实体
Content-articulation 内容-分节
Content-continuum 内容-连续体
Content-form 内容-形式
Content-schema 内容图式
Context 语境
Contextual selections 语境选择
Continuum 连续体
Convention 规约
Conventional code 规约性符码
conversational rules 会话规则
Coseriu, E. 科塞留
Cralle, R. K. 克莱尔
Creativity 创造性
Culture 文化

D

De Fusco, R. 德·富斯科
De Jorio, A. 德·约里奥
De Mauro, T. 德·毛罗
Deep structure 深层结构
Deixis 指示词
Della Volpe, G. 沃尔普
Denotation 外延，直指，直指义
Denotatum 被指项
Derrida, J. 德里达
Descartes, R. 笛卡尔
Designatum 指代项
Digital 数字的
Disambiguation 消除歧义
Discourse 话语
Discrete 离散的
Disposito 论证布局
Distinguishers 辨义成分
Dixon, R. 狄克森
Double 复本
Ducrot, O. 杜克罗
Dundes, A. 邓迪斯

E

Economics 经济学
Efron, D. 埃弗龙
Ekman, P. 埃克曼
Elocutio 风格塑造
Empathic stimuli 移情刺激
Empathy 移情，共情
Empty signs 空符号
Engels, F. 恩格斯
Entailment 蕴涵
Enthymemes 省略三段论
Entropy and neg-entropy 熵和负熵
Epistemological limits of semiotics 符号学的认识论限制
Expression 表达
Expression-continuum 表达-连续体

Expression-form　表达-形式
Expression-plane　表达-平面
Expression-string　表达链
Expression-substance　表达-实体
Expression-system　表达-系统
Expression-token　表达-个别符
Expression-type　表达-类型符，表达-类型
Expression-unit　表达-单位
Expressive signs　表情符号
Extension　外包、延伸
Extensional semantics 外延语义学
Extra-coding　额外编码

F

Fabbri, P.　法布里
Factual index-sensitive judgments　事实指示性判断
Factual judgments　事实判断
Features 特性，特征
Field　领域，场
Figurae　符号素
Fillmore, C.　菲尔墨
Final interpretant　最终解释项
Fodor, J. A.　福多
Fonagy, l.　福纳吉
Form　形式
Formalized languages　形式语言
Foucault, M.　福柯
Frank, L.　弗兰克
Frege, G.　弗雷格
Friesen, W.　弗里森
Functions　功能
Fuzzy concepts　模糊概念

G

Games　游戏
Garner, R.　加纳
Garroni, E.　加罗尼
Genette, G.　热奈特
Gestural signs　手势符
Gibson, J.　吉布森
Godelier, M.　戈德利耶
Goffman, E.　戈夫曼
Gombrich, E.　贡布里希
Goodenough, W.　古德努
Goodman, N.　古德曼
Gradated continua　渐变连续体
Grammar　语法，语法学
Graphs　图表
Greimas, A. J.　格雷马斯
Grice, H. P.　格赖斯
Gritti, J.　格里蒂
Guilbaud, G.-T.　盖勒博德
Guiraud, P.　吉劳德
Gumperz, J.　甘柏兹

H

Hall, E. T.　霍尔
Halle, M.　哈勒
Hayes, A. S.　海耶斯
Hiz, H.　希兹
Hjelmslev, L.　叶尔姆斯列夫
Hobbes, T.　霍布斯
Huff, W. S.　胡夫
Husserl, E.　胡塞尔
Hymes, D.　海姆斯
Hypercode　超符码
Hypersystems　超系统
Hypoforms　亚形式
Hypostructures　亚结构
Hypothesis　假说，假设

I

Icon　像似符
Iconic figurae　像似符号素
Iconic signs　像似性符号
Ideological fallacy　意识形态谬误
Ideology　意识形态
Idiolect　个人言语
Imprints　印迹
Index（复数 indices）　指示符
Index-sensitive judgments　指示性判断
Inference　推断，推论，推理
Information　信息
Intension　内包
Intensional semantics　内涵语义学
Intentionality of the emitter　发送者的意图
Interpretant　解释项
Inter-textuality　互文性，文本间性
Intrinsically coded acts　内在编码行为
Inventio　论点形构
Invention　创造
Isomorphism　同构
Isotopy　同位素性质
Ivanov，V.　伊万诺夫

J

Jakobovits，C. A.　雅各博维茨
Jakobson，R.　雅各布森

K

Kalkofen，H.　卡尔科芬
Kandinskij，V.　康定斯基
Kant，I.　康德
Katz，J.　卡茨
Kinesics　人体动作学，体态语
Kinship　亲属关系，亲密关系
Kitsch　刻奇
Kleinpaul，R.　克兰保罗
Koenig，G. K.　柯尼希
Krampen，M.　克兰佩
Kristeva，J.　克里斯蒂娃

L

La Barre，W.　拉巴尔
Lacan，J.　拉康
Lakoff，G.　莱考夫
Language　语言
Langue and parole　语言和言语
Laughing　笑
Lausberg，H.　劳斯贝格
Leech，G.　利奇
Legisign　型符
Leibniz，G. W.　莱布尼茨
Lévi-Strauss，C.　列维-斯特劳斯
Linzbach，J.　林茨巴赫
Locke，J.　洛克
Lotman，J. M.　洛特曼
Lullo，R.　卢尔
Lying　撒谎
Lyons，J.　莱昂斯

M

Maccagnani，G.　马卡尼亚尼
Macro-texts　宏文本
Mahl，G.　玛尔
Mallery，G.　马勒里
Maltese，C.　马尔特塞
Mapping　映现
Maranda，P.　马兰达
Markers　标记

Martinet, A.　马蒂内
Mass communication　大众传播
Material continuum　物质连续体
Matte　物质
Mauss, M.　莫斯
McCawley, J.　麦考利
McLuhan, M.　麦克卢汉
Meaning　意义
Melville, H.　梅尔维尔
Mentioning　提示
Mentioning or referring　提示或指示
Message　讯息
Metalanguage　元语言
Metaphor　隐喻
Meta-semiotic　元符号学的
Metonymy　转喻
Metz, C.　麦茨
Michael, G. A.　迈克尔
Microstructures　微观结构
Mill, J. S.　密尔
Miller, G.　米勒
Modelling secondary systems　第二模塑系统
Moles, A. A.　莫莱斯
Morin, V.　莫林
Morris, C.　莫里斯
Motivation　理据性，动机

N

Narrative rules　叙述规则
Nattiez, J. J.　纳蒂埃
Nominatum　指称
Non-coded　非编码
Non-significant　非表意的
Non-signs　非符号
Non-verbal semiotics　非语言符号学
Norm　规范

O

Objects　对象，客体
Ockham, W.　奥卡姆
Ogden, R. G.　奥格登
Olfactory signs　嗅觉符号
Open signal textures　开放性的符号文本
Opposition　对立
Osmond-Smith, D.　奥斯蒙德-史密斯
Ostension　明示
Ostensive sign　明示符号
Ostwald, P. F.　奥斯特瓦尔德
Overcoding　附加编码

P

Panofsky, E.　潘诺夫斯基
Paradigm　聚合段
Paralanguage　副语言
Paralinguistics　副语言学
Pavlov, L. P.　巴甫洛夫
Peirce, C. S.　皮尔士
Perception　知觉，感觉
Perceptum　被感知体
Persuasion　劝导，说服
Phoneme　音位
Piaget, J.　皮亚杰
Piro, S.　皮罗
Plato　柏拉图
Plot structures　情节结构
Poetics　诗学
Postal, P. M.　波斯达尔
Pottier, B.　鲍狄埃
Pousseur, H.　普瑟尔

Pragmatics 符用学，语用学
Predication 谓词，述语
Presupposition 预设，前提
Production of signs 符号生产
Projection 投影，投射
Proper names 专名
Propp, V. J. 普罗普
Proxemics 空间关系学
Pseudo- 拟
Pseudo-combination 拟组合
Pseudo-combinational units 拟组合单位
Pseudo-double 拟复本
Pseudo-features 拟特征
Pseudo-iconic phenomena 拟像似现象
Pseudo-image 拟像
Pseudo-sign 拟符号
Pseudo-statement 拟陈述

Q

Qualisign 质符
Quasi-mind 准心灵
Quillian, R. M. 奎利恩
Quine, W. V. O. 奎因
Quintilian 昆体良

R

Raphael, B. 拉斐尔
Ratio facilis and ratio difficilis 易率和难率
Recognition 识别，承认
Recognition codes 识别码
Redundancy 冗余
redundancy rules 冗余规则
Referent 指称，指称物，所指
Referential fallacy 指称谬误
Referring 指称，指示
Reflection 反映
Replica 副本
Representamen 再现体
Representation 再现
Resemblance 相似性，相像
Rhetoric 修辞，修辞学
Richards, I. A. 瑞恰慈
Rossi, P. 罗西
Rossi-Landi, F. 罗西-兰迪
Rule-changing creativity 改变规则的创造
Rule-governed creativity 受规则支配的创造
Russell, B. 罗素
Ruwet, N. 留威

S

Sample 样本
Sanders, G. A. 桑德斯
Saussure, F. de 索绪尔
Schneider, D. M. 施奈德尔
Schulze, S. 舒尔茨
Searle, J. R. 塞尔
Sebeok, T. A. 西比奥克
Segmentation 分割，切分；细分
Segre, C. 塞格瑞
Selection restrictions 选择限制
Selectional rules 选择性规则
Self-focusing 自指，自聚焦
Semantics 符义学，语义学
Seme 义素
Sememe 义位
Semic interdependence 语义互相依存
Semio-anthropological 人类符号学的

Semiosis　符号活动
Semiotic index-sensitive judgments　符号学指示性判断
Semiotic judgment　符号学判断
Semiotics　符号学
Sender　发送者
Sense　感官，意思
Settings　场景
Sève，L.　塞夫
Shannon，C. E.　香农
Sherzer，J.　谢尔泽
Shifters　转换语
Signal　信号
Sign-function　符号-功能体
Significant-signifié　能指-所指
Signification　表意，意指
Significatum　被意含项
Sign　符号
Sign-vehicle　符号载体
Similarity　像似性，像似
Sinn　含义
Sinsign　单符
Situation　情景，场景
Sklovskij，V.　什克洛夫斯基
Source　信息源，信源
Speech acts　言语行为
Spitzer，L.　斯皮策
Spurious elements　伪造元素
Stefani，G.　斯蒂芬尼
Steinberg，D. D.　斯坦伯格
Stimuli　刺激
Stimulus　刺激
Strawson，P. F.　斯特劳森
Strings of signs　符号链
Strong codes　强编码
Strong extra-coding　强额外编码
Structure　结构
Stylistic subcodes　风格子符码，文体子符码
Stylizations　风格化
Sub specie semiotica　文化亚符号学
Subcategorization rules　次范畴化规则
Subcode　子符码
Sub-forms　子形式
Subject of semiosis 符号活动主体
Substance　实质，实体
Sub-systems　子系统
Super-signs　超符号
Symbol　规约符，象征，符号
Symbolic systems　符号系统，象征系统
Symptom　症状
Syncategorematic　黏着的，连用的
Synecdoche　提喻
Syntagm　横组合段
Syntatic judgment　句法判断

T

Tactile communication　触觉交流
Text　文本
Theory of codes　符码理论
Theory of sign production　符号生产理论
Todorov，T.　托多罗夫
Token　个别符
Token signs　个别符
Toporov，V. N.　托波罗夫
Toposensitivity　部位可感性
Trager，G. L.　特雷格
Transformations　转换
Trier，J.　特里尔
Trubeckoj，N.　特鲁别茨柯伊

Truth values　真值
Type　类型，类型符
Type/token-ratio　类型和个别符比率
Typology of signs　符号类型学

U

Undercoding　不足编码
Underlying　潜藏的，较低层面的
Un-human　非人类的
Units　单位
Unlimited semiosis　无限衍义

V

van Dijk，T. A.　范·迪克
Vectors　矢量
Visual communication　视觉交流，视觉传播
Volli，U.　沃利

W

Weak codes　弱编码
Weak extra-coding　弱额外编码
Weaver，W.　韦佛
White，M.　怀特
Whorf，B. L.　沃尔夫
Wilson，N. L.　威尔逊
Winter，M.　温特
Witgenstein，L.　维特根斯坦
Wolff，C.　沃尔夫

Z

Zoosemiotics　动物符号学

Umberto Eco
A Theory of Semiotics

图字：09－2018－1129 号

图书在版编目(CIP)数据

符号学理论／(意)翁贝托·埃科著；唐小林，黄晓冬译．—上海：上海译文出版社，2023.8
(翁贝托·埃科作品系列)
书名原文：A Theory of Semiotics
ISBN 978－7－5327－9254－2

Ⅰ．①符… Ⅱ．①翁… ②唐… ③黄… Ⅲ．①符号学 Ⅳ．①H0

中国国家版本馆 CIP 数据核字(2023)第 117532 号

符号学理论 A Theory of Semiotics	UMBERTO ECO 翁贝托·埃科 著 唐小林 黄晓冬 译 彭 佳 校	出版统筹 赵武平 责任编辑 张 鑫 装帧设计 尚燕平

上海译文出版社有限公司出版、发行
网址：www.yiwen.com.cn
201101 上海市闵行区号景路 159 弄 B 座
苏州市越洋印刷有限公司印刷

开本 890×1240 1/32 印张 12.75 插页 5 字数 296,000
2023 年 8 月第 1 版 2023 年 8 月第 1 次印刷

ISBN 978－7－5327－9254－2/I·5763
定价：94.00 元